“十四五”职业教育安徽省规划教材
职业教育国家在线精品课程配套教材
高等职业教育新形态一体化教材

经济应用数学基础

（第五版）

主　编　叶迎春　魏　力
副主编　丁学利　陈　辉
主　审　杨文兰

中国教育出版传媒集团
高等教育出版社·北京

内容提要

本书是"十四五"职业教育安徽省规划教材、职业教育国家在线精品课程配套教材。内容包括函数与极限、导数及其应用、不定积分、定积分及其应用、线性代数、概率统计初步等，各章还涉及数学软件 MATLAB 的基本运用。

本书将课程思政自然地融入，同时体现了学科特点，展现了职业特色，采用了"案例驱动式"的编写体例，在各章节设计了特定的模块，如"知识应用链接""问题思考"等，较好地体现了数学知识在经济活动中的应用。本书部分知识点和典型例题配有讲解视频，读者可利用移动终端扫描二维码即时获取。本书配有教学课件等数字化资源，教师可登录"高等教育出版社产品信息检索系统"(http://xuanshu.hep.com.cn)下载。

本书既可作为高职院校财经商贸类各专业的数学教材，也可作为科技、管理人员的参考书及培训用书。

图书在版编目（CIP）数据

经济应用数学基础 / 叶迎春，魏力主编. --5 版. 北京：高等教育出版社，2025. 2. --ISBN 978-7-04-063450-1

Ⅰ. F224.0

中国国家版本馆 CIP 数据核字第 20248TB764 号

JINGJI YINGYONG SHUXUE JICHU

策划编辑 崔梅萍　责任编辑 崔梅萍　封面设计 李卫青　版式设计 马 云
责任绘图 于 博　责任校对 刘娟娟　责任印制 沈心怡

出版发行 高等教育出版社
社　　址 北京市西城区德外大街 4 号
邮政编码 100120
印　　刷 运河（唐山）印务有限公司
开　　本 787mm×1092mm 1/16
印　　张 19
字　　数 430 千字
购书热线 010-58581118
咨询电话 400-810-0598
网　　址 http://www.hep.edu.cn
　　　　 http://www.hep.com.cn
网上订购 http://www.hepmall.com.cn
　　　　 http://www.hepmall.com
　　　　 http://www.hepmall.cn
版　　次 2009 年 3 月第 1 版
　　　　 2025 年 2 月第 5 版
印　　次 2025 年 2 月第 1 次印刷
定　　价 43.00 元

物 料 号 63450-00

第五版前言

教育部职业教育国家在线精品课程配套教材、“十四五”职业教育安徽省规划教材《经济应用数学基础(第四版)》,自2020年9月由高等教育出版社出版以来,经过4年的教学实践,迎来了第五次修订。

本次教材修订,坚持育人导向,落实立德树人的根本任务,突出职业教育类型特色,立足教学实际,丰富教材内容,回应学生新需求。

第五版主要做了以下修订:

(1) 丰富和细化了目录内容,目录细化到小节,便于快速查找相关知识点,突出经济应用特色,体现思政元素;

(2) 更新每章的背景资料和经济问题,体现最新的经济数据和相关成果;

(3) 新增了洛必达法则章节内容;

(4) 替换、更新和添加了部分例题;

(5) 每章后增加了总结环节,提供了知识导图;

(6) 每章提供两个层次的自测题。

修订后的教材具有以下特色。

1. 突出思想性,加大课程思政自然融入教材的力度

本书精选案例、例题、习题等,如企业环境保护税计算案例、“双十一”全民购物狂欢节案例、乡村振兴案例和利用我国GDP与劳动力情况相关数据预测决策案例等,直观自然地融入创新零售、科技进步、国家富强、全球化进程、合作共赢、法治意识、社会责任担当、勤劳致富、生态文明等方面的教育;注重数学知识所蕴含的思想和方法与中华优秀传统文化的有机融入。

2. 体现学科特点,展现职业特色

本书注重基础性,体现发展性,突出实用性、职业性。教材采取“基础模块+拓展模块+职业模块”的形式,各模块之间既有独立性,也有相融性,其中,基础模块为共性要求,拓展模块及职业模块满足学生继续学习、个性发展及职业发展需要;教材突出数学主线,凸显数学的内在逻辑和思想方法,将原版教材中的多元函数与连续、多元函数偏导数与极值等教学内容移出基础模块,并与增加的数学建模、线性规划简介等作为知识与能力拓展学科内容,帮助学生开拓视野、提升能力,促进专业学习、强化数学应用意识;教材增加和修订了与社会生活、职业活动密切相关以及与专业课程相互配合的教学内容,突出实践取向,提高学生职业素养,有机融入职业道德、劳动精神、劳模精神和工匠精神教育,体现职业教育特色。

3. 反映时代性，以新的发展理念和教育思想指导教材修订

本书努力反映当代社会进步、科技发展和行业企业新模式、新机制、新方法、新规范等新成果，力求内容新颖。教材选取最新经济数据进行经济分析与预测，对“双十一”全民购物狂欢节这一创新零售给出数学解释，并最终推导出经济学上的基本理论；案例融入国家创新发展理念，体现国家乡村振兴战略；将信息技术与教材深度融合，建设多种介质综合运用、表现力丰富、融合现代信息技术的新形态教材。

4. 增强开放性，强化全流程产教融合意识

教材修订坚持兼容并蓄、博采众长，借鉴和吸收我国和世界优秀文明成果，对国内外成功的职业教育实践成果加以选择吸纳，加大信息技术在教材修订中的应用，配套开发信息化教学资源；教材修订体现多学科融合，为来自不同专业的学生提供多元背景下的数学知识基础和应用视角，拓宽知识结构，服务专业学习，增强学生竞争力和后发优势；强化全流程产教融合，突出实践取向，注重教材内容与社会经济生活、职业场景的联系，增加案例背景资料，根据经济社会和产业升级新动态及时修订、动态完善教材，为培养高素质技能型人才提供支撑。

读者可根据自身对高层次学习的需要，在学习一般章节内容的基础上，可拓展学习“知识与能力拓展”模块内容，从而加深对知识的理解和拓展应用。

第五版教材的修订工作由来自不同高职院校、教学经验丰富的多名一线教师合作完成，主要编写人员有叶迎春、李茂、吴杰、侯婷婷、刘慧慧、陈佳佳、魏力、丁学利、陈辉、朱文杰、李晓琳等，并得到陈如邦、高继文、杨文兰等教授的大力支持和指导，在此致以诚挚的谢意。新版教材中存在的缺点和不足之处，敬请专家、同行和读者批评指正。

编　者

2024 年 8 月

第一版前言

在改革开放30年后的今天,我们欣喜地看到,我国经济的腾飞,催生着经济决策的科学化、管理工作的现代化和信息化,量化分析已逐步渗透到经济"肌体"的各个组成部分,悄然地改变着企业的商务运作模式和经营管理模式,显示了应用数学的无穷魅力。同时,我们也欣喜地看到,经济的迅速发展也进一步促进了高等职业教育的大发展,明确了应用型人才培养的方向。

近年来,为了使高等数学的教学更加符合高等职业教育的培养目标,体现经济与管理专业鲜明的应用性特色,帮助我们未来的经济工作者逐步树立经济理念,培育经济素质,我们进行了课程体系和教学方式的改革与探索,并在此基础上编写了这本《经济应用数学基础》。

本教材内容包括函数与极限、导数及应用、不定积分、定积分及应用、线性代数、概率初步与统计初步等七章,基本涵盖了高职高专经济管理类各专业课程所需的数学知识。在编写过程中,我们力求体现如下特色:

第一,在科学性的基础上,贯彻"必需、够用为度"的原则。用辩证法的思想浅显通俗地处理了概念的扩展与难点,对一元函数的导数与微分及多元函数的偏导数、定积分、线性代数的编写方式进行大胆改革与创新,力争跳出传统数学教学体系的约束。

第二,在职业教育理念的指导下,较好地体现数学知识的应用性。本书紧扣"成本与利润"这根主线,展示数学的魅力,培养学生运用数学知识的能力。

第三,采用案例驱动式的编写体例。每一章均提出与本章内容相关的经济问题,由此引入数学概念与内容,让学生始终带着问题学习与思考。

第四,注重知识的拓展。每一章都有知识应用链接与问题思考,潜移默化地向学生传达经济理念,培养学生运用数学工具对简单经济问题进行分析、预测、决策的能力。

第五,突出学生的主体地位。每一章都提出了学习目标,便于学生自学与评估。

第六,弱化复杂的及技巧性较高的计算内容,引入语言简洁、交互性较好、易于掌握的 MATLAB 数学软件,希望学生掌握这个功能强大的数学计算工具,能用它处理较为复杂的数学计算。

本教材由杨文兰任主编,王春珊、叶迎春任副主编,邬弘毅教授任主审。参与编写的有潘红英(第1章)、徐利民(第2章)、高继文(第3章)、潘卫(第4章)、王春珊(第5章)、杨文兰(第6章及每章的知识链接部分)、吴松飞(第7章)和叶迎春(第2章2.3.3,每章的MATLAB数学实验部分,负责部分统稿工作)。

作为本书主审,邬弘毅教授从一开始就参与了本书的审纲、组稿、审稿等工作,他认真细致地审阅了本书初稿,提出了修改建议,在此深表感谢。

由于编者水平有限,加之时间仓促,书中不妥之处在所难免,敬请读者批评指正。

编　者

2009 年 1 月

目　　录

第 6 章 概率统计初步 ………… 205

参考答案 ………………………… 264

附录 ……………………………… 282

参考文献 ………………………… 290

第 1 章

函数与极限

学习目标

(1) 理解函数、复合函数及初等函数的概念,掌握基本初等函数的图像和性质,掌握复合函数的分解过程.

(2) 理解极限的描述性定义,理解无穷小量和无穷大量的概念与性质,熟练掌握极限的运算法则和两个重要极限.

(3) 理解函数连续的概念,掌握初等函数的连续性,会求函数的间断点和连续区间.

(4) 掌握常用的经济函数模型,能根据一些实际问题建立函数模型,并会根据经济变量分析或预测简单的经济问题.

(5) 了解数学软件的基本知识,能用数学软件求极限.

背景资料和经济问题 1

【背景资料】 "双十一"全民狂欢购物节

从 2009 年开始,每年的 11 月 11 日,为迅速引流聚客,以电子商务为代表,各个商家会在全国范围内开展大规模降价促销活动,逐渐形成了"双十一"全民购物狂欢节.这一新型的零售活动在互联网数据、移动支付、物流等基础性环节的支撑下,影响迅速扩大到全球,到 2014 年,参与购物狂欢的国家和地区已达 217 个,"双十一"全网交易额的纪录也不断被刷新,从最初的 5 200 万元一路上扬,到 2021 年达 5 403 亿元,2022 年达 5 571 亿元,平台、商家、消费者,每个人都觉得在这个节日里收获良多.

【经济问题 1】 从以上阅读材料中我们知道,"双十一"全民狂欢购物节以降低价格作为营销手段,达到促进销售的目的,那么,降低价格一定会促进销售吗?

在假定其他因素不变的条件下,要解决上述问题需要考虑市场对某种商品的需求量 Q 与其商品价格 P 之间的依赖关系.作为一个重要的数学概念,函数正是描述变量之间相互依赖关系的重要工具.本章在初等数学的基础上,将进一步在实数范围内研究函数的性质及经济应用问题.

1.1　函数与常见的经济模型

1.1.1　函数的概念

1. 函数的概念

案例 1-1

某品牌手机专卖店出售某种型号手机，其中，内存 256 G 的手机售价 6 150 元／部，“双十一”全民狂欢购物节当天，该款手机九折促销，当天的销售量约为平时的 3 倍，请求出促销前的日平均销售额及“双十一”当天的销售额.

【分析】　设促销前该款手机的日平均销售量为 x 部，促销前的日平均销售额及“双十一”当天的销售额分别为 y_1 元和 y_2 元，则促销前该款手机的日平均销售额为

$$y_1 = 6\ 150x(\text{元}).$$

“双十一”当天，该款手机售价 $6\ 150 \times 0.9 = 5\ 535$ 元，销售量为 $3x$ 部，则该款手机的日销售额为

$$y_2 = 5\ 535 \times 3x = 16\ 605x(\text{元}).$$

上面两个式子，当 x 在自然数集 $\{0,1,2,3,\cdots\}$ 中每取一个确定的值，按照乘 6 150 的法则，在数集 $\{0,6\ 150,12\ 300,18\ 450,\cdots\}$ 中，都有唯一确定的 y_1 与之对应，按照乘 16 605 的法则，在数集 $\{0,16\ 605,33\ 210,49\ 815,\cdots\}$ 中，都有唯一确定的 y_2 与之对应.两个式子都反映了经济问题中销售量 x 与销售额 y 之间的函数关系.

在 17 世纪之前，函数的概念一直与公式紧密关联，到了 1837 年，德国数学家狄利克雷(1805—1859) 抽象出了直至今日仍为人们易于接受并且较为合理的函数概念.

定义 1.1　设 x 和 y 是两个变量，当 x 在某个非空实数集合 D 内任选一个数值时，变量 y 按照某一对应关系 f 总有一个确定的值与之对应，则称变量 y 为变量 x 的**函数**，记作

$$y = f(x)\ (x \in D),$$

其中，数集 D 称为函数的**定义域**，相应地，函数 y 的取值范围称为函数的**值域**.

“经济问题 1”中，市场对某种商品的需求量 Q 可视为该商品价格 P 的函数.

案例 1-2

某大型企业在甲地作业，每晚都有噪声超标，2020 年 1 月，通过技术改造和规范管理，超标天数控制在 13 天内，超标分贝控制在 9 分贝以内，噪声超标点控制在一处.根据《中华人民共和国环境保护税法》，写出 1 月应缴税款 y 和超标分贝 x 之间的关系.

【案例背景】　为了保护和改善环境，减少污染物排放，推进生态文明建设，我国自 2018 年 1 月 1 日起实施《中华人民共和国环境保护税法》，表 1-1 为工业噪声税目税额表：

表 1-1

计税单位	税额	计税单位	税额
超标 1 ~ 3 分贝	每月 350 元	超标 10 ~ 12 分贝	每月 2 800 元
超标 4 ~ 6 分贝	每月 700 元	超标 13 ~ 15 分贝	每月 5 600 元
超标 7 ~ 9 分贝	每月 1 400 元	超标 16 分贝以上	每月 11 200 元

环境保护税税目税额表同时规定：

(1) 一个单位有不同地点作业场所的应当分别计算应纳税额，合并计征；

(2) 同一单位边界多噪声超标按最高处声级计算应纳税额；

(3) 沿边界长度超过 100 m 有两处以上噪声超标，按两处计算应纳税额；

(4) 声源一个月内超标不足 15 天的，减半计算应纳税额.

根据《财政部 税务总局 生态环境部关于环境保护税有关问题的通知》(财税〔2018〕23 号) 第四条规定，应税噪声的应纳税额为超过国家规定标准分贝数对应的具体适用税额.噪声超标分贝数不是整数值的，按四舍五入取整.

【分析】 由于超标分贝控制在 9 分贝以内，分属三个计税单位，每个计税单位一个月内超标不足 15 天，税额减半计算.

当 $0 < x < 0.5$ 时，按四舍五入取整，超标未达 1 分贝，不需要交税；

当 $0.5 \leqslant x < 3.5$ 时，应缴税款为每月 350 元的一半，即 175 元；

当 $3.5 \leqslant x < 6.5$ 时，应缴税款为每月 700 元的一半，即 350 元；

当 $6.5 \leqslant x \leqslant 9$ 时，应缴税款为每月 1 400 元的一半，即 700 元.

因此，1 月应缴税款为

$$y=\begin{cases}0, & 0<x<0.5,\\ 175, & 0.5\leqslant x<3.5,\\ 350, & 3.5\leqslant x<6.5,\\ 700, & 6.5\leqslant x\leqslant 9.\end{cases}$$

在自变量变化的不同区间内有不同表达式的函数称为**分段函数**.分段函数的定义域为各段自变量取值集合的并集.上述分段函数的定义域为$(0,9]$.

例 1-1 求下列函数的定义域.

(1) $y=\dfrac{2x+1}{x^2+x}$； (2) $y=\sqrt{x^2-2x-3}$；

(3) $y=\sqrt{3-x^2}+\log_2(x+1)$； (4) $f(x)=\begin{cases}2^x, & -1\leqslant x<0,\\ 2, & 0\leqslant x<1,\\ x-1, & 1\leqslant x\leqslant 3.\end{cases}$

解 (1) 分式函数，分母必须不等于零.

由 $x^2+x\neq 0$，得 $x\neq -1$ 或 $x\neq 0$，所以所求函数的定义域为$(-\infty,-1)\cup(-1,0)\cup(0,+\infty)$.

(2) 偶次根式函数，被开方式必须大于等于零.

由 $x^2-2x-3\geqslant 0$，得 $x\leqslant -1$ 或 $x\geqslant 3$，所以所求函数的定义域为$(-\infty,-1)\cup[3,+\infty)$.

(3) 含有偶次根式和对数的函数,被开方式必须大于等于零且真数必须大于零.

由$\begin{cases}3-x^2\geqslant 0,\\x+1>0,\end{cases}$得$\begin{cases}-\sqrt{3}\leqslant x\leqslant\sqrt{3},\\x>-1,\end{cases}$所以所求函数的定义域为$(-1,\sqrt{3}]$.

(4) 分段函数,其定义域为各段自变量取值集合的并集,所以所求函数的定义域为$[-1,3]$.

例 1-2　已知函数$f(x)=\dfrac{x}{x^2-x+1}$,求$f(-1),f(2),f(x+1)$.

解　将函数$f(x)=\dfrac{x}{x^2-x+1}$中的自变量x分别换成$-1,2,x+1$,得

$$f(-1)=\frac{-1}{(-1)^2-(-1)+1}=-\frac{1}{3},\quad f(2)=\frac{2}{2^2-2+1}=\frac{2}{3},$$

$$f(x+1)=\frac{x+1}{(x+1)^2-(x+1)+1}=\frac{x+1}{x^2+x+1}.$$

例 1-3　已知函数$f(x)=\begin{cases}x-1, & |x|\leqslant 1,\\0, & |x|>1,\end{cases}$求$f(2),f[f(2)]$.

解　当$|x|>1$时,对应的函数表达式为$f(x)=0$,而$x=2$在$|x|>1$的范围内,故$f(2)=0$.

而$x=0$在$|x|\leqslant 1$的范围内,故$f[f(2)]=f(0)=0-1=-1$.

说明:

(1) 函数的表示法有解析式法、图像法和表格法三种.

(2) 在讨论函数时,经常用到邻域的概念.称开区间$(x_0-\delta,x_0+\delta)$为**点x_0的δ邻域**,简称**点x_0的邻域**.若该邻域不含点x_0,则称之为点x_0的**空心邻域**,其中,δ为正数,称为邻域的半径.

(3) 在实际应用问题中,除要根据解析式本身来确定自变量的取值范围外,还要考虑变量的实际意义,一般来说,经济变量往往取正值.

(4) 函数的定义域、对应法则和值域称为函数的三要素.当两个函数的定义域与对应法则一致时,这两个函数的值域也会相同,它们表示的就是同一个函数.例如,$f(x)=\sqrt{x^2}$与$g(x)=|x|$,它们的定义域与对应法则一致,只是表示不同,因此它们是同一个函数.

(5) 一个函数有时也可以理解为一个模型.例如,案例1-1中,促销前的日平均销售额$y_1=6\,150x$及“双十一”当天的销售额$y_2=16\,605x$,它们既是函数,也可以看成销售额模型.

2. 绝对改变量与相对改变量

“经济问题 1”要考虑产品降价对销售量的影响,产品降价的方式有很多种,例如,案例 1-1 中的手机专卖店可以选择所有型号手机降价 400 元,也可以将全部型号手机九折销售.这两种不同的降价方式产生的经营效果也不同,毕竟降价的额度与降价的幅度不是一回事,涉及价格的绝对改变量和相对改变量两个概念.

假设函数$y=f(x)$在点x_0的某个邻域内有定义,自变量x从它的一个初值x_0变到一个终值x_1,称

$$\Delta x = x_1 - x_0$$

为**自变量的增量**(图 1-1),又称为**自变量 x 的绝对改变量**,为了今后研究问题的方便,记终值 $x_1 = x_0 + \Delta x$.称$\frac{\Delta x}{x}$为**自变量 x 的相对改变量**.

相应地,函数$f(x)$从$f(x_0)$变到$f(x_1)=f(x_0+\Delta x)$,于是称

$$\Delta y = f(x_0 + \Delta x) - f(x_0)$$

为**函数 y 的增量**(图 1-1),又称为**函数 y 的绝对改变量**,称$\frac{\Delta y}{y}$为**函数 y 的相对改变量**.

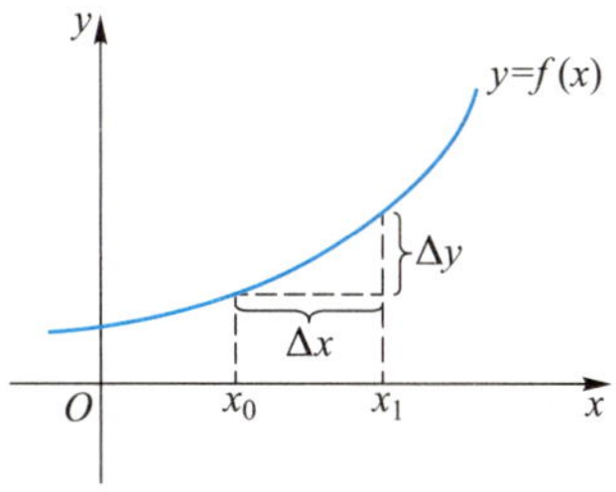

图 1-1

另外,称

$$\frac{\Delta y}{\Delta x} \text{与} \frac{\frac{\Delta y}{y}}{\frac{\Delta x}{x}} = \frac{x}{y} \cdot \frac{\Delta y}{\Delta x}$$

分别为当自变量变化 Δx 时,函数 y 对自变量 x 的**平均绝对变化率**和**平均相对变化率**.

说明:

(1) Δx 可以是正的,也可以是负的.若 Δx 为负,则终值 $x_1 = x_0 + \Delta x$ 在初值 x_0 的左侧.同理,Δy 也可正可负.

(2) 相对改变量是个比值,没有单位.

回到案例 1-1,比较前述两种降价方式,我们看到:

(1) 案例中的手机若选择九折销售,则降价幅度为 10%,降价额度为 615 元,这里的降价幅度即价格的相对改变量为$\frac{\Delta P}{P} = -0.1$,降价额度即价格的绝对改变量为 $\Delta P = -615$,两种改变量都是研究经济问题所必需的.显然,该款手机九折销售比降价 400 元更能让利消费者,因而更易得到消费者的追捧,传统经营理念强调薄利多销即是此理.

(2) 相比较 10% 的降价幅度,案例中的手机获得了更高的销量增长幅度,为 300%,利用相对改变量,我们很容易得出此次降价行为不仅促进了销售,还增加了收入的结论.

(3) 若选择所有型号手机降价 400 元,表面上看,它们的绝对改变量是相同的,但是,由于不同型号不同内存的手机价格差别很大,单价为 1 800 元的手机与单价为6 150 元的手机降价的百分比(相对改变量)显然不同,前者降价 22.2%,后者只降价 6.5%.单从价格因素考虑,同样是降价 400 元,消费者购买单价为 1 800 元的手机获得的实惠更多.由此可知,绝对改变量不能准确描述价格变动对需求量的影响,需要利用相对改变量来进一步描述.

(4) 变化率是衡量一个经济变量对另一个经济变量变化的快慢程度的一个指标.我们已经知道,手机销售量 Q 是价格 P 的函数,不妨记为 $Q = f(P)$,易知 $\Delta P = -615$,$\Delta Q = 3x - x = 2x$,$\frac{\Delta P}{P} = -0.1$,$\frac{\Delta Q}{Q} = 2$,所以需求量对价格的平均绝对变化率为

$$\frac{\Delta Q}{\Delta P} = -\frac{2x}{615},$$

它表示价格从 6 150 元变化到 5 535 元时，每下降一元，需求量平均增加的百分比，这是一个与初始需求量有关的数字.

需求量对价格的平均相对变化率为

$$\frac{\frac{\Delta Q}{Q}}{\frac{\Delta P}{P}}=-\frac{2}{0.1}=-20,$$

它表示价格从 6 150 元变化到 5 535 元时，每下降 1%，需求量平均增加 20%，这是一个与初始需求量无关的数字.

两个变化率都是研究经济现象的重要指标，我们在第 2 章中会进一步阐述.由于平均相对变化率与初始值无关，以及相对改变量在描述价格变动对需求量的影响方面的作用，它常常作为一个重要的分析方法，以便更精确地研究需求量对价格的敏感程度.

1.1.2　函数的性质

1. 函数的奇偶性

设函数 $f(x)$ 的定义域 D 关于原点对称，对于任意点 $x\in D$，若恒有 $f(-x)=f(x)$，则称函数 $f(x)$ 为**偶函数**；若恒有 $f(-x)=-f(x)$，则称函数 $f(x)$ 为**奇函数**.

若函数既不是奇函数，也不是偶函数，则称为非奇非偶函数.

偶函数的图像关于 y 轴对称，如图 1-2 所示.奇函数的图像关于原点对称，如图 1-3 所示.例如，余弦函数 $y=\cos x$ 的图像关于 y 轴对称，是偶函数；正弦函数 $y=\sin x$ 的图像关于原点对称，是奇函数.

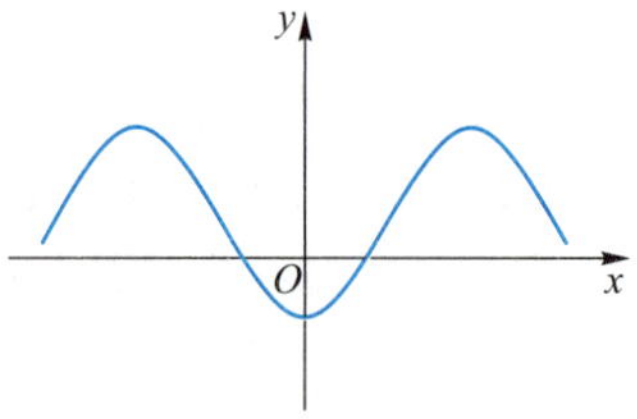

图 1-2

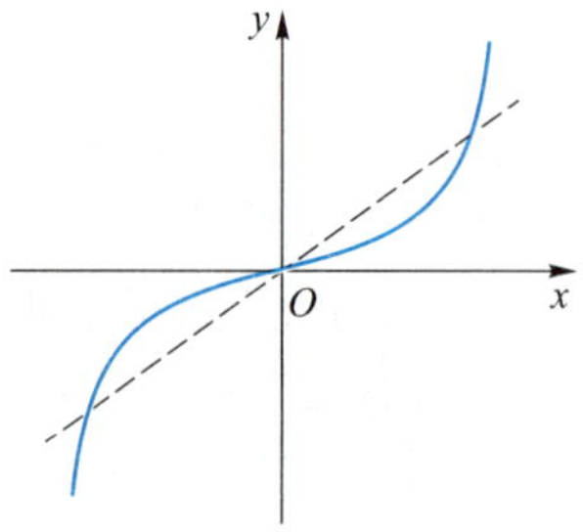

图 1-3

2. 函数的单调性

设函数 $f(x)$ 在开区间 (a,b) 内有定义，对于 (a,b) 内的任意两点 x_1 和 x_2，当 $x_2>x_1$ 时，恒有 $f(x_2)>f(x_1)$，则称函数 $f(x)$ 在 (a,b) 内是**单调增加**的；当 $x_2>x_1$ 时，恒有 $f(x_2)<f(x_1)$，则称函数 $f(x)$ 在 (a,b) 内是**单调减少**的.

单调增加函数与单调减少函数统称为**单调函数**，所对应的区间称为**单调区间**.

显然，单调增加函数的图像从左至右逐渐上升，如图 1-4 所示；单调减少函数的图像从左至右逐渐下降，如图 1-5 所示.

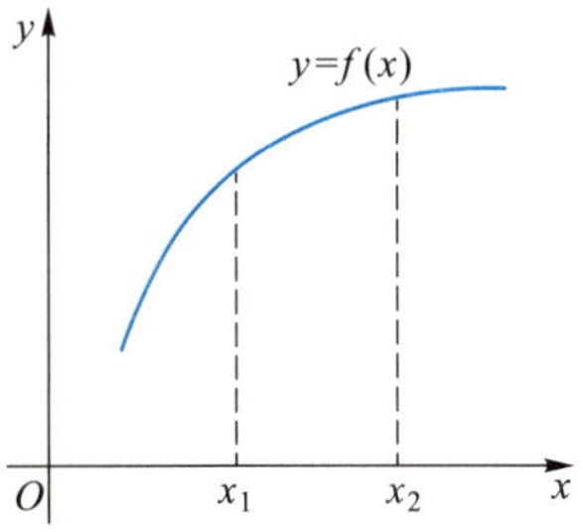

图 1-4

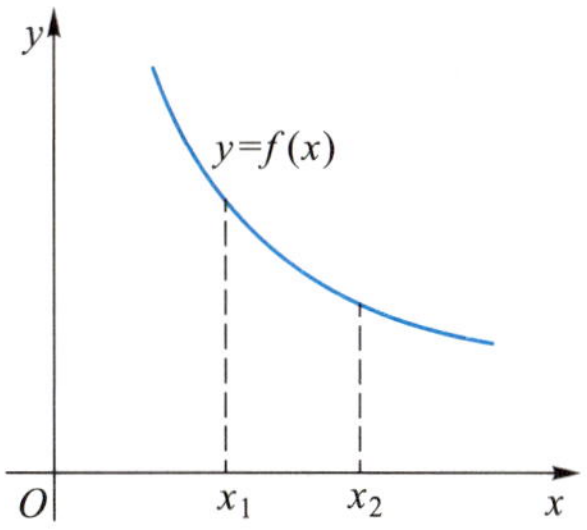

图 1-5

3. 函数的有界性

设函数 $f(x)$ 在区间 D 上有定义，若存在一个常数 $M>0$，使对于所有点 $x\in D$，恒有 $|f(x)|\leqslant M$，则称函数 $f(x)$ 在 D 上**有界**. 如果不存在这样的正数 M，则称函数 $f(x)$ 在 D 上**无界**.

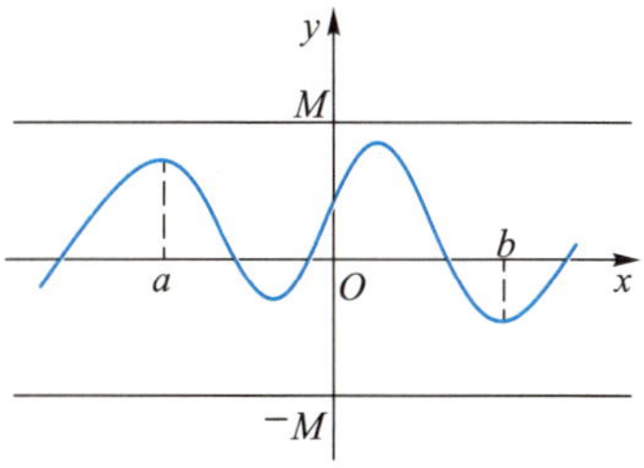

图 1-6

函数 $y=f(x)$ 在区间 (a,b) 内有界的几何意义：曲线 $y=f(x)$ 在区间 (a,b) 内被限制在 $y=M$ 和 $y=-M$ 两条线之间，如图1-6 所示.

例如，函数 $y=\sin x$，$y=\cos x$，$y=\arctan x$，$y=\operatorname{arccot} x$ 等是区间 $(-\infty,+\infty)$ 上的有界函数.

4. 函数的周期性

设函数 $y=f(x)$ 的定义域为 D，若存在非零常数 T，使对于任意 $x\in D$，当 $(x+T)\in D$ 时，总有 $f(x)=f(T+x)$ 成立，则称此函数为**周期函数**，T 称为函数 $y=f(x)$ 的一个**周期**.

周期函数的周期有无穷多个，通常所说函数的周期是指最小正周期. 例如，正弦函数 $y=\sin x$、余弦函数 $y=\cos x$ 都是周期函数，周期为 2π.

周期函数的特征：在定义域内每个长度为 T 的区间上，函数图像有相同的形状.

1.1.3　初等函数

1. 基本初等函数

我们把常数函数、幂函数、指数函数、对数函数、三角函数和反三角函数统称为**基本初等函数**. 基本初等函数的主要性质与图像概括见表 1-2.

表 1-2

名称	表达式	定义域	图像	性质
常数函数	$y=C$ （C 为常数）	$(-\infty,+\infty)$	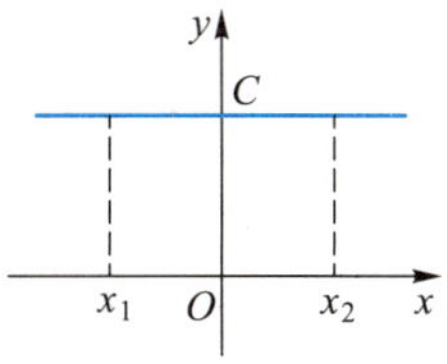	(1) 偶函数； (2) 有界

续表

名称	表达式	定义域	图像	性质
幂函数	$y=x^{\alpha}$（α 为任意实数）	根据 α 值的不同，$y=x^{\alpha}$ 的定义域也不同	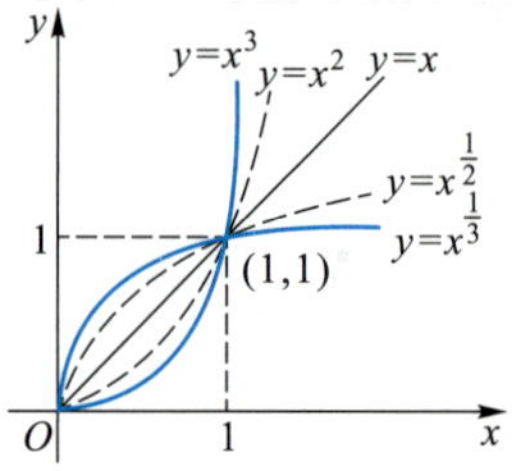 （$\alpha>0$ 的情况，第一象限图）	（1）图像都过点（0,0）和点（1,1）； （2）在$[0,+\infty)$上单调增加
			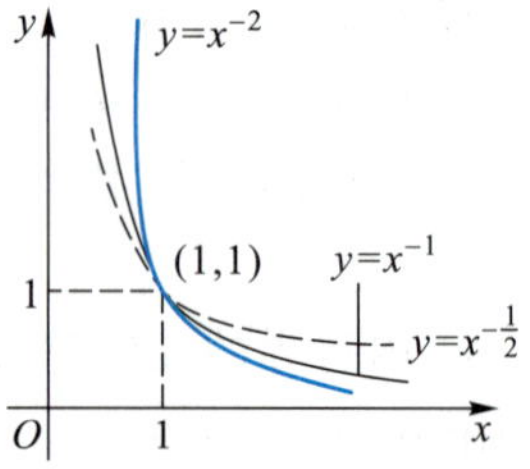 （$\alpha<0$ 的情况，第一象限图）	（1）图像都过点（1,1）； （2）在$(0,+\infty)$内单调减少
指数函数	$y=a^{x}$ $(a>0,a\neq1)$	$(-\infty,+\infty)$	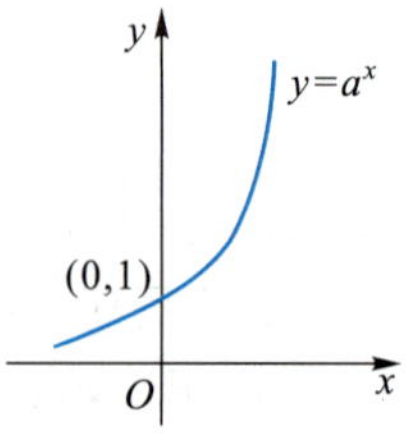 （$a>1$ 的情况）	（1）图像均在 x 轴上方； （2）图像均过点（0,1）； （3）单调增加
			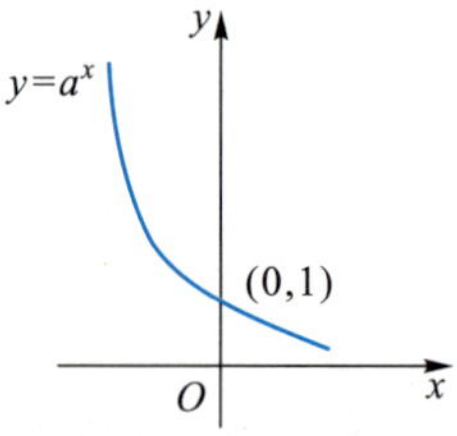 （$0<a<1$ 的情况）	（1）图像均在 x 轴上方； （2）图像均过点（0,1）； （3）单调减少
对数函数	$y=\log_{a}x$ $(a>0,a\neq1)$	$(0,+\infty)$	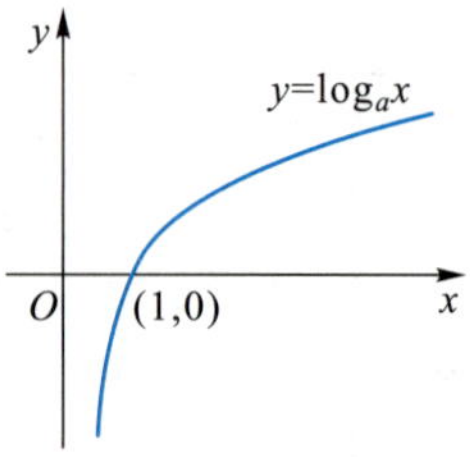 （$a>1$ 的情况）	（1）图像均在 y 轴右侧； （2）图像均过点（1,0）； （3）单调增加

续表

名称	表达式	定义域	图像	性质
对数函数			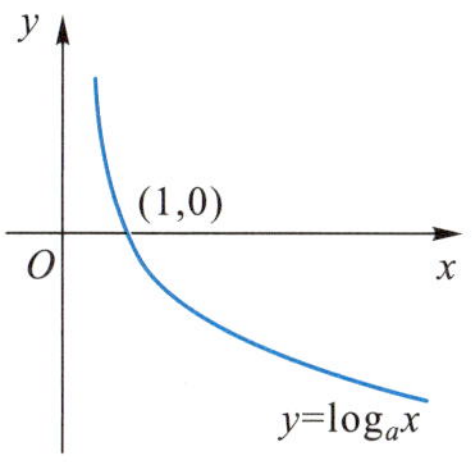（$0<a<1$ 的情况）	（1）图像均在 y 轴右侧； （2）图像均过点$(1,0)$； （3）单调减少
正弦函数	$y=\sin x$	$(-\infty,+\infty)$	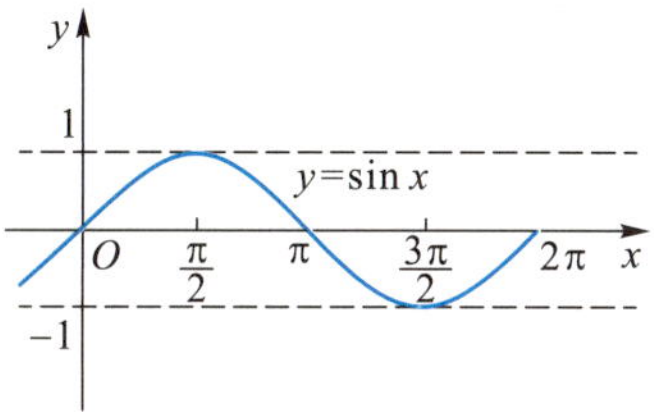	（1）奇函数； （2）周期 $T=2\pi$； （3）有界； （4）在区间$\left[-\frac{\pi}{2}+2k\pi,\frac{\pi}{2}+2k\pi\right]$$(k\in\mathbf{Z})$上单调增加，在区间$\left[\frac{\pi}{2}+2k\pi,\frac{3\pi}{2}+2k\pi\right]$$(k\in\mathbf{Z})$上单调减少
余弦函数	$y=\cos x$	$(-\infty,+\infty)$	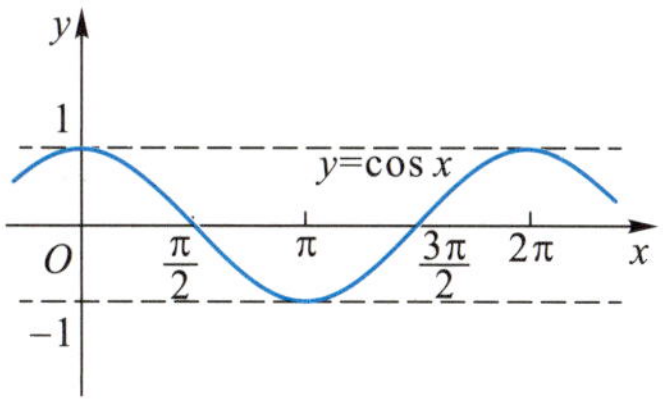	（1）偶函数； （2）周期 $T=2\pi$； （3）有界； （4）在区间$[(2k-1)\pi,2k\pi]$$(k\in\mathbf{Z})$上单调增加，在区间$[2k\pi,(2k+1)\pi]$$(k\in\mathbf{Z})$上单调减少
正切函数	$y=\tan x$	$\left\{x\,\middle\|\,x\neq k\pi+\frac{\pi}{2},k\in\mathbf{Z}\right\}$	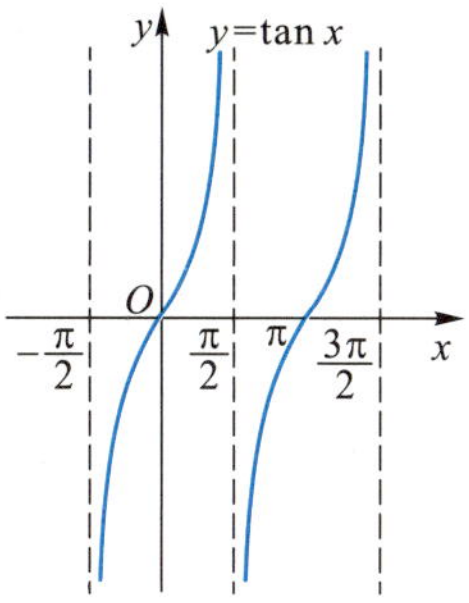	（1）奇函数； （2）周期 $T=\pi$； （3）在区间$\left(-\frac{\pi}{2}+k\pi,\frac{\pi}{2}+k\pi\right)$$(k\in\mathbf{Z})$上单调增加

续表

名称	表达式	定义域	图像	性质
余切函数	$y=\cot x$	$\{x \mid x \neq k\pi,$ $k \in \mathbf{Z}\}$	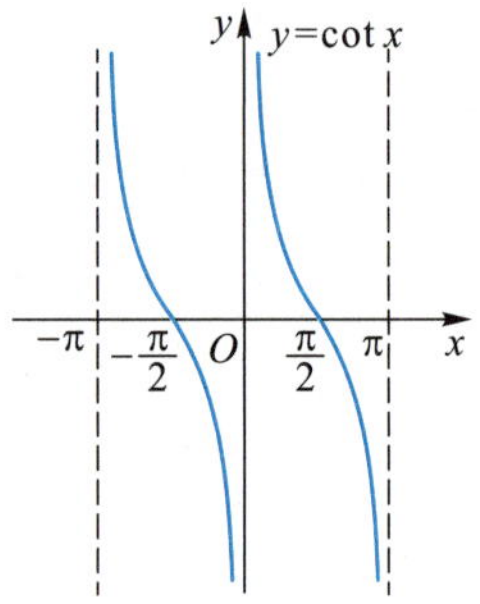	(1) 奇函数； (2) 周期 $T=\pi$； (3) 在区间$(k\pi,(k+1)\pi)$ $(k \in \mathbf{Z})$ 上单调减少
反正弦函数	$y=\arcsin x$	$[-1,1]$	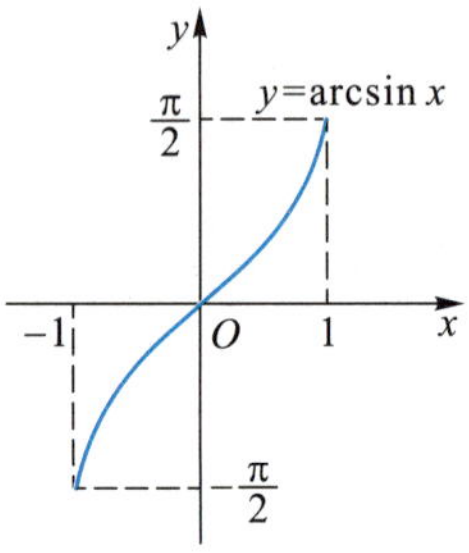	(1) 奇函数； (2) 有界； (3) 单调增加
反余弦函数	$y=\arccos x$	$[-1,1]$	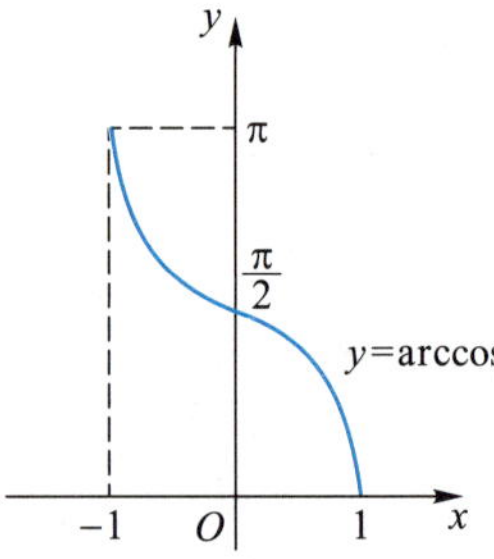	(1) 有界； (2) 单调减少
反正切函数	$y=\arctan x$	$(-\infty,+\infty)$	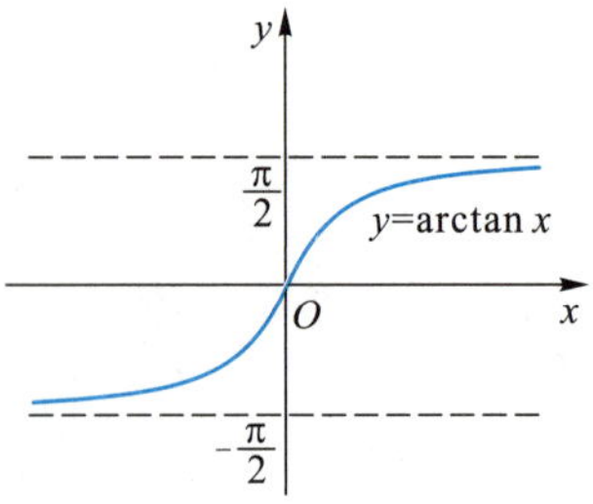	(1) 奇函数； (2) 有界； (3) 单调增加

续表

名称	表达式	定义域	图像	性质
反余切函数	$y = \operatorname{arccot} x$	$(-\infty, +\infty)$	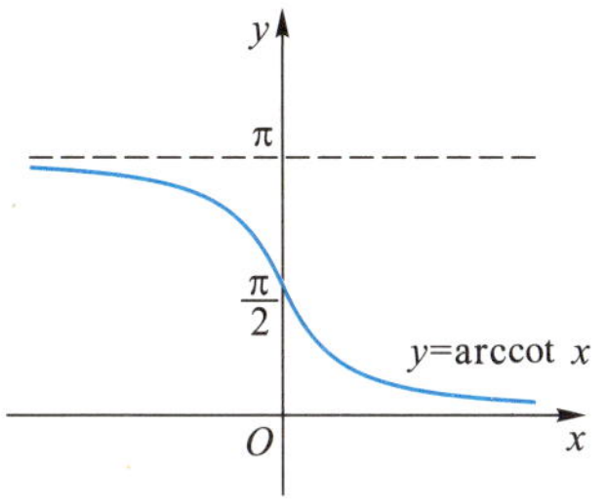	(1) 有界； (2) 单调减少

说明 (1) 现实生活中常见以 e 为底的指数函数 $y = e^x$，其中，$e = 2.718\ 28\cdots$，与圆周率 π 一样是一个无理数，如人口按指数增长，放射性按指数衰变等.

(2) 以 e 为底的对数函数称为**自然对数**，简记为 $y = \ln x$；以 10 为底的对数函数称为**常用对数**，记为 $y = \lg x$.

(3) 三角函数一律以弧度作为度量角的单位.

2. 复合函数

在经济活动中，我们会遇到这样的问题，产品的成本 C 可以看成产量 Q 的函数 $C = f(Q)$，而产量 Q 又是时间 t 的函数 $Q = g(t)$，时间 t 通过产量 Q 间接影响成本 C，于是成本 C 可看作时间 t 的函数 $C = f(Q) = f[g(t)]$，成本 C 与时间 t 的这种函数关系称为一种复合函数关系.

定义 1.2 设函数 $y = f(u)$，$u = \varphi(x)$，$x \in D$. 如果在 D 的某个非空子集 D_1 上，对于 $x \in D_1$ 的每一个 x 值所对应的 u 值，都能使函数 $y = f(u)$ 有定义，则 y 是 x 的函数. 这个函数我们称为由函数 $y = f(u)$ 与 $u = \varphi(x)$ 复合而成的函数，简称为 x 的**复合函数**，记作 $y = f[\varphi(x)]$，其中，u 叫作中间变量. 复合函数的定义域是 D_1.

例 1-4 已知 $y = \sin u$，$u = 1 - v^2$，$v = \cos x$，请将 y 表示成 x 的函数.

解 y 可表示成

$$y = \sin u = \sin(1 - v^2) = \sin(1 - \cos^2 x).$$

分解自变量为 x 的复合函数 y 是指，引入中间变量 u，将复合函数 y 分解为基本初等函数 $y = f(u)$ 与函数 $u = u(x)$. 若 $u = u(x)$ 为基本初等函数或由基本初等函数的四则运算构成的简单函数，则分解终止；若 $u = u(x)$ 仍为复合函数，则继续引入新的中间变量分解复合函数 $u = u(x)$，直至所得的每个函数都为基本初等函数或简单函数.

例 1-5 分解下列复合函数.

(1) $y = 3^{5x+2}$.　　　　(2) $y = \lg(\arcsin\sqrt{x})$.

解 (1) 这个复合函数中最外层的数学运算是将表达式 $5x + 2$ 作为指数的求幂运算，因此令中间变量 $u = 5x + 2$，而中间变量 $u = 5x + 2$ 是简单函数，分解结束. 所以复合函

数 $y=3^{5x+2}$ 分解为

$$y=3^u,\quad u=5x+2.$$

（2）这个复合函数中最外层的数学运算是将表达式 $\arcsin\sqrt{x}$ 作为真数取对数运算，令中间变量 $u=\arcsin\sqrt{x}$，而函数 $u=\arcsin\sqrt{x}$ 仍是复合函数，所以要继续分解.再令中间变量 $v=\sqrt{x}$，中间变量 $v=\sqrt{x}$ 为基本初等函数中的幂函数，分解结束.所以复合函数 $y=\lg(\arcsin\sqrt{x})$ 分解为

$$y=\lg u,\quad u=\arcsin v,\quad v=\sqrt{x}.$$

3. 初等函数

由基本初等函数经过有限次的加、减、乘、除及复合，并能用一个解析式表示的函数称为**初等函数**.

例 1-6　判断下列表达式是否为初等函数 .

（1）$y=x^2$；　　（2）$y^2=x$；

（3）$y=e^{\tan x}$；　　（4）$y=x^2+\ln(x^3-\cos x)$；

（5）$y=1+x^2+x^3+x^4+\cdots$；　　（6）$y=\begin{cases}1, & x>0,\\ 2, & x=0,\\ 5, & x<0.\end{cases}$

解　（1）是幂函数，为初等函数.

（2）是抛物线的方程，由于任一大于零的自变量对应两个因变量，不符合函数的定义，不是初等函数.

（3）是由指数函数和正切函数 $y=e^u$，$u=\tan x$ 复合而成的，为初等函数.

（4）由幂函数和复合函数的和构成，为初等函数.

（5）不是有限次的，不是初等函数.

（6）不是只由一个数学表达式表示的，不符合初等函数的定义，不是初等函数.

由分段函数的定义可知，通常一个分段函数不是初等函数，但也有例外.例如，我们熟悉的绝对值函数，它不仅可以分段形式表示，

$$f(x)=|x|=\begin{cases}-x, & x<0,\\ x, & x\geqslant 0,\end{cases}$$

也可以用一个函数表达式 $f(x)=\sqrt{x^2}$ 来表示，所以它既是分段函数，也是初等函数.

1.1.4　经济数学模型

1. 需求函数与供给函数模型

在研究市场问题时，常常会涉及两个重要的函数，即需求函数和供给函数.

市场对某种商品的需求量 Q 在假设其他因素不变的条件下，可视为该商品价格 P 的函数，称为**需求函数**，记作

$$Q_D=Q_D(P).$$

通常需求函数是价格的单调减少函数.常见的需求函数有以下几种类型：

(1) 线性需求函数 $Q_D = a - bP(a > 0, b > 0)$；

(2) 二次需求函数 $Q_D = a - bP - cP^2(a > 0, b > 0, c > 0)$；

(3) 指数需求函数 $Q_D = ae^{-bP}(a > 0, b > 0)$.

在假设其他因素不变的条件下,供给量 Q 也可看成价格 P 的函数,称为**供给函数**,记作

$$Q_S = Q_S(P).$$

供给函数一般是价格的单调增加函数.常见的供给函数有线性供给函数

$$Q_S = -c + dP(c > 0, d > 0),$$

还有幂函数、指数函数.

当市场的需求量与供给量持平时,称为供需平衡.此时的价格称为**供需平衡价格**或**均衡价格**,记为 P_0；此时的需求量称为均衡量,记为 Q_0(图 1-7).

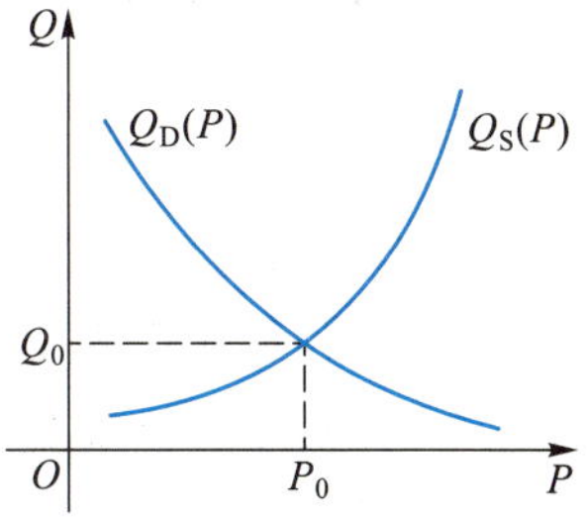

图 1-7

例 1-7 已知某冰箱每台售价为 1 500 元时,每月可销售 2 000 台,每台售价每降 100 元,每月可增销 400 台,试求该冰箱的线性需求函数.

解 以 Q 表示需求量,P 表示价格,设线性需求函数公式为

$$Q = a - bP.$$

由题意得

$$\begin{cases} 2\,000 = a - 1\,500b, \\ 2\,400 = a - 1\,400b, \end{cases}$$

解得 $a = 8\,000, b = 4$.故该冰箱的线性需求函数为

$$Q = 8\,000 - 4P.$$

例 1-8 设某种商品的需求函数和供给函数分别为 $Q = 200 - 5P, S = -10 + 25P$,求商品的均衡价格 P_0.

解 由供需均衡条件 $Q = S$,可得

$$200 - 5P_0 = -10 + 25P_0,$$

解得

$$P_0 = 7.$$

因此商品的均衡价格 $P_0 = 7$.

例 1-9 当某商品的销售价格为 80 元时,月销售量为 5 000 件.已知销售价格每提高 2 元,月销售量会减少 100 件.在不考虑其他因素时,

(1) 求该商品的月销售量与价格之间的函数关系；

(2) 当价格提高到多少时,该商品会卖不出去?

解 (1) 设商品的价格为 P(元/件),月销售量为 Q(件),则

$$\begin{aligned} Q &= 5\,000 - 100\left(\frac{P - 80}{2}\right) \\ &= 5\,000 - 50P + 4\,000 \\ &= 9\,000 - 50P. \end{aligned}$$

所以该商品的月销售量与价格之间的函数关系为

$$Q=9\ 000-50P.$$

（2）当商品卖不出去时，$Q=0$，即

$$9\ 000-50P=0,$$
$$P=180(元/件).$$

所以当价格提高到 180 元/件时，该商品会卖不出去.

2. 成本函数、收入函数和利润函数模型

在生产和产品的经营活动中，人们总希望尽可能降低成本，提高收入，并增加利润. 而成本、收入和利润这些经济变量都与产品的产量或销售量 Q 密切相关，它们都可以看作 Q 的函数，分别称为**总成本函数**，记作 $C=C(Q)$；**总收入函数**，记作 $R=R(Q)$；**总利润函数**，记作 $L=L(Q)$.

1）总成本函数

总成本 $C=C(Q)$ 由固定成本 $\mathrm{FC}=C_0$ 和变动成本 $\mathrm{VC}=C_1(Q)$ 两部分组成，固定成本与产量 Q 无关，如厂房、设备费等. 变动成本随产量 Q 的增加而增加，如原材料费用、工人工资等.

总成本函数为

$$C=C(Q)=\mathrm{FC}+\mathrm{VC}=C_0+C_1(Q),C(0)=C_0.$$

总成本的多少并不能很好地说明企业生产的好坏，为了准确评价企业的生产状况，通常需要计算产品的**平均成本**，即生产 Q 件产品时，单位产品的成本，记作 $\overline{C}$ 或 ATC，于是

$$\overline{C}=\frac{C(Q)}{Q}=\frac{C_0}{Q}+\frac{C_1(Q)}{Q},$$

其中，$\dfrac{C_1(Q)}{Q}$ 称为**平均可变成本**，记作 $\mathrm{AVC}=\dfrac{C_1(Q)}{Q}$；$\dfrac{C_0}{Q}$ 称为**平均固定成本**，记作 $\mathrm{AFC}=\dfrac{C_0}{Q}$.

例 1-10　某粮油加工厂，加工花生油的日产能力为 50 t，固定成本为 3 000 元，每加工 1 t 花生油，成本增加 100 元，求：

（1）每日的成本与日产量的函数关系；

（2）日产量分别是 30 t、40 t 时的总成本、平均成本及平均可变成本.

解　（1）设每日的成本为 C，日产量为 Q，每日的成本与日产量的函数关系为

$$C(Q)=3\ 000+100Q\quad(0\leqslant Q\leqslant 50).$$

（2）当日产量 $Q=30$ t 时，总成本为

$$C(30)=3\ 000+100\times 30=6\ 000(元),$$

平均成本及平均可变成本分别为

$$\overline{C}(30)=\frac{C(30)}{30}=200(元),\quad \overline{C}_1(30)=\frac{C_1(30)}{30}=100(元).$$

当日产量 $Q=40$ t 时，总成本为

$$C(40)=3\ 000+100\times 40=7\ 000(元),$$

平均成本及平均可变成本分别为

$$\bar{C}(40)=\frac{C(40)}{40}=175(\text{元}),\quad \bar{C}_1(40)=\frac{C_1(40)}{40}=100(\text{元}).$$

从计算的数据分析中,我们可以看出,日产量越大,平均成本越低,但平均可变成本不变.

2）总收入函数与总利润函数

总收入函数是产品的价格与需求量的乘积,即总收入函数为

$$R(Q)=PQ,$$

其中,P 为产品的单位售价.

总利润是总收入与总成本之差,即总利润函数为

$$L(Q)=R(Q)-C(Q).$$

当$L(Q)>0$时,企业盈利;当$L(Q)<0$时,企业亏损;当$L(Q)=0$时,企业盈亏平衡.在**利润贡献分析法**中,称满足 $L(Q)=0$ 的点 Q_0 为**盈亏平衡点**(又称为**保本点**).

例 1-11　某工厂生产某产品的售价为 2 千元/t,若每天生产 Q t 的总成本为 C(千元),且有 $C(Q)=Q^2-4Q+5$, 求该厂的盈亏平衡点.

解　设总收入为 $R(Q)$,利润为$L(Q)$, 则

$$\begin{aligned}L(Q)&=R(Q)-C(Q)=2Q-(Q^2-4Q+5)\\&=-Q^2+6Q-5.\end{aligned}$$

在盈亏转折点,有

$$L(Q)=-Q^2+6Q-5=0.$$

解得

$$Q_1=1,\quad Q_2=5,$$

所以该厂的盈亏平衡点有两个,分别为生产 1 t 和生产 5 t.

如图 1-8 所示,通过对利润的分析,我们可以得出,该厂每天产量低于1 t或超过5 t,都要亏本,产量超过 1 t 且低于 5 t 时,该厂才会盈利.

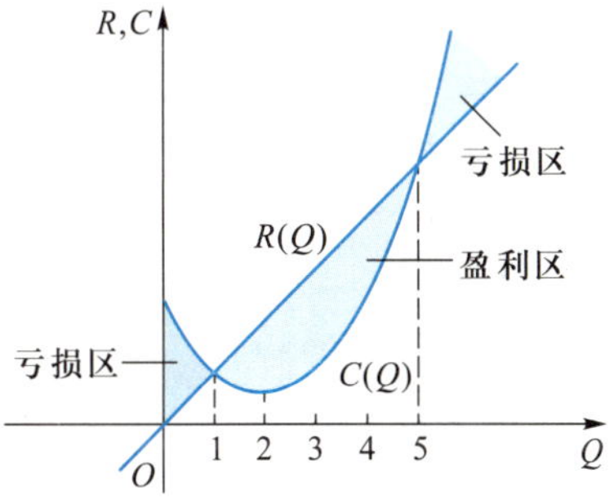

图 1-8

例 1-12　已知某厂商的成本函数为 $C(Q)=0.5Q^2+10Q$,产品的需求函数为 $P=90-0.5Q$, 求:

(1) 收入函数和利润函数;

(2) 利润最大化下的产量、价格与利润;

(3) 假设厂商的最高售价 $P=55$,则此时厂商的产量与利润分别是多少?

解　(1) 收入函数为

$$R(Q)=PQ=90Q-0.5Q^2,$$

利润函数为

$$\begin{aligned}L(Q)&=R(Q)-C(Q)\\&=90Q-0.5Q^2-(0.5Q^2+10Q)\\&=80Q-Q^2.\end{aligned}$$

(2) 由 $L(Q)=80Q-Q^2=-(Q-40)^2+1\ 600$知,当产量 $Q=40$时,利润最大.因此利润最大化下的产量 $Q=40$,此时价格 $P=90-0.5\times40=70$,利润 $L(40)=1\ 600$.

(3) 若价格 $P=55$,由 $P=90-0.5Q$,得产量 $Q=180-2P=70$,利润

$$L(70)=80\times70-70^2=700.$$

练习 1.1

1. 判断题.

(1) 复合函数 $f[g(x)]$ 的定义域就是 $g(x)$ 的定义域.　(　　)

(2) $y=\sin x$ 为奇函数.　(　　)

(3) $y=\sqrt{-u}, u=\dfrac{1}{x^2}$ 能复合成复合函数.　(　　)

(4) 分段函数都不是初等函数.　(　　)

(5) 一般地,需求量会随着价格的上涨而减少,而供给量会随着价格的上涨而增加.　(　　)

2. 填空题.

(1) 函数的三大要素是 ______、______和 ______.

(2) 奇函数的图像关于 ______ 对称,偶函数的图像关于 ______ 对称.

(3) 函数的表示法通常有 ______、______ 和 ______.

(4) 函数 $y=e^{\sin x}$ 由函数 ______ 和 ______ 复合而成.

(5) 设函数 $f(x)=\ln x, g(x)=e^{2x+1}$,则 $f[g(x)]=$ ______.

3. 选择题.

(1) 下列各组函数为同一函数的是(　　).

A. $f(x)=\dfrac{x^2-4}{x-2}$ 与 $g(x)=x+2$　　B. $f(x)=\ln x^2$ 与 $g(x)=2\ln x$

C. $f(x)=|x|$ 与 $g(x)=\sqrt{x^2}$　　D. $f(x)=\cos x$ 与 $\sqrt{1-\sin^2 x}$

(2) 函数 $y=\lg(1-x)+\sqrt{x+2}$ 的定义域是(　　).

A. $[-2,1]$　　B. $(-2,1)$　　C. $(-2,1]$　　D. $[-2,1)$

(3) 函数 $y=x\cos x$ 是(　　).

A. 奇函数　　B. 偶函数　　C. 非奇非偶函数　　D. 不能确定

(4) 函数 $y=\cos x$ 与 $y=\arcsin x$ 都是(　　).

A. 有界函数　　B. 周期函数　　C. 奇函数　　D. 单调函数

(5) 设函数 $f(x)=2^x, g(x)=x^2$,则 $f[g(x)]=$(　　).

A. 2^{x^2}　　B. x^{2^x}　　C. x^{x^2}　　D. 2^{2^x}

1.2　极　　限

极限是描述变量在一定的变化过程中的终极状态的概念,是微积分学中重要的基本概念之一,后续章节将要学习函数的连续、导数、定积分的概念等,都是用极限来表述的.

1.2.1　极限的概念

1. 数列的极限

在我国先秦哲学家庄周所著的《庄子·天下篇》中有一句话:"一尺之棰,日取其半,万世不竭.”这句话的含义:一根长为一尺的木棒,每天截下一半,这样的过程可以无限地进行下去.距今 2 300 多年前的庄子用通俗的语言形象地说明了物质的无限可分性.

极限的概念

我们把每天截下部分的长度列出来,可以得到:

第一天截下$\frac{1}{2}$,第二天截下$\frac{1}{2^2}$…… 第 n 天截下$\frac{1}{2^n}$…… 这样就可以得到一个数列

$$\frac{1}{2},\frac{1}{2^2},\cdots,\frac{1}{2^n},\cdots.$$

不难发现,当 $n\to\infty$ 时,其通项 $a_n=\frac{1}{2^n}$ 无限地接近于常数 0.

同样地,当 $n\to\infty$ 时,数列 $1-\frac{1}{10},1-\frac{1}{10^2},1-\frac{1}{10^3},\cdots,1-\frac{1}{10^n},\cdots$ 的通项 $a_n=1-\frac{1}{10^n}$ 无限地接近于常数 1;数列

$$-1,1,-1,1,\cdots,(-1)^n,\cdots$$

的各项的值在 -1 和 1 上跳动,没有无限地接近的固定常数;数列

$$1,2,3,4,\cdots,n,\cdots$$

的通项 $a_n=n$ 无限变大.

定义 1.3 已知数列 $a_1,a_2,a_3,\cdots,a_n,\cdots$,当 $n\to\infty$ 时,若通项 a_n 无限地接近于一个确定的常数 A,则称当 $n\to\infty$ 时,数列 $\{a_n\}$ 的**极限**为 A,或称数列**收敛**于 A,记作

$$\lim_{n\to\infty}a_n=A \quad 或 \quad a_n\to A(n\to\infty).$$

根据数列极限的定义,数列$\frac{1}{2},\frac{1}{2^2},\frac{1}{2^3},\cdots,\frac{1}{2^n},\cdots$ 的极限为

$$\lim_{n\to\infty}\frac{1}{2^n}=0;$$

数列 $1-\frac{1}{10},1-\frac{1}{10^2},1-\frac{1}{10^3},\cdots,1-\frac{1}{10^n},\cdots$ 的极限为

$$\lim_{n\to\infty}\left(1-\frac{1}{10^n}\right)=1;$$

数列 $-1,1,-1,1,\cdots,(-1)^n,\cdots$ 中,当 $n\to\infty$ 时,其数值在 -1 和 1 上跳动,不能接近于某一个确定的常数,故此数列没有极限;数列 $1,2,3,4,\cdots,n,\cdots$ 中,当 $n\to\infty$ 时,$x_n=n\to\infty$,不接近于任何常数,故此数列也没有极限.

有极限的数列称为**收敛数列**,没有极限的数列称为**发散数列**.

2. 函数的极限

1) 当 $x\to\infty$ 时,函数 $f(x)$ 的极限

$x\to\infty$ 包括两个方向:一个是沿着 x 轴的负方向,这时自变量 x 取值为负且 $|x|$ 无限增大,记作$x\to-\infty$;另一个则是沿着 x 轴的正方向,这时自变量 x 取值为正且 $|x|$ 无限增大,记作 $x\to+\infty$. 因此 $x\to\infty$ 意味着同时要考虑 $x\to-\infty$ 与 $x\to+\infty$.

定义 1.4　对于函数 $y=f(x)$，如果当 $x\to\infty$ 时，$f(x)$ 无限地趋向于一个常数 A，则称当 $x\to\infty$ 时，函数 $f(x)$ 的极限是 A，记作

$$\lim_{x\to\infty}f(x)=A \quad 或 \quad f(x)\to A(x\to\infty).$$

定义 1.4 的几何意义：曲线 $y=f(x)$ 沿着 x 轴的正方向和负方向无限延伸时，与直线 $y=A$ 越来越接近，即以直线 $y=A$ 为水平渐近线，如图 1-9 所示.

例如，对于函数 $y=\dfrac{1}{x}$，观察其函数图形（图 1-10）可知，无论是当 $x\to-\infty$ 还是当 $x\to+\infty$ 时，对应的函数 y 值都无限地接近于常数 0，这意味着当 $x\to\infty$ 时，函数 $y=\dfrac{1}{x}$ 无限地接近于常数 0，这时称函数 $y=\dfrac{1}{x}$ 当 x 趋于无穷大时以 0 为极限，记作 $\lim\limits_{x\to\infty}\dfrac{1}{x}=0$.

极限的计算（1）

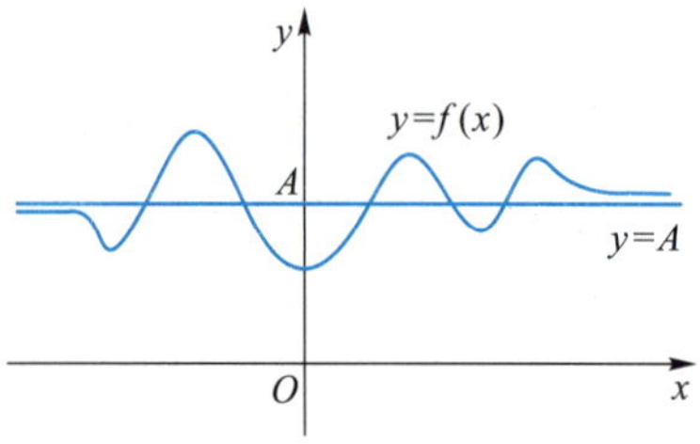

图 1-9

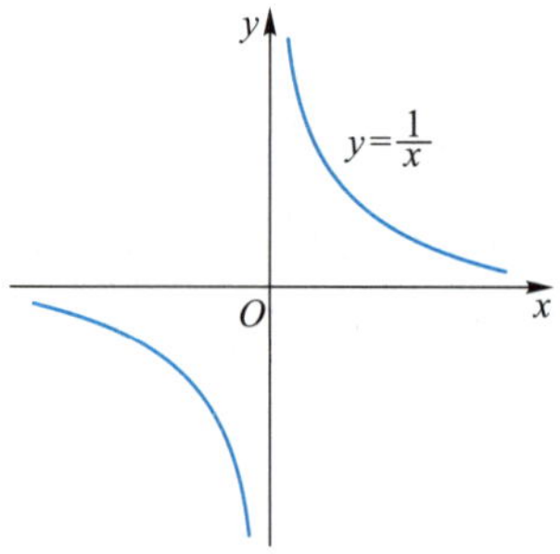

图 1-10

同理，对于函数 $y=f(x)$，如果当 $x\to+\infty$ 时，$f(x)$ 无限地趋向于一个常数 A，则称当 $x\to+\infty$ 时，函数 $f(x)$ 的极限是 A，记作

$$\lim_{x\to+\infty}f(x)=A \quad 或 \quad f(x)\to A(x\to+\infty).$$

对于函数 $y=f(x)$，如果当 $x\to-\infty$ 时，$f(x)$ 无限地趋向于一个常数 A，则称当 $x\to-\infty$ 时，函数 $f(x)$ 的极限是 A，记作

$$\lim_{x\to-\infty}f(x)=A \quad 或 \quad f(x)\to A(x\to-\infty).$$

由上述 $x\to\infty$，$x\to+\infty$，$x\to-\infty$ 时，函数 $y=f(x)$ 极限的定义，不难发现，$x\to\infty$ 时，函数 $y=f(x)$ 的极限是 A，这表明无论是当 $x\to+\infty$ 还是当 $x\to-\infty$ 时，函数 $y=f(x)$ 都要有相同的极限 A.

定理 1.1　极限 $\lim\limits_{x\to\infty}f(x)=A$ 的充分必要条件是 $\lim\limits_{x\to+\infty}f(x)=\lim\limits_{x\to-\infty}f(x)=A$.

根据定理 1.1，极限 $\lim\limits_{x\to-\infty}f(x)$ 与极限 $\lim\limits_{x\to+\infty}f(x)$ 中只要有一个不存在，或者两个都存在但不相等，则极限 $\lim\limits_{x\to\infty}f(x)$ 不存在.

例 1-13　讨论极限 $\lim\limits_{x\to-\infty}\arctan x$，$\lim\limits_{x\to+\infty}\arctan x$ 及 $\lim\limits_{x\to\infty}\arctan x$.

解　观察函数 $y=\arctan x$ 的图形，如图 1-11 所示. 由图像，知

$$\lim_{x\to-\infty}\arctan x=-\frac{\pi}{2},\ \lim_{x\to+\infty}\arctan x=\frac{\pi}{2},$$

极限 $\lim\limits_{x\to-\infty}\arctan x\neq\lim\limits_{x\to+\infty}\arctan x$，所以根据定理 1.1 可知，极限$\lim\limits_{x\to\infty}\arctan x$ 不存在.

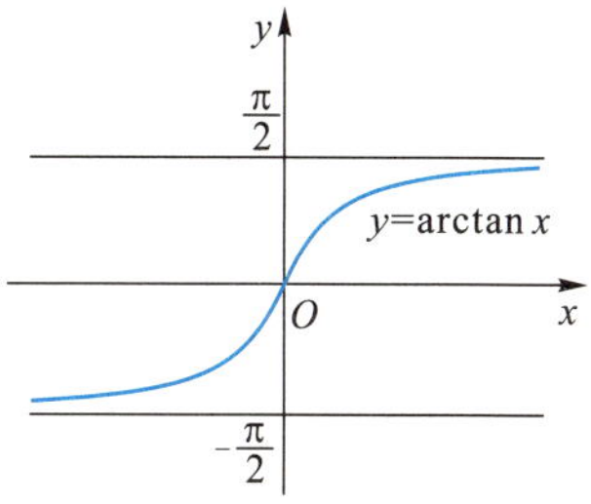

图 1-11

2）当 $x\to x_0$ 时，函数 $f(x)$ 的极限

$x\to x_0$ 是指自变量 x 无限地接近于点 x_0，它可以从点 x_0 的左方无限地接近于点 x_0，记作$x\to x_0^-$；也可以从点 x_0 的右方无限地接近于点 x_0，记作 $x\to x_0^+$；还可以忽左忽右地趋于 x_0. 因此 $x\to x_0$ 意味着要同时考虑 $x\to x_0^-$ 与 $x\to x_0^+$.

定义 1.5 设函数$f(x)$ 在点 x_0 的邻域内（点 x_0 可以除外）有定义，当x无限地接近于点 $x_0(x\neq x_0)$ 时，函数$f(x)$ 无限地接近于某一个常数 A，则称**当 $x\to x_0$ 时，函数$f(x)$ 的极限是** A，记作

$$\lim_{x\to x_0}f(x)=A\quad 或\quad f(x)\to A(x\to x_0).$$

当自变量 x 从点 x_0 的左侧（或右侧）无限地接近于 x_0 时，函数$f(x)$ 无限地接近于某一个常数 A，则称 A 为 $f(x)$ 在点 x_0 处的**左极限**（或**右极限**），记为

$$\lim_{x\to x_0^-}f(x)=A\quad \left(或\lim_{x\to x_0^+}f(x)=A\right).$$

函数的左极限与右极限统称为**单侧极限**.

依据左、右极限的定义，可得如下定理.

极限的计算（2）

定理 1.2 极限$\lim\limits_{x\to x_0}f(x)=A$ 的充分必要条件是

$$\lim_{x\to x_0^-}f(x)=\lim_{x\to x_0^+}f(x)=A.$$

例 1-14 设 $f(x)=\begin{cases}x+2, & x<0,\\ 0, & x=0,\\ x-2, & x>0.\end{cases}$ 试判断$\lim\limits_{x\to 0}f(x)$ 是否存在.

解 这是一个分段函数，且 $x=0$ 是其分段点，先分别求函数$f(x)$ 当 $x\to 0$ 时的左、右极限，即

$$\lim_{x\to 0^-}f(x)=\lim_{x\to 0^-}(x+2)=2,$$

$$\lim_{x\to 0^+}f(x)=\lim_{x\to 0^+}(x-2)=-2,$$

左、右极限存在但不相等，所以由极限存在的充分必要条件可知，$\lim\limits_{x\to 0}f(x)$ 不存在.

例 1-15 设函数 $f(x)=\begin{cases}e^x, & x>0,\\ k, & x<0,\end{cases}$ 问：当 k 为何值时，极限$\lim\limits_{x\to 0}f(x)$ 存在，并求$\lim\limits_{x\to 0}f(x)$.

解 因为

$$\lim_{x\to 0^-} f(x) = \lim_{x\to 0^-} k = k,$$

$$\lim_{x\to 0^+} f(x) = \lim_{x\to 0^+} e^x = 1,$$

要使极限 $\lim\limits_{x\to 0} f(x)$ 存在,必须有

$$\lim_{x\to 0^-} f(x) = k = 1 = \lim_{x\to 0^+} f(x),$$

所以当 $k = 1$ 时,

$$\lim_{x\to 0} f(x) = 1.$$

由例 1-15 知,函数在 $x = 0$ 处虽然没有定义,但极限仍然存在.

3. 无穷小量和无穷大量

1) 无穷小量

有一类函数在某个变化过程中其绝对值无限减小,也就是说,它的极限为 0,这样的函数称为无穷小量.

定义 1.6　对于函数 $y=f(x)$,如果在自变量 x 的某个变化过程中函数 $f(x)$ 的极限为 0,则称在该变化过程中,函数 $y=f(x)$ 为**无穷小量**,简称**无穷小**,一般记作

$$\lim y = 0.$$

在微积分中,常用小写希腊字母 α,β,γ 等来表示无穷小量.

这里所说的"在自变量 x 的某个变化过程中"是指 $x\to x_0^-$,或 $x\to x_0^+$,或 $x\to x_0$,或 $x\to\infty$,或 $x\to+\infty$,或 $x\to-\infty$ 中的某种变化.

说明　(1) 在说一个函数 $f(x)$ 是无穷小时,必须指明自变量 x 的变化趋势,如 x^3+1 是当 $x\to-1$ 时的无穷小量,但当 $x\to 0$ 时就不是无穷小量.

(2) 不要把一个绝对值很小的数(如 10^{-100})说成是无穷小量,无穷小量是以零为极限的变量.

(3) 数 0 可以看成特殊的无穷小量.

2) 无穷大量

定义 1.7　对于函数 $y=f(x)$,如果在自变量 x 的某个变化过程中函数的绝对值无限增大,则称在该变化过程中,函数 $y=f(x)$ 为**无穷大量**,简称**无穷大**,记作

$$\lim y = \infty \quad 或 \quad y\to\infty.$$

说明　(1) 无穷大量的定义中使用了极限符号,但无穷大量的极限是不存在的,只是在形式上称它的极限为无穷大量.

(2) ∞ 不是数,只表示函数 $y=f(x)$ 无限变大的一种状态.

(3) 与无穷小量一样,在说一个函数 $f(x)$ 是无穷大量时,必须指明自变量 x 的变化趋势.

(4) 无穷大量是变量,不能理解为绝对值很大的数.例如,常数函数 $y=10^{27}$ 虽然数值很大,但不是无穷大量.

(5) 在无穷大量的变化过程中,它的取值可能为正,也可能为负,无穷大量有两种

特殊的类型：一种是正无穷大量，记作 $\lim y=+\infty$ 或 $y\to+\infty$；另一种是负无穷大量，记作 $\lim y=-\infty$ 或 $y\to-\infty$.

3）无穷小量与无穷大量的关系

无穷小量与无穷大量之间有一种简单的关系，即它们互为倒数.

定理 1.3　在自变量 x 的同一个变化过程中，如果函数 $y=f(x)$ 是无穷小量且 $f(x)\neq 0$，则变量 $\dfrac{1}{f(x)}$ 为无穷大量；反之，如果函数 $y=f(x)$ 是无穷大量，则变量 $\dfrac{1}{f(x)}$ 为无穷小量.

例如，当 $x\to 0$ 时，幂函数 $y=f(x)=x^2(x\neq 0)$ 是无穷小量，而它的倒数 $\dfrac{1}{y}=\dfrac{1}{f(x)}=\dfrac{1}{x^2}$ 为无穷大量.

又例如，当 $x\to-\infty$ 时，指数函数 $y=\mathrm{e}^x$ 是无穷小量，而其倒数 $\dfrac{1}{y}=\dfrac{1}{\mathrm{e}^x}$ 是无穷大量.

4）函数的极限与无穷小量的关系

如果 $\lim\limits_{x\to x_0}f(x)=A$，那么 $\lim\limits_{x\to x_0}[f(x)-A]=0$. 设 $\alpha=f(x)-A$，则 α 是当 $x\to x_0$ 时的无穷小量. 于是，$f(x)=A+\alpha$，即函数 $f(x)$ 可以表示为它的极限与一个无穷小的和.

反之，如果函数 $f(x)$ 可以表示为一个常数 A 与一个无穷小 α 的和，即 $f(x)=A+\alpha$，则 $\lim\limits_{x\to x_0}f(x)=\lim\limits_{x\to x_0}(A+\alpha)=A$.

定理 1.4　函数 $f(x)$ 的极限为 A 的充分必要条件：$f(x)$ 可以表示为一个常数 A 与一个无穷小量 α 的和，即

$$\lim f(x)=A\Leftrightarrow f(x)=A+\alpha,\qquad 其中，\lim\alpha=0.$$

极限的计算（3）

5）无穷小量的基本性质

性质 1　有限个无穷小量的和、差、积仍为无穷小量.

性质 2　无穷小量与有界变量的积仍为无穷小量.特别地，常数与无穷小量的乘积是无穷小量.

例 1-16　讨论极限 $\lim\limits_{x\to\infty}\dfrac{1}{x}\sin x$.

解　当 $x\to\infty$ 时，变量 $\dfrac{1}{x}$ 是无穷小量，又因为 $|\sin x|\leqslant 1$，所以由性质 2，知

$$\lim_{x\to\infty}\frac{1}{x}\sin x=0.$$

6）无穷小量的阶

无穷小量虽然都是趋于 0 的变量，但它们趋于 0 的速度不一定相同，甚至可以差别很大.例如，当 $x\to+\infty$ 时，变量 $\dfrac{1}{\lg x}$，$\dfrac{1}{2\lg x}$，$\dfrac{1}{x^2}$ 都是无穷小量，它们趋于 0 的情况如表 1-3 所示.

表 1-3

x	10	100	1 000	10 000	…
$\frac{1}{\lg x}$	1	0.5	0.33	0.25	…
$\frac{1}{2\lg x}$	0.5	0.25	0.167	0.125	…
$\frac{1}{x^2}$	0.01	0.000 1	0.000 001	0.000 000 01	…

通过数据的比较，显然变量$\frac{1}{x^2}$要比变量$\frac{1}{\lg x}$及$\frac{1}{2\lg x}$趋于 0 的速度快得多. 为了比较无穷小量趋于 0 的快慢程度，我们引出无穷小量阶的概念.

设 α, β 是同一变化过程中的无穷小量.

(1) 如果 $\lim \frac{\alpha}{\beta} = 0$，则称 α 是比 β **高阶的无穷小量**，记作 $\alpha = o(\beta)$.

(2) 如果 $\lim \frac{\alpha}{\beta} = \infty$，则称 α 是比 β **低阶的无穷小量**.

(3) 如果 $\lim \frac{\alpha}{\beta} = c \neq 0$，则称 α 是与 β **同阶的无穷小量**. 特别地，若 $\lim \frac{\alpha}{\beta} = c = 1$，则称 α 是与 β **等价的无穷小量**，记作 $\alpha \sim \beta$.

例 1-17　比较下列无穷小量的阶.

(1) 当 $x \to 1$ 时，$x^2 - 1$ 与 $x - 1$；　　(2) 当 $x \to +\infty$ 时，$\frac{1}{x^2}$ 与 $\frac{1}{\sqrt{x}}$.

解　(1) 因 $\lim\limits_{x \to 1} \frac{x^2 - 1}{x - 1} = \lim\limits_{x \to 1}(x + 1) = 2$，所以当 $x \to 1$ 时，$x^2 - 1$ 与 $x - 1$ 是同阶无穷小.

(2) 因为 $\lim\limits_{x \to +\infty} \frac{\frac{1}{x^2}}{\frac{1}{\sqrt{x}}} = \lim\limits_{x \to +\infty} \frac{1}{x^{\frac{3}{2}}} = 0$，所以当 $x \to +\infty$ 时，$\frac{1}{x^2}$ 是比$\frac{1}{\sqrt{x}}$高阶的无穷小，即$\frac{1}{x^2} = o\left(\frac{1}{\sqrt{x}}\right)$.

1.2.2　极限的四则运算

定理 1.5　如果 $\lim f(x) = A$，$\lim g(x) = B$，那么

(1) $\lim[f(x) \pm g(x)] = \lim f(x) \pm \lim g(x) = A \pm B$；

(2) $\lim[f(x) \cdot g(x)] = \lim f(x) \cdot \lim g(x) = AB$；

(3) 当 $\lim g(x) = B \neq 0$ 时，$\lim \frac{f(x)}{g(x)} = \frac{\lim f(x)}{\lim g(x)} = \frac{A}{B}$.

由以上极限的四则运算法则可以推广到有限多项.

推论 如果函数 $f(x)$ 的极限存在且为 A，那么

(1) $\lim[kf(x)]=k\lim f(x)=kA$（$k$ 为常数）；

(2) $\lim[f(x)]^n=[\lim f(x)]^n=A^n$（$n$ 为正整数）.

例 1-18 求下列极限.

(1) $\lim\limits_{x\to2}(2x^2+5x-3)$； (2) $\lim\limits_{x\to0}(x^2-e^x\cos x)$；

(3) $\lim\limits_{x\to1}\dfrac{2x^2+x+1}{2x^3-3x^2+2}$.

解 (1) $\lim\limits_{x\to2}(2x^2+5x-3)=\lim\limits_{x\to2}(2x^2)+\lim\limits_{x\to2}(5x)-\lim\limits_{x\to2}3$

$$=2\times2^2+5\times2-3=15.$$

(2) $\lim\limits_{x\to0}(x^2-e^x\cos x)=\lim\limits_{x\to0}x^2-\lim\limits_{x\to0}e^x\lim\limits_{x\to0}\cos x=-1.$

(3) 因为$\lim\limits_{x\to1}(2x^3-3x^2+2)=1\neq0$，所以

$$\lim_{x\to1}\frac{2x^2+x+1}{2x^3-3x^2+2}=\frac{\lim\limits_{x\to1}(2x^2+x+1)}{\lim\limits_{x\to1}(2x^3-3x^2+2)}=\frac{4}{1}=4.$$

例 1-19 求$\lim\limits_{x\to3}\dfrac{x^2+1}{x-3}$.

扩展例题讲解

解 因为$\lim\limits_{x\to3}(x-3)=0$，所以不能直接使用定理 1.5 的法则(3). 又因为分子的极限

$$\lim_{x\to3}(x^2+1)=9+1=10\neq0,$$

所以我们可以先求函数的倒数的极限，即

$$\lim_{x\to3}\frac{x-3}{x^2+1}=\frac{\lim\limits_{x\to3}(x-3)}{\lim\limits_{x\to3}x^2+1}=\frac{0}{10}=0,$$

再利用无穷大量与无穷小量的倒数关系，得

$$\lim_{x\to3}\frac{x^2+1}{x-3}=\infty.$$

例 1-20 求$\lim\limits_{x\to3}\dfrac{x^2-9}{x-3}$.

扩展例题讲解

解 因为分子、分母的极限均为 $0\left(\dfrac{“0”}{0}\text{型}\right)$，所以不能直接用定理 1.5 的法则(3) 计算，但不难发现分子、分母有公因式 $x-3$，因此可以先消去零因子，再计算极限. 于是

$$\lim_{x\to3}\frac{x^2-9}{x-3}=\lim_{x\to3}\frac{(x-3)(x+3)}{x-3}=\lim_{x\to3}(x+3)=6.$$

例 1-21 求$\lim\limits_{x\to0}\dfrac{x^2}{1-\sqrt{1+x^2}}$.

解 这是一个$\dfrac{“0”}{0}$型的极限，不能直接用定理 1.5 的法则(3) 计算，可先对分母有理化，然后再求极限. 于是

例 1-21 讲解

$$\lim_{x\to0}\frac{x^2}{1-\sqrt{1+x^2}}=\lim_{x\to0}\frac{x^2(1+\sqrt{1+x^2})}{(1-\sqrt{1+x^2})(1+\sqrt{1+x^2})}=\lim_{x\to0}\frac{x^2(1+\sqrt{1+x^2})}{1-1-x^2}$$

$$=-\lim_{x\to0}(\sqrt{x^2+1}+1)=-2.$$

例 1-22 讲解

例 1-22　求 $\lim\limits_{x\to2}\left(\dfrac{1}{x-2}-\dfrac{4}{x^2-4}\right)$.

解　当 $x\to2$ 时，$\dfrac{1}{x-2}$，$\dfrac{4}{x^2-4}$ 都是无穷大量（“$\infty-\infty$”型），所以不能直接用定理 1.5 的法则(1) 计 算，需先化简再求极限. 于是

$$\lim_{x\to2}\left(\frac{1}{x-2}-\frac{4}{x^2-4}\right)=\lim_{x\to2}\frac{(x+2)-4}{(x-2)(x+2)}=\lim_{x\to2}\frac{x-2}{(x-2)(x+2)}=\frac{1}{4}.$$

例 1-23　求 $\lim\limits_{x\to\infty}\dfrac{x^2-1}{2x^2+1}$.

解　当 $x\to\infty$ 时，分子、分母的极限均为无穷大量$\left(\text{“}\dfrac{\infty}{\infty}\text{”型}\right)$，此时可先将分子、分母同除以 x 的最高次幂，再求极限. 于是

$$\lim_{x\to\infty}\frac{x^2-1}{2x^2+1}=\lim_{x\to\infty}\frac{1-\dfrac{1}{x^2}}{2+\dfrac{1}{x^2}}=\frac{\lim\limits_{x\to\infty}\left(1-\dfrac{1}{x^2}\right)}{\lim\limits_{x\to\infty}\left(2+\dfrac{1}{x^2}\right)}=\frac{1}{2}.$$

例 1-24　求 $\lim\limits_{x\to\infty}\dfrac{x-1}{2x^2+1}$.

解　先将分子、分母同除以 x^2，再求极限，得

$$\lim_{x\to\infty}\frac{x-1}{2x^2+1}=\lim_{x\to\infty}\frac{\dfrac{1}{x}-\dfrac{1}{x^2}}{2+\dfrac{1}{x^2}}=\frac{\lim\limits_{x\to\infty}\left(\dfrac{1}{x}-\dfrac{1}{x^2}\right)}{\lim\limits_{x\to\infty}\left(2+\dfrac{1}{x^2}\right)}=\frac{0}{2}=0.$$

一般地，当 $x\to\infty$ 时，有理分式的极限有以下结果：

$$\lim_{x\to\infty}\frac{a_0x^n+a_1x^{n-1}+\cdots+a_n}{b_0x^m+b_1x^{m-1}+\cdots+b_m}=\begin{cases}\infty, & n>m,\\ \dfrac{a_0}{b_0}, & n=m(a_0\neq0,b_0\neq0),\\ 0, & n<m.\end{cases}\qquad(1-1)$$

例 1-25　求 $\lim\limits_{x\to\infty}\dfrac{(2x+1)^{20}(3x+1)^{30}}{(5x+1)^{50}}$.

解　先将分子、分母同除以 x^{50}，再求极限，得

$$\lim_{x\to\infty}\frac{(2x+1)^{20}(3x+1)^{30}}{(5x+1)^{50}}=\frac{2^{20}\times3^{30}}{5^{50}}.$$

1.2.3 两个重要极限

1. $\lim\limits_{x \to 0} \dfrac{\sin x}{x} = 1$

从表 1-4 中可以看出，当 $x \to 0$ 时，函数$\dfrac{\sin x}{x} \to 1$，即$\lim\limits_{x \to 0} \dfrac{\sin x}{x} = 1$.

表 1-4

x	± 0.5	± 0.1	± 0.05	± 0.01	$\cdots$	$\to$	0
$\dfrac{\sin x}{x}$	0.958 85	0.998 33	0.999 58	0.999 98	$\cdots$	$\to$	1

这个公式可以推广为

$$\lim_{u(x) \to 0} \frac{\sin u(x)}{u(x)} = 1 \quad . \tag{1-2}$$

例 1-26 讲解

例 1-26 求$\lim\limits_{x \to 0} \dfrac{\tan x}{x}$.

解 $$\lim_{x \to 0} \frac{\tan x}{x} = \lim_{x \to 0} \frac{\dfrac{\sin x}{\cos x}}{x} = \lim_{x \to 0}\left(\frac{\sin x}{x} \cdot \frac{1}{\cos x}\right)$$

$$= \lim_{x \to 0} \frac{\sin x}{x} \cdot \lim_{x \to 0} \frac{1}{\cos x} = 1.$$

例 1-27 求$\lim\limits_{x \to 0} \dfrac{\sin 3x}{x}$.

解 **法 1** 令 $t = 3x$，则 $x = \dfrac{t}{3}$，当 $x \to 0$ 时，$t = 3x \to 0$，于是

$$\lim_{x \to 0} \frac{\sin 3x}{x} = \lim_{t \to 0} \frac{\sin t}{\dfrac{t}{3}} = 3 \lim_{t \to 0} \frac{\sin t}{t} = 3.$$

法 2 利用推广公式(1 - 2)，

$$\lim_{x \to 0} \frac{\sin 3x}{x} = \lim_{x \to 0} 3 \cdot \frac{\sin 3x}{3x} = 3 \lim_{x \to 0} \frac{\sin 3x}{3x} = 3.$$

一般地，我们有$\lim\limits_{x \to 0} \dfrac{\sin nx}{mx} = \dfrac{n}{m}$.

例 1-28 讲解

例 1-28 求$\lim\limits_{x \to 0} \dfrac{1 - \cos x}{x^2}$.

解 因为 $1 - \cos x = 2\sin^2\left(\dfrac{x}{2}\right)$，所以

$$\lim_{x\to0}\frac{1-\cos x}{x^2}=\lim_{x\to0}\frac{2\sin^2\left(\frac{x}{2}\right)}{x^2}=\frac{1}{2}\lim_{x\to0}\frac{\sin^2\left(\frac{x}{2}\right)}{\left(\frac{x}{2}\right)^2}$$

$$=\frac{1}{2}\lim_{x\to0}\left[\frac{\sin\left(\frac{x}{2}\right)}{\frac{x}{2}}\right]^2=\frac{1}{2}\left[\lim_{x\to0}\frac{\sin\left(\frac{x}{2}\right)}{\frac{x}{2}}\right]^2$$

$$=\frac{1}{2}\times1^2=\frac{1}{2}.$$

2. $\lim\limits_{x\to\infty}\left(1+\frac{1}{x}\right)^x=\mathrm{e}$

从表 1-5 中可以看出，当 $x\to\infty$ 时，函数 $\left(1+\frac{1}{x}\right)^x$ 趋向 e，即

$$\lim_{x\to\infty}\left(1+\frac{1}{x}\right)^x=\mathrm{e}.$$

表 1-5

x	…	- 10 000	- 1 000	- 100	100	1 000	10 000	…
$\left(1+\frac{1}{x}\right)^x$	…	2.718	2.720	2.732	2.705	2.717	2.718	…

这个公式可以推广为

$$\lim_{u(x)\to\infty}\left[1+\frac{1}{u(x)}\right]^{u(x)}=\mathrm{e}. \tag{1-3}$$

利用代换，令 $t=\frac{1}{x}$，则当 $x\to\infty$ 时，$t\to0$，于是，第二个重要极限公式可改写为

$$\lim_{t\to0}(1+t)^{\frac{1}{t}}=\mathrm{e}. \tag{1-4}$$

例 1-29　求 $\lim\limits_{x\to\infty}\left(1+\frac{2}{x}\right)^x$.

解　令 $t=\frac{2}{x}$，则 $x=\frac{2}{t}$，且当 $x\to\infty$ 时，$t\to0$，于是有

$$\lim_{x\to\infty}\left(1+\frac{2}{x}\right)^x=\lim_{t\to0}(1+t)^{\frac{2}{t}}=\lim_{t\to0}\left[(1+t)^{\frac{1}{t}}\right]^2$$

$$=\left[\lim_{t\to0}(1+t)^{\frac{1}{t}}\right]^2=\mathrm{e}^2.$$

扩展例题讲解

例 1-30　求 $\lim\limits_{x\to\infty}\left(1-\frac{1}{x}\right)^{2x+1}$.

解　令 $t=-\frac{1}{x}$，则 $x=-\frac{1}{t}$，且当 $x\to\infty$ 时，$t\to0$，于是有

$$\lim_{x\to\infty}\left(1-\frac{1}{x}\right)^{2x+1}=\lim_{t\to 0}(1+t)^{-\frac{2}{t}+1}$$
$$=\lim_{t\to 0}(1+t)^{-\frac{2}{t}}\lim_{t\to 0}(1+t)$$
$$=\lim_{t\to 0}\left[(1+t)^{\frac{1}{t}}\right]^{-2}$$
$$=e^{-2}.$$

例 1-31 求 $\lim\limits_{x\to\infty}\left(\frac{x-1}{x+1}\right)^{\frac{x}{2}+1}$.

解 $$\lim_{x\to\infty}\left(\frac{x-1}{x+1}\right)^{\frac{x}{2}+1}=\lim_{x\to\infty}\left(\frac{x-1}{x+1}\right)^{\frac{x}{2}}\left(\frac{x-1}{x+1}\right)=\lim_{x\to\infty}\left[\frac{\left(1-\frac{1}{x}\right)}{\left(1+\frac{1}{x}\right)}\right]^{\frac{x}{2}}\cdot\lim_{x\to\infty}\frac{\left(1-\frac{1}{x}\right)}{\left(1+\frac{1}{x}\right)}$$
$$=\frac{\lim\limits_{x\to\infty}\left[\left(1-\frac{1}{x}\right)^{-x}\right]^{-\frac{1}{2}}}{\lim\limits_{x\to\infty}\left[\left(1+\frac{1}{x}\right)^{x}\right]^{\frac{1}{2}}}\cdot 1=\frac{e^{-\frac{1}{2}}}{e^{\frac{1}{2}}}=e^{-1}.$$

1.2.4 连续复利和贴现

第二个重要极限在金融学中有一个明确的实际背景——连续复利的计算问题.

1. 连续复利

复利就是将到期后的利息纳入本金继续产生利息的结算方式(也称为普通复利),即把第一期的利息与本金之和作为第二期的本金,然后反复计息.

把本金 A_0 元存入银行,年利率为 r,若一年结息一次,满一年后的本利和为 A_1,则
$$A_1=A_0+A_0r=A_0(1+r).$$
把 A_1 作为本金继续存入,满两年后的本利和为 A_2,则
$$A_2=A_1+A_1r=A_1(1+r)=A_0(1+r)^2.$$
再把 A_2 作为本金继续存入,如此反复,满 t 年后的本利和为
$$A_t=A_0(1+r)^t.$$
如果把一年均分为 n 期计息,则每期的利率是 $\frac{r}{n}$,那么,t 年后的本利和为
$$A_t=A_0\left(1+\frac{r}{n}\right)^{nt}.$$
如果将计息期时间间隔无限缩短,则计息次数 $n\to\infty$,这种结算方式称为**连续复利**,连续复利的计算公式为
$$A_t=\lim_{n\to\infty}A_0\left(1+\frac{r}{n}\right)^{nt}$$

$$= A_0 \lim_{n \to \infty} \left[\left(1 + \frac{r}{n} \right)^{\frac{n}{r}} \right]^{rt} = A_0 e^{rt}.$$

例 1-32　如果 2 000 美元本金用于投资，年利息按 10% 的连续复利计算，问：经过多少天后，投资额将超过 2 100 美元？

解　已知 $A_t = 2\ 100$ 美元，$A_0 = 2\ 000$ 美元，$r = 10\%$，根据连续复利计算公式 $A_t = A_0 e^{rt}$，得

$$2\ 100 = 2\ 000e^{0.1t}.$$

方程两边同除以 2 000，得

$$1.05 = e^{0.1t},$$

两边取自然对数，得

$$0.1t = \ln 1.05 \approx 0.048\ 8,$$

故

$$t \approx 0.488(\text{年}).$$

假设一年有 365 天，则

$$t \approx 0.488 \times 365 \approx 178.1(\text{天}),$$

即经过 179 天后，投资额将超过 2 100 美元.

上述数学模型反映了现实世界中许多事物增长或衰减的规律，如生物的生长、人口增长、设备折旧价值等，都服从这个数学模型.

2. 贴现问题

已知现在值 A_0，确定未来值 A_t，这是复利问题.与之相反的问题是已知未来值 A_t，求现在值 A_0，这种问题称为贴现问题，这时的利率称为**贴现率**.

由连续复利公式可得**连续贴现公式**为

$$A_0 = A_t e^{-rt}.$$

例 1-33　假设计划在一家投资担保证券公司投入一笔资金，要求这笔投资在 10 年后的价值为 12 000 元，如果该证券公司以 9% 的年普通复利利率付息，则应该投资多少元？若年利率不变，但付息方式改为一年付复利 4 次或连续复利，则又应该投资多少元？

解　若按年普通复利利率付息，即一年复利一次，则 10 年后 12 000 元的现值为

$$12\ 000 \times (1 + 9\%)^{-10} \approx 5\ 068.93(\text{元}).$$

若一年复利 4 次，则 10 年后 12 000 元的现值为

$$12\ 000 \times \left(1 + \frac{0.09}{4} \right)^{-4 \times 10} \approx 4\ 927.75(\text{元}).$$

若按连续复利，则 10 年后 12 000 元的现值为

$$12\ 000e^{-0.09 \times 10} = 4\ 878.84(\text{元}).$$

即在三种付息方式下，现在的投资额应该分别约为 5 068.93 元、4 927.75 元、4 878.84 元.

练习 1.2

1. 判断题.

(1) 若极限 $\lim\limits_{x\to 0} f(x)$ 存在,则 $f(x)$ 在 $x=0$ 处一定有意义. (　　)

(2) 有界量与无穷小量的乘积仍为无穷小量. (　　)

(3) 常数 0 是一个无穷小量. (　　)

(4) $\tan 5x$ 与 $\sin 5x$ 是 $x\to 0$ 时的等价无穷小. (　　)

(5) $\lim\limits_{x\to 0}\sin x\cos\dfrac{1}{x}=\lim\limits_{x\to 0}\sin x\cdot\lim\limits_{x\to 0}\cos\dfrac{1}{x}=0$. (　　)

2. 填空题.

(1) 极限 $\lim\limits_{x\to x_0} f(x)$ 存在的充分必要条件是____________.

(2) 当 $x\to 0$ 时,函数 $f(x)$ 与 $g(x)$ 是等价无穷小,则 $\lim\limits_{x\to 0}\dfrac{f(x)}{g(x)}=$______.

(3) $\lim\limits_{x\to\infty}\dfrac{\sin x}{x}=$______, $\lim\limits_{x\to 2}\dfrac{\sin x}{x}=$______.

(4) $\lim\limits_{x\to\infty}\left(1+\dfrac{3}{x}\right)^{\frac{x}{3}}=$______, $\lim\limits_{x\to 0}(1-2x)^{\frac{1}{x}}=$______.

3. 选择题.

(1) 下列各式中,极限存在的是(　　).

A. $\lim\limits_{x\to+\infty}2^x$　　B. $\lim\limits_{x\to\infty}\arctan x$

C. $\lim\limits_{x\to\infty}\sin x$　　D. $\lim\limits_{x\to 0}\cos x$

(2) 当 $x\to 0$ 时,下列变量中是无穷大量的是(　　).

A. $100x^2$　　B. $\dfrac{|x|}{x}$

C. $\arcsin x$　　D. $\ln|x|$

(3) 函数 $y=\sin\dfrac{1}{x}$ 为无穷小量的条件是(　　).

A. $x\to 0$　　B. $x\to\dfrac{1}{\pi}$

C. $x\to\pi$　　D. $x\to\sqrt{\pi}$

(4) 函数 $f(x)=\dfrac{\sqrt{3+x}-2}{x-1}$,当 $x\to 1$ 时,下列结论正确的是(　　).

A. $\lim\limits_{x\to 1}\dfrac{\sqrt{3+x}-2}{x-1}$ 不存在　　B. $\lim\limits_{x\to 1}\dfrac{\sqrt{3+x}-2}{x-1}=\infty$

C. $\lim\limits_{x\to 1}\dfrac{\sqrt{3+x}-2}{x-1}=\dfrac{1}{4}$　　D. $\lim\limits_{x\to 1}\dfrac{\sqrt{3+x}-2}{x-1}=0$

(5) 下列各式中,成立的是(　　).

A. $\lim\limits_{x\to\infty}\left(1+\dfrac{1}{x}\right)^x=e$　　B. $\lim\limits_{x\to\infty}(1+x)^{\frac{1}{x}}=e$

C. $\lim\limits_{x\to\infty}\left(1-\dfrac{1}{x}\right)^x=e$　　D. $\lim\limits_{x\to 0}\left(1-\dfrac{1}{x}\right)^x=e$

1.3　函数的连续性

1.3.1　连续函数的概念

观察函数 $y=x^3$ 与 $y=\begin{cases}x, & x\geqslant 0,\\ -1, & x<0\end{cases}$ 的图像，分别如图 1-12 和图 1-13 所示. 不难发现，在原点处，函数 $y=x^3$ 的曲线没有断开，函数 $y=\begin{cases}x, & x\geqslant 0,\\ -1, & x<0\end{cases}$ 的曲线却断开了. 函数对应的曲线断开与否，体现了函数的另一个重要性质 —— 连续性.

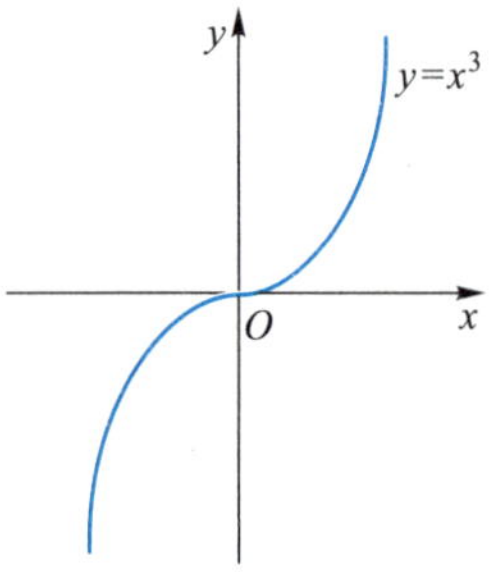

图 1-12

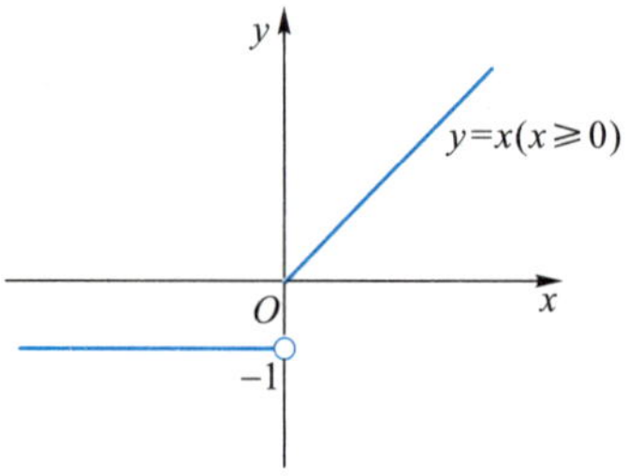

图 1-13

分析图 1-12 可知，对自变量 $x_0=0$，当其任意增量 $\Delta x\to 0$ 时，函数 $f(x)$ 相应的增量 $\Delta y=f(0+\Delta x)-f(0)=(\Delta x)^3\to 0$；而分析图 1-13 可知，对自变量 $x_0=0$，当其任意增量 $\Delta x\to 0$ 时，函数 $f(x)$ 相应地有增量 $\Delta y=\begin{cases}\Delta x, & \Delta x>0,\\ -1, & \Delta x<0,\end{cases}$ 其绝对值不能够无限地接近于 0，故增量刻画了函数的连续性.

函数连续的概念

定义 1.8　设函数 $f(x)$ 在点 x_0 的邻域内有定义，当自变量在点 x_0 处的增量 Δx 接近于 0 时，函数相应的增量 Δy 也接近于 0，即

$$\lim_{\Delta x\to 0}\Delta y=0,$$

则称函数 $f(x)$ **在点** x_0 **处连续**.

例 1-34　证明函数 $f(x)=x^2+2x$ 在 $x=1$ 处连续.

证　给 $x=1$ 一个增量 Δx，相应地，有

$$\begin{aligned}\Delta y&=f(1+\Delta x)-f(1)\\&=[(1+\Delta x)^2+2(1+\Delta x)]-(1^2+2\times 1)\\&=(\Delta x)^2+4\Delta x.\end{aligned}$$

因为

$$\lim_{\Delta x\to 0}[(\Delta x)^2+4\Delta x]=0,$$

所以函数 $f(x)=x^2+2x$ 在 $x=1$ 处连续.

在定义1.8中,我们可令 $x = x_0 + \Delta x$,则当 $\Delta x \to 0$ 时,$x \to x_0$,于是 $\lim\limits_{\Delta x \to 0} \Delta y = 0$ 可以改写为

$$\lim_{x \to x_0} [f(x) - f(x_0)] = 0,$$

即

$$\lim_{x \to x_0} f(x) = f(x_0).$$

因此,我们得到函数在点 x_0 处连续的等价定义.

定义 1.9 设函数 $f(x)$ 在点 x_0 的邻域内有定义,若

$$\lim_{x \to x_0} f(x) = f(x_0),$$

则称函数 $f(x)$ **在点 x_0 处连续**.

例 1-35 讨论函数 $f(x) = \begin{cases} x^2 - 1, & 0 \leqslant x \leqslant 1, \\ x + 1, & x > 1 \end{cases}$ 在 $x = 1$ 处是否连续.

解 在 $x = 1$ 处,

$$\lim_{x \to 1^-} f(x) = \lim_{x \to 1^-} (x^2 - 1) = 0,$$

$$\lim_{x \to 1^+} f(x) = \lim_{x \to 1^+} (x + 1) = 2,$$

左、右极限不相等,所以函数 $f(x)$ 在 $x = 1$ 处的极限不存在,所以函数 $f(x)$ 在 $x = 1$ 处不连续.

例 1-36 若函数 $f(x) = \begin{cases} (1 - x)^{\frac{2}{x}}, & x \neq 0, \\ a, & x = 0 \end{cases}$ 在 $x = 0$ 处连续,求 a.

解 由连续性的定义,知

$$\lim_{x \to 0} (1 - x)^{\frac{2}{x}} = a.$$

因为 $\lim\limits_{x \to 0} (1 - x)^{\frac{2}{x}} = \lim\limits_{x \to 0} [1 + (-x)]^{\frac{2}{x}} = \mathrm{e}^{-2}$,所以 $a = \mathrm{e}^{-2}$.

说明 由定义1.9可知,若函数 $f(x)$ 在点 x_0 处连续,则 $f(x)$ 在点 x_0 处的极限一定存在.反之则不一定成立.也就是说,若函数 $f(x)$ 在点 x_0 处的极限存在,$f(x)$ 在点 x_0 处不一定连续.例如,$\lim\limits_{x \to 2} f(x) = \lim\limits_{x \to 2} \dfrac{x^2 - 4}{x - 2} = 4$,但 $f(2)$ 不存在.所以函数 $f(x) = \dfrac{x^2 - 4}{x - 2}$ 在 $x = 2$ 处不连续.

如果函数 $f(x)$ 在开区间 (a,b) 内每一点都连续,则称函数 $f(x)$ **在开区间内连续**.

如果函数 $f(x)$ 在开区间 (a,b) 内连续,且满足 $\lim\limits_{x \to a^+} f(x) = f(a)$,$\lim\limits_{x \to b^-} f(x) = f(b)$,则称函数 $f(x)$ **在闭区间 $[a,b]$ 上连续**.

函数 $f(x)$ 在某个区间内连续,则此区间称为 $f(x)$ 的**连续区间**.

可以证明,**基本初等函数在其定义域内都是连续函数**.因此,由基本初等函数经过有限次的四则运算及复合,并由一个解析式子表示的**初等函数在其定义区间内都是连续函数**.由此我们得到:

(1) 求初等函数在其定义区间内某点处的极限值,就是求初等函数在该点处的函数值;

(2) 初等函数在其定义区间内的极限运算与函数运算可以互换顺序,即

$$\lim_{x \to x_0} f(x) = f(x_0) = f(\lim_{x \to x_0} x).$$

例 1-37　求下列极限.

(1) $\lim\limits_{x \to 2}(x^2 - 3x + 2)$;　　(2) $\lim\limits_{x \to 0} \dfrac{x^2 + 5}{x - 1}$;

(3) $\lim\limits_{x \to 0} \dfrac{\ln(1 + x)}{x}$.

解　(1) $\lim\limits_{x \to 2}(x^2 - 3x + 2) = 2^2 - 3 \times 2 + 2 = 0.$

(2) $\lim\limits_{x \to 0} \dfrac{x^2 + 5}{x - 1} = \dfrac{0^2 + 5}{0 - 1} = -5.$

(3) 因为$\lim\limits_{x \to 0}(1 + x)^{\frac{1}{x}} = \mathrm{e}$,且 $y = \ln u$ 在 $u = \mathrm{e}$ 处连续,则

$$\lim_{x \to 0} \frac{\ln(1 + x)}{x} = \lim_{x \to 0} \frac{1}{x} \cdot \ln(1 + x) = \lim_{x \to 0} \ln(1 + x)^{\frac{1}{x}}$$

$$= \ln \lim_{x \to 0}(1 + x)^{\frac{1}{x}} = \ln \mathrm{e} = 1.$$

1.3.2　函数的间断点

如果函数 $f(x)$ 在点 x_0 处不连续,则称点 x_0 为 $f(x)$ 的一个**间断点**.

由定义 1.9 可知,如果函数 $f(x)$ 在点 x_0 处有下列三种情况之一,则点 x_0 是 $f(x)$ 的一个间断点.

(1) 在点 x_0 处 $f(x)$ 没有定义;

(2) 在点 x_0 处 $f(x)$ 的极限不存在;

(3) 虽然在点 x_0 处 $f(x)$ 有定义,且$\lim\limits_{x \to x_0} f(x)$ 存在,但$\lim\limits_{x \to x_0} f(x) \neq f(x_0)$.

通常将间断点分成两类,若点 x_0 为 $f(x)$ 的间断点,

(1) 当$\lim\limits_{x \to x_0^-} f(x)$ 与$\lim\limits_{x \to x_0^+} f(x)$ 都存在时,称点 x_0 为 $f(x)$ 的**第一类间断点**;

(2) 当$\lim\limits_{x \to x_0^-} f(x)$ 与$\lim\limits_{x \to x_0^+} f(x)$ 至少有一个不存在时,称点 x_0 为 $f(x)$ 的**第二类间断点**.

在第一类间断点中,如果$\lim\limits_{x \to x_0^-} f(x)$ 与$\lim\limits_{x \to x_0^+} f(x)$ 都存在但不相等,则称点 x_0 为 $f(x)$ 的**跳跃间断点**.如果$\lim\limits_{x \to x_0^-} f(x) = \lim\limits_{x \to x_0^+} f(x) \neq f(x_0)$,则点 x_0 称为**可去间断点**,此时可以改变 $f(x)$ 的定义或对 $f(x)$ 在点 x_0 处补充定义,使 $f(x)$ 在点 x_0 处连续.

在第二类间断点中,如果函数 $f(x)$ 在点 x_0 处无定义,且$\lim\limits_{x \to x_0^-} f(x)$ 与$\lim\limits_{x \to x_0^+} f(x)$ 中至少有一个为 ∞ 时,则称点 x_0 为 $f(x)$ 的**无穷间断点**.例如,$x = 0$ 是函数 $f(x) = \dfrac{1}{x}$ 的无穷间断点.

例 1-38　求函数 $f(x) = \begin{cases} x - 1, & x < 0, \\ 0, & x = 0, \\ x + 1, & x > 0 \end{cases}$ 的间断点.

例 1-38 讲解

解　在点 $x = 0$ 处,函数 $f(x)$ 有定义且 $f(0) = 0$,但

$$\lim_{x\to 0^-} f(x)=\lim_{x\to 0^-}(x-1)=-1,$$

$$\lim_{x\to 0^+} f(x)=\lim_{x\to 0^+}(x+1)=1,$$

即 $f(x)$ 在 $x=0$ 处左、右极限存在但不相等，所以 $f(x)$ 在 $x=0$ 处的极限不存在.故 $x=0$ 是函数 $f(x)$ 的一个跳跃间断点.

例 1-39 求函数 $f(x)=\begin{cases}\dfrac{x^2-1}{x+1}, & x\neq -1,\\ 0, & x=-1\end{cases}$ 的间断点.

解 因为 $f(-1)=0$，而

$$\lim_{x\to -1} f(x)=\lim_{x\to -1}\frac{x^2-1}{x+1}=\lim_{x\to -1}\frac{(x+1)(x-1)}{x+1}=-2\neq f(-1),$$

所以 $x=-1$ 是函数 $f(x)$ 的可去间断点.此时，只要改变 $x=-1$ 处的函数值，即令 $f(-1)=-2$，函数 $f(x)$ 在 $x=-1$ 处就连续了.

例 1-40 求函数

$$f(x)=\begin{cases}\dfrac{e^x}{x^2-1}, & x\neq 0,\\ 0, & x=0\end{cases}$$

的间断点.

解 由分母不为 0，知 $x=1$，$x=-1$ 为分段函数 $f(x)$ 的两个间断点.因为

$$\lim_{x\to 0} f(x)=\lim_{x\to 0}\frac{e^x}{x^2-1}=\frac{e^0}{0^2-1}=-1,$$

而

$$f(0)=0\neq \lim_{x\to 0} f(x),$$

所以分段函数 $f(x)$ 在分界点 $x=0$ 处不连续.

故分段函数 $f(x)$ 的间断点为 $x=-1$，$x=0$，$x=1$.

1.3.3 闭区间上连续函数的性质

若函数 $f(x)$ 在闭区间 $[a,b]$ 上连续，则有下面两个常用的重要性质.

性质 1（最大值和最小值定理） 如果函数 $f(x)$ 在闭区间 $[a,b]$ 上连续，则 $f(x)$ 在 $[a,b]$ 上一定存在最大值和最小值.

如图 1-14 所示，函数 $f(x)$ 在闭区间 $[a,b]$ 上连续，在闭区间 $[a,b]$ 上的点 ξ_1 处函数 $f(x)$ 有最大值 $M=f(\xi_1)$，在闭区间 $[a,b]$ 上的点 ξ_2 处，函数 $f(x)$ 有最小值 $m=f(\xi_2)$.

性质 2（介值定理） 如果函数 $f(x)$ 在闭区间 $[a,b]$ 上连续，且其最大值和最小值分别为 M 和 m，则对于介于 M 和 m 之间的任何实数 C，在开区间 (a,b) 内至少存在一点 ξ，使

$$f(\xi)=C.$$

如图 1-15 所示，$M=f(b)$，$m=f(a)$，连续曲线 $f(x)$ 与直线 $y=C$ 有三个交点，其横坐标分别为 ξ_1,ξ_2,ξ_3，且 $f(\xi_1)=f(\xi_2)=f(\xi_3)=C[\xi_1,\xi_2,\xi_3\in(a,b)]$.

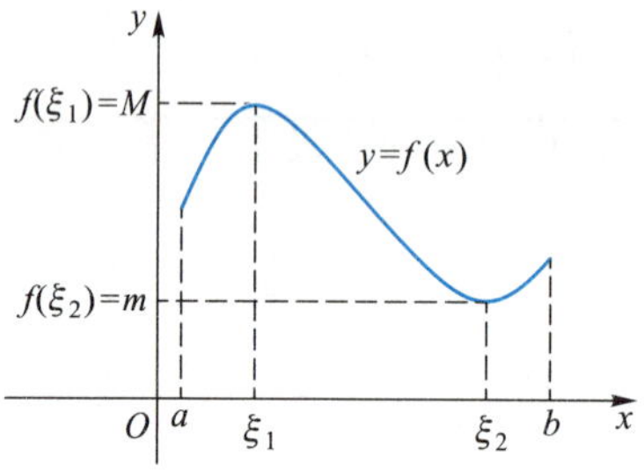

图 1-14

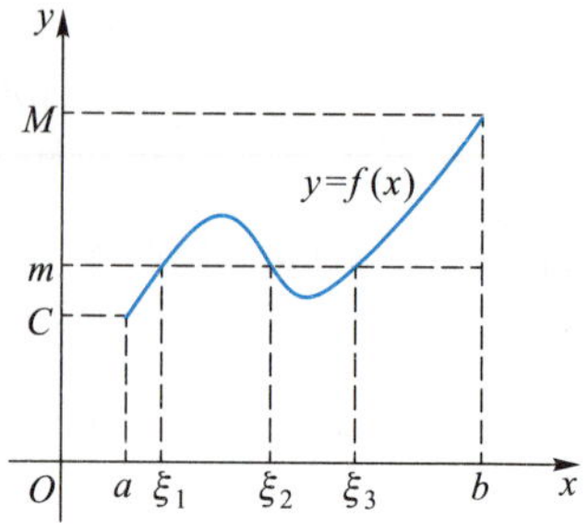

图 1-15

推论(零点定理)　如果函数 $f(x)$ 在闭区间 $[a,b]$ 上连续,且 $f(a)$ 与 $f(b)$ 异号,则在 (a,b) 内至少存在一点 ξ,使得

$$f(\xi)=0.$$

上述推论的几何意义:如果点 $(a,f(a))$ 与点 $(b,f(b))$ 分别处于 x 轴的上、下两侧,那么连接两点的连续曲线必定要穿越 x 轴,且至少与 x 轴有一个交点.

如图 1-16 所示,连续曲线 $f(x)$ $[f(a)<0, f(b)>0]$ 与 x 轴相交于点 ξ 处,且 $f(\xi)=0$.

例 1-41　试证三次代数方程 $x^3-4x^2+1=0$ 在区间 $(0,1)$ 内至少有一个实根.

证　设函数 $f(x)=x^3-4x^2+1$,则 $f(x)$ 在 $[0,1]$ 上连续,且

$$f(0)=1>0,\quad f(1)=-2<0.$$

根据零点定理,至少存在一点 $\xi\in(0,1)$,使得 $f(\xi)=0$,即方程 $x^3-4x^2+1=0$ 在区间 $(0,1)$ 内至少有一个实根.

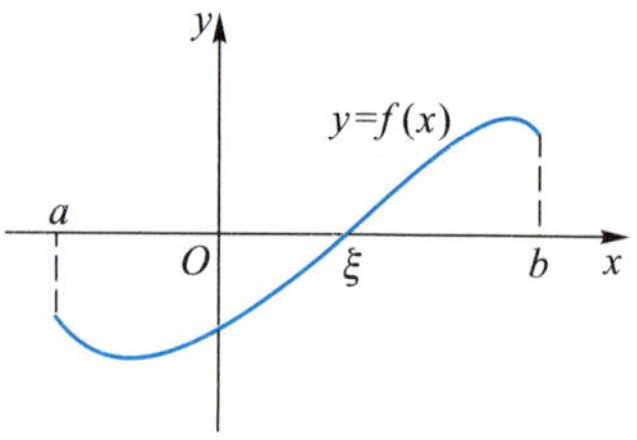

图 1-16

练习 1.3

1. 判断题.

(1) 分段函数必有间断点.　(　　)

(2) 函数在某点处有定义且左、右极限都存在,则函数在此点处必连续.　(　　)

(3) 基本初等函数在其定义区间内连续.　(　　)

(4) 若点 $x=x_0$ 为函数 $f(x)$ 的可去间断点,则 $\lim\limits_{x\to x_0}f(x)$ 存在.　(　　)

(5) 闭区间上的连续函数一定存在最大值和最小值.　(　　)

2. 填空题.

(1) 由定义可知函数 $y=f(x)$ 在点 x_0 处连续,必须满足以下三个条件:

① ________________;② ________________;③ ________________.

(2) 若 $\lim\limits_{x\to x_0}f(x)=f(x_0)$,则称函数 $f(x)$ 在点 x_0 处 ________.

(3) 函数 $f(x)=\dfrac{x^2-1}{x-1}$ 的间断点是 $x=$ ________.

(4) $\lim\limits_{x\to\frac{\pi}{9}}\ln(2\cos 3x)=$ ________.

3. 选择题.

(1) 关于函数 $y=\dfrac{1}{x}$ 在 $x=0$ 处连续性的判断,正确的是(　　).

A. 函数 $y=\dfrac{1}{x}$ 在 $x=0$ 处连续

B. 函数 $y=\dfrac{1}{x}$ 在 $x=0$ 处不连续,这类间断点称为跳跃间断点

C. 函数 $y=\dfrac{1}{x}$ 在 $x=0$ 处不连续,这类间断点称为无穷间断点

D. 无法判断

(2) 已知 $f(x)=\dfrac{1}{x-2}$,则 $x=2$ 是函数 $f(x)$ 的(　　).

A. 可去间断点　　B. 跳跃间断点　　C. 连续点　　D. 无穷间断点

(3) 设函数 $f(x)=\begin{cases} e^x, & x<0, \\ a+x, & x\geqslant 0 \end{cases}$ 是 $(-\infty,+\infty)$ 上的连续函数,则 $a=$(　　).

A. 0　　B. 1　　C. -1　　D. 2

□ 知识与能力拓展

多元函数及其连续性

一、多元函数的概念

在前面的学习中,所讨论函数的自变量只有一个,这样的函数称为一元函数,但在实际问题中,也会遇到两个或两个以上自变量的函数.例如,销售商品时,应密切注意市场的需求情况,需求量 Q 受许多因素的影响,最重要的是该商品的价格 P,还有相关商品的价格 P_r、家庭收入 M、个人偏好 F 等因素,若把它们都当作自变量,需求量 Q 当作因变量,则需求量 Q 可以用函数关系式 $Q=f(P,P_r,M,F,\cdots)$ 来表示,这样的函数称为多元函数.

定义 1.10　设 D 为 xOy 平面上的一个区域,如果对应于 D 上的每一点 $P(x,y)$,变量 z 依照某一规律 f 总有唯一确定的数值与之对应,则称 z 为 x,y 的**二元函数**,记作

$$z=f(x,y).$$

其中,x,y 称为自变量,z 称为因变量或函数.

例如,$z=x^2+y^2$,$z=x+y+1$ 都是二元函数.

类似地,可以定义三元函数,记作 $u=f(x,y,z)$.二元及二元以上的函数统称为**多元函数**.

二元函数的定义域的求法与一元函数定义域的求法类似,只不过二元函数的定义域一般为一个平面区域.

例 1-42　求函数 $f(x,y)=\sqrt{4-x^2-y^2}$ 的定义域,并计算 $f(0,1)$ 和 $f(-1,1)$.

解　显然,当根式内的表达式非负时才有确定的 z 值,所以定义域为

$$D=\{(x,y)\mid x^2+y^2\leqslant 4\}.$$

在 xOy 平面上，D 表示由圆周 $x^2+y^2=4$ 及圆周内的全部点所构成的区域，它是一个有界闭区域.

将点 $(0,1)$ 和点 $(-1,1)$ 代入函数 $f(x,y)$ 中，得

$$f(0,1)=\sqrt{4-0^2-1^2}=\sqrt{3},$$

$$f(-1,1)=\sqrt{4-(-1)^2-1^2}=\sqrt{2}.$$

二、二元函数的极限与连续

1. 二元函数的极限

下面讨论当点 $P(x,y)$ 趋向于点 $P_0(x_0,y_0)$（记为 $P(x,y)\to P_0(x_0,y_0)$ 或 $x\to x_0,y\to y_0$）时，函数 $z=f(x,y)$ 的变化趋势.

定义 1.11　设二元函数 $z=f(x,y)$ 在平面上点 $P_0(x_0,y_0)$ 的某邻域内有定义（点 $P_0(x_0,y_0)$ 可以除外），如果当点 $P(x,y)$（属于这个邻域）以任意方式趋向于点 $P_0(x_0,y_0)$ 时，对应的函数值 $f(x,y)$ 趋向于一个确定的常数 A，则称 A 是函数 $z=f(x,y)$ 当 $P(x,y)\to P_0(x_0,y_0)$ 时的**极限**，记为

$$\lim_{\substack{x\to x_0\\ y\to y_0}} f(x,y)=A \text{ 或} \lim_{P\to P_0} f(P)=A.$$

需要注意的是，点 $P(x,y)$ 以任何方式趋于点 $P_0(x_0,y_0)$，是指平面上的点 $P(x,y)$ 以任何路径无限趋近于点 $P_0(x_0,y_0)$，这里的路径有无数条.

一元函数极限的四则运算法则和无穷小量性质等均适用于二元函数.

例 1-43　求下列极限.

(1) $\lim\limits_{\substack{x\to 0\\ y\to 1}}(2x-3y)$；　　(2) $\lim\limits_{\substack{x\to 0\\ y\to 1}}\dfrac{\sin(2xy)}{x}$.

解　(1) $\lim\limits_{\substack{x\to 0\\ y\to 1}}(2x-3y)=\lim\limits_{\substack{x\to 0\\ y\to 1}}(2x)-\lim\limits_{\substack{x\to 0\\ y\to 1}}(3y)=2\times 0-3\times 1=-3.$

(2) $\lim\limits_{\substack{x\to 0\\ y\to 1}}\dfrac{\sin(2xy)}{x}=\lim\limits_{\substack{x\to 0\\ y\to 1}}\left[\dfrac{\sin(2xy)}{2xy}\cdot 2y\right]=\lim\limits_{\substack{x\to 0\\ y\to 1}}\dfrac{\sin(2xy)}{2xy}\cdot\lim\limits_{\substack{x\to 0\\ y\to 1}}2y=2.$

2. 函数的连续性

仿照一元函数连续性的定义，不难得到二元函数连续性的定义.

定义 1.12　设函数 $z=f(x,y)$ 在点 $P_0(x_0,y_0)$ 及其附近（某个邻域）有定义，如果

$$\lim_{\substack{x\to x_0\\ y\to y_0}} f(x,y)=f(x_0,y_0),$$

则称函数 $z=f(x,y)$ 在点 $P_0(x_0,y_0)$ 处连续. 如果函数 $z=f(x,y)$ 在区域 D 内每一点处都连续，则称函数 $z=f(x,y)$ 在 D 内连续.

说明：

（1）如果函数 $z=f(x,y)$ 在点 $P_0(x_0,y_0)$ 处不连续，则称点 $P_0(x_0,y_0)$ 为函数 $z=f(x,y)$ 的**间断点或不连续点**.

例如，函数

$$f(x,y)=\frac{x}{x^2-y^2},$$

当 $x^2-y^2=0$ 时，函数 $z=f(x,y)$ 无定义，所以直线 $y=x$ 和 $y=-x$ 上的点都是它的间断点.

（2）与一元函数类似，二元连续函数的和、差、积、商（分母不等于零）仍为连续函数；二元连续函数的复合函数也是连续函数. 因此二元初等函数在其定义域内是连续的.

（3）与闭区间上的一元连续函数的性质类似，在有界闭区域上的二元连续函数也有以下两个重要性质：

性质1（最值性质）　若函数 $z=f(x,y)$ 在有界闭区域 D 上连续，则必定有最大值和最小值.

性质2（介值性质）　设函数 $z=f(x,y)$ 在有界闭区域 D 上连续，m 和 M 分别是最小值和最大值. 若 u 是介于 m 和 M 之间的任意一个实数，则在 D 上至少存在一点 $P_0(x_0,y_0)$，使得 $f(x_0,y_0)=u$.

以上仅就二元函数的极限与连续进行了讨论，这些理论不需要任何本质的改变就可以推广到二元以上的函数.

练　习　题

1. 设 $f(x,y)=\frac{xy}{x^2+y^2}$，求 $f(\sqrt{2},\sqrt{2})$.

2. 已知函数 $f(x,y)=x-y$，求 $f(2x^2,xy)$.

3. 求函数 $z=\ln(y-x)+\frac{\sqrt{x}}{\sqrt{1-x^2-y^2}}$ 的定义域.

4. 求下列极限.

（1）$\lim\limits_{\substack{x\to1\\y\to2}}\frac{4xy+x^2y^2}{x+y}$.　　（2）$\lim\limits_{\substack{x\to+\infty\\y\to+\infty}}\left(1+\frac{1}{xy}\right)^{xy}$.

5. 指出下列函数的间断点或间断曲线.

（1）$z=\frac{1}{x-y}$.　　（2）$z=\ln(x^2+y^2)$.

知识应用链接

会计利润与经济利润

我们知道，利润等于收入减去成本，即 $L=R-C$. 但是，对会计师与经济学家来说，利润的含义是不同的.

会计师的利润称为会计利润，公式为

$$会计利润 = 总收入 - 总成本(全部为显性成本).$$

经济学家的利润称为经济利润，公式为

$$经济利润 = 总收入 - 总成本(所有显性成本和隐性成本).$$

我们举例说明.

假设大卫是一名营销主管，年薪 4 万元，他有一个门面房，每年可以有 7 200 元的房租收入.此外，大卫有 5 万元的存款，年息 5%，即每年有 2 500 元的利息收入.现在大卫想创业，他先辞掉工作，把银行存款取出，并贷款 5 万元，利息 10%，然后用自己的门面房开了一家便利店，自己经营.一年后，会计师算出便利店一年的营业利润为

$$\begin{aligned}会计利润 &= 12\,万(总收入) - 8\,万(其中\,7.5\,万元为成本和各种税费，0.5\,万元为贷款利息)\\ &= 4\,万.\end{aligned}$$

大卫认为便利店一年的经营是亏损的，因为

$$\begin{aligned}经济利润 &= 12\,万(总收入) - 8\,万 - 4.97\,万(放弃营销主管工资\,4\,万元，放弃\,0.72\,万\\ &\qquad 元的房租，放弃\,5\,万元存款的利息\,0.25\,万元)\\ &= -0.97\,万.\end{aligned}$$

经济学家认为所有稀缺资源的价值都是经营行为的成本.大卫为了开便利店，放弃了营销主管的工资、门面房的房租及 5 万元的本息，这些都是稀缺资源的价值.因此，从经济学的角度来看，这些都属于成本范畴.这些成本在经济学上称为**机会成本（机会成本是指由于使用某些资源所放弃的该资源其他用途的最高代价）**，确切地说，这些成本是大卫开便利店的机会成本.

在市场经济中，企业以获得最大利润为经营目标.所以，作为企业的管理者，在作出任何一项经营决策时，不仅要关注会计利润，更要关注经济利润，要把机会成本放入经营成本中考虑.

? 问题思考

某省高等职业院校学生每年的学费为 3 500 元，一位二年级学生在新生报到期间，购进了一些学生常需的生活用品到高校园区中的各校推销.一个月后，除去购置货物的成本净得利润 500 元，但为此累计 10 天未上课.若只从经济角度分析，你认为该学生获得的利润是多少？

数学实验　利用 MATLAB 进行基本数学计算和极限运算

一、MATLAB 软件介绍

在 Windows 10 操作系统下（其他操作系统与此类似），双击桌面图标 MATLAB 即可进入MATLAB 编译操作系统，MATLAB 界面各部分的名称如图 1-17 所示.

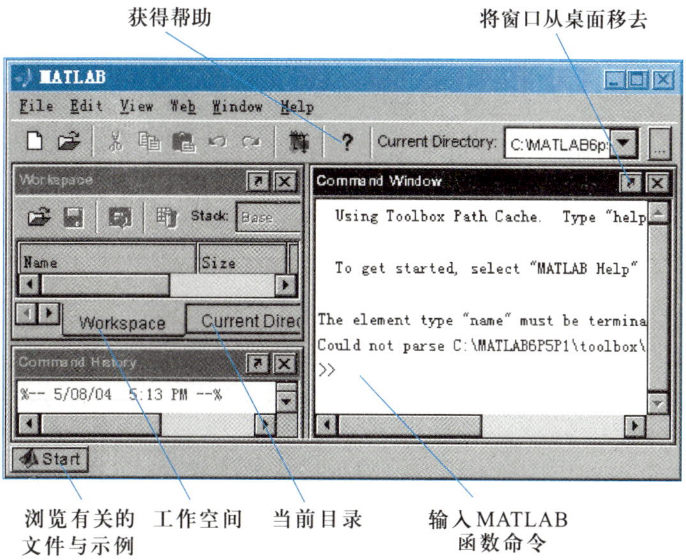

图 1-17

二、MATLAB 基础知识

1. 特殊常量(表 1-6)

表 1-6

常量名	常量值
ans	用于结果的默认变量名
pi	圆周率 π
i,j	虚数单位
inf	无穷大,如 3/0

2. 变量

MATLAB 语言中变量的命名应遵循以下规则:

(1) 变量名区分字母的大小写;

(2) 变量名的第一个字母必须是英文字母;

(3) 变量名可以由字母、数字、下划线组成,但不能使用空格和标点.

3. 运算符(表 1-7)

表 1-7

运算符	意义
+、-、*、/	四则运算
^	乘方
==	等于(逻辑)
~=	不等于

续表

运算符	意义
>	大于
>=	大于等于
<	小于
<=	小于等于

4. 常用函数及命令(表 1-8)

表 1-8

常用函数及命令	意义
abs(x)	求 x 的绝对值
sqrt(x)	求 x 的平方根
sin(x)、cos(x)、tan (x)	三角函数
asin(x)、acos(x)、atan (x)	反三角函数
exp(x)	指数运算 e^x
log(x)	自然对数 $\ln x$
log 10(x)	常用对数 $\lg x$
expand(S)	符号表达式 S 展开
simple(S)	寻找符号表达式 S 的最简型
radsimp(S)	化简含根式的符号表达式 S
factor(S)	符号表达式 S 因式分解
simplify(S)	符号表达式 S 化简
numden(S)	符号表达式 S 通分
eval(S)	计算符号表达式 S

5. MATLAB 表达式和符号表达式的创建

1) MATLAB 表达式

MATLAB 的表达式由运算符、函数、变量名等构成,用户输入的语句由 MATLAB 系统运行,有如下两种常见的语句形式.

形式 1:表达式

形式 2:变量 = 表达式

在形式 1 中,表达式运算后产生的结果如果是矩阵或其他数值类型,系统将自动赋值给 ans,并显示在屏幕上.在形式 2 中,“=”右边的表达式计算后产生的结果,被系统自动存储在“=”左边的变量中,并显示在屏幕上.若当前命令不需要显示结果,则可以在命令语句的后面直接加“;”.命令语句输入完成后,可以按 Enter 键得到运行结果.

2）符号表达式的创建

在 MATLAB 系统下进行的符号计算与数值计算的不同之处是，符号计算可以含有符号变量.在符号计算中，所出现的数字也都是被当作符号来处理的.

符号变量是利用命令 sym 或 syms 来创建的，命令格式为

◆ S = sym('x')　定义单个符号变量 S；

◆ syms a b c　定义多个符号变量 a,b,c.

用 syms 命令定义符号变量时，变量之间只能用空格隔开，不能用“,”隔开. syms 命令的使用要比 sym 命令简便，syms 命令一次可以定义多个符号变量.

在计算过程中，定义的变量都保存在工作空间中，通常先输入命令“clear”，以清除工作空间内所有的变量，释放系统内存.使用“clc”命令可清除命令窗口的显示内容，但不清除工作空间.此时按 ↑ 键仍可调回上次输入的命令.

三、利用 MATLAB 进行基本数学运算

在利用 MATLAB 进行运算时，在命令窗口中的提示符 >> 后输入运算表达式或命令即可.

例 1-44　通过命令窗口直接输入，计算 $(1.5)^3-\frac{1}{3}\sin\pi+\sqrt{5}$.

解　算例代码如下：

```
>> (1.5)^3 - sin(pi)/3 + sqrt(5)
```
（在 >> 后直接输入表达式）

运行结果为

```
ans =
    5.6111
```
（按 Enter 键，就可以得到计算结果）

例 1-45　对 x^2-y^2 进行因式分解，展开 $\cos(x+y)$，对 $\cos^2x+\sin^2x$ 进行化简.

解　各算例代码如表 1 - 9 所示.

表 1-9

算例代码	运行结果
>> clear(清除内存变量) >> syms x y;(定义符号,加“;”号表示不显示本行命令的执行结果) >> f1 = factor(x^2 -y^2)(因式分解,按 Enter 键得到运行结果)	f1 = (x - y) * (x + y)
>> f2 = expand(cos(x + y))(多项式展开，按 Enter 键得到运行结果)	f2 = cos(x) * cos(y) - sin(x) * sin(y)
>> f3 = simple(cos(x)^2 + sin(x)^2)(将多项式化为最简式)	f3 = 1
备注：代码后括号的内容为注释，是对本行命令的解释.	

四、利用 MATLAB 求极限

1. 命令格式(表 1-10)

表 1-10

命令	功能
limit(f)	计算默认自变量趋于 0 时函数 f 的极限
limit(f,a)	计算默认自变量趋于 a 时函数 f 的极限
limit(f,x,a)	计算 $\lim\limits_{x\to a} f(x)$
limit(f,x,a,'left')	计算 $\lim\limits_{x\to a^-} f(x)$
limit(f,x,a,'right')	计算 $\lim\limits_{x\to a^+} f(x)$
limit(f,x,inf)	计算 $\lim\limits_{x\to \infty} f(x)$

MATLAB 计算函数极限

2. 实验举例

利用 MATLAB 计算函数极限的算例代码如表 1-11 所示.

表 1-11

例题	算例代码	运行结果

$\lim\limits_{x\to 0}\dfrac{2x^2-3x+1}{x+2}$	`>> clear`
	`>> syms x;`
	`>> limit((2*x^2 - 3*x + 1)/(x + 2))`
		`ans =`
		`1/2`

$\lim\limits_{x\to 0^-} e^{\frac{1}{x}}$	`>> limit(exp(1/x),x,0,'left')`	`ans =` `0`
$\lim\limits_{x\to 3}\dfrac{x^2-4x+3}{x^2-9}$	`>> limit((x^2 - 4*x + 3)/(x^2 - 9),x,3)`	`ans =` `1/3`
$\lim\limits_{x\to \infty}\dfrac{2x^2-x+3}{x^2+2x+2}$	`>> limit((2*x^2 -x +3)/(x^2 +2*x +2),x,` `inf)`	`ans =` `2`
$\lim\limits_{x\to \pi}\dfrac{\sin x}{\pi - x}$	`>> limit(sin(x)/(pi - x),x,pi)`	`ans =` `1`
$\lim\limits_{x\to \infty}\left(\dfrac{2x+3}{2x+1}\right)^{x+1}$	`>> limit(((2*x + 3)/(2*x + 1))^(x + 1),` `x,inf)`	`ans =` `exp(1)`

习题 1

1. 求下列函数的定义域.

(1) $y=\dfrac{5}{x^2-3x+2}$;　　(2) $y=\sqrt{3-x}+\sin\sqrt{x}$;

(3) $y=\dfrac{1}{\lg|x-5|}$;　　(4) $y=\lg\dfrac{x}{x-2}+\arcsin\dfrac{3x-1}{5}$.

2. 下列各对函数是否是同一个函数？为什么？

(1) $y=\dfrac{x^2-1}{x-1}$ 与 $y=x+1$;　　(2) $y=\ln x^2$ 与 $y=2\ln x$;

(3) $y=\sqrt{\dfrac{x^2}{x}}$ 与 $y=\sqrt{x}$;　　(4) $y=\sin x$ 与 $y=\sqrt{1-\cos^2 x}$.

3. 已知分段函数

$$f(x)=\begin{cases}x+2, & 0\leqslant x<2,\\ x^2+1, & 2\leqslant x<4,\end{cases}$$

求:(1) 分段函数 $f(x)$ 的定义域 D;

(2) $f(0)$, $f(1)$, $f(2)$, $f(3)$.

4. 讨论下列函数的奇偶性.

(1) $f(x)=x^3+x^2$;　　(2) $f(x)=\dfrac{2^x-1}{2^x+1}$;

(3) $f(x)=x\cos x$;　　(4) $f(x)=\lg(\sqrt{x^2+1}+x)$.

5. 将下列复合函数分解成简单函数.

(1) $y=2^{\frac{1}{x^2}}$;　　(2) $y=\ln\sqrt{1+x}$;

(3) $y=\arctan\sqrt{\mathrm{e}^x+1}$;　　(4) $y=\sin^3 4x$;

(5) $y=\lg[\lg(\lg x)]$;　　(6) $y=\mathrm{e}^{\arctan\sqrt{x^2+1}}$.

6. 判断函数 $f(x)=\dfrac{1}{(x-1)^2}$ 在什么变化过程中是无穷小量，又在什么变化过程中是无穷大量.

7. 求下列极限.

(1) $\lim\limits_{x\to1}\dfrac{x^2+3x+4}{x-5}$;　　(2) $\lim\limits_{x\to2}\dfrac{x-2}{x+3}$;

(3) $\lim\limits_{x\to2}\dfrac{x+3}{x-2}$;　　(4) $\lim\limits_{x\to3}\dfrac{x^2-x-6}{x^2+x-12}$;

(5) $\lim\limits_{x\to7}\dfrac{2-\sqrt{x-3}}{x^2-49}$;　　(6) $\lim\limits_{n\to\infty}(\sqrt{n+1}-\sqrt{n})$;

(7) $\lim\limits_{x\to\infty}\dfrac{5x^3-3x+4}{6x^2-2x+1}$;　　(8) $\lim\limits_{x\to\infty}\dfrac{6x^2-2x+1}{5x^3-3x+4}$;

(9) $\lim\limits_{x\to\infty}\dfrac{5x^2-3x+4}{6x^2-2x+1}$;　　(10) $\lim\limits_{x\to0}x^2\cdot\sin\dfrac{1}{x}$.

8. 求下列极限.

(1) $\lim\limits_{x\to0}\dfrac{\sin 3x}{7x}$;　　(2) $\lim\limits_{x\to\infty}x\sin\dfrac{4}{x}$;

(3) $\lim\limits_{x\to0}\dfrac{\sin(\sin x)}{x}$;　　(4) $\lim\limits_{x\to1}\dfrac{\sin(x^2-1)}{x-1}$;

(5) $\lim\limits_{x\to\infty}\left(1+\dfrac{1}{x}\right)^{x+3}$;　　(6) $\lim\limits_{x\to\infty}\left(1-\dfrac{5}{x}\right)^{x}$;

(7) $\lim\limits_{n\to\infty}\left(\dfrac{n-1}{n+1}\right)^{n}$;　　(8) $\lim\limits_{x\to\infty}\left(\dfrac{2x+3}{2x+1}\right)^{x+1}$.

9. 已知极限 $\lim\limits_{x\to0}\dfrac{\sin kx}{x}=\lim\limits_{x\to0}(1+4x)^{-\frac{1}{x}}$，求常数 k.

10. 求下列极限.

(1) $\lim\limits_{a\to\frac{\pi}{4}}(\sin 2a)^3$;　　(2) $\lim\limits_{x\to\frac{\pi}{9}}\ln(2\cos 3x)$;

(3) $\lim\limits_{x\to0}\ln\dfrac{\sin x}{x}$;　　(4) $\lim\limits_{x\to\infty}\lg\dfrac{x^2+50}{100x^2+2}$.

11. 判断函数

$$f(x)=\begin{cases}x\sin\dfrac{1}{x}, & x\neq0,\\ 0, & x=0\end{cases}$$

在 $x=0$ 处的连续性.

12. 设 $f(x)=\begin{cases}x+2, & x<0,\\ a, & x\geqslant0.\end{cases}$ 求 a 为何值时，可使 $f(x)$ 在 $x=0$ 处连续.

13. 设 $f(x)=\begin{cases}\dfrac{1}{x}\sin x, & x<0,\\ a, & x=0,\\ x\sin\dfrac{1}{x}+b, & x>0.\end{cases}$ 问：常数 a,b 为何值时，$f(x)$ 在 $x=0$ 处连续？

14. 市场调查显示，当某商品的售价为70元/件时，市场需求量为1万件，生产商愿意向市场提供4万件商品. 已知该商品每件降低3元，需求量将增加0.3万件. 若每件价格增加3元，生产商就多提供0.6万件商品，试求：

(1) 该商品的线性需求函数；

(2) 该商品的线性供给函数；

(3) 该商品的市场均衡价格 P_0.

15. 已知某种产品的总成本函数为

$$C(Q)=1\ 000+\frac{Q^2}{4},$$

求当生产 100 件该产品时的总成本和平均成本.

16. 某公司加工并销售某种农产品，售价为 10 元 /kg，而每天的固定成本为 1 500 元，农产品的加工费为 5 元 /kg，试分析该公司每天应销售多少千克农产品才能使公司的收支平衡？

17. 某公司于 2020 年 7 月 10 日从国外进口一套大型设备，贷款 20 万美元，以复利计算，年利率为 4%，2029 年 7 月 10 日到期一次还本付息，试确定贷款到期时还款的总额.

(1) 如果一年计息 2 期；

(2) 如果按连续复利计息.

18. 设年利率为 6%，如果按连续复利计算，问：现在投资多少元，10 年后可得 1 200 000 元？

19. 试证方程 $x^5 - 6x = 1$ 在区间 $(1,2)$ 内至少有一个实根.

第 1 章知识导图

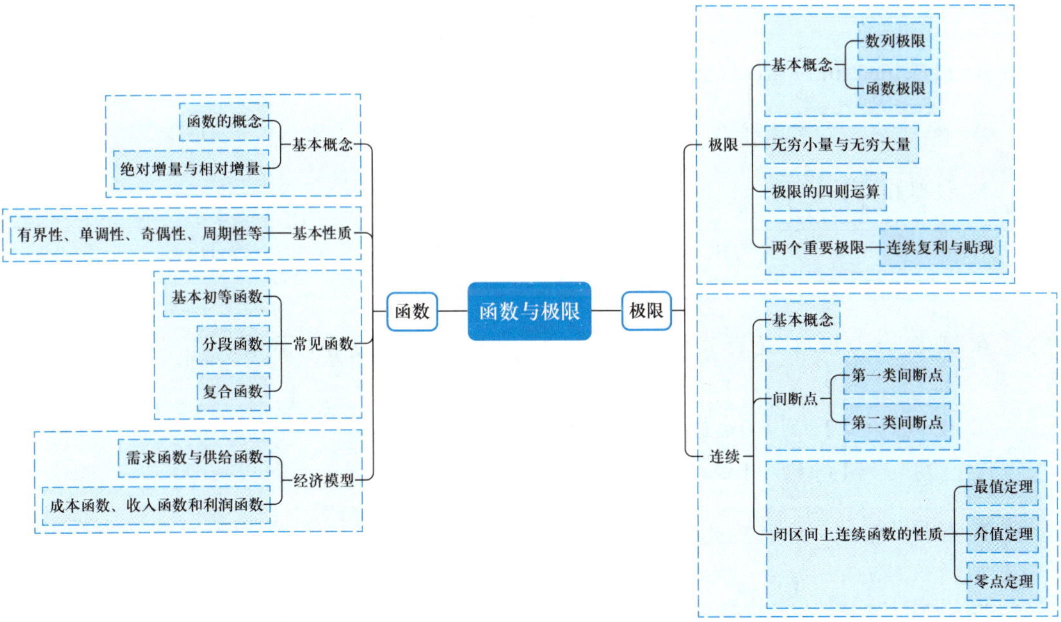

第 1 章自测题

A 组(基础篇)

一、单选题(每小题 3 分,共 15 分)

1. 若 $\varphi(t)=t^3+1$,则 $\varphi(\sin t)=($　　$)$.

A. t^3+1　　B. $\sin t^3+1$　　C. $\cos t^3+2$　　D. $\sin^3 t+1$

2. 关于数列 $0,\frac{1}{3},\frac{2}{4},\frac{3}{5},\frac{4}{6},\cdots$ 的极限,说法正确的是(　　).

A. 以 0 为极限　　B. 以 1 为极限　　C. 以 $\frac{n-2}{n}$ 为极限　　D. 不存在极限

3. 当 $x\to 0$ 时,下列各式为无穷小量的是(　　).

A. $\frac{\sin x}{x}$　　B. $\frac{\cos x}{x}$　　C. $x\sin\frac{1}{x}$　　D. $\frac{1}{2^x-1}$

4. 极限 $\lim\limits_{x\to\infty}x\sin\frac{1}{x}=($　　$)$.

A. ∞　　B. 不存在　　C. 1　　D. 0

5. 极限 $\lim\limits_{x\to\infty}\left(1-\frac{3}{x}\right)^{2x}=($　　$)$.

A. e^{-6}　　B. ∞　　C. 0　　D. e^6

二、填空题(每小题 3 分,共 15 分)

6. 函数 $y=\sqrt{\ln\sqrt{x}}$ 是由________,________,________复合而成的.

7. 设 $f(x)=\begin{cases}2^x, & -1\leqslant x<0,\\ 2, & 0\leqslant x<1,\\ x-1, & 1\leqslant x\leqslant 3,\end{cases}$ 则 $f[f(1)]=$______.

8. 极限 $\lim\limits_{x\to 2}\frac{3x^2-4x+1}{x+3}=$________.

9. 函数 $f(x)=\frac{1}{x^2-1}$ 的连续区间是________________.

10. 函数 $y=\frac{x^2-1}{x^2-3x+2}$ 的间断点的个数为________,其中,$x=$_______为可去间断点.

三、判断题(每小题 1 分,共 4 分)

11. $y=\cos x+\ln(1+x^2)$ 为偶函数.　　(　　)

12. 如果 $f(x)$ 在点 x_0 处有定义,则极限 $\lim\limits_{x\to x_0}f(x)$ 存在.　　(　　)

13. $\lim\limits_{x\to 1}\frac{\sqrt{x+3}-2}{x-1}=\frac{\lim\limits_{x\to 1}(\sqrt{x+3}-2)}{\lim\limits_{x\to 1}(x-1)}=1$.　　(　　)

14. 初等函数一定连续. (　　)

四、计算题(每小题 6 分,共 36 分)

15. $\lim\limits_{x\to 0^+}\dfrac{\sqrt{x}-x}{\sqrt{x}}$;

16. $\lim\limits_{x\to 2}\dfrac{x-2}{\sqrt{x+7}-3}$;

17. $\lim\limits_{x\to\infty}\dfrac{(2x-3)^{20}(3x+2)^{30}}{(5x+1)^{50}}$;

18. $\lim\limits_{x\to 1}\left(\dfrac{1}{x-1}-\dfrac{x}{x^2-1}\right)$;

19. $\lim\limits_{x\to 0}\dfrac{\tan 2x-2\sin x}{x}$;

20. $\lim\limits_{x\to 1}\left(\dfrac{x+2}{x-4}\right)^{x+3}$.

五、综合题(第 21 题 20 分,第 22 题 10 分,共 30 分)

21. 设 $f(x)=\begin{cases}x, & 0<x<1,\\ 1, & 1\leqslant x<2.\end{cases}$

(1) 求 $\lim\limits_{x\to 1^-}f(x)$ 和 $\lim\limits_{x\to 1^+}f(x)$;

(2) 判断 $\lim\limits_{x\to 1}f(x)$ 是否存在,如果存在,求函数 $\lim\limits_{x\to 1}f(x)$;

(3) 判断函数 $f(x)$ 在 $x=1$ 处的连续性;

(4) 求 $f(x)$ 的连续区间.

22. 证明方程 $e^x\cos x=0$ 在 $[0,\pi]$ 上至少有一个实根.

B 组(提高篇)

一、单选题(每小题 3 分,共 15 分)

1. 下列函数为初等函数的是(　　).

A. $y=\dfrac{x^2-1}{x-1}$

B. $y=\begin{cases}\dfrac{x^2-1}{x-1}, & x\neq 1,\\ 0, & x=1\end{cases}$

C. $y=1+x+x^2+x^3+\cdots$

D. $y=\sqrt{-8-\cos x}$

2. 下列极限存在的为(　　).

A. $\lim\limits_{x\to 0}e^{\frac{1}{x}}$

B. $\lim\limits_{x\to\infty}\dfrac{x(x+1)}{x^2}$

C. $\lim\limits_{x\to 0}\dfrac{1}{2^x-1}$

D. $\lim\limits_{x\to+\infty}\sqrt{\dfrac{x^2+1}{x}}$

3. 下列极限中,极限值等于 1 的是(　　).

A. $\lim\limits_{x\to\infty}\dfrac{\left(1-\dfrac{1}{x}\right)^x}{e}$

B. $\lim\limits_{x\to 0}\dfrac{\sin 3x}{4x}$

C. $\lim\limits_{x\to\infty}\dfrac{\arctan x}{x}$

D. $\lim\limits_{x\to\infty}\dfrac{x(x+1)}{x^2}$

4. 当 $x\to 0$ 时,与无穷小量 $x+100x^3$ 等价的无穷小量是(　　).

A. $\sqrt[3]{x}$　　B. $\sqrt{x}$　　C. x　　D. $100x^3$

5. 下列各条件中,不能确定 $f(x)$ 在点 x_0 处一定连续的条件为(　　).

A. $\lim\limits_{\Delta x\to 0}\Delta y=0$

B. $\lim\limits_{x\to x_0}f(x)=f(x_0)$

C. $\lim\limits_{x\to x_0^+}f(x)=\lim\limits_{x\to 0^-}f(x)$

D. $\lim\limits_{\Delta x\to 0}[f(x_0+\Delta x)-f(x_0)]=0$

二、填空题(每小题 3 分,共 15 分)

6. 函数 $y=\dfrac{\sqrt{x-2}}{x^2-5x+4}+\ln(5-x)$ 的定义域为____________.

7. 已知 $f(x)=x^2+1,\varphi(x)=\sin(x^2)$,则 $f[\varphi(x)]=$__________.

8. 极限 $\lim\limits_{n\to\infty}3^n\sin\dfrac{x}{3^n}=$__________.

9. 已知 a,b 为常数,$\lim\limits_{x\to\infty}\dfrac{ax^2+bx+5}{3x+2}=5$,则 $a=$__________,$b=$__________.

10. 函数 $f(x)=\begin{cases}e^{\frac{1}{x}}, & x<0,\\ -1+\cos x, & x\geqslant 0\end{cases}$ 的连续区间为____________.

三、判断题(每小题 1 分,共 4 分)

11. $y=\ln(x+\sqrt{1+x^2})$ 为偶函数. (　　)

12. $f(x)$ 在点 x_2 有定义是极限 $\lim\limits_{x\to x_0}f(x)$ 存在的充分必要条件. (　　)

13. $\lim\limits_{x\to 0}\dfrac{\ln(1+5x)}{x}=5$. (　　)

14. 若点 x_0 是函数 $f(x)$ 的跳跃间断点,则极限 $\lim\limits_{x\to x_0}f(x)$ 一定不存在. (　　)

四、计算题(每小题 6 分,共 36 分)

15. $\lim\limits_{x\to 0}\dfrac{e^{\sqrt{x}}\cos x}{\arcsin(1+2x)}$;

16. $\lim\limits_{n\to\infty}\dfrac{1+\frac{1}{2}+\frac{1}{4}+\cdots+\frac{1}{2^n}}{1+\frac{1}{3}+\frac{1}{9}+\cdots+\frac{1}{3^n}}$;

17. $\lim\limits_{x\to 0}\dfrac{\sqrt{x+1}-1}{\sin 2x}$;

18. $\lim\limits_{x\to+\infty}\left(\dfrac{\sin x}{x^2+2x}+\arctan x\right)$;

19. $\lim\limits_{x\to 2}\left(\dfrac{x}{2}\right)^{\frac{1}{x-2}}$;

20. 若 $f(x)=\dfrac{1}{x^2}$,求 $\lim\limits_{\Delta x\to 0}\dfrac{f(x+\Delta x)-f(x)}{\Delta x}$.

五、综合题(第 21 题 20 分,第 22 题 10 分,共 30 分)

21. (15 分)已知某商品的需求量 x 对价格 p 的函数为 $x=18-\dfrac{p}{4}$,每天生产 x 单位商品时的成本函数为 $C(x)=120+2x+x^2$,求:

(1) 收入函数和利润函数;

(2) 当产量为多少时,利润最大;

(3) 利润最大时的价格.

22. (15 分)已知 $f\left(x+\dfrac{1}{x}\right)=\dfrac{x^3+x}{x^4+1}$,求:

(1) $f(x)$;

(2) $\lim\limits_{x\to\sqrt{2}}f(x)$ 和 $\lim\limits_{x\to\infty}f(x)$;

(3) $f(x)$ 间断点的个数并判断间断点的类型.

第 2 章

导数及其应用

学习目标

(1) 理解导数的概念及其实际意义，理解高阶导数与微分的概念.

(2) 熟练掌握基本求导公式、导数的四则运算法则、复合函数的求导法则，掌握隐函数的求导方法，掌握微分的计算.

(3) 掌握求函数的单调区间、极值和最值，以及判断函数曲线的凹向与拐点等的方法；能解决简单经济问题中的最优化问题.

(4) 能描绘简单的经济图像并能初步分析经济图像.

(5) 理解并掌握边际和弹性的概念，会利用边际和弹性分析简单的经济问题.

背景资料和经济问题 2

【背景资料】 “双十一”全民狂欢购物节里最受欢迎的产品

第 1 章，我们介绍了“双十一”全民狂欢购物节，那么，在“双十一”全民狂欢购物节中，哪些产品是最受欢迎的呢？统计数据显示，2023 年销售 TOP5 的行业依次是家用电器、手机数码、个护美妆、鞋包和电脑办公，而 2022 年销售 TOP5 的行业依次是家用电器、手机数码、个护美妆、鞋包和电脑办公.事实上，近几年“双十一”热销品类结构变化都不大.

【经济问题 2】 为什么“双十一”热销品类结构变化不大？或者说什么样的商品更适合采取降价促销的营销手段呢？

第 1 章中，我们介绍了商品的价格对需求量的影响，而不同商品对价格变动的灵敏程度是不一样的.例如，不管大米价格是否便宜，一个人对大米的需求量不会改变多少；如果某型号手机价位上涨，人们便会寻求其他价位手机替代，从而导致该型号手机的销售量减少.“经济问题 2”正是基于这一经济现象提出的.作为微积分学的一个核心概念，导数揭示了一个变量的改变会如何影响另一个变量的改变，从而成为经济分析的重要工具.本章主要介绍导数的概念、求导公式和法则、导数的应用，包括边际分析、弹性分析和函数的最优化等问题.

2.1　导数的概念

2.1.1　瞬时变化率问题——边际与弹性、瞬时速度

变化率

1. 需求量对价格的瞬时变化率(**边际需求与弹性**)

要解决经济问题 2,需要精确分析价格的变化对需求量的影响.我们在第 1 章 1.1 节,介绍了价格从 P 变化到 $P+\Delta P$ 时,需求量 Q 在这两点间的两种平均变化率:

$$\text{平均绝对变化率}\frac{\Delta Q}{\Delta P}\text{和平均相对变化率}\frac{\frac{\Delta Q}{Q}}{\frac{\Delta P}{P}}=\frac{P}{Q}\cdot\frac{\Delta Q}{\Delta P}.$$

但是需求量 Q 在这两点间的平均绝对变化率和平均相对变化率不一定等于两点间某个点上的相应变化率,研究价格在某点处的变化如何精确地影响需求量,可令 $\Delta P\to 0$,若极限

$$\lim_{\Delta P\to 0}\frac{\Delta Q}{\Delta P}\text{与}\lim_{\Delta P\to 0}\frac{\frac{\Delta Q}{Q}}{\frac{\Delta P}{P}}=\lim_{\Delta P\to 0}\frac{P}{Q}\cdot\frac{\Delta Q}{\Delta P}=\frac{P}{Q}\lim_{\Delta P\to 0}\frac{\Delta Q}{\Delta P}$$

存在,则称它们的极限值分别为需求量 Q 在价格 P 处的**瞬时绝对变化率**和**瞬时相对变化率**,在经济学中分别称为**边际**和**弹性**,可以看到它们都与同一个极限有关. 边际和弹性是经济学中的两个重要概念,如何运用边际和弹性来解释和分析经济现象,我们将在 2.3 节中进一步阐述.

2. 自由落体运动的瞬时速度

引例 2-1　若一个物体做自由落体运动,在$[0,t]$时间区间上物体的运动路程为 $s(t)=\frac{1}{2}gt^2$,现求该物体在 t_0 时刻运动的瞬时速度 $v(t_0)$.

如图 2-1 所示,设物体在 t 时刻的运动速度为 $v(t)$,则从 t_0 时刻到 $t_0+\Delta t$ 时刻,物体的运动距离为 $\Delta s=s(t_0+\Delta t)-s(t_0)$,平均运动速度为

$$\bar{v}=\frac{\Delta s}{\Delta t}=\frac{s(t_0+\Delta t)-s(t_0)}{\Delta t}=\frac{1}{2}g(2t_0+\Delta t).$$

物体在 t_0 时刻运动的瞬时速度 $v(t_0)$ 即为平均速度 $\bar{v}$ 当 $\Delta t\to 0$ 时的极限值,即

$$v(t_0)=\lim_{\Delta t\to 0}\bar{v}=\lim_{\Delta t\to 0}\frac{\Delta s}{\Delta t}=\lim_{\Delta t\to 0}\frac{s(t_0+\Delta t)-s(t_0)}{\Delta t}=gt_0.$$

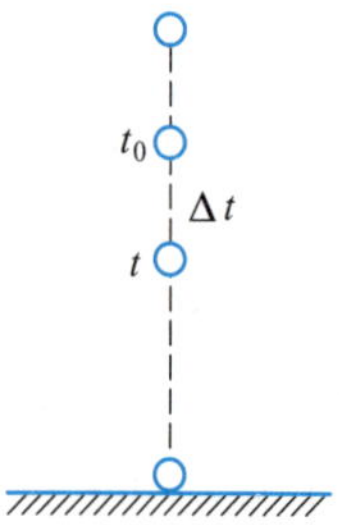

图 2-1

对上述两个问题进行研究可知,无论是求需求量对价格的瞬时变化

率，还是求自由落体运动的瞬时速度，都要求函数的增量与自变量的增量之商的极限. 由此给出下列导数的概念.

2.1.2 导数的概念

1. 导数的定义

定义 2.1 设函数 $y=f(x)$ 在点 x_0 的某个邻域内有定义，当自变量 x 在点 x_0 处有一个增量 Δx 时，函数 y 相应的增量 $\Delta y=f(x_0+\Delta x)-f(x_0)$. 当 $\Delta x\to 0$ 时，如果 $\frac{\Delta y}{\Delta x}$ 的极限存在，则称此极限为**函数 $y=f(x)$ 在点 x_0 处的导数**，记为

$$f'(x_0) \quad 或 \quad y'\Big|_{x=x_0} \quad 或 \quad \frac{\mathrm{d}y}{\mathrm{d}x}\Big|_{x=x_0} \quad 或 \quad \frac{\mathrm{d}f}{\mathrm{d}x}\Big|_{x=x_0},$$

即为

$$f'(x_0)=\lim_{\Delta x\to 0}\frac{\Delta y}{\Delta x}=\lim_{\Delta x\to 0}\frac{f(x_0+\Delta x)-f(x_0)}{\Delta x},$$

并称**函数 $f(x)$ 在点 x_0 处可导**. 如果 $\lim\limits_{\Delta x\to 0}\frac{\Delta y}{\Delta x}$ 不存在，则称**函数 $f(x)$ 在点 x_0 处不可导**.

导数的定义

若 $\lim\limits_{\Delta x\to 0^-}\frac{\Delta y}{\Delta x}=\lim\limits_{\Delta x\to 0^-}\frac{f(x_0+\Delta x)-f(x_0)}{\Delta x}$ 存在，则称其为**函数 $y=f(x)$ 在点 x_0 处的左导数**，记为 $f'(x_0-0)$；若 $\lim\limits_{\Delta x\to 0^+}\frac{\Delta y}{\Delta x}=\lim\limits_{\Delta x\to 0^+}\frac{f(x_0+\Delta x)-f(x_0)}{\Delta x}$ 存在，则称其为**函数 $y=f(x)$ 在点 x_0 处的右导数**，记为 $f'(x_0+0)$.

定理 2.1 函数 $y=f(x)$ 在点 x_0 处可导的充分必要条件是，函数 $y=f(x)$ 在点 x_0 处的左、右导数存在且相等.

如果函数 $f(x)$ 在区间 (a,b) 内的每一点都可导，则称函数 $f(x)$ 在**区间 (a,b) 内可导**. 此时对区间 (a,b) 内的每一点 x，都有函数 $y=f(x)$ 的一个导数值与之对应，这就定义了一个关于 x 的函数，我们称之为函数 $y=f(x)$ 在区间 (a,b) 内对 x 的**导函数**，简称**导数**，记作

$$f'(x) \quad 或 \quad y' \quad 或 \quad \frac{\mathrm{d}y}{\mathrm{d}x} \quad 或 \quad \frac{\mathrm{d}f}{\mathrm{d}x}.$$

同时也称 $f(x)$ 为 $f'(x)$ 的一个**原函数**.

根据导数的定义得，求函数的导数的一般步骤如下：

(1) 求函数的增量 $\Delta y=f(x+\Delta x)-f(x)$；

(2) 计算比值 $\frac{\Delta y}{\Delta x}=\frac{f(x+\Delta x)-f(x)}{\Delta x}$；

(3) 求极限 $f'(x)=\lim\limits_{\Delta x\to 0}\frac{f(x+\Delta x)-f(x)}{\Delta x}$.

常数的导数

例 2-1　求常数函数 $y = C$ 的导数.

解　(1) 求函数的增量

$$\Delta y = C - C = 0.$$

(2) 计算比值

$$\frac{\Delta y}{\Delta x} = \frac{0}{\Delta x} = 0.$$

(3) 求极限

$$f'(x) = \lim_{\Delta x \to 0} \frac{\Delta y}{\Delta x} = 0.$$

即

$$C' = 0.$$

例 2-2　求函数 $y = x^2$ 的导数.

解　(1) 求函数的增量

$$\Delta y = (x + \Delta x)^2 - x^2 = 2x\Delta x + (\Delta x)^2.$$

(2) 计算比值

$$\frac{\Delta y}{\Delta x} = \frac{2x\Delta x + (\Delta x)^2}{\Delta x} = 2x + \Delta x.$$

(3) 求极限

$$f'(x) = \lim_{\Delta x \to 0} \frac{\Delta y}{\Delta x} = \lim_{\Delta x \to 0} (2x + \Delta x) = 2x.$$

即

$$(x^2)' = 2x.$$

例 2-3　设函数 $f(x)$ 在 $x = 1$ 处可导,且 $f'(1) = 1$,则 $\lim\limits_{x \to 0} \dfrac{f(1 + 2h) - f(1)}{h} =$ ________.

解　$\lim\limits_{x \to 0} \dfrac{f(1 + 2h) - f(1)}{h} = \lim\limits_{x \to 0} \dfrac{f(1 + 2h) - f(1)}{2h} \cdot 2 = 2 \cdot f'(1) = 2.$

2. 导数的基本公式

用导数的定义求函数的导数,通常比较麻烦或不太可行.为了方便起见,我们直接给出基本初等函数的导数公式.

(1) 常数函数的导数:

$$(C)' = 0 \text{ (}C\text{ 为常数)};$$

(2) 幂函数的导数:

$$(x^\alpha)' = \alpha x^{\alpha - 1},$$

特别地,

$$(x^2)' = 2x, \quad x' = 1, \quad (\sqrt{x})' = \frac{1}{2\sqrt{x}}, \quad \left(\frac{1}{x}\right)' = \frac{1}{x^2};$$

(3) 指数函数的导数:

$$(a^x)' = a^x \ln a,$$

特别地,

$$(e^x)' = e^x;$$

(4) 对数函数的导数:

$$(\log_a x)' = \frac{1}{x\ln a},$$

特别地,

$$(\ln x)' = \frac{1}{x};$$

(5) 三角函数的导数;

$$(\sin x)' = \cos x, \quad (\cos x)' = -\sin x,$$

$$(\tan x)' = \frac{1}{\cos^2 x} = \sec^2 x, \quad (\cot x)' = -\frac{1}{\sin^2 x} = -\csc^2 x,$$

$$(\sec x)' = \sec x\tan x, \quad (\csc x)' = \csc x\cot x;$$

(6) 反三角函数的导数;

$$(\arcsin x)' = \frac{1}{\sqrt{1-x^2}}, \quad (\arccos x)' = -\frac{1}{\sqrt{1-x^2}},$$

$$(\arctan x)' = \frac{1}{1+x^2}, \quad (\operatorname{arccot} x)' = -\frac{1}{1+x^2}.$$

我们把上述公式称为导数的**基本公式**,它们都可以用导数的定义或求导法则证明.本节仅对 $(\sin x)' = \cos x$ 与 $(\log_a x)' = \frac{1}{x\ln a}$ 作一个简要的证明.

例 2-4　证明: $(\sin x)' = \cos x$.

例 2-4 讲解

证　$\Delta y = \sin(x+\Delta x) - \sin x = 2\cos\left(x+\frac{\Delta x}{2}\right)\sin\frac{\Delta x}{2}$,

$$\frac{\Delta y}{\Delta x} = \frac{\sin\frac{\Delta x}{2}}{\frac{\Delta x}{2}} \cdot \cos\left(x+\frac{\Delta x}{2}\right),$$

$$y' = \lim_{\Delta x\to 0}\frac{\Delta y}{\Delta x} = \lim_{\Delta x\to 0}\frac{\sin\frac{\Delta x}{2}}{\frac{\Delta x}{2}} \cdot \lim_{\Delta x\to 0}\cos\left(x+\frac{\Delta x}{2}\right) = \cos x.$$

于是,正弦函数的导数公式为

$$(\sin x)' = \cos x.$$

例 2-5　证明: $(\log_a x)' = \frac{1}{x\ln a}$.

例 2-5 讲解

证　$\Delta y = \log_a(x+\Delta x) - \log_a x = \log_a\frac{x+\Delta x}{x} = \log_a\left(1+\frac{\Delta x}{x}\right)$,

$$\frac{\Delta y}{\Delta x} = \frac{1}{\Delta x}\log_a\left(1+\frac{\Delta x}{x}\right) = \log_a\left(1+\frac{\Delta x}{x}\right)^{\frac{1}{\Delta x}} = \frac{1}{x}\log_a\left(1+\frac{\Delta x}{x}\right)^{\frac{x}{\Delta x}},$$

$$y' = \lim_{\Delta x \to 0} \frac{\Delta y}{\Delta x} = \lim_{\Delta x \to 0} \frac{1}{x} \log_a \left(1 + \frac{\Delta x}{x}\right)^{\frac{x}{\Delta x}} = \frac{1}{x} \lim_{\Delta x \to 0} \log_a \left(1 + \frac{\Delta x}{x}\right)^{\frac{x}{\Delta x}}$$
$$= \frac{1}{x} \log_a \mathrm{e} = \frac{1}{x \ln a}.$$

于是，对数函数的导数公式为

$$(\log_a x)' = \frac{1}{x \ln a}.$$

特别地，当 $a = \mathrm{e}$ 时，有

$$(\ln x)' = \frac{1}{x}.$$

3. 导数的几何意义

设函数 $y = f(x)$ 的图像如图 2-2 所示，$M_0(x_0, y_0)$ 和 $M(x, y)$ 是曲线上的任意两点，自变量和函数的增量分别为

$$\Delta x = x - x_0,$$
$$\Delta y = f(x) - f(x_0) = f(x_0 + \Delta x) - f(x_0),$$

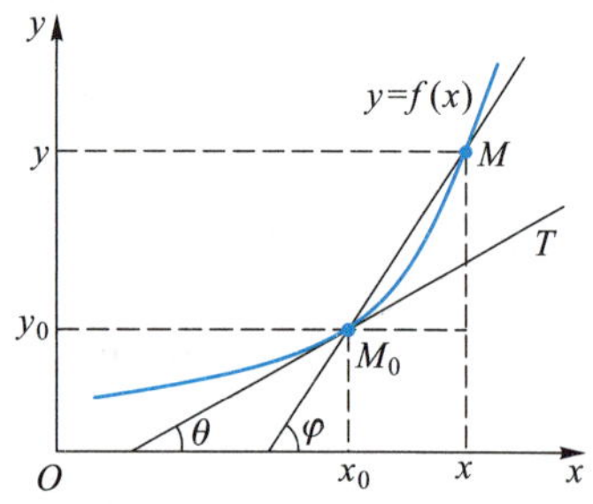

图 2-2

割线 M_0M 的斜率为

$$\tan \varphi = \frac{\Delta y}{\Delta x} = \frac{f(x_0 + \Delta x) - f(x_0)}{\Delta x}.$$

当 $\Delta x \to 0$ 时，点 M 沿着曲线 $y = f(x)$ 趋向于点 M_0，割线 M_0M 的极限位置 M_0T 为曲线 $y = f(x)$ 在点 M_0 处的切线，它的斜率为

$$k = \tan \theta = \lim_{\varphi \to \theta} \tan \varphi = \lim_{\Delta x \to 0} \frac{\Delta y}{\Delta x} = \lim_{\Delta x \to 0} \frac{f(x_0 + \Delta x) - f(x_0)}{\Delta x} = f'(x_0).$$

由此可知，函数 $y = f(x)$ 在点 x_0 处的导数 $f'(x_0)$，就是曲线 $y = f(x)$ 在点 $M_0(x_0, y_0)$ 处的切线 M_0T 的斜率

$$k = \tan \theta = f'(x_0).$$

从而可得曲线 $y = f(x)$ 在点 $M(x_0, y_0)$ 处的切线方程为

$$y - y_0 = f'(x_0)(x - x_0),$$

法线方程为

$$y - y_0 = -\frac{1}{f'(x_0)}(x - x_0) \quad (f'(x_0) \neq 0).$$

例 2-6　求曲线 $y = \ln x$ 在点 $(\mathrm{e}, 1)$ 处的切线方程和法线方程.

解　因为 $y' = (\ln x)' = \dfrac{1}{x}$，所以曲线 $y = \ln x$ 在点 $(\mathrm{e}, 1)$ 处的切线的斜率为

$$k_{切} = \left.\frac{1}{x}\right|_{x = \mathrm{e}} = \frac{1}{\mathrm{e}},$$

法线的斜率为

$$k_{法} = -\mathrm{e},$$

所以切线方程为

$$y-1=\frac{1}{e}(x-e),即\ y=\frac{1}{e}x,$$

法线方程为

$$y-1=-e(x-e),即\ y=-ex+e^2+1.$$

4. 函数的导数与连续的关系

定理 2.2 若函数 $y=f(x)$ 在点 x_0 处可导，则函数 $y=f(x)$ 在点 x_0 处连续.

导数与连续的关系

证 因为函数 $y=f(x)$ 在点 x_0 处可导，所以 $\lim\limits_{\Delta x\to 0}\frac{\Delta y}{\Delta x}=f'(x_0)$. 由于

$$\lim_{\Delta x\to 0}\Delta y=\lim_{\Delta x\to 0}\frac{\Delta y}{\Delta x}\Delta x=\lim_{\Delta x\to 0}\frac{\Delta y}{\Delta x}\lim_{\Delta x\to 0}\Delta x=f'(x_0)\times 0=0.$$

根据定义 1.8 知，函数 $y=f(x)$ 在点 x_0 处连续.

定理 2.2 的逆命题不成立，即若函数 $y=f(x)$ 在点 x_0 处连续，但不一定在该点处可导.

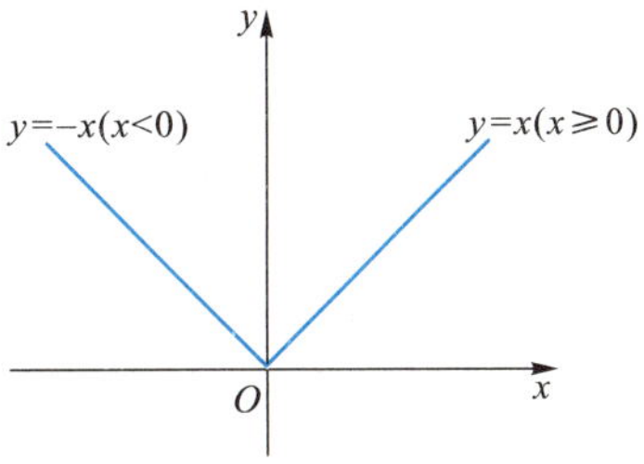

图 2-3

例 2-7 试证函数 $y=f(x)=|x|=\begin{cases}x, & x\geqslant 0,\\ -x, & x<0\end{cases}$ 在 $x=0$ 处连续，但不可导.

证 如图 2-3 所示，给 $x_0=0$ 一个增量 Δx，则 $\Delta y=|\Delta x|$. 因为

$$\lim_{\Delta x\to 0^+}\Delta x=0,\quad \lim_{\Delta x\to 0^-}(-\Delta x)=0,$$

所以

$$\lim_{\Delta x\to 0}|\Delta x|=0=f(0).$$

所以函数 $y=f(x)$ 在 $x=0$ 处连续. 又因为

$$\lim_{\Delta x\to 0^+}\frac{\Delta y}{\Delta x}=\lim_{\Delta x\to 0^+}\frac{|\Delta x|}{\Delta x}=\lim_{\Delta x\to 0^+}\frac{\Delta x}{\Delta x}=1,$$

$$\lim_{\Delta x\to 0^-}\frac{\Delta y}{\Delta x}=\lim_{\Delta x\to 0^-}\frac{|\Delta x|}{\Delta x}=\lim_{\Delta x\to 0^-}\frac{-\Delta x}{\Delta x}=-1.$$

由极限存在定理知，$f'(0)=\lim\limits_{\Delta x\to 0}\frac{\Delta y}{\Delta x}$ 不存在. 所以函数 $f(x)=|x|$ 在点 x_0 处连续，但不可导.

2.1.3 导数的运算法则

在上一节中，我们给出了根据定义求函数导数的方法，但是，当函数较复杂时，用这种方法求导数就比较困难，有时甚至求不出来. 本节中，我们将介绍一些求导数的基本法则，借助于这些法则，并利用基本初等函数的导数公式，就能比较方便地求出初等函数的导数.

先讲函数的和、差、积、商的求导法则.

定理 2.3　设函数 $u=u(x)$ 及 $v=v(x)$ 在点 x 处可导，则函数 $u(x)\pm v(x)$，$u(x)v(x)$，$Cu(x)$（C 为常数），$\dfrac{u(x)}{v(x)}(v(x)\neq 0)$ 在点 x 处也可导，且有

(1) $[u(x)\pm v(x)]'=u'(x)\pm v'(x)$；

(2) $[u(x)v(x)]'=u'(x)v(x)+u(x)v'(x)$，

$[Cu(x)]'=Cu'(x)$（C 为常数）；

(3) $\left[\dfrac{u(x)}{v(x)}\right]'=\dfrac{u'(x)v(x)-u(x)v'(x)}{v^2(x)}$.

以上求导方法可以推广到有限多项.

例 2-8　求下列函数的导数.

(1) $y=e^x+2\cos x$；　　(2) $y=\sqrt{x}\sin x+(2e)^{-1}+3\ln x$；

(3) $y=x\arctan x\ln x+3$.

解　(1) 函数的导数为

$$y'=(e^x+2\cos x)'=(e^x)'+(2\cos x)'=e^x+2(\cos x)'=e^x-2\sin x.$$

(2) 函数的导数为

$$\begin{aligned}y'&=(\sqrt{x}\sin x)'+[(2e)^{-1}]'+(3\ln x)'\\&=(\sqrt{x})'\sin x+\sqrt{x}(\sin x)'+0+\frac{3}{x}\\&=\frac{\sin x}{2\sqrt{x}}+\sqrt{x}\cos x+\frac{3}{x}.\end{aligned}$$

扩展例题讲解

(3) 函数的导数为

$$\begin{aligned}y'&=x'\arctan x\ln x+x(\arctan x)'\ln x+x\arctan x(\ln x)'\\&=\arctan x\ln x+\frac{x\ln x}{1+x^2}+\arctan x.\end{aligned}$$

例 2-9　设函数 $f(x)=4\cos x-e^x$，求 $f'(x)$ 及 $f'(0)$.

解　$f'(x)=4(\cos x)'-(e^x)'=-4\sin x-e^x$，

$f'(0)=-1$.

例 2-10　设函数 $y=\dfrac{e^x}{x+1}$，求 $f'(0)$.

解　$y'=\dfrac{(e^x)'(x+1)-e^x(x+1)'}{(x+1)^2}=\dfrac{e^x(x+1)-e^x}{(x+1)^2}=\dfrac{xe^x}{(x+1)^2}$，

$f'(0)=y'\Big|_{x=0}=0$.

说明　$f'(x_0)$ 与 $[f(x_0)]'$ 是不同的. $f'(x_0)$ 表示导函数 $f'(x)$ 在点 x_0 处的函数值，而 $[f(x_0)]'$ 则是常数 $f(x_0)$ 的导数，即 $[f(x_0)]'=0$.

例 2-11　求函数 $y=\tan x$ 的导数.

例 2-11 讲解

解　由商的导数运算法则，得

$$y'=(\tan x)'=\left(\frac{\sin x}{\cos x}\right)'=\frac{(\sin x)'\cos x-\sin x(\cos x)'}{\cos^2 x}$$

$$=\frac{\cos^2 x+\sin^2 x}{\cos^2 x}=\frac{1}{\cos^2 x}=\sec^2 x.$$

即

$$(\tan x)'=\sec^2 x.$$

用类似的方法,可得余切函数的导数公式为

$$(\cot x)'=-\csc^2 x.$$

2.1.4 复合函数的求导法则

定理 2.4 设函数 $u=\varphi(x)$ 在点 x 处可导,函数 $y=f(u)$ 在相应的点 $u=\varphi(x)$ 处可导,则复合函数 $y=f[\varphi(x)]$ 在点 x 处也可导,且有

$$y'=f'(u)\varphi'(x)$$

或

$$\frac{\mathrm{d}y}{\mathrm{d}x}=\frac{\mathrm{d}y}{\mathrm{d}u}\frac{\mathrm{d}u}{\mathrm{d}x}.$$

简单地叙述为,**复合函数的导数等于外层函数对中间变量的导数乘中间变量对自变量的导数**.

例 2-12 求下列函数的导数.

(1) $y=\sin 2x$; (2) $y=\sqrt[3]{3x+1}$; (3) $y=\ln(\cos x)$.

解 (1) 设 $y=\sin u, u=2x$. 由复合函数的求导法则,得

$$y'=\frac{\mathrm{d}y}{\mathrm{d}x}=\frac{\mathrm{d}y}{\mathrm{d}u}\frac{\mathrm{d}u}{\mathrm{d}x}=2\cos u=2\cos 2x.$$

(2) 设 $y=\sqrt[3]{u}=u^{\frac{1}{3}}, u=3x+1$. 由复合函数的求导法则,得

$$y'=\frac{\mathrm{d}y}{\mathrm{d}x}=\frac{\mathrm{d}y}{\mathrm{d}u}\frac{\mathrm{d}u}{\mathrm{d}x}=\frac{1}{3}u^{\frac{1}{3}-1}\cdot 3=u^{-\frac{2}{3}}=\frac{1}{\sqrt[3]{u^2}}=\frac{1}{\sqrt[3]{(3x+1)^2}}.$$

(3) 函数 $y=\ln(\cos x)$ 是由 $y=\ln u$ 和 $u=\cos x$ 复合而成,由复合函数的求导法则,得

$$y'_x=y'_u u'_x=(\ln u)'(\cos x)'=\frac{1}{u}(-\sin x)=\frac{1}{\cos x}(-\sin x)=-\tan x.$$

熟练后,可以不引入中间变量,直接由外向内逐层求导即可.

例 2-13 求下列函数的导数.

(1) $y=\mathrm{e}^{\sqrt{x}}$; (2) $y=\arctan\sqrt{x^2+1}$;

(3) $y=\dfrac{1}{x+\sqrt{x^2+1}}$; (4) $y=\ln(x+\sqrt{a^2+x^2})$.

解 (1) $y'=\mathrm{e}^{\sqrt{x}}(\sqrt{x})'=\mathrm{e}^{\sqrt{x}}\dfrac{1}{2\sqrt{x}}=\dfrac{\mathrm{e}^{\sqrt{x}}}{2\sqrt{x}}$.

(2) $y'=\dfrac{1}{1+(\sqrt{x^2+1})^2}(\sqrt{x^2+1})'=\dfrac{1}{x^2+2}\cdot\dfrac{1}{2\sqrt{x^2+1}}\cdot(x^2+1)'$

$$= \frac{x}{(x^2+2)\sqrt{x^2+1}}.$$

（3）因为

$$y = \frac{1}{x+\sqrt{x^2+1}} = \sqrt{x^2+1} - x,$$

所以

$$y' = \frac{2x}{2\sqrt{x^2+1}} - 1 = \frac{x-\sqrt{x^2+1}}{\sqrt{x^2+1}}.$$

扩展例题讲解

（4）$$y' = [\ln(x+\sqrt{a^2+x^2})]' = \frac{1}{x+\sqrt{a^2+x^2}}(x+\sqrt{a^2+x^2})'$$

$$= \frac{1}{x+\sqrt{a^2+x^2}}\left(1+\frac{2x}{2\sqrt{a^2+x^2}}\right) = \frac{1}{\sqrt{a^2+x^2}}.$$

例 2-14　求函数 $y=\ln\sqrt{\frac{x-1}{x+1}}$ 的导数.

解　先用对数性质展开，得

$$y = \frac{1}{2}\ln(x-1) - \frac{1}{2}\ln(x+1),$$

然后求导数，得

$$y' = \frac{1}{2}\cdot\frac{1}{x-1} - \frac{1}{2}\cdot\frac{1}{x+1} = \frac{1}{x^2-1}.$$

例 2-15　求函数 $y=e^{\sin x}+\ln\sqrt{x^2+1}$ 的导数.

解　由复合函数的求导法则，得

$$y' = (e^{\sin x}+\ln\sqrt{x^2+1})' = (e^{\sin x})' + (\ln\sqrt{x^2+1})'$$

$$= e^{\sin x}(\sin x)' + \left[\frac{1}{2}\ln(x^2+1)\right]'$$

$$= e^{\sin x}\cos x + \frac{1}{2(x^2+1)}(x^2+1)'$$

$$= e^{\sin x}\cos x + \frac{x}{x^2+1}.$$

例 2-16　设 $y=f(x)$ 可导，则 $[f(e^{-x})]'=$ ________.

解　$[f(e^{-x})]' = f'(e^{-x})(e^{-x})' = f'(e^{-x})\cdot e^{-x}\cdot(-1) = -e^{-x}f'(e^{-x})$.

2.1.5　隐函数的求导

对于方程 $x^2+y^2=1$，当 $y>0$ 时，可确定一个 x 与 y 的函数 $y=\sqrt{1-x^2}$. 一般来说，在适当的条件下，由方程 $F(x,y)=0$ 可以确定一个 x 与 y 的函数 $y=\varphi(x)$，我们称此函数为**隐函数**. 与之相区别，把直接用 x 的解析式表示的函数 $y=f(x)$ 称为**显函数**. 有些隐函数可以直接转化为显函数，而有些隐函数要转化为显函数比较困难. 下面我们举例说明隐函数的求导方法.

扩展例题讲解

例 2-17　求由方程 $e^{xy}+x+y=1$ 确定的隐函数 y 关于 x 的导数.

解　把 y 看作 x 的函数，对方程 $e^{xy}+x+y=1$ 两边同时对 x 求导数，得

$$e^{xy}(xy)'+1+y'=e^{xy}(y+xy')+1+y'=0,$$

解得

$$y'=-\frac{1+ye^{xy}}{1+xe^{xy}}.$$

在所求得的隐函数的导数中，一般将保留变量 y.

例 2-18　求曲线 $x^2+y^2=1$ 上点$\left(\frac{1}{\sqrt{2}},\frac{1}{\sqrt{2}}\right)$处的切线方程（图 2-4）.

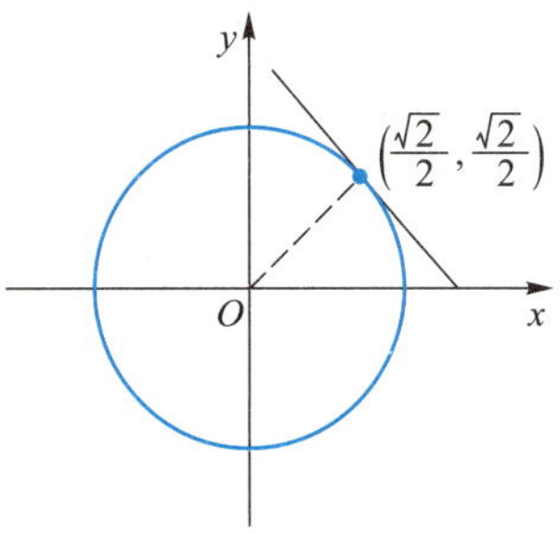

图 2-4

解　把 y 看作 x 的函数，对方程 $x^2+y^2=1$ 两边同时对 x 求导数，得

$$2x+2yy'=0,$$

解得

$$y'=-\frac{x}{y}.$$

所以曲线在点$\left(\frac{1}{\sqrt{2}},\frac{1}{\sqrt{2}}\right)$处的切线的斜率为

$$k=y'\Big|_{\left(\frac{1}{\sqrt{2}},\frac{1}{\sqrt{2}}\right)}=-\frac{x}{y}\Big|_{\left(\frac{1}{\sqrt{2}},\frac{1}{\sqrt{2}}\right)}=-1,$$

由点斜式方程，得切线方程为

$$y-\frac{1}{\sqrt{2}}=-\left(x-\frac{1}{\sqrt{2}}\right)\quad 即\quad x+y-\sqrt{2}=0.$$

例 2-19　求函数 $y=\sqrt{\frac{(x-1)(x-2)}{(x+1)(x+2)}}$ 的导数.

例 2-19 扩展讲解

解　对 $y=\sqrt{\frac{(x-1)(x-2)}{(x+1)(x+2)}}$ 两边取对数，得

$$\ln y=\ln\sqrt{\frac{(x-1)(x-2)}{(x+1)(x+2)}}=\frac{1}{2}[\ln(x-1)+\ln(x-2)-\ln(x+1)-\ln(x+2)].$$

两边对 x 求导数，得

$$\begin{aligned}\frac{1}{y}y'&=\frac{1}{2}\left(\frac{1}{x-1}+\frac{1}{x-2}-\frac{1}{x+1}-\frac{1}{x+2}\right)=\frac{1}{2}\left(\frac{2}{x^2-1}+\frac{4}{x^2-4}\right)\\&=\frac{1}{x^2-1}+\frac{2}{x^2-4}.\end{aligned}$$

所以函数的导数为

$$y'=y\left(\frac{1}{x^2-1}+\frac{2}{x^2-4}\right)=\left(\frac{1}{x^2-1}+\frac{2}{x^2-4}\right)\sqrt{\frac{(x-1)(x-2)}{(x+1)(x+2)}}.$$

例 2－20 讲解

例 2-20　求函数 $y=x^{\sin x}(x>0)$ 的导数.

解　对 $y=x^{\sin x}$ 两边取对数,得

$$\ln y=\sin x\cdot\ln x,$$

两边对 x 求导数,得

$$\frac{1}{y}y'=\cos x\cdot\ln x+\sin x\cdot\frac{1}{x}.$$

所以函数的导数为

$$y'=y\left(\cos x\ln x+\frac{1}{x}\sin x\right)=x^{\sin x}\left(\cos x\ln x+\frac{1}{x}\sin x\right).$$

这种利用对数的性质来简化求导数过程的方法,称为**对数求导法**.

2.1.6　高阶导数

如果函数 $y=f(x)$ 在区间 (a,b) 内可导,则函数 $f(x)$ 的导数 $f'(x)$ 也是区间 (a,b) 内的一个函数. 如果导函数 $f'(x)$ 也可导,则称导函数 $f'(x)$ 的导数 $[f'(x)]'$ 为函数 $f(x)$ 的**二阶导数**,记为

$$y''\ 或\ f''(x)\ 或\ \frac{\mathrm{d}^2y}{\mathrm{d}x^2}\quad 或\quad \frac{\mathrm{d}^2f(x)}{\mathrm{d}x^2}.$$

即

$$y''=(y')',\quad f''(x)=[f'(x)]',\quad \frac{\mathrm{d}^2y}{\mathrm{d}x^2}=\frac{\mathrm{d}}{\mathrm{d}x}\left(\frac{\mathrm{d}y}{\mathrm{d}x}\right).$$

相应地,称函数的导数 $f'(x)$ 为函数 $f(x)$ 的一阶导数.

二阶导数 $f''(x)$ 的导数 $[f''(x)]'$ 称为函数 $f(x)$ 的**三阶导数**,记为

$$y'''\ 或\ f'''(x)\ 或\ \frac{\mathrm{d}^3y}{\mathrm{d}x^3}\quad 或\quad \frac{\mathrm{d}^3f(x)}{\mathrm{d}x^3}.$$

类似地,把函数 $f(x)$ 的 $n-1$ 阶导数 $f^{(n-1)}(x)$ 的导数 $[f^{(n-1)}(x)]'$ 称为函数 $f(x)$ 的 n **阶导数**,记为

$$y^{(n)}\ 或\ f^{(n)}(x)\ 或\ \frac{\mathrm{d}^ny}{\mathrm{d}x^n}\quad 或\quad \frac{\mathrm{d}^nf(x)}{\mathrm{d}x^n}.$$

我们把二阶和二阶以上的导数统称为**高阶导数**.

例 2-21　求函数 $y=x^3+1$ 的二阶导数.

解　因为

$$y'=(x^3+1)'=3x^2,$$

所以

$$y''=(y')'=(3x^2)'=6x.$$

例 2-22　设函数 $f(x)=x\arctan x$,那么 $f''(x)=$________.

解　$f'(x)=x'\arctan x+x(\arctan x)'=\arctan x+\dfrac{x}{1+x^2}$;

$$f''(x)=(\arctan x)'+\frac{1+x^2-x(1+x^2)'}{(1+x^2)^2}=\frac{1}{1+x^2}+\frac{1+x^2-2x^2}{(1+x^2)^2}=\frac{2}{(1+x^2)^2}.$$

例 2-23 求函数 $y=\sin x$ 的 n 阶导数.

例 2-23 讲解

解 函数的各阶导数为

$$y'=(\sin x)'=\cos x=\sin\left(x+\frac{\pi}{2}\right),$$

$$y''=\left[\sin\left(x+\frac{\pi}{2}\right)\right]'=\cos\left(x+\frac{\pi}{2}\right)=\sin\left(x+2\times\frac{\pi}{2}\right),$$

$$y'''=\left[\sin\left(x+2\times\frac{\pi}{2}\right)\right]'=\cos\left(x+2\times\frac{\pi}{2}\right)=\sin\left(x+3\times\frac{\pi}{2}\right),$$

类推可得

$$y^{(n)}=\left\{\sin\left[x+(n-1)\times\frac{\pi}{2}\right]\right\}'=\cos\left[x+(n-1)\times\frac{\pi}{2}\right]=\sin\left(x+n\times\frac{\pi}{2}\right).$$

所以正弦函数的 n 阶导数为

$$(\sin x)^{(n)}=\sin\left(x+\frac{n\pi}{2}\right).$$

练习 2.1

1. 判断题.

(1) 函数 $f(x)$ 在点 x_0 处连续,则 $f(x)$ 在 $x=x_0$ 处可导. ( )

(2) 已知 $(\sin x)'=\cos x$,则 $\left(\sin\frac{\pi}{6}\right)'=\cos\frac{\pi}{6}$. ( )

(3) 初等函数在其定义域内一定可导. ( )

(4) 已知曲线方程为 $5y^2=x^2(x+3)$,则曲线在点 $(2,2)$ 处的切线斜率 $k=1$. ( )

(5) 已知 $y=\sin x$,则 $y^{(5)}=\sin x$. ( )

2. 填空题.

(1) 函数 $f(x)=x^2+5$ 在 $x=1$ 相应点处的切线斜率 $k=$ ________.

(2) 设函数 $f(x)$ 在点 x_0 处可导,则 $\lim\limits_{h\to 0}\dfrac{f(x_0-2h)-f(x_0)}{2h}=$ ______.

(3) 设函数 $f(x)=\dfrac{4}{\sqrt[3]{x^2}}-\dfrac{2}{x^2}$,则 $f'(1)=$ ________.

(4) 设 $y=\ln\left(\sin\dfrac{1}{x}\right)$,则 $y'=$ ________.

(5) 设 $y=x^n+\mathrm{e}^x$,则 $y^{(n)}=$ ________.

3. 选择题.

(1) 已知 $y=x^a+a^x+a^a$(其中 $a>0,a\neq 1$),则 $y'=$ ( ).

A. $ax^{a-1}+xa^{x-1}+aa^{a-1}$　　B. $ax^{a-1}+a^x\ln a+a^a\ln a$

C. $ax^{a-1}+a^x\ln a$　　D. $x^a\ln x+a^x\ln a$

(2) 已知 $y=\sin x\cos x$,则 $y'\big|_{x=\frac{\pi}{6}}=$ ( ).

A. 1　　B. $\dfrac{1}{2}$　　C. $\dfrac{\sqrt{3}}{2}$　　D. $\dfrac{1}{4}$

(3) 设 $y=f(-3x)$,则 $y'=$ ( ).

A. $f'(3x)$　　B. $-f'(-3x)$　　C. $f'(-3x)$　　D. $-3f'(-3x)$

(4) 设 $y=\mathrm{e}^{\cos\frac{1}{x}}$，则 $y'=$ (　　).

A. $\mathrm{e}^{\cos\frac{1}{x}}\sin\dfrac{1}{x}$　　B. $-\mathrm{e}^{\cos\frac{1}{x}}\sin\dfrac{1}{x}$　　C. $\dfrac{1}{x^2}\mathrm{e}^{\cos\frac{1}{x}}\sin\dfrac{1}{x}$　　D. $-\dfrac{1}{x^2}\mathrm{e}^{\cos\frac{1}{x}}\sin\dfrac{1}{x}$

2.2　函数的微分

2.2.1　微分的概念

1. 微分概念的引入

先看一个例子.

例 2-24　某种产品的总成本 y 是产量 x 的函数，$y=100+6x-0.4x^2+0.02x^3$，试问：当生产水平从 $x=10$ 万件增加到 $x+\Delta x=10.01$ 万件时，总成本需增加多少？

解　**法 1**　当 $x=10$ 万件增加到 $x+\Delta x=10.01$ 万件时，总成本 y 的增量为

$$\begin{aligned}\Delta y&=f(x+\Delta x)-f(x)\\&=100+6\times10.01-0.4\times10.01^2+0.02\times10.01^3-\\&\quad(100+6\times10-0.4\times10^2+0.02\times10^3)\\&=0.040\,020\,02.\end{aligned}$$

法 2　由于导数是增量比值的极限，即 $\lim\limits_{\Delta x\to0}\dfrac{\Delta y}{\Delta x}=f'(x)$，根据定理 1.4，有

$$\frac{\Delta y}{\Delta x}=f'(x)+\alpha\quad(\lim_{\Delta x\to0}\alpha=0),$$

$$\Delta y=f'(x)\Delta x+\alpha\Delta x.$$

显然，当 $\Delta x\to0$ 时，$\alpha\Delta x\to0$，且 $\Delta x\alpha$ 是 α 的高阶无穷小，从而

$$\Delta y\approx f'(x)\Delta x=(6-0.8x+0.06x^2)\Big|_{x=10}\cdot0.01=0.04.$$

两种解法的计算结果相差不大，但法 2 的计算更为方便，且 Δx 越小，Δy 与 $f'(x)\Delta x$ 的差值越小.为此，我们对 $f'(x)\Delta x$ 给出如下定义.

定义 2.2　设函数 $y=f(x)$ 在点 x_0 处可导，则 $f'(x_0)\Delta x$ 称为函数 $y=f(x)$ 在点 x_0 处的**微分**，记作 $\mathrm{d}y$，即

$$\mathrm{d}y=f'(x_0)\Delta x.$$

一般地，函数 $y=f(x)$ 在点 x 处的微分称为函数的微分，记作

$$\mathrm{d}y=f'(x)\Delta x \text{ 或 } \mathrm{d}f(x)=f'(x)\Delta x.$$

如果函数 $y=f(x)$ 在点 x 处的微分存在，则称函数 $y=f(x)$ 在点 x 处**可微**.

对于函数 $y=x$ 来说，它的导数为 1，从而有 $\mathrm{d}x=\Delta x$.因此规定，**自变量的微分**等于**自变量的增量**，于是函数的微分可以写成

$$\mathrm{d}y=f'(x)\mathrm{d}x.$$

从而有

$$\frac{\mathrm{d}y}{\mathrm{d}x}=f'(x).$$

上式说明,函数的微分 $\mathrm{d}y$ 与自变量的微分 $\mathrm{d}x$ 之商等于函数的导数,故导数也常称为**微商**.

例 2-25 求函数 $y=x^2$ 在 $x=1,\Delta x=0.01$ 时的微分和函数的增量.

例 2-25 讲解

解 因为

$$\mathrm{d}y=y'\Delta x=2x\Delta x,$$

所以

$$\mathrm{d}y\Big|_{\substack{x=1\\ \Delta x=0.01}}=2\times 1\times 0.01=0.02.$$

函数的增量为

$$\Delta y=(1+0.01)^2-1^2=2\times 0.01+0.01^2=0.020\ 1.$$

例 2-26 设函数 $y=x^3+\sqrt{x^2+a^2}$,求 $\mathrm{d}y$ 及 $\mathrm{d}y\Big|_{x=1}$.

解 $\mathrm{d}y=(x^3+\sqrt{x^2+a^2})'\mathrm{d}x=\left(3x^2+\dfrac{x}{\sqrt{x^2+a^2}}\right)\mathrm{d}x,$

$$\mathrm{d}y\Big|_{x=1}=\left(3+\frac{1}{\sqrt{1+a^2}}\right)\mathrm{d}x.$$

2. 微分的几何意义

动画:微分的几何意义

在直角坐标系中作函数 $y=f(x)$ 的图像,如图 2-5 所示.设 $M(x,y)$ 是曲线 $y=f(x)$ 上的一个点,过点 M 作曲线的切线 MT,它的倾斜角为 α,当自变量取得增量 Δx 时,就得到曲线上的另一个点 $M'(x+\Delta x,y+\Delta y)$.由图 2-5 可知

$$MQ=\Delta x,M'Q=\Delta y,$$

于是在直角三角形 MPQ 中,

$$PQ=MQ\cdot\tan\alpha=f'(x)\Delta x=\mathrm{d}y.$$

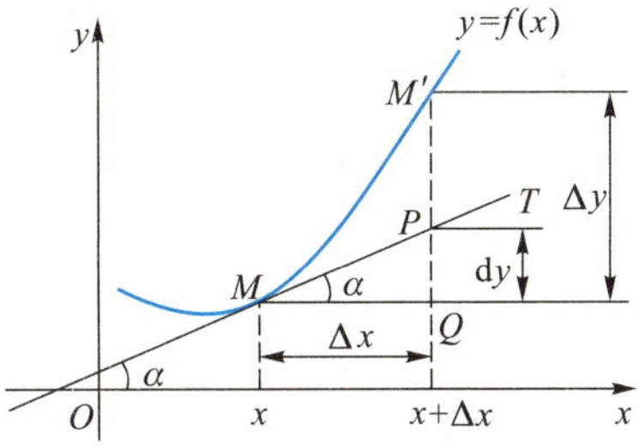

图 2-5

由此可知,函数 $y=f(x)$ 在点 x 处的微分的几何意义就是曲线 $y=f(x)$ 在点 $M(x,y)$ 处的切线 MT 的纵坐标的增量 PQ.

2.2.2 微分的基本公式与微分的运算

根据 $\mathrm{d}y=f'(x)\mathrm{d}x$,由导数的基本公式与运算法则就可得到微分的基本公式和运算法则.

1. 微分的基本公式

(1) $\mathrm{d}(C)=0$(C 为常数);

(2) $\mathrm{d}(x^\alpha)=\alpha x^{\alpha-1}\mathrm{d}x$;

(3) $\mathrm{d}(a^x)=a^x\ln a\mathrm{d}x$,

(4) $\mathrm{d}(\log_a x)=\dfrac{1}{x\ln a}\mathrm{d}x$,

特别地，$d(e^x)=e^x dx$；　特别地，$d(\ln x)=\frac{1}{x}dx$；

(5) $d(\sin x)=\cos x dx$；　(6) $d(\cos x)=-\sin x dx$；

(7) $d(\tan x)=\frac{1}{\cos^2 x}dx=\sec^2 x dx$；　(8) $d(\cot x)=-\frac{1}{\sin^2 x}dx=-\csc^2 x dx$；

(9) $d(\arcsin x)=\frac{1}{\sqrt{1-x^2}}dx$；　(10) $d(\arccos x)=-\frac{1}{\sqrt{1-x^2}}dx$；

(11) $d(\arctan x)=\frac{1}{1+x^2}dx$；　(12) $d(\operatorname{arccot} x)=-\frac{1}{1+x^2}dx$.

2. 函数的和、差、积、商的微分法则

设函数 $u=u(x)$ 和 $v=v(x)$ 在 x 处可微，C 为常数，则

(1) $d(u\pm v)=du\pm dv$；

(2) $d(uv)=vdu+udv$，

$d(Cu)=Cdu$；

(3) $d\left(\frac{u}{v}\right)=\frac{vdu-udv}{v^2}\ (v\neq 0)$.

例 2-27　求函数 $y=x^3e^{2x}$ 的微分.

解　**法 1**　因为

$$y'=3x^2e^{2x}+2x^3e^{2x}=x^2e^{2x}(3+2x),$$

所以

$$dy=y'dx=x^2e^{2x}(3+2x)dx.$$

法 2　因为

$$d(x^3e^{2x})=x^3d(e^{2x})+e^{2x}dx^3=x^3\cdot 2e^{2x}dx+e^{2x}\cdot 3x^2dx,$$

整理，得

$$dy=x^2e^{2x}(3+2x)dx.$$

3. 复合函数的微分法则

设函数 $y=f(u)$ 在 u 处可微，如果 u 是自变量，则函数 $y=f(u)$ 的微分为 $dy=f'(u)du$. 如果 u 不是自变量，而是另一个变量 x 的可微函数 $u=\varphi(x)$，则由复合函数的求导法则，可得复合函数 $y=f[\varphi(x)]$ 的微分为

$$dy=y'_x dx=f'(u)\varphi'(x)dx.$$

由于

$$\varphi'(x)dx=du,$$

于是

$$dy=f'(u)du.$$

由此可知，不论 u 是自变量还是函数（中间变量），函数 $y=f(u)$ 的微分总可保持同一形式 $dy=f'(u)du$，这个性质称为**一阶微分形式的不变性**.利用这个性质可以很容易地求得复合函数的微分.

例 2-28 求函数 $y=\tan\sqrt{x}$ 的微分.

解 $dy=d(\tan\sqrt{x})=\sec^2\sqrt{x}\,d(\sqrt{x})=\sec^2\sqrt{x}\,\frac{1}{2\sqrt{x}}\,dx=\frac{\sec^2\sqrt{x}}{2\sqrt{x}}dx.$

例 2-29 求函数 $y=e^{\sin x}+\ln(x^2+1)$ 的微分.

解 $dy=d[e^{\sin x}+\ln(x^2+1)]=d(e^{\sin x})+d[\ln(x^2+1)]$

$$=e^{\sin x}d(\sin x)+\frac{1}{x^2+1}d(x^2+1)=\left(e^{\sin x}\cos x+\frac{2x}{x^2+1}\right)dx.$$

由前面的讨论我们知道,当 $|\Delta x|$ 很小时,可以用函数的微分 dy 来近似地表示函数增量 Δy 的大小,即

$$\Delta y=f(x_0+\Delta x)-f(x_0)\approx f'(x_0)\Delta x.$$

于是有

$$f(x_0+\Delta x)\approx f(x_0)+f'(x_0)\Delta x.$$

例 2-30 某工厂生产某种产品,根据销售情况分析,得出的利润 L(元)与日产量 Q(t)的关系为 $L(Q)=120Q+\sqrt{Q}-1\ 350$(元).若日产量由 25 t 增加到 25.05 t,求利润增加的近似值.

解 当日产量 Q 由 25 t 增加到 25.05 t 时,设利润 L 增加了 ΔL,这是函数增量的近似值问题.由题意知

$$\Delta L\approx L'(Q)\Delta Q=\left(120+\frac{1}{2\sqrt{Q}}\right)\Delta Q,$$

当 $Q=25,\Delta Q=0.05$ 时,

$$\Delta L\approx\left(120+\frac{1}{2\sqrt{25}}\right)\times 0.05=6.005(\text{元}).$$

即日产量由 25 t 增加到 25.05 t 时,利润约增加了 6 元.

练习 2.2

1. 判断题.

(1) 若函数 $y=f(x)$ 在点 x_0 处可微,则 $y=f(x)$ 在点 x_0 处一定可导. ( )

(2) 无论 x 取何值,均有 $\sin x\approx x$. ( )

2. 填空题.

(1) 设 x 为自变量,当 $x=1,\Delta x=0.01$ 时,$d(x^3)=$ ________.

(2) d( ) $=\cos t\,dt$, d( ) $=\sqrt{x}\,dx$,

d( ) $=5x\,dx$, d( ) $=e^{-3x}dx$,

d( ) $=\frac{1}{x^2}dx$, d( ) $=\frac{1}{x}dx$.

3. 选择题.

(1) 设 $y=f(-x)$,则 $dy=$ ( ).

A. $f(-x)dx$ B. $-f'(-x)dx$ C. $f(x)dx$ D. $-f(x)dx$

(2) $d(\sin 3x)=$ ( ).

A. $\sin 3x\,dx$ B. $\cos 3x\,dx$ C. $3\sin 3x\,dx$ D. $3\cos 3x\,dx$

(3) $d[\ln(\cos x)] = ($　　$)$.

A. $\tan x dx$　　B. $\frac{1}{\cos x}dx$　　C. $\cot x dx$　　D. $-\tan x dx$

(4) 设 $u=u(x)$, $v=v(x)$ 都是可微函数,则 $d(uv) = ($　　$)$.

A. $udu+vdv$　　B. $u'dv+v'du$　　C. $udv+vdu$　　D. $udv-vdu$

2.3　导数的应用

本节将介绍中值定理,而后以中值定理为基础,以导数为工具,解决函数的单调性、极值、最大值、最小值、变化率的变化率,以及边际分析与弹性分析等问题.

2.3.1　微分中值定理

我们先来看一个几何事实.闭区间 $[a,b]$ 上的一条连续曲线,在相应的开区间 (a,b) 内处处有不垂直于 x 轴的切线存在,且区间端点的函数值相等,则该曲线 $y=f(x)$ 在区间 (a,b) 内至少有一条水平切线(图 2-6),这就是微分中值定理之一 —— 罗尔中值定理的几何解释.

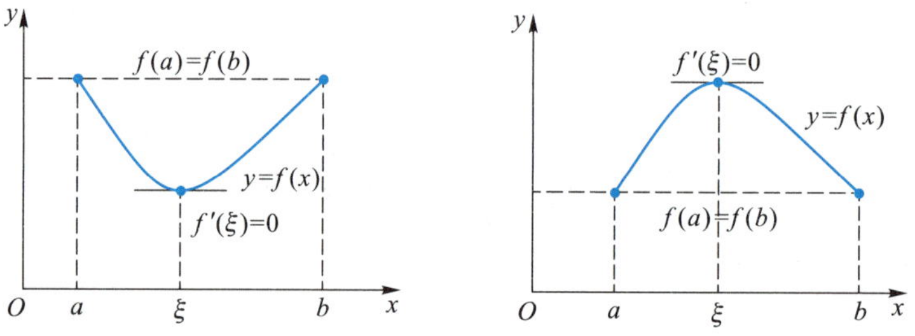

图 2-6

定理 2.5 (罗尔中值定理)　如果函数 $y=f(x)$ 在闭区间 $[a,b]$ 上连续,在开区间 (a,b) 内可导,且 $f(a)=f(b)$,则至少存在一点 $\xi\in(a,b)$,使 $f'(\xi)=0$.

在罗尔中值定理中,条件 $f(a)=f(b)$ 比较特殊,从而使它的应用受到限制.若使 $f(a)\neq f(b)$,其余条件不变,则我们得到如下定理.

定理 2.6(拉格朗日中值定理)　设函数 $y=f(x)$ 在闭区间 $[a,b]$ 上连续,在开区间 (a,b) 内可导,则至少存在一点 $\xi\in(a,b)$,使

$$f'(\xi)=\frac{f(b)-f(a)}{b-a},$$

或

$$f(b)-f(a)=f'(\xi)(b-a).$$

拉格朗日中值定理的几何解释:若闭区间 $[a,b]$ 上的一条连续曲线,在相应的开区

间 (a,b) 内处处有不垂直于 x 轴的切线存在，则该曲线 $y=f(x)$ 在区间 (a,b) 内至少有一条与曲线两端点的连线 AB 平行的切线（图 2-7）.

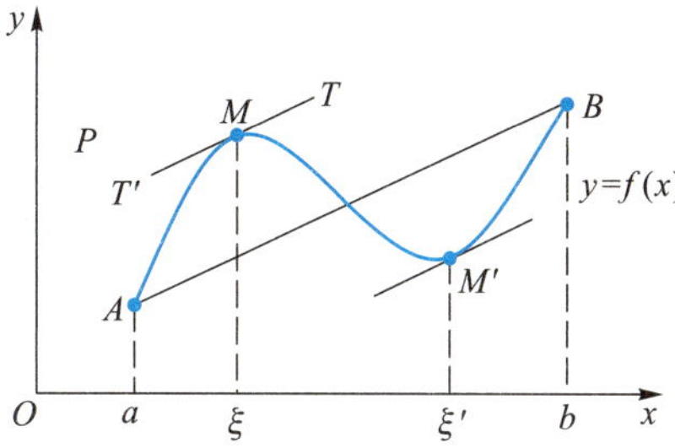

图 2-7

已知常数函数的导数等于0，如果一个函数的导数处处等于0，那么这个函数是否是常数函数呢？

推论 1　如果函数 $y=f(x)$ 在区间 (a,b) 内每一点处的导数都为 0，则函数 $y=f(x)$ 在区间 (a,b) 内是一个常数.

证　在区间 (a,b) 内任取两点 $x_1,x_2(x_1<x_2)$，于是函数 $y=f(x)$ 在区间 $[x_1,x_2]$ 上满足拉格朗日中值定理的条件.应用拉格朗日中值定理，有

$$f(x_2)-f(x_1)=f'(\xi)(x_2-x_1)(x_1<\xi<x_2),$$

由已知条件，知

$$f'(\xi)=0(a<\xi<b),$$

于是得

$$f(x_1)=f(x_2).$$

因为 $f(x)$ 在区间 (a,b) 内任意两点处的函数值都相等，所以函数 $y=f(x)$ 在区间 (a,b) 内是一个常数函数.

推论 2　如果 $f'(x)=g'(x),x\in(a,b)$，则 $f(x)=g(x)+C(C$ 为常数).

证　令 $h(x)=f(x)-g(x)$，则 $h'(x)=f'(x)-g'(x)=0,x\in(a,b)$.根据推论 1 知 $h(x)=C(C$ 为 常数)，所以 $f(x)=g(x)+C(C$ 为常数).

例 2-31　证明：若 $f(x)$ 在 $[a,b]$ 上连续，在 (a,b) 内可导，且 $f'(x)>0$，则 $f(x)$ 在 $[a,b]$ 上严格单调增加.

证　任取 $x_1,x_2\in[a,b]$，且 $x_1<x_2$，对 $f(x)$ 在区间 $[x_1,x_2]$ 上应用拉格朗日中值定理，得

$$f(x_2)-f(x_1)=f'(\xi)(x_2-x_1),\quad x_1<\xi<x_2.$$

由假设知 $f'(\xi)>0$，且 $x_2-x_1>0$，所以 $f(x_2)-f(x_1)>0$，即 $f(x_2)>f(x_1)$.所以 $f(x)$ 在 $[a,b]$ 上严格单调增加.

类似可证，若 $f'(x)<0$，则 $f(x)$ 在 $[a,b]$ 上严格单调减少.

例 2-32　证明不等式 $|\sin x|\leqslant|x|$.

证　设 $f(x)=\sin x$，显然，函数 $f(x)$ 在区间 $[0,x]$ 上满足拉格朗日中值定理条件，故有

$$f(x)-f(0)=f'(\xi)(x-0),\quad 0<\xi<x.$$

因为 $f(0)=0,f'(\xi)=\cos\xi$，所以有

$$\sin x=x\cdot\cos\xi.$$

等式两边同时取绝对值，得

$$|\sin x|=|x|\cdot|\cos\xi|\leqslant|x|.$$

故 $|\sin x|\leqslant|x|$.

例 2-33　证明：当 $x>0$ 时，$\arctan x+\arctan\dfrac{1}{x}=\dfrac{\pi}{2}$.

证　设 $f(x)=\arctan x+\arctan\frac{1}{x}$，由于

$$f'(x)=\frac{1}{1+x^2}+\frac{1}{1+\frac{1}{x^2}}\cdot\left(-\frac{1}{x^2}\right)=0,$$

所以 $f(x)=C$. 又因为 $f(1)=\frac{\pi}{2}$，所以 $\arctan x+\arctan\frac{1}{x}=\frac{\pi}{2}$.

* **定理 2.7（柯西中值定理）**　若 $f(x)$ 与 $g(x)$ 在 $[a,b]$ 上连续，在 (a,b) 内可导且 $g'(x)\neq 0$，则在 (a,b) 内至少存在一点 ξ，使得

$$\frac{f(b)-f(a)}{g(b)-g(a)}=\frac{f'(\xi)}{g'(\xi)}.$$

证明过程略

拉格朗日中值定理表达了函数在一个闭区间上的增量与函数在该区间内某一点处的导数之间的关系，从而为利用导数来研究函数在区间上的性态提供了理论基础，它在微分学中占有重要的地位.

2.3.2　洛必达法则

我们在第 1 章中，已经掌握了 $\frac{“0”}{0}$ 型与 $\frac{“\infty”}{\infty}$ 型两类未定式极限的一些计算方法，下面介绍根据微分中值定理得到的计算这两类极限的洛必达法则.

1. $\frac{“0”}{0}$ 型与 $\frac{“\infty”}{\infty}$ 型未定式极限

定理 2.8（洛必达法则 Ⅰ）　若

（1）$\lim\limits_{x\to x_0}f(x)=0$，$\lim\limits_{x\to x_0}g(x)=0$；

（2）$f(x)$ 与 $g(x)$ 在点 x_0 的某去心邻域内可导，且 $g'(x)\neq 0$；

（3）$\lim\limits_{x\to x_0}\frac{f'(x)}{g'(x)}$ 存在（或为 ∞），则

$$\lim_{x\to x_0}\frac{f(x)}{g(x)}=\lim_{x\to x_0}\frac{f'(x)}{g'(x)}.$$

定理 2.9（洛必达法则 Ⅱ）　若

（1）$\lim\limits_{x\to x_0}f(x)=\infty$，$\lim\limits_{x\to x_0}g(x)=\infty$；

（2）$f(x)$ 与 $g(x)$ 在点 x_0 的某去心邻域内可导，且 $g'(x)\neq 0$；

（3）$\lim\limits_{x\to x_0}\frac{f'(x)}{g'(x)}$ 存在（或为 ∞），则

$$\lim_{x\to x_0}\frac{f(x)}{g(x)}=\lim_{x\to x_0}\frac{f'(x)}{g'(x)}.$$

定理 2.8 和定理 2.9 告诉我们，通过对分子、分母分别求导，原极限脱离了“$\frac{0}{0}$”型或“$\frac{\infty}{\infty}$”型状态，进而求出该极限.

例 2-34　求极限$\lim\limits_{x\to 0}\frac{\sin x}{e^x-1}$.

解　当$x\to 0$时，$\sin x\to 0$，$e^x-1\to 0$，这是“$\frac{0}{0}$”型未定式极限，可用洛必达法则求解. 于是

$$\lim_{x\to 0}\frac{\sin x}{e^x-1}=\lim_{x\to 0}\frac{(\sin x)'}{(e^x-1)'}=\lim_{x\to 0}\frac{\cos x}{e^x}=1.$$

例 2-35　求极限$\lim\limits_{x\to +\infty}\frac{\ln x}{x^2}$.

解　当$x\to +\infty$时，$\ln x\to +\infty$，$x^2\to +\infty$，这是“$\frac{\infty}{\infty}$”型未定式极限，可用洛必达法则求解. 于是

$$\lim_{x\to +\infty}\frac{\ln x}{x^2}=\lim_{x\to +\infty}\frac{(\ln x)'}{(x^2)'}=\lim_{x\to +\infty}\frac{1}{2x^2}=0.$$

使用洛必达法则时，必须检查所求极限是否是“$\frac{0}{0}$”型或“$\frac{\infty}{\infty}$”型未定式，如例 2-34 最后出现的极限$\lim\limits_{x\to 0}\frac{\cos x}{e^x}$，已经不再是“$\frac{0}{0}$”型未定式，故不能再用洛必达法则. 在满足定理 2.8 或定理 2.9 的条件下，洛必达法则可以连续使用.

例 2-36　求极限$\lim\limits_{x\to 0}\frac{x-\sin x}{x^3}$.

例 2-36 讲解

解　当$x\to 0$时，$x-\sin x\to 0$，$x^3\to 0$，这是“$\frac{0}{0}$”型未定式极限，可用洛必达法则求解. 于是

$$\lim_{x\to 0}\frac{x-\sin x}{x^3}=\lim_{x\to 0}\frac{1-\cos x}{3x^2}=\lim_{x\to 0}\frac{\sin x}{6x}=\frac{1}{6}.$$

洛必达法则并不是求未定式极限的万能工具，有时，使用其他方法或者与其他方法相结合可能更便捷.

例 2-37　求极限$\lim\limits_{x\to \infty}\frac{(1-2x)^3}{x^3+2x+1}$.

解　这是“$\frac{\infty}{\infty}$”型未定式，使用洛必达法则，有

$$\lim_{x\to \infty}\frac{(1-2x)^3}{x^3+2x+1}=\lim_{x\to \infty}\frac{-6(1-2x)^2}{3x^2+2}=\lim_{x\to \infty}\frac{24(1-2x)}{6x}=\lim_{x\to \infty}\frac{-48}{6}=-8.$$

上述过程计算烦琐，可考虑使用第 1 章 1.2.2 节介绍的式(1－1)，由于 $m=n=3$，且

$a_0=(-2)^3, b_0=1$，所以直接得出结论：

$$\lim_{x\to\infty}\frac{(1-2x)^3}{x^3+2x+1}=\frac{(-2)^3}{1}=-8.$$

例 2-38　求极限 $\lim\limits_{x\to\infty}\frac{x+\sin x}{x+1}$.

解　这是"$\frac{\infty}{\infty}$"型未定式，若使用洛必达法则，有

$$\lim_{x\to\infty}\frac{x+\sin x}{x+1}=\lim_{x\to\infty}\frac{1+\cos x}{1}.$$

而后者的极限不存在，不满足洛必达法则的条件(3)，故洛必达法则失效. 此题可采取分子分母同除以 x，再利用无穷小量乘有界函数仍为无穷小量的方法求解.

$$\lim_{x\to\infty}\frac{x+\sin x}{x+1}=\lim_{x\to\infty}\frac{1+\frac{1}{x}\sin x}{1+\frac{1}{x}}=\frac{1+0}{1+0}=1.$$

2. 其他类型未定式极限

对于其他类型的未定式，如"$0\cdot\infty$""$\infty-\infty$""∞^0""0^0""1^∞"等类型，我们可以通过恒等变形或简单变换将它们转化为"$\frac{0}{0}$"或"$\frac{\infty}{\infty}$"型未定式，再应用洛必达法则求解.

例 2-39　求下列极限.

(1) $\lim\limits_{x\to0^+}x\ln x$；　　(2) $\lim\limits_{x\to\frac{\pi}{2}}(\sec x-\tan x)$；

(3) $\lim\limits_{x\to+\infty}(1+x)^{\frac{1}{x}}$；　　(4) $\lim\limits_{x\to0^+}x^x$；

(5) $\lim\limits_{x\to0}(\cos x)^{\frac{1}{x^2}}$；　　(6) $\lim\limits_{x\to\infty}\left[x-x^2\ln\left(1+\frac{1}{x}\right)\right]$.

解　(1) 这是"$0\cdot\infty$"型未定式，可通过恒等变形，化为"$\frac{\infty}{\infty}$"型未定式. 于是

$$\lim_{x\to0^+}x\ln x=\lim_{x\to0^+}\frac{\ln x}{\frac{1}{x}}=\lim_{x\to0^+}\frac{\frac{1}{x}}{-\frac{1}{x^2}}=\lim_{x\to0^+}(-x)=0.$$

(2) 这是"$\infty-\infty$"型未定式，可利用公式 $\sec x=\frac{1}{\cos x}$，$\tan x=\frac{\sin x}{\cos x}$，化为"$\frac{0}{0}$"型未定式. 于是

$$\lim_{x\to\frac{\pi}{2}}(\sec x-\tan x)=\lim_{x\to\frac{\pi}{2}}\frac{1-\sin x}{\cos x}=\lim_{x\to\frac{\pi}{2}}\frac{-\cos x}{-\sin x}=0.$$

(3) 这是"∞^0"型未定式，利用公式 $N=e^{\ln N}$，当 $x>0$ 时，有

$$(1+x)^{\frac{1}{x}}=\mathrm{e}^{\ln(1+x)^{\frac{1}{x}}}=\mathrm{e}^{\frac{1}{x}\ln(1+x)}.$$

由于

$$\lim_{x\to+\infty}\frac{\ln(x+1)}{x}=\lim_{x\to+\infty}\frac{\frac{1}{1+x}}{1}=0,$$

所以

$$\lim_{x\to+\infty}(1+x)^{\frac{1}{x}}=\lim_{x\to+\infty}\mathrm{e}^{\frac{1}{x}\ln(1+x)}=\mathrm{e}^{\lim\limits_{x\to+\infty}\frac{\ln(x+1)}{x}}=\mathrm{e}^0=1.$$

(4) 这是"0^0"型未定式,易知

$$x^x=\mathrm{e}^{\ln x^x}=\mathrm{e}^{x\ln x}.$$

由(1)知 $\lim\limits_{x\to0^+}x\ln x=0$,所以

$$\lim_{x\to0^+}x^x=\lim_{x\to0^+}\mathrm{e}^{x\ln x}=\mathrm{e}^{\lim\limits_{x\to0^+}x\ln x}=\mathrm{e}^0=1.$$

(5) 这是"1^∞"型未定式,易知

$$(\cos x)^{\frac{1}{x^2}}=\mathrm{e}^{\ln(\cos x)^{\frac{1}{x^2}}}=\mathrm{e}^{\frac{1}{x^2}\ln(\cos x)}.$$

由于

$$\lim_{x\to0}\frac{\ln(\cos x)}{x^2}=\lim_{x\to0}\frac{\frac{1}{\cos x}(-\sin x)}{2x}=\lim_{x\to0}\frac{-\tan x}{2x}=-\frac{1}{2},$$

所以

$$\lim_{x\to0}(\cos x)^{\frac{1}{x^2}}=\lim_{x\to0}\mathrm{e}^{\frac{1}{x^2}\ln(\cos x)}=\mathrm{e}^{\lim\limits_{x\to0}\frac{\ln(\cos x)}{x^2}}=\mathrm{e}^{-\frac{1}{2}}.$$

(6) 这是"$\infty-\infty$"型未定式,利用变换 $x=\frac{1}{t}$,当 $x\to\infty$ 时,$t\to0$,于是有

$$\lim_{x\to\infty}\left[x-x^2\ln\left(1+\frac{1}{x}\right)\right]=\lim_{t\to0}\left[\frac{1}{t}-\frac{1}{t^2}\ln(1+t)\right]=\lim_{t\to0}\frac{t-\ln(1+t)}{t^2}$$

$$=\lim_{t\to0}\frac{1-\frac{1}{1+t}}{2t}=\lim_{t\to0}\frac{1}{2(1+t)}=\frac{1}{2}.$$

2.3.3　函数的单调性判断与极值

1. 函数的单调性判断

根据导数的几何意义,我们观察几何图形可知,如果可导函数 $y=f(x)$ 在区间 (a,b) 内单调增加,则曲线 $y=f(x)$ 上的任一点处的切线的倾斜角 α 都是锐角,因此,在区间 (a,b) 内,恒有 $f'(x)=\tan\alpha>0$(图 2-8(a)).如果可导函数 $y=f(x)$ 在区间 (a,b) 内单调减少,则曲线 $y=f(x)$ 上的任一点处的切线的倾斜角 β 都是钝角,因此,在区间 (a,b) 内,恒有 $f'(x)=\tan\alpha<0$(图 2-8(b)).反之,已知函数 $y=f(x)$ 在区间 (a,b) 内的导数恒大于(或小于)0,能否判断函数的单调性?我们有如下定理.

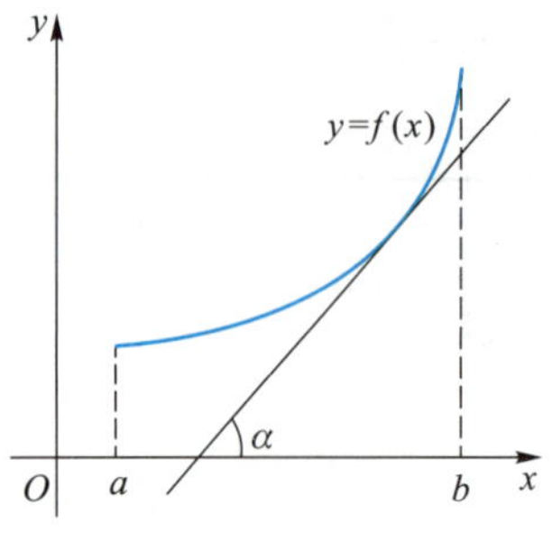

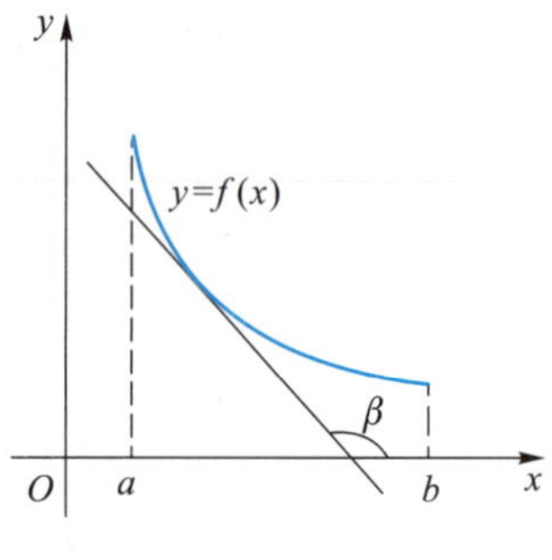

图 2-8

定理 2.10　设函数 $f(x)$ 在 (a,b) 内可导，
(1) 若在 (a,b) 内，$f'(x)>0$，则函数 $f(x)$ 在 (a,b) 内单调增加；
(2) 若在 (a,b) 内，$f'(x)<0$，则函数 $f(x)$ 在 (a,b) 内单调减少.

由定理 2.10 可知，讨论函数的单调性，需要根据函数的一阶导数的符号来进行判定. 当 $f(x)$ 连续时，$f'(x)$ 正负值的分界点是使 $f'(x)=0$ 或 $f'(x)$ 不存在的点.

我们把 $f'(x_0)=0$ 的点 x_0 称为函数 $f(x)$ 的**驻点**或**稳定点**.

例 2-40　讨论函数 $y=x^3-3x+1$ 的单调性和单调区间.

解　函数的定义域为 $(-\infty,+\infty)$，函数的导数为

$$y'=3x^2-3=3(x-1)(x+1).$$

令 $y'=3x^2-3=0$，得 $x=\pm 1$. 列表 2-1 如下.

表 2-1

x	$(-\infty,-1)$	-1	$(-1,1)$	1	$(1,+\infty)$
y'	+	0	−	0	+
$y=f(x)$	↗		↘		↗

由表 2-1 可知，当 $x\in(-\infty,-1)$ 与 $x\in(1,+\infty)$ 时，$y'>0$，函数分别单调增加；当 $x\in(-1,1)$ 时，$y'<0$，函数单调减少.

例 2-41　讨论函数 $f(x)=\dfrac{\ln x}{x}$ 的单调性.

解　$f(x)=\dfrac{\ln x}{x}$ 的定义域为 $(0,+\infty)$，函数的导数为

$$f'(x)=\frac{1-\ln x}{x^2},$$

且 $f'(x)$ 在 $(0,+\infty)$ 内为连续函数. 令 $f'(x)=0$，则有 $1-\ln x=0$，解得 $x=\mathrm{e}$.

当 $0<x<\mathrm{e}$ 时，有 $\ln x<1$，故 $f'(x)=\dfrac{1-\ln x}{x^2}>0$. 从而知 $f(x)=\dfrac{\ln x}{x}$ 为单调增加函数；

当 $\mathrm{e}<x<+\infty$ 时，有 $\ln x>1$，故 $f'(x)=\dfrac{1-\ln x}{x^2}<0$，从而知 $f(x)=\dfrac{\ln x}{x}$ 为单调

减少函数.

利用导数,对函数单调区间的讨论可按如下步骤进行:

(1) 求函数的定义域;

(2) 求导数 $f'(x)$,并进一步求出 $f(x)$ 的不可导点与驻点;

(3) 用(2) 中的点对定义域进行划分;

(4) 在每个开区间内判定 $f'(x)$ 的符号,由定理 2.10 得出相应的结果.

2. 函数的极值

定义 2.3 设函数 $f(x)$ 在点 x_0 的某邻域内有定义.

(1) 如果函数 $f(x)$ 在点 x_0 的某邻域内任一点 $x(\neq x_0)$ 处的函数值

$$f(x) < f(x_0),$$ ①

则称 x_0 为函数 $f(x)$ 的**极大值点**,$f(x_0)$ 为函数 $f(x)$ 的**极大值**.

(2) 如果函数 $f(x)$ 在点 x_0 的某邻域内任一点 $x(\neq x_0)$ 处的函数值

$$f(x) > f(x_0),$$

则称 x_0 为函数 $f(x)$ 的**极小值点**,$f(x_0)$ 为函数 $f(x)$ 的**极小值**.

极大值点与极小值点统称为函数的**极值点**,极大值与极小值统称为函数的**极值**.

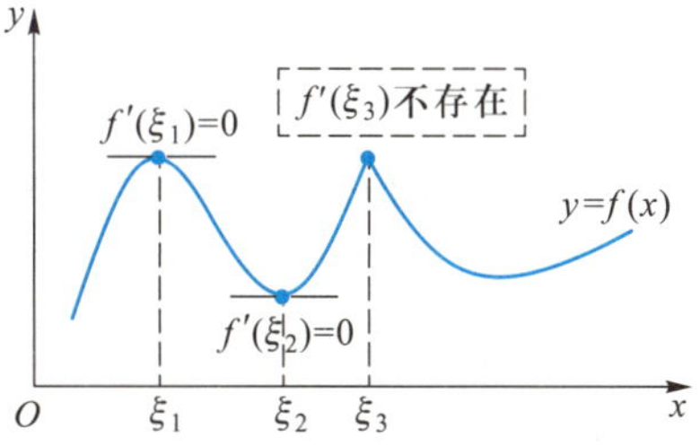

图 2-9

在图 2-9 中,$f(\xi_1)$ 和 $f(\xi_3)$ 是函数的极大值,ξ_1 和 ξ_3 是 $f(x)$ 的极大值点;$f(\xi_2)$ 是函数的极小值,ξ_2 是 $f(x)$ 的极小值点.$f(x)$ 的驻点或不可导点可能成为函数的极值点.

定理 2.11 设 x_0 为函数 $f(x)$ 的极值点,如果函数 $f(x)$ 在点 x_0 处可导,则导数

$$f'(x_0)=0.$$

说明 极值点可能是导数等于 0 或导数不存在的点, 但导数等于 0 的点和导数不存在的点不一定是极值点(图 2-10).

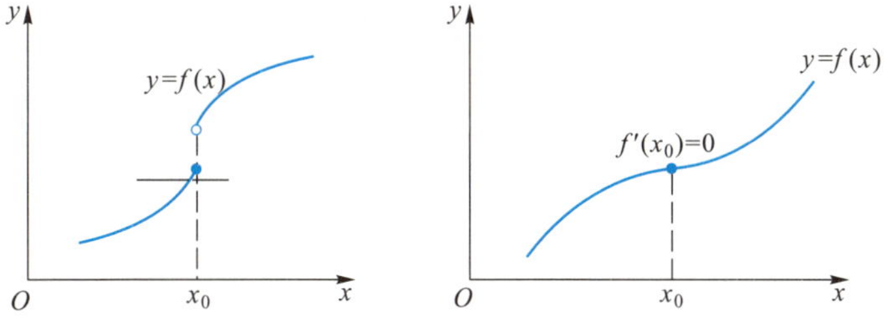

图 2-10

① 函数极大值的严格定义应为 $f(x) \leqslant f(x_0)$,为了便于叙述,本书只讨论 $f(x) < f(x_0)$ 的情况.类似地,下面的极小值定义也只讨论 $f(x) > f(x_0)$ 的情况.

定理 2.12（极值存在的充分条件一）　设函数 $f(x)$ 在点 x_0 的某邻域内连续，并且在点 x_0 的空心邻域内可导.

（1）如果当 $x < x_0$ 时，$f'(x) < 0$，当 $x > x_0$ 时，$f'(x) > 0$，则 $f(x_0)$ 是函数的极小值；

（2）如果当 $x < x_0$ 时，$f'(x) > 0$，当 $x > x_0$ 时，$f'(x) < 0$，则 $f(x_0)$ 是函数的极大值；

（3）如果在点 x_0 的左右近旁，函数的导数 $f'(x)$ 不变号，则 x_0 不是函数 $f(x)$ 的极值点.

如图 2-11 所示，根据定理 2.10 的结论，定理 2.12 是显然成立的.

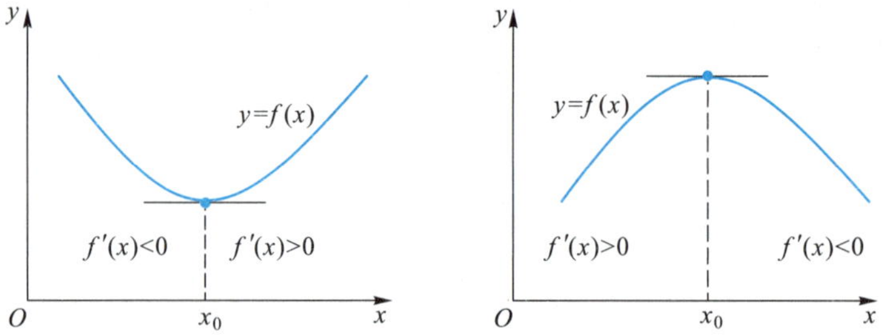

图 2-11

如果函数在点 x_0 具有二阶导数，则有下面的判定方法.

定理 2.13（极值存在的充分条件二）　设 x_0 是函数 $f(x)$ 的驻点，$f''(x_0)$ 存在且不等于 0，则

（1）如果 $f''(x_0) < 0$，则 $f(x_0)$ 是函数的极大值；

（2）如果 $f''(x_0) > 0$，则 $f(x_0)$ 是函数的极小值.

下面我们总结求函数极值的一般步骤：

（1）确定函数的定义域（即确定极值点所在的范围）；

（2）求函数的导数，以及驻点和导数不存在的点；

（3）利用定理 2.12 和定理 2.13 判断函数的极值.

例 2-42　求函数 $f(x) = x^3 - 3x + 1$ 的极值.

解　法 1　函数的定义域为 $(-\infty, +\infty)$，函数的导数为

$$f'(x) = 3x^2 - 3 = 3(x^2 - 1).$$

令 $f'(x) = 0$，得驻点 $x = \pm 1$，列表 2-2 判断.

表 2-2

x	$(-\infty, -1)$	-1	$(-1, 1)$	1	$(1, +\infty)$
y'	+	0	−	0	+
$y = f(x)$	↗	极大值 3	↘	极小值 −1	↗

由表 2-2 可知，$x = -1$ 是函数的极大值点，极大值为 $f(-1) = 3$；$x = 1$ 是函数的极小值点，极小值为 $f(1) = -1$.

法 2 函数的定义域为$(-\infty,+\infty)$,函数的导数

$$f'(x)=3x^2-3=3(x^2-1),f''(x)=6x.$$

令$f'(x)=0$,得驻点$x=\pm1$.因为$f''(-1)=-6<0$,所以$x=-1$是函数的极大值点,极大值为$f(-1)=3$.因为$f''(1)=6>0$,所以$x=1$是函数的极小值点,极小值为$f(1)=-1$.

例 2-43 求函数$y=(x^2-1)^3+1$的单调区间和极值.

解 函数的定义域为$(-\infty,+\infty)$,函数的导数为

$$y'=3(x^2-1)^2 2x=6x(x^2-1)^2.$$

令$y'=0$,得驻点$x=0,x=\pm1$.列表 2-3 判断.

表 2-3

x	$(-\infty,-1)$	-1	$(-1,0)$	0	$(0,1)$	1	$(1,+\infty)$
y'	$-$	0	$-$	0	$+$	0	$+$
$y=f(x)$	↘	1	↘	极小值 0	↗	1	↗

由表2-3可知,在$(-\infty,0)$内,函数单调减少;在$(0,+\infty)$内,函数单调增加,$x=0$是函数的极小值点,极小值$y\Big|_{x=0}=0$.

例 2-44 求函数$y=(x-1)\sqrt[3]{x^2}$的单调区间和极值.

解 函数的定义域为$(-\infty,+\infty)$,函数的导数为

$$y'=[(x-1)x^{\frac{2}{3}}]'=x^{\frac{2}{3}}+\frac{2}{3}(x-1)x^{-\frac{1}{3}}=\frac{5x-2}{3\sqrt[3]{x}}.$$

令$y'=0$,得驻点$x=\frac{2}{5}$,且在$x=0$处导数不存在.列表 2-4 判断.

表 2-4

x	$(-\infty,0)$	0	$\left(0,\frac{2}{5}\right)$	$\frac{2}{5}$	$\left(\frac{2}{5},+\infty\right)$
y'	$+$	不存在	$-$	0	$+$
y	↗	极大值 0	↘	极小值 $-\frac{3}{5}\sqrt[3]{\frac{4}{25}}$	↗

由表 2-4 可知,在$\left(0,\frac{2}{5}\right)$内,函数单调减少;在$(-\infty,0)$与$\left(\frac{2}{5},+\infty\right)$内,函数分别单调增加.$x=0$是函数的极大值点,极大值$y\Big|_{x=0}=0$;$x=\frac{2}{5}$是函数的极小值点,极小值$y\Big|_{x=\frac{2}{5}}=-\frac{3}{5}\sqrt[3]{\frac{4}{25}}$.

函数的最值

3. 函数的最大值和最小值

在实际中经常会遇到在一定的条件下如何才能使进度最快、效率最高、用料最省、利润最大等问题，这类问题在数学上归结为求函数的最大值或最小值（实际应用的优化）问题.

由连续函数 $f(x)$ 的性质可知，如果函数在闭区间 $[a,b]$ 上连续，则函数在闭区间 $[a,b]$ 上一定有最大值和最小值. 如果 x_0 是函数 $f(x)$ 的一个最大值点或最小值点，并且 $x_0 \in (a,b)$，则 x_0 一定是函数 $f(x)$ 的极值点. 所以闭区间上的连续函数只能在极值点处或在区间的端点处取得最大值或最小值. 求出这些点所对应的函数值，找出其中最大的就是函数的最大值，最小的就是函数的最小值.

例 2-45　求函数 $y = x^3 - 3x^2 - 9x + 1$ 在区间 $[-3,3]$ 上的最大值.

解　因为

$$y' = 3x^2 - 6x - 9 = 3(x^2 - 2x - 3) = 3(x+1)(x-3),$$

令 $y' = 0$，得驻点 $x = -1$，$x = 3$. 计算驻点及端点处的函数值：

$$f(-3) = -26,\quad f(-1) = 6,\quad f(3) = -26.$$

所以函数的最大值为

$$f(-1) = 6,$$

函数的最小值为

$$f(-3) = f(3) = -26.$$

在实际问题中，如果 $f(x)$ 在区间 (a,b) 内只有一个驻点 x_0，并且从该实际问题本身又可以判定在区间 (a,b) 内函数的最大（或最小）值确实存在，那么唯一的驻点就是最值点，$f(x_0)$ 就是所要求的最大（或最小）值.

例 2-46　某商店按批发价 3 元/件购进一批商品零售，若零售价定为 4 元/件，估计可卖出 120 件，而零售价每降低 0.1 元，就可多卖出 20 件. 问：应购进多少件商品，每件零售价定为多少时，商店可获取最大利润？最大利润是多少？

解　设应购进 x 件，由题意可知应有 $x \geqslant 120$ 件，于是，售价 P 与购进量 x 的函数关系为

$$P = 4 - \frac{x - 120}{20} \times 0.1 = 4.6 - 0.005x\text{（元/件）}.$$

总收入函数为

$$R(x) = Px = 4.6x - 0.005x^2\text{（元）}.$$

总利润函数为

$$L(x) = R(x) - C(x) = (4.6x - 0.005x^2) - 3x = 1.6x - 0.005x^2\text{（元）}.$$

令 $L'(x) = 1.6 - 0.01x = 0$，得唯一驻点 $x = 160$.

又因为 $L''(x) = -0.01 < 0$，所以 $x = 160$ 是极大值点，也就是实际问题的最大值点，此时售价为

$$P\Big|_{x=160} = (4.6 - 0.005x)\Big|_{x=160} = 3.8\text{（元/件）}.$$

最大利润为

$$L\Big|_{x=160} = (1.6x - 0.005x^2)\Big|_{x=160} = 128\text{（元）}.$$

所以应购进商品 160 件,并按 3.8 元/件出售,可获得最大利润,最大利润为 128 元.

例 2-47 设某产品的日产量 x 与次品率 r 之间的关系为

$$r=\begin{cases}\dfrac{1}{125-x}, & 0\leqslant x<124,\\ 1, & x\geqslant 124.\end{cases}$$

若每件合格品的盈利为 A 元,每件次品的损失为$\dfrac{A}{4}$元,试求日产量为多少时,利润最大.

解 当日产量为 x 时,日次品量为 rx,利润为

$$L(x)=A(x-rx)-\frac{A}{4}rx=\begin{cases}A\left[x-\dfrac{5x}{4(125-x)}\right], & 0\leqslant x<124,\\ -\dfrac{A}{4}x, & x\geqslant 124.\end{cases}$$

在(0,124)内,

$$L'(x)=A\left[1-\frac{5}{4}\ \frac{(125-x)+x}{(125-x)^2}\right]=A\left[1-\frac{25^2}{4(125-x)^2}\right].$$

令 $L'(x)=0$,得 $x=\dfrac{225}{2}$ 或 $x=\dfrac{275}{2}>124$(舍去).

显然在(0,124)内,利润函数一定有最大值,且在区间内有唯一的驻点,所以也是最大值点.所以利润函数的最大值 $L\left(\dfrac{225}{2}\right)=\dfrac{405}{4}A$.

故日产量为$\dfrac{225}{2}$时,利润最大.

2.3.4 函数图像的描绘

1. 变化率的变化率及曲线的拐点

例 2-48 设某项目的利润 L 有两个方案可供选择,函数关系分别为 $L_1(t)=\dfrac{3t}{1+t}$, $L_2(t)=\dfrac{t^2}{1+t}+1$,其中,$t$ 表示时间.问:当 $t=1$ 时,这两个方案哪一个更优?

解 $L_1(1)=L_2(1)=\dfrac{3}{2}$,两个方案的利润相等.

再看利润的变化率,即边际利润

$$L_1'(t)\big|_{t=1}=\frac{3}{(1+t)^2}\bigg|_{t=1}=\frac{3}{4},$$

$$L_2'(t)\big|_{t=1}=\frac{t^2+2t}{(1+t)^2}\bigg|_{t=1}=\frac{3}{4}.$$

两个方案的边际利润仍然相等.

再看边际利润的变化率

$$L_1''(t)\big|_{t=1}=\left.\frac{-6}{(1+t)^3}\right|_{t=1}=-\frac{3}{4},$$

$$L_2''(t)\big|_{t=1}=\left.\frac{2}{(1+t)^3}\right|_{t=1}=\frac{1}{4}.$$

由此可见，在 $t=1$ 时，利润变化率 $L_1'(t)$ 的变化率在减少，而利润变化率 $L_2'(t)$ 的变化率在增加.因此，方案 L_2 优于 L_1.

在决策分析中，我们不仅要考虑利润及利润的变化率，还要考虑利润变化率的变化率，因为这将关系到发展的后劲儿问题.因此，函数 $y=f(x)$ 的增长速度由增到减的分界点或由减到增的分界点，也是高等数学关注的重点.这类分界点称为曲线 $y=f(x)$ 的拐点，它是函数 $f(x)$ 除极值点外的另一类特征点.

如图 2-12 所示，在点 x_0 处的左右近旁二阶导数 $f''(x)$ 如果变号，则 $(x_0,f(x_0))$ 是曲线的拐点；如果不变号，则 $(x_0,f(x_0))$ 不是曲线的拐点.

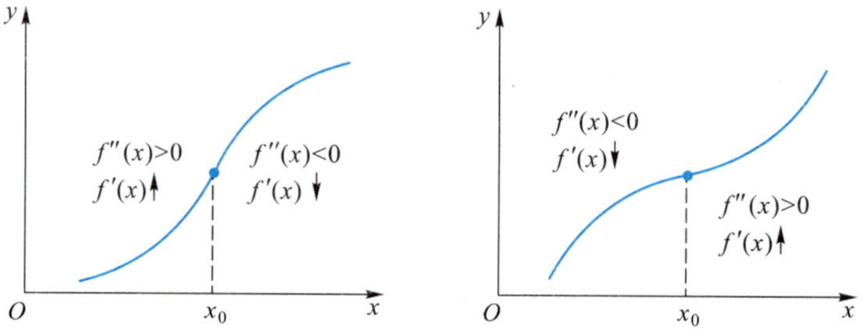

图 2-12

例 2-49　设某种产品的利润函数为 $y=\frac{1}{2}e^{-(x-4)^2}$，其中，$x$ 表示产量.问：产量为多少时，其利润的增长速度呈加速增长态势？产量为多少时，其利润的增长速度呈衰退状态？

解　求解此题需要找到产品利润的拐点.利润函数的定义域为 $(0,+\infty)$，一、二阶导数分别为

$$y'=-(x-4)e^{-(x-4)^2},$$

$$y''=-e^{-(x-4)^2}+2(x-4)^2e^{-(x-4)^2}=-e^{-(x-4)^2}[1-2(x-4)^2].$$

令 $y''=0$，得 $x=4\pm\frac{\sqrt{2}}{2}$.列表 2-5 判断拐点.

表 2-5

x	$\left(0,4-\frac{\sqrt{2}}{2}\right)$	$4-\frac{\sqrt{2}}{2}$	$\left(4-\frac{\sqrt{2}}{2},4+\frac{\sqrt{2}}{2}\right)$	$4+\frac{\sqrt{2}}{2}$	$\left(4+\frac{\sqrt{2}}{2},+\infty\right)$
y''	+	0	−	0	+
y'	↗		↘		↗
y	利润的增长速度呈加速增长态势	拐点	利润的增长速度呈衰退状态	拐点	利润的增长速度呈加速增长态势

由表 2-5 知，当产量 $x=4\pm\frac{\sqrt{2}}{2}$ 时，产品的利润出现拐点，其中，当 $x=4-\frac{\sqrt{2}}{2}$ 时，其利润的增长速度达到最大值，此后由增到减，呈衰退状态；当 $x=4+\frac{\sqrt{2}}{2}$ 时，其利润的增长速度达到最低值，此后由减到增，呈加速增长态势.

说明 由利润函数的一阶导数 $y'=-(x-4)e^{-(x-4)^2}$，不难得出，利润在产量为 4 时已达到最大值.因此，即使产量为 $4+\frac{\sqrt{2}}{2}$ 时，其利润的增长速度由减到增，呈加速增长态势，其利润却还是减少的.

例 2-49 告诉我们，与函数的一阶导数的符号可判断函数的单调性相似，二阶导数的符号能确定函数曲线的弯曲方向 —— 函数图像的凹向.

2. 函数图像的凹向

定义 2.4 如果在某区间内，曲线弧位于其上任意一点的切线上方，则称曲线在这个区间内是凹的；如果在某区间内，曲线弧位于其上任意一点的切线下方，则称曲线在这个区间内是凸的.

显然，曲线凸与凹的分界点就是曲线的拐点.

定理 2.14 设函数 $f(x)$ 在区间 (a,b) 内存在二阶导数.

(1) 如果在 (a,b) 内，恒有 $f''(x)>0$，那么函数 $y=f(x)$ 在 (a,b) 内是凹的.

(2) 如果在 (a,b) 内，恒有 $f''(x)<0$，那么函数 $y=f(x)$ 在 (a,b) 内是凸的.

说明 (1) 把定理 2.14 中的区间换成其他各种区间结论同样成立.

(2) 把 $f''(x)>0$ 与 $f''(x)<0$ 换成 $f''(x)\geq 0$ 与 $f''(x)\leq 0$（等号只在个别点处成立），定理 2.14 的结论仍成立.

由上可得，判定函数图像凹向的步骤如下：

(1) 求函数的定义域；

(2) 求 $f''(x)$，令 $f''(x)=0$，解方程求出点以及 $f''(x)$ 不存在的点；

(3) 用(2)中的点对定义域进行划分；

(4) 在每个开区间内判定 $f''(x)$ 的符号，由定理 2.14 得出相应的结果.

例 2-50 讨论函数 $f(x)=2x^3-9x^2+12x-3$ 的凹凸区间和拐点.

解 函数的定义域为 $(-\infty,+\infty)$，函数的导数为

$$f'(x)=6x^2-18x+12,\quad f''(x)=12x-18,$$

令 $f''(x)=0$，得 $x=\frac{3}{2}$.列表 2-6 讨论.

由表 2-6 可得，函数 $f(x)$ 在区间 $\left(-\infty,\frac{3}{2}\right)$ 内是凸的，在区间 $\left(\frac{3}{2},+\infty\right)$ 内是凹的，拐点为 $\left(\frac{3}{2},\frac{3}{2}\right)$.

表 2-6

x	$\left(-\infty,\dfrac{3}{2}\right)$	$\dfrac{3}{2}$	$\left(\dfrac{3}{2},+\infty\right)$
$f''(x)$	$-$	0	$+$
$f(x)$	$\frown$	拐点$\left(\dfrac{3}{2},\dfrac{3}{2}\right)$	$\smile$

例 2-51 讲解

例 2-51　求函数$f(x)=2+(x-1)^{\frac{1}{3}}$的凹凸区间和拐点.

解　函数的定义域为$(-\infty,+\infty)$,函数的导数为

$$f'(x)=\frac{1}{3}(x-1)^{-\frac{2}{3}},\quad f''(x)=-\frac{2}{9}(x-1)^{-\frac{5}{3}},$$

所以不存在$f''(x)=0$的点,但$x=1$时,$f''(x)$不存在.列表 2-7 讨论.

表 2-7

x	$(-\infty,1)$	1	$(1,+\infty)$
$f''(x)$	$+$	不存在	$-$
$f(x)$	$\smile$	拐点$(1,2)$	$\frown$

由表 2-7 可得,函数$f(x)$在区间$(-\infty,1)$内是凹的,在区间$(1,+\infty)$内是凸的,拐点为$(1,2)$.

3. 曲线的渐近线

定义 2.5　若$\lim\limits_{x\to C}f(x)=\infty$,则称直线$x=C$为曲线$y=f(x)$的**铅垂渐近线**;若$\lim\limits_{x\to\infty}f(x)=C$,则称直线$y=C$为曲线$y=f(x)$的**水平渐近线**,其中,$C$为常数.

例如,由于

$$\lim_{x\to-\infty}\arctan x=-\frac{\pi}{2},\quad \lim_{x\to+\infty}\arctan x=\frac{\pi}{2},$$

所以$y=-\dfrac{\pi}{2}$和$y=\dfrac{\pi}{2}$都是曲线$y=\arctan x$的水平渐近线.

例 2-52　求曲线$y=\dfrac{x+3}{(x-1)(x-2)}$的渐近线.

解　由于$\lim\limits_{x\to1}\dfrac{x+3}{(x-1)(x-2)}=\infty$,所以$x=1$为曲线的铅垂渐近线.

由于$\lim\limits_{x\to2}\dfrac{x+3}{(x-1)(x-2)}=\infty$,所以$x=2$也为曲线的铅垂渐近线.

由于$\lim\limits_{x\to\infty}\dfrac{x+3}{(x-1)(x-2)}=\lim\limits_{x\to\infty}\dfrac{\dfrac{1}{x}+\dfrac{3}{x^2}}{\left(1-\dfrac{1}{x}\right)\left(1-\dfrac{2}{x}\right)}=0$,所以$y=0$为曲线的水平渐

近线.

因此曲线的渐近线为 $y=0, x=1, x=2$.

4. 函数图像的描绘

我们陆续讨论了函数的各种性态，综合以上的讨论就可以描绘出函数的图像，具体步骤如下：

描绘函数图像

（1）确定函数的定义域和值域；

（2）判断函数的周期性与奇偶性；

（3）确定函数的单调增加、单调减少区间，极值点，凹凸区间和拐点；

（4）确定函数的渐近线；

（5）确定曲线与坐标轴的交点.

例 2-53 描绘函数 $f(x)=2x^3-9x^2+12x-3$ 的图像.

解 函数的定义域为 $(-\infty,+\infty)$，函数的导数为

$$f'(x)=6x^2-18x+12, f''(x)=12x-18.$$

令 $f'(x)=0$，得 $x=1, x=2$. 令 $f''(x)=0$，得 $x=\frac{3}{2}$. 列表 2-8 讨论.

表 2-8

x	$(-\infty,1)$	1	$\left(1,\frac{3}{2}\right)$	$\frac{3}{2}$	$\left(\frac{3}{2},2\right)$	2	$(2,+\infty)$
$f'(x)$	+		−		−		+
$f''(x)$	−		−	0	+		+
$f(x)$	↗⌒	极大值	↘⌒	拐点	↘⌣	极小值	↗⌣

由表 2-8 可知，特殊点有 $(1,2)$，$(2,1)$，$\left(\frac{3}{2},\frac{3}{2}\right)$，$(0,-3)$. 从而得函数 $f(x)$ 的图像如图 2-13 所示.

例 2-54 描绘函数 $y=\frac{(x-1)^3}{x^2}$ 的图像.

解 函数的定义域为 $D=(-\infty,0)\cup(0,+\infty)$，函数的导数为

$$y'=\left(x-3+\frac{3}{x}-\frac{1}{x^2}\right)'=1-\frac{3}{x^2}+\frac{2}{x^3}$$

$$=\frac{(x-1)^2(x+2)}{x^3},$$

$$y''=\frac{6}{x^3}-\frac{6}{x^4}=\frac{6(x-1)}{x^4}.$$

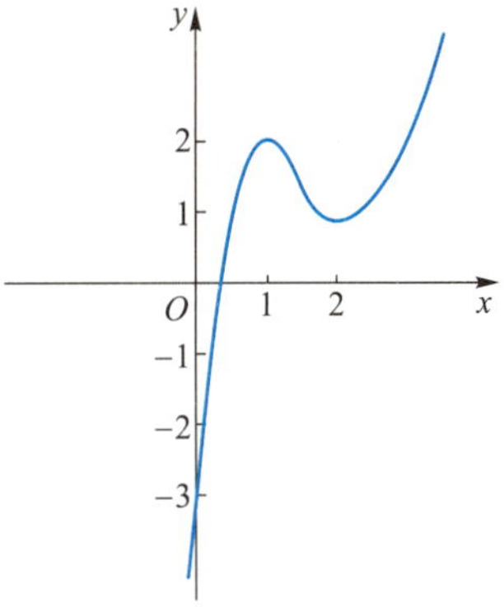

图 2-13

表 2-9

	$(-\infty,-2)$	-2	$(-2,0)$	0	$(0,1)$	1	$(1,+\infty)$
y'	+	0	-	/	+	0	+
y''	-	/	-	/	-	0	+
y	↗⌒	极大值	↘⌒	间断	↗⌒	拐点	↗⌣

令 $y'=0$，得 $x=1$，$x=-2$ 为驻点.

令 $y''=0$，得 $x=1$.列表 2-9 讨论.

由表 2-9 可知，极大值点为$\left(-2,-\dfrac{27}{4}\right)$，拐点为$(1,0)$.

因为$\lim\limits_{x\to 0}\dfrac{(x-1)^3}{x^2}=-\infty$，所以曲线 $y=\dfrac{(x-1)^3}{x^2}$ 有铅垂渐近线 $x=0$.

从而得函数 $f(x)$ 的图像如图 2-14 所示.

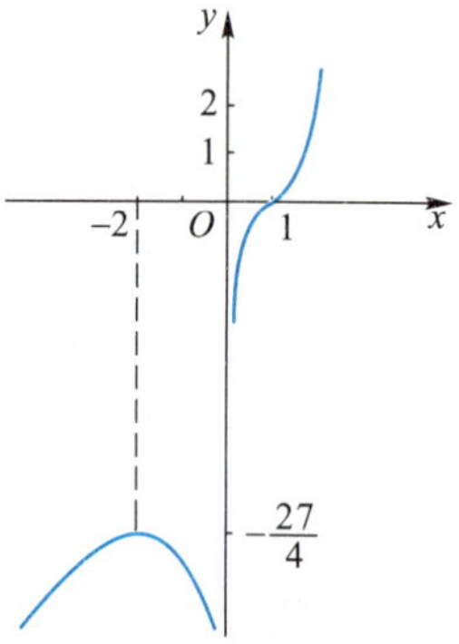

图 2-14

2.3.5　导数在经济学中的应用

1. 边际分析

边际概念是经济学中的重要概念，称函数 $f(x)$ 的导数 $f'(x)$ 为 $f(x)$ 的**边际函数**.利用函数的导数研究边际问题是经济理论中的一个重要方法.

在"经济问题 2"中，已经研究了边际需求.常见的边际函数还有**边际成本** $MC=C'(x)$、**边际收入** $MR=R'(x)$、**边际利润** $ML=L'(x)$.在经济学中，边际成本表示在产量为 x 的基础上，再多生产一单位产品所增加的总成本；边际收入表示在销售量为 x 的基础上，再多销售一单位产品所增加的收入；边际利润表示在销售量为 x 的基础上，再多销售一单位产品所增加的利润.

例 2-55　设某加工厂生产某种产品的每日总成本函数和每日总收入函数分别为

$$C(x)=100+2x+0.02x^2(\text{元}),\quad R(x)=7x+0.01x^2(\text{元}),$$

其中，x 为日产量(kg).求：

(1) 边际利润函数及当日产量分别是 200 kg、250 kg 和 300 kg 时的边际利润，并说明其经济意义；

(2) 最大利润时的日产量.

解　(1) 总利润函数

$$L(x)=R(x)-C(x)=-0.01x^2+5x-100,$$

边际利润函数为

$$L'(x)=-0.02x+5.$$

日产量为 200 kg、250 kg 和 300 kg 时的边际利润分别是

$$L'(200)=1(\text{元}),\quad L'(250)=0(\text{元}),\quad L'(300)=-1(\text{元}).$$

其经济意义是，在日产量为 200 kg 的基础上，再增加 1 kg 产量，利润可增加 1 元；在日

产量为 250 kg 的基础上，再增加 1 kg 产量，利润无增加；在日产量为 300 kg 的基础上，再增加 1 kg 产量，将亏损 1 元.

(2) 令边际利润函数 $L'(x)=-0.02x+5=0$，得 $x=250$. 又 $L''(x)=-0.02<0$，所以当日产量为 250 kg 时，利润最大.

一般地，当 $L'(x)=R'(x)-C'(x)=0$ 时，即 MC = MR 时，利润最大.

例 2-56 已知某企业的成本函数为 $C(x)=x^2+100$，其中，x 表示产量.

(1) 求边际成本和平均成本；

(2) 若产品的市场价格为 40，求利润最大化下的产量；

(3) 产品价格达到多少时，企业利润为正？

解 (1) 边际成本为 $C'(x)=2x$，平均成本为

$$\overline{C}(x)=\frac{C(x)}{x}=\frac{x^2+100}{x}=x+\frac{100}{x}.$$

(2) 由题得，成本函数 $C(x)=x^2+100$，收入函数 $R(x)=40x$.

当 MC = MR 时，企业利润最大，即

$$40=2x,$$

解得 $x=20$，即利润最大化下的产量为 20.

(3) 由利润函数 $L(x)=R(x)-C(x)=Px-C(x)>0$，得

$$P>\frac{C(x)}{x}=\overline{C}(x).$$

这说明，若使企业利润为正，则产品价格必须大于平均成本.

由 $\overline{C}(x)=x+\dfrac{100}{x}\geqslant 2\sqrt{100}=20$，知此时的产品价格为 20.

2. 弹性分析

弹性概念是经济学中的另一个重要概念，用来定量地描述一个经济变量对另一个经济变量变化的灵敏程度.

引例 2-2 假设某种商品的市场需求量 Q(箱) 是价格 P(元/箱) 的函数 $Q=500(100-P^2)$，如果将价格定为 6 元/箱，这时市场的需求量为 $Q(6)=500(100-6^2)=32\ 000$ 箱. 在这个基础上，若将每箱的价格提高 ΔP，那么市场的需求量就会相应地减少

$$\Delta Q=Q(6+\Delta P)-Q(6)=-6\ 000\Delta P-500(\Delta P)^2.$$

于是

$$\frac{\Delta P}{P}=\frac{\Delta P}{6},\ \frac{\Delta Q}{Q}=-\frac{6\ 000\Delta P+500(\Delta P)^2}{32\ 000}=-\frac{12\Delta P+(\Delta P)^2}{64}$$

分别为价格的相对改变量与需求量的相对增量. 称

$$\frac{\dfrac{\Delta Q}{Q}}{\dfrac{\Delta P}{P}}=\frac{-\dfrac{12\Delta P+(\Delta P)^2}{64}}{\dfrac{\Delta P}{6}}=-\left(\frac{9}{8}+\frac{3}{32}\Delta P\right)$$

为当价格变化 ΔP 时，商品的市场需求量对价格的平均相对变化率. 当 $\Delta P\to 0$ 时，称

$$\lim_{\Delta P\to 0}\frac{\frac{\Delta Q}{Q}}{\frac{\Delta P}{P}}=\frac{P}{Q}\lim_{\Delta P\to 0}\frac{\Delta Q}{\Delta P}=\frac{P}{Q}\frac{\mathrm{d}Q}{\mathrm{d}P}=P\frac{Q'}{Q}$$

弹性

为价格为 P 时，商品的市场需求量对价格的瞬时变化率. 在经济学中，将这个量称为需求量对价格的**弹性系数**，或者称为需求对价格的**点弹性**，记作 E_{d}.

在引例 2-2 中，商品需求量对价格的弹性系数为

$$E_{\mathrm{d}}=\lim_{\Delta P\to 0}\left[-\left(\frac{9}{8}+\frac{3}{32}\Delta P\right)\right]=-1.125.$$

其意义就是这种商品的价格为 6 元 / 箱时，价格若上升 1%，商品需求量相应地下降约 1.125%.

下面研究收入函数 $R=P\cdot Q(P)$ 的边际收入与需求量 $Q(P)$ 对价格 P 的弹性系数之间的关系.

$$\frac{\mathrm{d}R}{\mathrm{d}P}=\frac{\mathrm{d}}{\mathrm{d}P}[P\cdot Q(P)]=Q(P)+P\cdot Q'(P)$$

$$=Q(P)\left[1+\frac{P}{Q(P)}\cdot Q'(P)\right]=Q(P)[1+E_{\mathrm{d}}].$$

一般地，

动画：需求弹性

(1) 当 $|E_{\mathrm{d}}|>1$，即 $E_{\mathrm{d}}<-1$ 时，称为富有弹性. 此时，商品需求量变化的百分比高于价格变化的百分比，价格的变动对需求量的影响较大. 由于 $R'(P)<0$，即 $R(P)$ 为单调减少函数，即价格上涨，总收入减少，价格下降，总收入增加.

(2) 当 $|E_{\mathrm{d}}|<1$ 即 $-1<E_{\mathrm{d}}<0$ 时，称为缺乏弹性. 此时，商品需求量变化的百分比低于价格变化的百分比，价格的变动对需求量的影响不大. 由于 $R'(P)>0$，即 $R(P)$ 为单调增加函数，即价格上涨，总收入增加，价格下降，总收入减少.

(3) 当 $|E_{\mathrm{d}}|=1$ 即 $E_{\mathrm{d}}=-1$ 时，称为单位弹性. 此时，商品需求量变化的百分比等于价格变化的百分比，价格的变动对需求量没有影响，总收入不因价格的变动而变动.

"经济问题 2"中提到"双十一"的热销品类，如手机数码、家用电器和个护美妆等，都是富有弹性的商品，较低幅度地降低商品价格会使需求量有较大幅度的增加，所以降价能促进销量提升. 又由于收入函数是价格的减函数，所以降价还能增加收入，从而使平台、商家、消费者都能从中获利，这样一来，平台有推广的动力，商家有降价的冲动，消费者有购买的欲望，多赢局面使它们成为"双十一"的热销品类.

例 2-57　根据市场调查，某企业建立了某种商品的需求量 Q 与价格 P 之间的函数关系

$$Q=100-2P.$$

(1) 试求需求弹性系数 E_{d}.

(2) 当销售价格 P 分别为 24 元、30 元时，要使销售收入有所增加，应采取何种价格措施？

解　(1) 因为

$$Q'=-2,$$

所以

$$E_{\mathrm{d}}=P\frac{Q'}{Q}=P\frac{-2}{100-2P}=\frac{P}{P-50}.$$

（2）当价格 $P=24$ 元时，

$$E_{\mathrm{d}}=\frac{24}{24-50}\approx-0.92,$$

当价格 $P=30$ 元时，

$$E_{\mathrm{d}}=\frac{30}{30-50}=-1.5.$$

当价格 $P=24$ 元时，$|E_{\mathrm{d}}|<1$，故适当提高价格可使销售收入增加.而当价格 $P=30$ 元时，$|E_{\mathrm{d}}|>1$，故应采取降价措施，薄利多销.

例 2-58 已知建材市场上实木地板的均价 P_y 会影响人们对复合地板的消费，如果复合地板的需求量 Q_x 关于实木地板均价的函数为 $Q_x(P_y)=180+4P_y$.设市场上实木地板的均价是 80 元 /m^2，试求在此价格上复合地板的需求量对实木地板均价的弹性.

解 由 $Q_x(80)=180+4\times80=500$，$Q'_x=4$，得

$$E_{xy}=\frac{Q'_x}{Q_x}P_y=\frac{4}{500}\times80=0.64.$$

这表示实木地板均价每提高 1%，复合地板的需求量将增加 0.64%.

在经济预测中把这种弹性称为**需求的交叉弹性**，它是指一种商品 x 的需求量 Q_x 对另一种相关商品 y 的价格变动的敏感程度，一般用 E_{xy} 表示.

用同样的思想方法可求出供应量对于价格的弹性、产量对于劳动力的弹性及税收对国民收入的弹性等.

练习 2.3

1. 判断题.

（1）设 $f(x)=x^3+2x$，则 $f(x)$ 在 $(-\infty,+\infty)$ 内单调递增. （ ）

（2）设 $f(x)=x^2$，则 $f(x)$ 在 $(-\infty,+\infty)$ 内单调递增. （ ）

（3）设 $f(x)$ 在点 $x=x_0$ 处取得极值，则 $f'(x_0)=0$. （ ）

（4）设 $y=f(x)$，且 $f''(1)>0$，则 $f'(1)=0$. （ ）

（5）若点 (x_0,y_0) 为函数 $y=f(x)$ 的拐点，则必有 $f''(x_0)=0$. （ ）

2. 填空题.

（1）设函数 $f(x)=\frac{1}{3}x^3+x^2+x-5$，则 $f(x)$ 在 $(-\infty,+\infty)$ 内的单调性为________.

（2）若函数 $f(x)=mx^2+nx$ 在点 $x=1$ 处取极大值 2，则 $m=$________，$n=$________.

（3）函数 $f(x)=x^3-4x^2-3x$ 在 $[-1,3]$ 上的最大值是________，最小值是________.

（4）设某产品的总成本函数为 $C=3+2q$，收入函数为 $R=5q-q^2$，则边际利润是________.

（5）设某产品的需求函数为 $Q=50-5P$，则当价格 $P=8$ 时的需求弹性为________，其经济含义是____________________.

3. 选择题.

（1）极限 $\lim\limits_{x\to1}\frac{\ln x}{1-x}=$（ ）.

A. -1　　B. 0　　C. 1　　D. ∞

（2）若可导函数 $f(x)$ 在 (a,b) 内单调增加，则有（ ）.

A. $f(x)>0$　　B. $f(x)<0$　　C. $f'(x)\geqslant0$　　D. $f'(x)\leqslant0$

(3) 可导函数 $y=f(x)$ 在点 $x=x_0$ 处取得极大值，则必有(　　).

A. $f'(x_0)=0$　　B. $f''(x_0)<0$

C. $f'(x_0)=0, f''(x_0)<0$　　D. $f'(x_0)=0$ 或 $f'(x_0)$ 不存在

(4) 若曲线 $y=mx^3+nx^2$ 以(1,3)为拐点，则(　　).

A. $m=\frac{3}{2}, n=\frac{9}{2}$　　B. $m=-\frac{3}{2}, n=\frac{9}{2}$

C. $m=\frac{3}{2}, n=-\frac{9}{2}$　　D. $m=-\frac{3}{2}, n=-\frac{9}{2}$

(5) $y=\frac{1}{x-1}$ 的水平渐近线和铅垂渐近线分别为(　　).

A. $y=0, x=1$　　B. $y=0, x=0$　　C. $y=1, x=1$　　D. $y=1, x=0$

□ 知识与能力拓展

多元函数的偏导数与极值

一、多元函数的偏导数

1. 二元函数的偏导数

设函数 $z=f(x,y)$ 是定义在区域 D 内的二元函数，点 $(x_0,y_0)\in D$，给自变量的增量为 Δx 和 Δy，且点 $(x_0+\Delta x, y_0+\Delta y)\in D$，则相应函数的增量

$$\Delta z=f(x_0+\Delta x, y_0+\Delta y)-f(x_0,y_0)$$

称为函数 $z=f(x,y)$ 在点 (x_0,y_0) 处的**全增量**.

当 $\Delta y=0$ 时，函数的增量

$$\Delta_x z=f(x_0+\Delta x, y_0)-f(x_0,y_0)$$

称为函数 $z=f(x,y)$ 在点 (x_0,y_0) 处**对自变量 x 的偏增量**.

当 $\Delta x=0$ 时，函数的增量

$$\Delta_y z=f(x_0, y_0+\Delta y)-f(x_0,y_0)$$

称为函数 $z=f(x,y)$ 在点 (x_0,y_0) 处**对自变量 y 的偏增量**.

定义 2.6　设函数 $z=f(x,y)$ 在点 x_0 的某邻域内有定义，如果当 $\Delta x\to 0$ 时，函数相对于自变量 x 的偏增量与自变量 x 的增量 Δx 的商

$$\frac{\Delta_x z}{\Delta x}=\frac{f(x_0+\Delta x, y_0)-f(x_0,y_0)}{\Delta x}$$

的极限存在，则称此极限值为函数 $z=f(x,y)$ 在点 (x_0,y_0) 处**对自变量 x 的偏导数**，记为

$$\left.\frac{\partial z}{\partial x}\right|_{(x_0,y_0)} \quad 或 \quad \frac{\partial f(x_0,y_0)}{\partial x} \quad 或 \quad f'_x(x_0,y_0)\text{（简记为 } f_x(x_0,y_0)\text{）}.$$

如果当 $\Delta y\to 0$ 时，函数相对于自变量 y 的偏增量与自变量 y 的增量 Δy 的商

$$\frac{\Delta_y z}{\Delta y}=\frac{f(x_0, y_0+\Delta y)-f(x_0,y_0)}{\Delta y}$$

的极限存在,则称此极限值为函数 $z=f(x,y)$ 在点 (x_0,y_0) 处**对自变量 y 的偏导数**,记为

$$\left.\frac{\partial z}{\partial y}\right|_{(x_0,y_0)} \quad 或 \quad \frac{\partial f(x_0,y_0)}{\partial y} \quad 或 \quad f'_y(x_0,y_0)\ (简记为 f_y(x_0,y_0)).$$

也就是说,

$$f'_x(x_0,y_0)=\lim_{\Delta x\to 0}\frac{f(x_0+\Delta x,y_0)-f(x_0,y_0)}{\Delta x},$$

$$f'_y(x_0,y_0)=\lim_{\Delta y\to 0}\frac{f(x_0,y_0+\Delta y)-f(x_0,y_0)}{\Delta y}.$$

由二元函数的偏导数的定义可知,二元函数的偏导数实际上是把其中一个变量视为常数,只求函数对另一个变量的导数,所以求二元函数的偏导数与求一元函数的导数的公式和法则相同.

例 2-59　求函数 $z=x^2+xy+y^2$ 的偏导数,以及在点(1,0)处的偏导数值.

解　视 y 为常数,求函数对自变量 x 的偏导数为

$$\frac{\partial z}{\partial x}=(x^2+xy+y^2)'_x=2x+y;$$

视 x 为常数,求函数对自变量 y 的偏导数为

$$\frac{\partial z}{\partial y}=(x^2+xy+y^2)'_y=x+2y.$$

所以

$$\left.\frac{\partial z}{\partial x}\right|_{(1,0)}=(2x+y)\Big|_{(1,0)}=2,\quad \left.\frac{\partial z}{\partial y}\right|_{(1,0)}=(x+2y)\Big|_{(1,0)}=1.$$

例 2-60　求函数 $z=\dfrac{xy+e^x}{\sin x}$ 的偏导数.

解　视 y 为常数,求函数对自变量 x 的偏导数为

$$\frac{\partial z}{\partial x}=\frac{(xy+e^x)'_x\sin x-(xy+e^x)\cos x}{\sin^2 x}=\frac{(y+e^x)\sin x-(xy+e^x)\cos x}{\sin^2 x}$$
$$=(y+e^x)\csc x-(xy+e^x)\csc x\cot x;$$

视 x 为常数,求函数对自变量 y 的偏导数为

$$\frac{\partial z}{\partial y}=\left(y\frac{x}{\sin x}+\frac{e^x}{\sin x}\right)'_y=\frac{x}{\sin x}.$$

求多元函数的偏导数就是把其他变量视为常数,只对其中一个自变量求导数.

例 2-61　求函数 $w=xy+z^2$ 的偏导数.

解　视 y 和 z 为常数,求函数对自变量 x 的偏导数为

$$\frac{\partial w}{\partial x}=(xy+z^2)'_x=y;$$

视 x 和 z 为常数,求函数对自变量 y 的偏导数为

$$\frac{\partial w}{\partial y}=(xy+z^2)'_y=x;$$

视 x 和 y 为常数,求函数对自变量 z 的偏导数为

$$\frac{\partial w}{\partial z}=(xy+z^2)'_z=2z.$$

2. 多元函数的复合函数求导

多元函数的复合函数求导也类似于一元函数的复合函数的求导.

例 2-62　求函数 $z=\arctan(x+xy)$ 的偏导数.

解　视 y 为常数,求函数对自变量 x 的偏导数为

$$\frac{\partial z}{\partial x}=[\arctan(x+xy)]'_x=\frac{1}{1+(x+xy)^2}(x+xy)'_x=\frac{1+y}{1+(x+xy)^2};$$

视 x 为常数,求函数对自变量 y 的偏导数为

$$\frac{\partial z}{\partial y}=[\arctan(x+xy)]'_y=\frac{1}{1+(x+xy)^2}(x+xy)'_y=\frac{x}{1+(x+xy)^2}.$$

3. 二元函数的二阶偏导数

如果二元函数 $z=f(x,y)$ 在区域 D 内可导,则函数 $z=f(x,y)$ 在区域 D 内的偏导数,也是区域 D 内的二元函数.如果偏导数 $\frac{\partial z}{\partial x}$ 和 $\frac{\partial z}{\partial y}$ 也可导,则 $\frac{\partial z}{\partial x}$ 和 $\frac{\partial z}{\partial y}$ 的偏导数称为函数的**二阶偏导数**.二阶偏导数一共四个,分别为

$$\frac{\partial^2 z}{\partial x^2}=\frac{\partial}{\partial x}\left(\frac{\partial z}{\partial x}\right),\text{简记为 } f_{xx}(x,y);$$

$$\frac{\partial^2 z}{\partial x\partial y}=\frac{\partial}{\partial y}\left(\frac{\partial z}{\partial x}\right),\text{简记为 } f_{xy}(x,y);$$

$$\frac{\partial^2 z}{\partial y^2}=\frac{\partial}{\partial y}\left(\frac{\partial z}{\partial y}\right),\text{简记为 } f_{yy}(x,y);$$

$$\frac{\partial^2 z}{\partial y\partial x}=\frac{\partial}{\partial x}\left(\frac{\partial z}{\partial y}\right),\text{简记为 } f_{yx}(x,y).$$

其中,$f_{xy}(x,y)$ 和 $f_{yx}(x,y)$ 称为二元函数 $z=f(x,y)$ 的**混合偏导数**.求混合偏导数时,要注意对自变量的求导次序,即 $f_{xy}(x,y)$ 是函数 $z=f(x,y)$ 先对变量 x 求导数再对变量 y 求导数,$f_{yx}(x,y)$ 表示函数 $z=f(x,y)$ 先对变量 y 求导数再对变量 x 求导数.

函数 $z=f(x,y)$ 在点 (x_0,y_0) 处的偏导数记为

$$\left.\frac{\partial^2 z}{\partial x^2}\right|_{(x_0,y_0)}\quad\text{或}\quad\frac{\partial^2 f(x_0,y_0)}{\partial x^2}\quad\text{或}\quad f''_{xx}(x_0,y_0)\ \text{等}.$$

例 2-63　求函数 $z=x^3+x^2y+xy^2+y^3$ 的二阶偏导数.

解　函数的一阶偏导数为

$$\frac{\partial z}{\partial x}=3x^2+2xy+y^2,\qquad \frac{\partial z}{\partial y}=x^2+2xy+3y^2.$$

二阶偏导数为

$$\frac{\partial^2 z}{\partial x^2}=6x+2y,\qquad \frac{\partial^2 z}{\partial x\partial y}=2x+2y.$$

$$\frac{\partial^2 z}{\partial y^2} = 2x + 6y, \qquad \frac{\partial^2 z}{\partial y \partial x} = 2x + 2y.$$

说明　一般地，$\frac{\partial^2 z}{\partial x \partial y} = \frac{\partial^2 z}{\partial y \partial x}$.

二、二元函数的极值与最值

1. 二元函数的极值

定义 2.7　设函数 $z = f(x,y)$ 在点 (x_0,y_0) 的某邻域内有定义，若在此邻域内存在点 (x_0,y_0) 的一个空心邻域 D_0，对任意的 $(x,y) \in D_0$，有 $f(x,y) < f(x_0,y_0)$，则称点 (x_0,y_0) 是函数的**极大值点**，$f(x_0,y_0)$ 称为函数 $z = f(x,y)$ 的**极大值**；若对任意的 $(x,y) \in D_0$，有 $f(x,y) > f(x_0,y_0)$，则称点 (x_0,y_0) 是函数的**极小值点**，$f(x_0,y_0)$ 称为函数 $z = f(x,y)$ 的**极小值**.

极大值点和极小值点统称为函数的**极值点**，极大值和极小值统称为函数的**极值**.

如图 2-15 所示，如果点 (x_0,y_0) 是函数 $z = f(x,y)$ 的极值点，则点 x_0 和 y_0 分别是一元函数 $z = f(x,y_0)$ 和 $z = f(x_0,y)$ 的极值点，由此得下列定理.

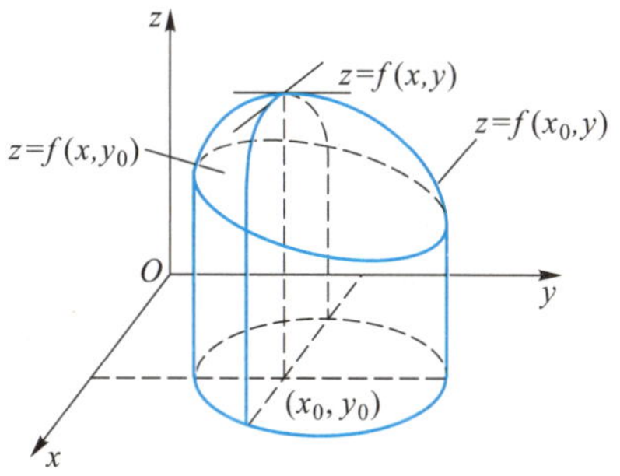

图 2-15

定理 2.15　如果函数 $z = f(x,y)$ 在极值点 (x_0,y_0) 处可导，则

$$f'_x(x_0,y_0) = 0, \quad f'_y(x_0,y_0) = 0.$$

与一元函数一样，极值点一定是偏导数等于 0 的点或偏导数不存在的点，而偏导数等于 0 或不存在的点不一定是极值点.但判断一个点是否是极值点要比一元函数复杂许多.

定理 2.16　设函数在点 (x_0,y_0) 的某邻域内，具有二阶连续的偏导数，并且 $f'_x(x_0,y_0) = 0$ 和 $f'_y(x_0,y_0) = 0$，记

$$A = f''_{xx}(x_0,y_0), \quad B = f''_{xy}(x_0,y_0), \quad C = f''_{yy}(x_0,y_0),$$

则

(1) 当 $B^2 - AC < 0$ 时，点 (x_0,y_0) 是极值点.

① 当 $A < 0$（或 $C < 0$）时，点 (x_0,y_0) 是函数的极大值点；

② 当 $A > 0$（或 $C > 0$）时，点 (x_0,y_0) 是函数的极小值点.

(2) 当 $B^2 - AC > 0$ 时，点 (x_0,y_0) 不是函数的极值点.

(3) 当 $B^2 - AC = 0$ 时，点 (x_0,y_0) 不能确定是否为极值点.

例 2-64　求函数 $z = 2x^2 + y^2 - 2xy$ 的极值点.

解　求偏导数：

$$\frac{\partial z}{\partial x}=4x-2y,\quad \frac{\partial z}{\partial y}=2y-2x.$$

二阶偏导数：

$$A=\frac{\partial^2 z}{\partial x^2}=4,\quad B=\frac{\partial^2 z}{\partial x\partial y}=\frac{\partial^2 z}{\partial y\partial x}=-2,\quad C=\frac{\partial^2 z}{\partial y^2}=2$$

连续.令

$$\begin{cases}\dfrac{\partial z}{\partial x}=4x-2y=0,\\ \dfrac{\partial z}{\partial y}=2y-2x=0,\end{cases}$$

解得

$$x=y=0.$$

因为 $B^2-AC=-4<0$,并且 $A=4>0$,由定理2.16知,点(0,0)是函数的极小值点,极小值为 $z=0$.

2. 二元函数的最值

与一元函数一样,如果函数在定义域内连续并且在定义域内部某点达到最小值或最大值,那么该点也一定是极小值点或极大值点,即连续函数只能在定义域内部的极值点处或边界点处达到最大值或最小值.但多元函数定义域如果有边界点,一般有无穷多个边界点,因此函数的最大值与最小值需要进一步讨论和判断.

在实际问题中,如果已知可导函数在定义域内部一定有最大值或最小值,而在定义域内部仅有一个可能的极值点(即使两个偏导数等于 0 的点仅有一个),那么该点就是所要求的最大值点或最小值点.

例 2-65　设某工厂生产甲、乙两种产品,它们的批发价分别为 10 万元/千件和 9 万元/千件.已知生产 x 千件甲产品和 y 千件乙产品的总费用为

$$C(x,y)=400+2x+3y+\frac{1}{100}(3x^2+xy+3y^2)(\text{万元}),$$

问:甲、乙两种产品各生产多少时获利最大?

解　由甲、乙产品分别生产 x 千件和 y 千件,得利润函数为

$$L(x,y)=10x+9y-\left[400+2x+3y+\frac{1}{100}(3x^2+xy+3y^2)\right].$$

令

$$\begin{cases}\dfrac{\partial L}{\partial x}=10-2-\dfrac{3}{50}x-\dfrac{1}{100}y=0,\\ \dfrac{\partial L}{\partial y}=9-3-\dfrac{1}{100}x-\dfrac{3}{50}y=0,\end{cases}$$

即

$$\begin{cases}800-6x-y=0,\\ 600-x-6y=0,\end{cases}$$

解得

$$x = 120, y = 80.$$

因为函数 $L(x,y)$ 一定有最大值，所以 $(120,80)$ 就是最大值点，即最大值为 $L(120,80) = 320$.

3. 条件极值

在现实生活中，有一类极值问题，其自变量除受定义域的约束外，还有另外的约束条件，可表达为求函数 $z=f(x,y)$ 在约束条件 $g(x,y)=0$ 下的极值，这类问题称为**条件极值**问题.解决该类问题时需要构造一个新的函数 $F(x,y)=f(x,y)+\lambda g(x,y)$，称为**拉格朗日函数**，其中，$\lambda$ 是一个待定的常数，从而将条件极值问题转化为无条件极值问题.

例 2-66　在经济学中，柯布 - 道格拉斯生产函数 $f(x,y)=Dx^a y^{1-a}$，其中，x 表示劳动力的数量，y 表示资本的数量，D 和 $a(0<a<1)$ 是常数，其大小由企业的具体情况来确定.设单位劳动力的成本为 A 元，单位资本的成本为 B 元，企业预算为 C 元，问：怎样分配预算才能使生产量最大？

解　本题是求函数 $f(x,y)=Dx^a y^{1-a}$ 在约束条件 $Ax+By=C$ 下的最大值.

构造拉格朗日函数 $F(x,y)=Dx^a y^{1-a}+\lambda(Ax+By-C)$，得到方程组

$$\begin{cases} F_x(x,y)=Dax^{a-1}y^{1-a}+\lambda A=0, & (2-1) \\ F_y(x,y)=D(1-a)x^a y^{-a}+\lambda B=0, & (2-2) \\ Ax+By-C=0. & (2-3) \end{cases}$$

由(2-1)和(2-2)，得

$$\frac{Dax^{a-1}y^{1-a}}{D(1-a)x^a y^{-a}}=\frac{ay}{(1-a)x}=\frac{A}{B},$$

即

$$a(Ax+By)=Ax. \qquad (2-4)$$

由(2-3)和(2-4)，得

$$x=\frac{aC}{A}, y=\frac{(1-a)C}{B}.$$

所以在约束条件 $Ax+By=0$ 下，当 $x=\dfrac{aC}{A}$ 且 $y=\dfrac{(1-a)C}{B}$ 时，生产量最大.

练　习　题

1. 判断题.

(1) 二元函数的偏导数实际上是把其中一个变量视为常数，函数只对另一个变量的导数.　(　　)

(2) $f'_x(x_0,y_0)=f'_x(x,y_0)\big|_{x=x_0}$ 表达式成立.　(　　)

(3) 一个二元函数的一阶偏导数有两个，二阶偏导数也是两个.　(　　)

(4) 二元函数的极值点一定是偏导数等于 0 的点.　(　　)

2. 填空题.

(1) 设 $f(u,v)=u^2+2v$，则 $f(\sqrt{x+y},xy)=$ ________.

(2) 设 $f(x+y,x-y)=xy$，则 $f(x,y)=$ ________.

(3) 已知 $z=x^2+xy$，则 $\frac{\partial z}{\partial x}=$ ________，$\frac{\partial z}{\partial y}=$ ________.

3. 选择题.

(1) 设 $f(x,y)=\frac{xy}{x^2+y^2}$，则下列表达式中正确的是(　　).

A. $f\left(x,\frac{y}{x}\right)=f(x,y)$　　B. $f(y,x)=f(x,y)$

C. $f(x+y,x-y)=f(x,y)$　　D. $f(x,-y)=f(x,y)$

(2) 设 $z=\sin(x+y)$，则 $\frac{\partial^2 z}{\partial x^2}=$(　　).

A. $\cos(x+y)$　　B. $\sin(x+y)$

C. $-\cos(x+y)$　　D. $-\sin(x+y)$

(3) 函数 $z=x^2+y^2+1$ 的极值点为(　　).

A. $(0,0)$　　B. $(0,1)$　　C. $(1,0)$　　D. 不存在

(4) 若 $f'_x(x_0,y_0)=f'_y(x_0,y_0)=0$，则函数 $f(x,y)$ 在点 (x_0,y_0) 处(　　).

A. 有极值　　B. 无极值

C. 不一定有极值　　D. 有极大值

(5) 函数 $z=(x-1)^2+(y-4)^2$ 的极值点为(　　).

A. $(0,0)$　　B. $(1,4)$

C. $(4,1)$　　D. 不存在

知识应用链接

点弹性与弧弹性

◎ 在经济学中，弹性系数（简称弹性）是度量一个经济变量 Y（因变量）对另一个经济变量 X（自变量）变化反映的敏感程度. 用 E_X 表示，一般公式为

$$\text{弹性系数}=\frac{\text{因变量变动率}}{\text{自变量变动率}}=\frac{\Delta Y}{\Delta X}\ \frac{X}{Y}.$$

◎ 计算弹性系数的方法常有两种：点弹性和弧弹性.

点弹性用于度量经济变量 $Y=f(X)$ 曲线上某一点的弹性系数（主要适用于求连续型变量的弹性）. 计算公式为 $E=\lim\limits_{\Delta X\to 0}\frac{\Delta Y}{\Delta X}\ \frac{X}{Y}=\frac{\mathrm{d}Y}{\mathrm{d}X}\ \frac{X}{Y}=\frac{Y'}{Y}X$，在本章 2.3.5 节中所介绍的弹性分析就是点弹性.

弧弹性是度量经济变量 $Y=f(X)$ 曲线上 A，B 两点之间的一段曲线的弹性系数（主要适用于求离散型变量的弹性）. 计算方法一般用中点公式，即

$$E=\frac{\Delta Y}{\Delta X}\ \frac{X}{Y}=\frac{\Delta Y}{\Delta X}\ \frac{\frac{1}{2}(X_A+X_B)}{\frac{1}{2}(Y_A+Y_B)}=\frac{\Delta Y}{\Delta X}\ \frac{X_A+X_B}{Y_A+Y_B}.$$

其中，$X=\frac{X_A+X_B}{2}$，　$Y=\frac{Y_A+Y_B}{2}$.

例 2-67　自 2024 年 1 月 1 日起某城市的公共汽车票价从 0.5 元提高到 1 元，已知该月

乘客为 880 万人次,与 2023 年同期相比减少了 12%,求需求的价格弧弹性 E.

解　由题设,$P_1 = 0.5, P_2 = 1, Q_2 = 880$.

$$Q_1 = \frac{880}{1 - 12\%} = \frac{880}{0.88} = 1\ 000.$$

于是

$$E = \frac{880 - 1\ 000}{1 - 0.5} \times \frac{0.5 + 1}{1\ 000 + 880} \approx -0.19.$$

故需求的价格弧弹性约为 -0.19.

例 2-68　据调查,某市 2023 年居民人均收入为 10 000 元,计算机的需求量为 250 万台.经测算,该市计算机的需求收入弹性为 1.76,假设以后弹性系数不变,居民人均收入以 7% 的速度增长.

(1) 试预测 2026 年该市的计算机需求量;

(2) 已知 2026 年该市的计算机需求量将增长 450 万台,预测人均收入.

解　设 I_0 和 I_1 分别为 2024 年和 2026 年该市的人均收入,Q_0 和 Q_1 分别为这两年的计算机需求量.

(1) 由题意得,2026 年该市的人均收入为

$$I_1 = 10\ 000 \times (1 + 0.07)^2 = 11\ 449(\text{元}).$$

由 $E_1 = \dfrac{Q_1 - Q_0}{I_1 - I_0} \times \dfrac{I_0}{Q_0}$,得

$$1.76 = \frac{Q_1 - 250}{11\ 449 - 10\ 000} \times \frac{10\ 000}{250},$$

解得

$$Q_1 = 314.$$

即预测 2026 年该市的计算机需求量约为 314 万台.

(2) 已知 $Q_1 = 450$,　$1.76 = \dfrac{450 - 250}{I_1 - 10\ 000} \times \dfrac{10\ 000}{250}$,

解得 2026 年该市的人均收入约为

$$I_1 \approx 14\ 545(\text{元}).$$

在实际生活中,弧弹性比点弹性运用的频率高,因为经营中的经济变量多数都是离散型,如价格调整、收入增加和减少等.因此,作为经济管理专业的学生应该掌握计算弧弹性的方法.

? 问题思考

地区 A 对新汽车需求的价格弹性 $E_D = -1.2$,需求的收入弹性 $E_R = 3.0$,问:

(1) 其他条件不变,若将汽车的价格提高 3%,对需求有何影响?

(2) 其他条件不变,若收入增加 2%,对需求有何影响?

(3) 假设价格提高 8%,收入增加 10%,2023 年新汽车销售量为 800 万辆,利用有关弹性系数的数据估计 2024 年新汽车的销售量.

数学实验　利用 MATLAB 求函数的导数和微分

1. 命令格式(表 2-10)

表 2-10

命令	功能
diff(f) 或 diff(f,x)	计算 $f'(x)$
diff(f,2) 或 diff(f,x,2)	计算 $f''(x)$
diff(f,n) 或 diff(f,x,n)	计算 $f^{(n)}(x)$
diff(f,x_i)	多元函数 f 对变量 x_i 的一阶偏导

利用 MATLAB 求导数

2. 实验举例

利用 MATLAB 求导数的算例代码如表 2-11 所示.

表 2-11

例题	算例代码	运行结果
设 $y = x\sin x\ln x$, 求 y'	>> clear >> syms x; >> y = x * sin(x) * log(x); >> diff(y)	ans = sin(x) * log(x) + x * cos(x) * log(x) + sin(x)
设 $y = 2^{\tan x}$, 求 y'	>> clear >> syms x; >> y = 2^tan(x); >> diff(y)	ans = 2^tan(x) * (1 + tan (x)^2) * log(2)
设 $y = x^x$, 求 y'	>> clear >> syms x; >> y = x^x; >> diff(y)	ans = x^x * (log(x) + 1)
设 $y = x\cos x$, 求 y''	>> clear >> syms x; >> y = x * cos(x); >> diff(y,2)	ans = - 2 * sin(x) - x * cos(x)
设 $z = x^2\sin 2y$, 求 $\frac{\partial z}{\partial x}$	>> clear >> syms x y; >> z = x^2 * sin(2 * y); >> diff(z,x)	ans = 2 * x * sin(2 * y)
设 $z = x^2\sin 2y$, 求 $\frac{\partial z}{\partial y}$	>> clear >> syms x y; >> z = x^2 * sin(2 * y); >> diff(z,y)	ans = 2 * x^2 * cos(2 * y)

求偏导数

习题 2

1. 当自变量从 x 变到 $x+\Delta x$ 时,求函数的增量 Δy 和$\frac{\Delta y}{\Delta x}$.

(1) $y=ax+b$;　　(2) $y=\ln x$;

(3) $y=\sqrt{x}$;　　(4) $y=x^{-2}$.

2. 由定义求函数 $y=\sqrt{x}$ 在点 x_0 处的导数,以及 $y'\big|_{x=1}$,$y'\big|_{x=4}$.

3. 由定义求函数 $y=\cos x$ 在点 x_0 处的导数,以及 $y'\big|_{x=\frac{\pi}{2}}$.

4. 求下列函数的导数.

(1) $y=x^3+3x^2+3x+1$;　　(2) $y=\sqrt{x}+1$;　　(3) $y=\sqrt{x}\ \frac{1}{\sqrt[3]{x^2}}$;

(4) $y=x^4\sin x$;　　(5) $y=\frac{\sin x}{x}$;　　(6) $y=\sin x\cos x$;

(7) $y=x^2\sin x+2x$;　　(8) $y=\tan x+x^2$;　　(9) $y=\frac{\sin x+1}{\tan x}$;

(10) $y=\frac{x^2}{x+1}$;　　(11) $y=\frac{a^x}{\cos x}$;　　(12) $y=x^6\mathrm{e}^x$;

(13) $y=\sqrt{x}\arctan x$;　　(14) $y=\mathrm{e}^x\ln x$.

5. 求复合函数的导数.

(1) $y=(ax+b)^{20}$;　　(2) $y=\sin(x^2+1)$;　　(3) $y=\mathrm{e}^{2x+1}$;

(4) $y=\sqrt{x^2+a^2}+\ln(x+1)$;　　(5) $y=\arctan\frac{x}{a}$;　　(6) $y=\ln(x+\sqrt{x^2+1})$;

(7) $y=\sqrt{\sin^2 x+1}$;　　(8) $y=(1+3\ln x)^2$.

6. 求隐函数的导数.

(1) $\mathrm{e}^{xy}+y=1$;　　(2) $x^2+xy+y^2=3$;

(3) $x^3+y^3=2$,并求在点(1,1)处的切线方程;　　(4) $\sin(x+y)+y=0$.

7. 用对数求导法求下列函数的导数.

(1) $y=\sqrt{\frac{x(x+1)(x+2)}{(x-1)(x-2)}}$;　　(2) $y=\frac{(x-1)^{20}(x+1)^{30}}{\sqrt[3]{(x+2)^2}}$;

(3) $y=(\cos x)^x$;　　(4) $y=\left(1+\frac{1}{x}\right)^x$.

8. 求下列函数的二阶导数.

(1) $y=x^6+3x^5+1$;　　(2) $y=\ln(x^2+1)$;

(3) $y=\sin^2 x$;　　(4) $y=\mathrm{e}^{x^2}$.

9. 求下列函数的 n 阶导数.

(1) $y=\frac{1}{x}$;　　(2) $y=a^x$;　　(3) $y=\mathrm{e}^{kx}$;

(4) $y=\sqrt{x}$;　　(5) $y=\cos x$;　　(6) $y=\ln(x+1)$.

10. 求下列函数的微分.

(1) $y=\dfrac{1}{x^m}$;　　(2) $y=\cos(2x+1)$;

(3) $y=x\ln x$;　　(4) $y=\dfrac{\sqrt{x}}{1+x}$.

11. 求下列极限.

(1) $\lim\limits_{x\to0^+}\dfrac{\ln 5x}{\ln 3x}$;　　(2) $\lim\limits_{x\to0}\dfrac{x-\ln(1+x)}{x^2}$;

(3) $\lim\limits_{x\to+\infty}\dfrac{x^3}{e^x}$;　　(4) $\lim\limits_{x\to+\infty}\dfrac{(\ln x)^2}{x}$;

(5) $\lim\limits_{x\to\frac{\pi}{6}}\dfrac{1-2\sin x}{\cos 3x}$;　　(6) $\lim\limits_{x\to+\infty}x\left(\dfrac{\pi}{2}-\arctan x\right)$.

12. 求下列函数的极值和单调区间.

(1) $y=1-2x+x^2$;　　(2) $y=x^3+3x^2+1$;

(3) $y=x+\sin x$;　　(4) $y=\dfrac{e^x}{x}$.

13. 求下列函数的最大值或最小值.

(1) $y=x\ln x, x\in[e^{-2},2]$;　　(2) $y=\dfrac{x}{x-1}, x\in[0,1)$;

(3) $y=x^2-4x+6, x\in[-3,10]$;　　(4) $y=x^4-2x^2+5, x\in[-2,2]$.

14. 设成本函数 $C(x)=x^2+2x+400$,试求:

(1) 边际成本;

(2) 生产 50 个单位的产品时的平均成本和边际成本.

15. 设某产品的需求函数 $Q(P)=100-5P$,求销售量为 15 个单位时的总收入、平均收入与边际收入.

16. 已知一家企业生产某产品时,总收入 $R(x)=1\,200\left(\dfrac{x}{10}\right)^{\frac{1}{2}}-\left(\dfrac{x}{10}\right)^{\frac{3}{2}}$,总成本 $C(x)=300\left(\dfrac{x}{10}\right)^{\frac{1}{2}}+400\ (x\leqslant 500)$. 问:产品产量 x 为多少时利润最大?

17. 某商店从工厂购进一批产品,出厂价为 3 元/件,当零售价为 4 元/件时,估计销售量为 400 件. 若每件零售价降低 0.05 元,则可多销售 40 件. 问:每件零售价为多少时利润最大? 此时的销售量为多少?

18. 求下列函数的弹性.

(1) $y=x^2\ln x$;　　(2) $y=xe^x$.

19. 设需求函数 $Q(P)=10\,000-2P^2$,试求:

(1) 在[10,20]上的平均价格弹性系数;

(2) 需求价格弹性系数和在 $P=10$ 时的价格弹性系数.

20. 设需求函数 $Q(P)=100+\frac{1}{P-1}(P\geqslant 2)$,试求需求价格弹性系数和在 $P=10$ 时的价格弹性系数.

21. 设供给函数 $Q(P)=P^2+2P+1$,试求:

(1) 在 $[10,20]$ 上的平均价格弹性系数;

(2) 需求价格弹性系数和在 $P=10$ 时的价格弹性系数.

22. 设供给函数 $Q(P)=100-e^{-20P}(P\geqslant 2)$,试求需求价格弹性系数和在 $P=10$ 时的价格弹性系数.

23. 求下列函数的偏导数.

(1) $z=x^3+x^2y+xy^2+y^3$;

(2) $z=\sin(x+y^2)$;

(3) $z=(x+y)e^{xy}$;

(4) $w=\sin(x+y)+\ln z$.

24. 求下列函数的二阶偏导数.

(1) $z=\ln(x+y)$;

(2) $z=e^{xy}$.

25. 求下列二元函数的极值点.

(1) $z=(x-1)^2+2y^2$;

(2) $z=x^2+xy+y^2-2x-y$;

(3) $z=x^4+y^4-x^2-y^2$;

(4) $z=1-(x^2+y^2)$.

第 2 章知识导图

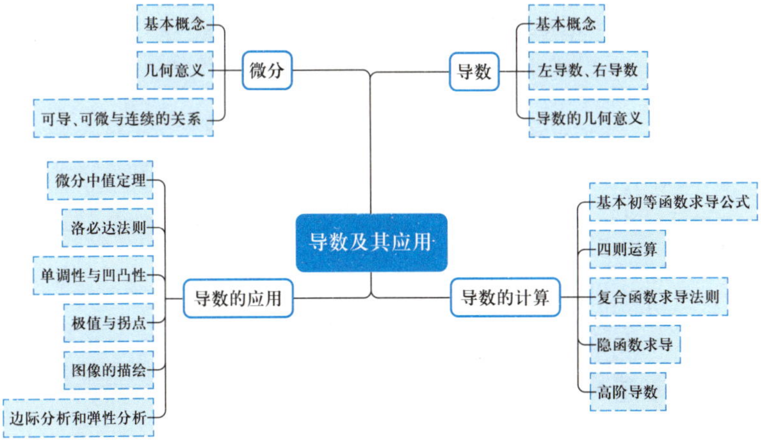

第 2 章自测题

A 组（基础篇）

一、单选题（每小题 3 分，共 15 分）

1. 函数 $f(x)=x^{\frac{1}{3}}$ 在点 $x=0$ 处（　　）.

A. 不连续　　B. 可导　　C. 连续且可导　　D. 连续且不可导

2. 设 $y=x^{n}+e^{x}(n>1)$，则 $y'(0)=$（　　）.

A. 1　　B. $n!$　　C. $n!+n$　　D. $n!+1$

3. 曲线 $y=\ln^{2}x$ 在点 $(e,1)$ 处的切线的斜率是（　　）.

A. e　　B. $-\dfrac{e}{2}$　　C. $\dfrac{2}{e}$　　D. 2

4. 设 $y=x-\dfrac{1}{2}\sin y$，则 $\dfrac{dy}{dx}=$（　　）.

A. $1-\dfrac{1}{2}\cos y$　　B. $1-\dfrac{1}{2}\cos x$　　C. $\dfrac{2}{2+\cos y}$　　D. $\dfrac{2}{2-\cos x}$

5. 设 $f(x)$ 可导，则 $df(x^{2})=$（　　）.

A. $xf'(x^{2})$　　B. $2xf'(x^{2})dx$　　C. $f'(x^{2})dx$　　D. $x^{2}f'(x^{2})$

二、填空题（每小题 3 分，共 15 分）

6. 若函数 $f(x)$ 在 $x=a$ 处可导，则 $\lim\limits_{h\to 0}\dfrac{f(a-2h)-f(a)}{h}=$ ________.

7. 设 $f(x)=\begin{cases}1-x^{2}, & x<1,\\ 0, & x\geqslant 1,\end{cases}$ 则 $f'(1-0)=$ ________.

8. 设 $y=x^{2-x}$，则 $y'=$ ________.

9. 极限 $\lim\limits_{x\to 0}\dfrac{e^{\sin x}-1}{x}=$ ________.

10. 曲线 $y=\dfrac{x^{2}}{3-x^{2}}$ 的渐近线的条数为 ________.

三、判断题（每小题 1 分，共 4 分）

11. $\left(\sin\dfrac{\pi}{4}\right)'=\cos\dfrac{\pi}{4}$.（　　）

12. 已知 $y=\sin x$，则 $y^{(5)}=\cos x$.（　　）

13. 四个微分式 $xdx=d(x^{2})$，$\cos 2xdx=d(\sin 2x)$，$d(x^{2})=(dx)^{2}$，$dx=-d(5-x)$ 都不正确.（　　）

14. 若 (x_0,y_0) 为可导函数 $y=f(x)$ 的拐点，则必有 $f''(x_0)=0$.（　　）

四、计算题(每小题 6 分,共 36 分)

15. 设 $y=\dfrac{x}{1+\sqrt{x}}-\dfrac{1}{x}$,求 y'.

16. 设 $y=\pi^{x}+x^{\pi}+\arcsin\dfrac{1}{\pi}$,求 $\mathrm{d}y$.

17. 设 $y=\tan\sqrt{1+x^{2}}$,求 y'.

18. 设 $y=f(x)$ 由方程 $xy^{2}-\mathrm{e}^{xy}=2$ 所确定,求 y'.

19. 求极限 $\lim\limits_{x\to 0}\dfrac{\mathrm{e}^{x}-\mathrm{e}^{-x}-2x}{x-\sin x}$.

20. 验证函数 $y=\mathrm{e}^{x}\sin x$ 满足 $y''-2y'+2y=0$.

五、应用题(第 21 题 10 分,第 22 题 20 分,共 30 分)

21. 设函数 $f(x)=x^{3}-x^{2}-x+1$,试求:

(1) 函数 $f(x)$ 的单调区间及极值点;

(2) 函数 $f(x)$ 的凹凸区间及拐点.

22. 已知某产品的成本函数为 $C(Q)=0.5Q^{2}+10Q$,产品的需求函数为 $Q=180-2P$,其中,P 为价格,Q 为需求量.求:

(1) 收入函数 $R(Q)$ 和利润函数 $L(Q)$;

(2) 当 $P=80$ 时的边际利润,并解释其经济意义;

(3) 利润最大化下的价格;

(4) 当 $P=50$ 时的需求弹性,并解释其经济意义.

B 组(提高篇)

一、单选题(每小题 3 分,共 15 分)

1. 若函数 $f(x)$ 在 $x=x_0$ 处可导,则必有(　　).

A. $\lim\limits_{\Delta x\to 0}\Delta y=0$　　B. $\Delta y=0$

C. $\mathrm{d}y=0$　　D. $\Delta y=\mathrm{d}y$

2. 设函数 $f(x)$ 在 $x=0$ 处可导,且 $f(0)=0$,则 $\lim\limits_{x\to 0}\dfrac{f(x)}{x}=$(　　).

A. $f'(x)$　　B. $f'(0)$　　C. 不存在　　D. ∞

3. 已知 $y=f(x^{2})$,则 $y''=$(　　).

A. $2xf'(x^{2})$　　B. $x^{2}f''(x^{2})$

C. $2f'(x^{2})+2x^{2}f''(x^{2})$　　D. $2f'(x^{2})+4x^{2}f''(x^{2})$

4. 下列各微分式不正确的是(　　).

A. $2x\mathrm{d}x=\mathrm{d}(x^{2})$　　B. $2\cos 2x\mathrm{d}x=\mathrm{d}(\sin 2x)$

C. $\mathrm{d}x=-\mathrm{d}(6-x)$　　D. $\ln x\mathrm{d}x=\mathrm{d}\left(\dfrac{1}{x}\right)$

5. 下列极限中不可用洛必达法则求解的是(　　).

A. $\lim\limits_{x\to+\infty}\dfrac{\dfrac{\pi}{2}-\arctan x}{\dfrac{1}{x}}$　　B. $\lim\limits_{x\to1^{+}}(x-1)\ln(x-1)$

C. $\lim\limits_{x\to+\infty}\dfrac{x-\cos x}{x^{3}}$　　D. $\lim\limits_{x\to+\infty}\dfrac{e^{x}-e^{-x}}{e^{x}+e^{-x}}$

二、填空题(每小题 3 分,共 15 分)

6. d(________) $=\left(\dfrac{1}{x^{2}}+\dfrac{1}{\sqrt{x}}\right)dx$.

7. 设 $f(x)=-f(-x)$,且 $f'(x_0)=2$,则 $f'(-x_0)=$ ________.

8. 曲线 $y=\sqrt{\ln(2x-e)}$ 在点(e,1)处的法线方程是 ________.

9. 函数 $f(x)=\begin{cases}\dfrac{\sqrt{1+x}-1}{x}, & x\neq0,\\ 0, & x=0\end{cases}$ 在 $x=0$ 处的连续情况为 ________,可导情况为 ________.

10. 极限 $\lim\limits_{x\to\infty}x(e^{\frac{1}{x}}-1)=$ ________.

三、判断题(每小题 1 分,共 4 分)

11. 设 $y=x^{n}+e^{x}$,则 $y^{(n)}(0)=1+n!$.　(　　)

12. 函数 $f(x)$ 在点 x_0 处连续是 $f(x)$ 在点 x_0 处可导的必要不充分条件.　(　　)

13. 曲线 $y=x\sin\dfrac{1}{x}+\dfrac{1}{x}\sin x$ 有铅垂渐近线,但无水平渐近线.　(　　)

14. $x=1$ 是函数 $y=x^{3}-3x$ 在 $[-2,2]$ 上的极大值点但不是最大值点.　(　　)

四、计算证明题(每小题 6 分,共 36 分)

15. 设 $f(x)=x(x-1)(x-2)(x-3)(x-4)$,求 $f'(0)$.

16. 设 $y=\arctan e^{x}-\dfrac{\ln x}{\sqrt{1+x^{2}}}$,求 y'.

17. 设 $y=x\cdot\sqrt[3]{\dfrac{1+x^{3}}{1-x^{3}}}$,求 y'.

18. 设 $y=x^{2}+y^{x}$,求 y'.

19. 求极限 $\lim\limits_{x\to1}\left(\dfrac{x}{x-1}-\dfrac{1}{\ln x}\right)$.

20. 若 $x>0$,证明 $e^{x}>1+x$.

五、应用题(每小题 10 分,共 30 分)

21. 设函数 $f(x)=(x-1)\sqrt[3]{x^{2}}$,试求:

(1) 函数 $f(x)$ 在区间 $[0,1]$ 上的最值;

(2) 函数 $f(x)$ 的凹凸区间及拐点.

22. 已知 $x=1$ 是函数 $f(x)=mx^{3}-3(m+1)x^{2}+nx+1$ 的一个极值点,其中,$m,n\in\mathbf{R}$,$m<0$,求:

(1) m 与 n 的关系式；

(2) $f(x)$ 的单调区间；

(3) 当 $x \in [-1,1]$ 时，函数 $y=f(x)$ 的图像上任意一点的切线斜率恒大于 $3m$，求 m 的取值范围.

23. (10 分) 设某商品的需求函数为 $Q(P)=150-2P^2$，其中，Q 为需求量，P 为价格.求：

(1) 边际需求函数和需求弹性函数；

(2) $P=3$ 时的需求弹性，并说明其经济意义；

(3) $P=3$ 时，若要使销售收入有所增加应采取何种价格措施?

第 3 章

不定积分

学习目标

(1) 理解并掌握原函数和不定积分的概念及性质，熟练掌握基本初等函数的积分公式.

(2) 掌握不定积分的换元积分法和分部积分法.

(3) 学会用积分的思想分析经济问题.

背景资料和经济问题 3

【背景资料】 用知识托起乡村振兴

党的二十大报告提出要“全面推进乡村振兴”，这是对党的十九大报告所提出的“实施乡村振兴战略”的进一步发展.全面推进乡村振兴，是以习近平同志为核心的党中央从中国式现代化建设全局出发、顺应亿万农民对美好生活的向往做出的重大决策，是全面建设社会主义现代化国家的重大历史任务.

【经济问题 3】 你知道致富带头人应如何根据市场环境决策产量吗？

乡村振兴路上，在政策的帮扶下，一户家庭从昔日“脱贫户”到今日“致富带头人”，办起了茶叶加工厂，已知茶叶的边际成本为 $C'(Q)=Q+10$.

(1) 若生产茶叶的固定成本 $C_0=164$ 元，求总成本函数 $C(Q)$；

(2) 若茶叶的需求函数为 $P=90-0.5Q$，求使总利润最大的产量；

(3) 假设茶叶行业是一个完全竞争的市场，若市场的价格为 64 元，求使总利润最大的产量.

在生产实际中经常会遇到类似“经济问题 3”中的经济应用问题，其中问题(1) 就是第 2 章导数或微分的逆问题，属于积分学范畴.

3.1 不定积分的概念

回忆第2章，我们这样给出了导函数的概念，在区间 M 内，若对于任意的 $x \in M$，都有

$$[F(x)]' = f(x),$$

则称 $f(x)$ 是 $F(x)$ 的导函数. 那么，$F(x)$ 是 $f(x)$ 的什么函数呢？

3.1.1 原函数的概念

定义 3.1 设函数 $F(x)$ 与 $f(x)$ 在同一区间 M 内有定义，如果对于任意的 $x \in M$，都有

$$F'(x) = f(x) \quad \text{或} \quad \mathrm{d}F(x) = f(x)\mathrm{d}x,$$

则称函数 $F(x)$ 是 $f(x)$ 在 M 上的一个**原函数**.

例 3-1 求 $f(x) = 2x$ 的一个原函数.

解 因为

$$(x^2)' = 2x \quad \text{或} \quad \mathrm{d}(x^2) = 2x\mathrm{d}x,$$

所以函数 x^2 是 $f(x) = 2x$ 的一个原函数.

我们不难看出 $x^2 + 1, x^2 - \dfrac{1}{4}, x^2 - \sqrt{3}, x^2 + C$（$C$ 为常数）都是 $2x$ 的原函数.

例 3-2 已知 $F(x)$ 是 $f(x)$ 的一个原函数，试证 $F(x) + C$ 也是 $f(x)$ 的原函数（C 为任意常数）.

证 因为 $F(x)$ 是 $f(x)$ 的一个原函数，所以

$$[F(x)]' = F'(x) = f(x).$$

又因为

$$[F(x) + C]' = [F(x)]' + C' = F'(x) = f(x),$$

所以 $F(x) + C$ 也是 $f(x)$ 的原函数.

例 3-3 已知 $F(x)$ 和 $G(x)$ 都是 $f(x)$ 的一个原函数，试证 $F(x) = G(x) + C$（C 为任意常数）.

证 因为 $F(x)$ 和 $G(x)$ 都是 $f(x)$ 的一个原函数，即有

$$F'(x) = G'(x) = f(x),$$

所以根据中值定理的推论，有

$$F(x) - G(x) = C \quad (C \text{ 为任意常数}),$$

从而证得

$$F(x) = G(x) + C.$$

由例 3-2 和例 3-3 可以看出，**一个函数有原函数，那么它就有无限多个原函数**. 同时还可以看出，**任意两个原函数之间只差一个常数**. 也就是说，如果 $F(x)$ 是 $f(x)$ 的一个原函数，那么 $f(x)$ 的所有原函数是 $F(x) + C$.

3.1.2　不定积分及几何意义

动画:不定积分的几何意义

定义 3.2　函数 $f(x)$ 的全体原函数称为 $f(x)$ 的**不定积分**,记作

$$\int f(x)\mathrm{d}x.$$

其中,记号“$\int$”称为**积分号**,$f(x)$ 称为**被积函数**,x 称为**积分变量**,$f(x)\mathrm{d}x$ 称为**被积表达式**.

由定义 3.2 知,如果 $F(x)$ 是 $f(x)$ 的一个原函数,那么

$$\int f(x)\mathrm{d}x = F(x) + C \quad (C\text{ 为任意常数}).$$

例 3-4　求函数 $f(x)=\sin x$ 的不定积分.

解　因为

$$(-\cos x)' = \sin x \quad \text{或}\ \mathrm{d}(-\cos x) = \sin x\mathrm{d}x,$$

所以

$$\int \sin x\mathrm{d}x = -\cos x + C.$$

例 3-5 讲解

例 3-5　求函数 $f(x)=\dfrac{1}{x}$ 的不定积分.

解　被积函数$\dfrac{1}{x}$在 $x=0$ 时无定义.当 $x>0$ 时,有

$$(\ln x)' = \frac{1}{x},$$

当 $x<0$ 时,有

$$[\ln(-x)]' = \frac{1}{-x}\cdot(-x)' = \frac{1}{x}.$$

由此得,当 $x\neq 0$ 时,

$$(\ln|x|)' = \frac{1}{x},$$

所以

$$\int \frac{1}{x}\mathrm{d}x = \ln|x| + C.$$

例 3-6 讲解

例 3-6　设曲线上任意一点 $M(x,y)$ 处的切线斜率为 $k=f(x)=3x^2$,求曲线的方程.

解　设所求的曲线的方程为

$$y = F(x),$$

由题意知,切线斜率为

$$y' = F'(x) = k = f(x) = 3x^2,$$

根据不定积分的定义,得

$$y = \int 3x^2\mathrm{d}x = x^3 + C.$$

所以切线斜率为 $k=f(x)=3x^2$ 的曲线方程为

$$y=x^3+C.$$

因为 C 为任意实数,所以 $y=x^3+C$ 表示无穷多条立方抛物线.当 C 取一个特定的常数 C_0 时,$y=x^3+C_0$ 是坐标平面上的一条确定的立方抛物线.由此,得到不定积分的几何意义.

一般地,若 $F(x)$ 为 $f(x)$ 的一个原函数,则 $f(x)$ 的不定积分 $\int f(x)\mathrm{d}x=F(x)+C$ 对应平面坐标系上的无穷多条曲线.当 C 取定一个常数 C_0 时,$F(x)+C_0$ 表示直角坐标系上一条确定的曲线,这条曲线称为 $f(x)$ 的一条积分曲线.而称 $\int f(x)\mathrm{d}x=F(x)+C$ 为 $f(x)$ 的**一族积分曲线**.这个积分曲线族可由一条确定的积分曲线 $F(x)+C_0$ 沿着 y 轴方向向上、下平移得到,如图 3-1 所示.

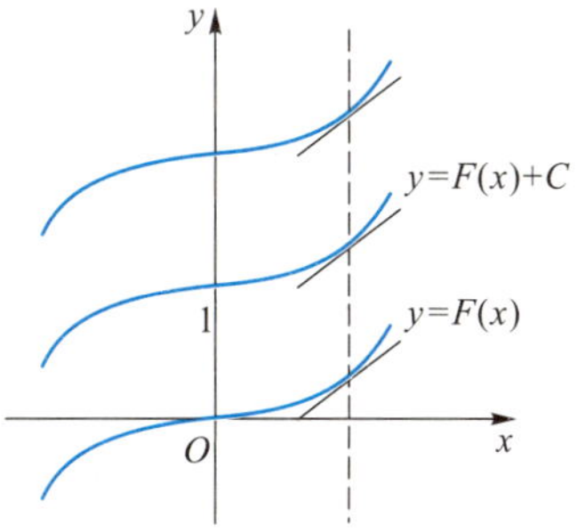

图 3-1

例 3-7 某工厂生产某种产品,已知每月生产的产品的边际成本是 $C'(Q)=2+\dfrac{7}{\sqrt[3]{Q^2}}$,且固定成本是 5 000 元,求总成本 C 与月产量 Q 的函数关系.

解 根据不定积分的定义,可以验证

$$C(Q)=\int\left(2+\frac{7}{\sqrt[3]{Q^2}}\right)\mathrm{d}Q=2Q+21\sqrt[3]{Q}+C_1,$$

由题意,知 $C(0)=5\ 000$,解得 $C_1=5\ 000$.故总成本函数为

$$C(Q)=2Q+21\sqrt[3]{Q}+5\ 000.$$

练习 3.1

1. 判断题.

(1) 若 $f(x)$ 有原函数,那么它一定有有限多个原函数. ( )

(2) $\int \mathrm{e}^{2x}\mathrm{d}x=\mathrm{e}^{2x}+C.$ ( )

(3) $\sin x$ 是 $\cos x$ 的一个原函数. ( )

(4) 已知 $f'(x)=1, f(0)=0$,则有 $f(x)=x$. ( )

(5) 若 $F(x)$ 是函数 $f(x)$ 的一个原函数,则称 $F(x)$ 是 $f(x)$ 的不定积分. ( )

2. 填空题.

(1) $\int 5x^4\mathrm{d}x=$____________.

(2) $\int \dfrac{5}{1+x^2}\mathrm{d}x=$____________.

(3) 若 $\int f(x)\mathrm{d}x=\mathrm{e}^x+x^{\mathrm{e}}+C$,则 $f(x)=$____________.

(4) 如果 $y=\sin x$ 为函数 $f(x)$ 的一个原函数,则 $\int f(x)\mathrm{d}x=$____________.

(5) $\int f(x)\mathrm{d}x$ 的图形是一族积分曲线,在每一条积分曲线上横坐标相同的点作切线,这些切线的位置关系为________,其斜率为________.

3. 选择题.

(1) 若函数 $F(x)$ 是 $f(x)$ 的一个原函数,则下列说法正确的是(　　).

A. $f'(x)=F(x)$　　B. $F(x)=f(x)+C$

C. $F'(x)=f(x)$　　D. $F(x)=f(x)$

(2) 若 $F(x)$,$G(x)$ 都是函数 $f(x)$ 的原函数,则必有(　　).

A. $F(x)=G(x)$

B. $F(x)=C\cdot G(x)$

C. $F(x)=\frac{1}{C}G(x)$　(C 为不为 0 的常数)

D. $F(x)=G(x)+C$

(3) 设 $f(x)=k\tan 2x$ 的一个原函数为 $\frac{2}{3}\ln(\cos 2x)$,则 k 的值为(　　).

A. $-\frac{2}{3}$　　B. $\frac{3}{2}$　　C. $-\frac{4}{3}$　　D. $\frac{3}{4}$

(4) 下列各题计算正确的是(　　).

A. $\int \ln x\mathrm{d}x=\frac{1}{x}+C$　　B. $\int \frac{2\mathrm{d}x}{x^2}=\frac{1}{2x}+C$

C. $\int \mathrm{e}^{ax}\mathrm{d}x=a\mathrm{e}^{ax}+C$　　D. $\int x^2\mathrm{d}x=\frac{x^3}{3}+C$

(5) 若 $\int f(x)\mathrm{d}x=2\sin\frac{x}{2}+C$,则 $f(x)=$ (　　).

A. $\cos\frac{x}{2}+C$　　B. $\cos\frac{x}{2}$　　C. $2\cos\frac{x}{2}+C$　　D. $2\sin\frac{x}{2}$

3.2　不定积分的基本公式与性质

3.2.1　不定积分的基本公式

根据不定积分的定义和导数的基本公式,我们可以得到以下一些常用的不定积分的基本公式.

(1) $\int k\mathrm{d}x=kx+C$(k 为常数);

(2) $\int x^{\alpha}\mathrm{d}x=\frac{1}{\alpha+1}x^{\alpha+1}+C(\alpha\neq-1)$;

(3) $\int \frac{1}{x}\mathrm{d}x=\ln|x|+C$;

(4) $\int a^x\mathrm{d}x=\frac{a^x}{\ln a}+C(a>0,a\neq 1)$;

(5) $\int \mathrm{e}^x\mathrm{d}x=\mathrm{e}^x+C$;

(6) $\int \sin x\mathrm{d}x=-\cos x+C$;

(7) $\int \cos x\mathrm{d}x = \sin x + C$;

(8) $\int \sec^2 x\mathrm{d}x = \int \frac{1}{\cos^2 x}\mathrm{d}x = \tan x + C$;

(9) $\int \csc^2 x\mathrm{d}x = \int \frac{1}{\sin^2 x}\mathrm{d}x = -\cot x + C$;

(10) $\int \frac{1}{\sqrt{1-x^2}}\mathrm{d}x = \arcsin x + C$;

(11) $\int \frac{1}{1+x^2}\mathrm{d}x = \arctan x + C$.

注意 以上公式是求解其他不定积分的基础,务必熟记.

3.2.2 不定积分的性质

根据不定积分的定义,可推知不定积分有以下一些性质.

性质 1 $\left(\int f(x)\mathrm{d}x\right)' = f(x)$ 或 $\mathrm{d}\int f(x)\mathrm{d}x = f(x)\mathrm{d}x$,

$$\int F'(x)\mathrm{d}x = F(x) + C \quad 或 \quad \int \mathrm{d}F(x) = F(x) + C.$$

性质 1 表明,微分运算和积分运算互为逆运算.若先求积分后求微分,则两者作用互相抵消.若先求微分后求积分,则作用抵消后,需加上一个任意常数.

性质 2 $\int kf(x)\mathrm{d}x = k\int f(x)\mathrm{d}x$ ($k \neq 0$, k 为常数).

性质 3 $\int [f(x) \pm g(x)]\mathrm{d}x = \int f(x)\mathrm{d}x \pm \int g(x)\mathrm{d}x$.

由不定积分的性质和基本积分公式,我们可求一些简单函数的不定积分.

例 3-8 求 $\int (10^x + 3\sin x + \sqrt{x})\mathrm{d}x$.

解
$$\begin{aligned}\int (10^x + 3\sin x + \sqrt{x})\mathrm{d}x &= \int 10^x\,\mathrm{d}x + 3\int \sin x\mathrm{d}x + \int \sqrt{x}\,\mathrm{d}x \\ &= \frac{10^x}{\ln 10} - 3\cos x + \frac{1}{\frac{1}{2}+1}x^{\frac{1}{2}+1} + C \\ &= \frac{10^x}{\ln 10} - 3\cos x + \frac{2}{3}x^{\frac{3}{2}} + C.\end{aligned}$$

例 3-9 求 $\int \frac{(x-1)^3}{x^2}\mathrm{d}x$.

解
$$\begin{aligned}\int \frac{(x-1)^3}{x^2}\mathrm{d}x &= \int \frac{x^3 - 3x^2 + 3x - 1}{x^2}\mathrm{d}x = \int\left(x - 3 + \frac{3}{x} - \frac{1}{x^2}\right)\mathrm{d}x \\ &= \int x\mathrm{d}x - 3\int \mathrm{d}x + 3\int \frac{1}{x}\mathrm{d}x - \int \frac{1}{x^2}\mathrm{d}x\end{aligned}$$

$$=\frac{x^2}{2}-3x+3\ln|x|+\frac{1}{x}+C.$$

例 3-10　求$\int\frac{x^4}{1+x^2}\mathrm{d}x$.

解　$\int\frac{x^4}{1+x^2}\mathrm{d}x=\int\frac{x^4-1+1}{1+x^2}\mathrm{d}x=\int\left(x^2-1+\frac{1}{1+x^2}\right)\mathrm{d}x$

$$=\frac{x^3}{3}-x+\arctan x+C.$$

例 3-11　求$\int\frac{x^2-x+1}{x(1+x^2)}\mathrm{d}x$.

解　$\int\frac{x^2-x+1}{x(1+x^2)}\mathrm{d}x=\int\frac{(x^2+1)-x}{x(1+x^2)}\mathrm{d}x=\int\left(\frac{1}{x}-\frac{1}{1+x^2}\right)\mathrm{d}x=\ln|x|-\arctan x+C.$

例 3-12　求$\int\frac{1}{\cos^2x\sin^2x}\mathrm{d}x$.

解　$\int\frac{1}{\cos^2x\sin^2x}\mathrm{d}x=\int\frac{\cos^2x+\sin^2x}{\cos^2x\sin^2x}\mathrm{d}x$

$=\int(\csc^2x+\sec^2x)\mathrm{d}x=-\cot x+\tan x+C.$

例 3-13　求$\int\tan^2x\mathrm{d}x$.

解　$\int\tan^2x\mathrm{d}x=\int(\sec^2x-1)\mathrm{d}x=\int\sec^2x\mathrm{d}x-\int1\mathrm{d}x=\tan x-x+C.$

例 3-14　“经济问题 3”中的(1)、(2).

解　(1) 根据不定积分的定义,有

$$C(Q)=\int(Q+10)\mathrm{d}Q=\frac{1}{2}Q^2+10Q+C,$$

由题意,知 $C(0)=164$ 元,于是得

$$C=164.$$

所以所求总成本函数为

$$C(Q)=\frac{1}{2}Q^2+10Q+164.$$

(2) 因为　$P=90-0.5Q$,所以

$$R(Q)=QP=Q(90-0.5Q)=-0.5Q^2+90Q,$$

于是

$$R'(Q)=-Q+90,$$

由总利润最大的条件 $C'(Q)=R'(Q)$,得

$$Q+10=-Q+90,$$

解得

$$Q=40.$$

所以总利润最大的产量为 40.

练习 3.2

1. 判断题.

(1) 不定积分的微商是被积函数. ( )

(2) $\int 3\sin x\mathrm{d}x = 3\int \sin x\mathrm{d}x$. ( )

(3) $\int \mathrm{e}^x \sin x\mathrm{d}x = \int \mathrm{e}^x\mathrm{d}x \cdot \int \sin x\mathrm{d}x = -\mathrm{e}^x\cos x + C$. ( )

(4) 因为常数因子可以提到积分符号外,所以常数的积分等于它本身. ( )

(5) $\int \mathrm{d}x = C$. ( )

2. 填空题.

(1) 设 $f(x) = a$(a 为任意常数),则 $\int f(x)\mathrm{d}x =$ ________.

(2) 已知一条曲线经过点(0,2),且在其上任一点 x 处的切线斜率为 e^x,则此曲线方程为________.

(3) 不定积分 $\int (x-4)\mathrm{d}x =$ ________.

(4) 不定积分 $\int \left(\sqrt{x} + \frac{2}{x}\right)\mathrm{d}x =$ ________.

(5) 设 $f'(x) = 1$,且 $f(0) = 0$,则 $\int f(x)\mathrm{d}x =$ ________.

3. 选择题.

(1) 在区间 (a,b) 内,若 $f'(x) = g'(x)$,则下列各式中一定成立的是( ).

A. $f(x) = g(x)$　　B. $f(x) = g(x) + 1$

C. $\left[\int f(x)\mathrm{d}x\right]' = \left[\int g(x)\mathrm{d}x\right]'$　　D. $\int f'(x)\mathrm{d}x = \int g'(x)\mathrm{d}x$

(2) 下列各式成立的是( ).

A. $\mathrm{d}\int f(x)\mathrm{d}x = f(x)$　　B. $\frac{\mathrm{d}}{\mathrm{d}x}\int f(x)\mathrm{d}x = f(x)\mathrm{d}x$

C. $\frac{\mathrm{d}}{\mathrm{d}x}\int f(x)\mathrm{d}x = f(x) + C$　　D. $\mathrm{d}\int f(x)\mathrm{d}x = f(x)\mathrm{d}x$

(3) 设 $f(x)$ 是可导函数,则 $\left[\int f(x)\mathrm{d}x\right]'$ 为( ).

A. $f(x)$　　B. $f(x) + C$

C. $f'(x)$　　D. $f'(x) + C$

(4) $\int f'(x)\mathrm{d}x - f(x) =$ ( ).

A. 0　　B. 1　　C. ∞　　D. C

(5) 下列等式成立的是( ).

A. $\int x^{\alpha-1}\mathrm{d}x = \frac{1}{\alpha}x^\alpha + C(\alpha \neq 0)$　　B. $\int \sin x\mathrm{d}x = \cos x + C$

C. $\int \ln x\mathrm{d}x = \frac{1}{x} + C$　　D. $\int \tan x\mathrm{d}x = \frac{1}{1+x^2} + C$

3.3　换元积分法

3.3.1　第一类换元法(凑微分法)

例 3-15　求$\int \sin 2x\mathrm{d}x$.

解　显然,这个积分在积分基本公式中是找不到的,但 $\sin 2x\mathrm{d}x = \frac{1}{2}\sin 2x\mathrm{d}(2x)$,所以

$$\int \sin 2x\mathrm{d}x = \int \frac{1}{2}\sin 2x\mathrm{d}(2x) = \frac{1}{2}\int \sin 2x\mathrm{d}(2x) = -\frac{1}{2}\cos 2x + C.$$

上述过程,实际是将 $2x$ 看成一个整体变量 u,那么可用积分公式$\int \sin u\mathrm{d}u = -\cos u + C$,然后将 u 替换成 $2x$ 即得.这种方法,我们也称为第一类换元积分法或凑微分法.

定理 3.1　设 $F(u)$ 为 $f(u)$ 的原函数,$u = \varphi(x)$ 可微,则

$$\int f[\varphi(x)]\varphi'(x)\mathrm{d}x = \left[\int f(u)\mathrm{d}u\right]_{u=\varphi(x)} = F(u)\big|_{u=\varphi(x)} + C. \tag{3-1}$$

例 3-16　求$\int \sin(5x+8)\mathrm{d}x$.

解　设 $5x+8=t$,$\mathrm{d}x = \frac{1}{5}\mathrm{d}t$,有

$$\begin{aligned}\int \sin(5x+8)\mathrm{d}x &= \frac{1}{5}\int \sin t\mathrm{d}t \\ &= -\frac{1}{5}\cos t + C \\ &= -\frac{1}{5}\cos(5x+8) + C.\end{aligned}$$

例 3-17 讲解

例 3-17　求$\int \frac{1}{x^2}\cos\frac{1}{x}\mathrm{d}x$.

解　设 $\frac{1}{x}=t$,$\mathrm{d}x = -\frac{1}{t^2}\mathrm{d}t$,有

$$\begin{aligned}\int \frac{1}{x^2}\cos\frac{1}{x}\mathrm{d}x &= \int t^2\cos t\left(-\frac{1}{t^2}\right)\mathrm{d}t = -\int \cos t\,\mathrm{d}t \\ &= -\sin t + C = -\sin\frac{1}{x} + C.\end{aligned}$$

熟练后,可以省略引入新变量,从而减少不定积分的还原步骤.

例 3-18 求$\int \frac{1}{5x+4}\mathrm{d}x$.

解 $\int \frac{1}{5x+4}\mathrm{d}x=\frac{1}{5}\int \frac{1}{5x+4}(5x+4)'\mathrm{d}x=\frac{1}{5}\int \frac{1}{5x+4}\mathrm{d}(5x+4)=\frac{1}{5}\ln|5x+4|+C.$

例 3-19 求$\int \frac{\mathrm{e}^{\sqrt{x}}}{\sqrt{x}}\mathrm{d}x$.

解 $\int \frac{\mathrm{e}^{\sqrt{x}}}{\sqrt{x}}\mathrm{d}x=2\int \mathrm{e}^{\sqrt{x}}(\sqrt{x})'\mathrm{d}x=2\int \mathrm{e}^{\sqrt{x}}\mathrm{d}(\sqrt{x})=2\mathrm{e}^{\sqrt{x}}+C.$

注意 凑微分法是计算不定积分时使用频率最高的一种技巧,使用它的关键是熟练掌握函数的微分形式,为此需牢记下列微分形式.

$\mathrm{d}x=\frac{1}{a}\mathrm{d}(ax+b)$, $x^{\alpha}\mathrm{d}x=\frac{1}{\alpha+1}\mathrm{d}(x^{\alpha+1})$, $\mathrm{e}^{x}\mathrm{d}x=\mathrm{d}(\mathrm{e}^{x})$, $\frac{1}{x}\mathrm{d}x=\mathrm{d}(\ln x)$,

$\cos x\mathrm{d}x=\mathrm{d}(\sin x)$, $\sin x\mathrm{d}x=-\mathrm{d}(\cos x)$, $\sec^2 x\mathrm{d}x=\mathrm{d}(\tan x)$,

$\csc^2 x\mathrm{d}x=-\mathrm{d}(\cot x)$, $\frac{1}{\sqrt{x}}\mathrm{d}x=2\mathrm{d}(\sqrt{x})$, $\frac{\mathrm{d}x}{\sqrt{1-x^2}}=\mathrm{d}(\arcsin x)$.

例 3-20 求$\int 2x\sqrt{x^2-2}\,\mathrm{d}x$.

解 $\int 2x\sqrt{x^2-2}\,\mathrm{d}x=\int \sqrt{x^2-2}\,(x^2-2)'\mathrm{d}x=\int \sqrt{x^2-2}\,\mathrm{d}(x^2-2)=\frac{2}{3}(x^2-2)^{\frac{3}{2}}+C.$

例 3-21 求$\int \tan x\mathrm{d}x$.

解 $\int \tan x\mathrm{d}x=\int \frac{\sin x}{\cos x}\mathrm{d}x=-\int \frac{1}{\cos x}(\cos x)'\mathrm{d}x=-\int \frac{1}{\cos x}\mathrm{d}(\cos x)=-\ln|\cos x|+C.$

例 3-22 求$\int \frac{1}{a^2+x^2}\mathrm{d}x$.

解 $\int \frac{1}{a^2+x^2}\mathrm{d}x=\frac{1}{a^2}\int \frac{1}{1+\left(\frac{x}{a}\right)^2}\mathrm{d}x=\frac{1}{a}\int \frac{1}{1+\left(\frac{x}{a}\right)^2}\mathrm{d}\left(\frac{x}{a}\right)=\frac{1}{a}\arctan\frac{x}{a}+C.$

例 3-22 讲解

例 3-23 求$\int \frac{1}{x^2-a^2}\mathrm{d}x$.

解

$$\begin{aligned}\int \frac{1}{x^2-a^2}\mathrm{d}x&=\int \frac{(x+a)-(x-a)}{(x-a)(x+a)}\cdot\frac{1}{2a}\mathrm{d}x=\frac{1}{2a}\int\left(\frac{1}{x-a}-\frac{1}{x+a}\right)\mathrm{d}x\\&=\frac{1}{2a}\int \frac{1}{x-a}\mathrm{d}(x-a)-\frac{1}{2a}\int \frac{1}{x+a}\mathrm{d}(x+a)\\&=\frac{1}{2a}\ln|x-a|-\frac{1}{2a}\ln|x+a|+C=\frac{1}{2a}\ln\left|\frac{x-a}{x+a}\right|+C.\end{aligned}$$

3.3.2 第二类换元法

积分计算中还会遇到被积表达式不容易直接通过凑微分得到简化的情形,此时需要使用被称为第二类换元积分法的积分方法.

定理 3.2　设 $x=\psi(t)$ 是单调的可导函数，且在区间内部有 $\psi'(t)\neq 0$，又设 $f[\psi(t)]\psi'(t)$ 具有原函数 $\Phi(t)$，则

$$\int f(x)\mathrm{d}x=\left[\int f[\psi(t)]\psi'(t)\mathrm{d}t\right]_{t=\psi^{-1}(x)}=\Phi(t)\Big|_{t=\psi^{-1}(x)}+C=\Phi[\psi^{-1}(x)]+C. \tag{3-2}$$

其中，$t=\psi^{-1}(x)$ 为 $x=\psi(t)$ 的反函数.

公式(3-2) 称为第二类换元积分公式.

例 3-24　求 $\int\frac{\sqrt{x-1}}{x}\mathrm{d}x$.

解　令 $\sqrt{x-1}=t$，则 $x=1+t^2$，$\mathrm{d}x=2t\mathrm{d}t$，于是

$$\begin{aligned}\int\frac{\sqrt{x-1}}{x}\mathrm{d}x&=2\int\frac{t^2}{1+t^2}\mathrm{d}t=2\int\frac{(t^2+1)-1}{1+t^2}\mathrm{d}t=2\int\left(1-\frac{1}{1+t^2}\right)\mathrm{d}t\\&=2(t-\arctan t)+C\\&=2(\sqrt{x-1}-\arctan\sqrt{x-1})+C.\end{aligned}$$

例 3-25　求 $\int\frac{1}{\sqrt{1+x}+\sqrt{(1+x)^3}}\mathrm{d}x$.

解　设 $t=\sqrt{1+x}$，则 $x=t^2-1$，$\mathrm{d}x=2t\mathrm{d}t$. 于是

$$\int\frac{1}{\sqrt{1+x}+\sqrt{(1+x)^3}}\mathrm{d}x=\int\frac{2t}{t+t^3}\mathrm{d}t=2\int\frac{\mathrm{d}t}{1+t^2}$$

$$=2\arctan t+C=2\arctan\sqrt{1+x}+C.$$

例 3-26 讲解

例 3-26　求 $\int\sqrt{a^2-x^2}\mathrm{d}x\ (a>0)$.

解　设 $x=a\sin t\left(-\frac{\pi}{2}<t<\frac{\pi}{2}\right)$，则 $\mathrm{d}x=a\cos t\mathrm{d}t$. 于是

$$\begin{aligned}\int\sqrt{a^2-x^2}\mathrm{d}x&=\int a\sqrt{1-\sin^2 t}\cdot a\cos t\mathrm{d}t=a^2\int\cos^2 t\mathrm{d}t=a^2\int\frac{1+\cos 2t}{2}\mathrm{d}t\\&=\frac{a^2}{2}\left(t+\frac{1}{2}\sin 2t\right)+C=\frac{a^2}{2}t+\frac{a^2}{2}\sin t\cos t+C.\end{aligned}$$

由 $x=a\sin t$ 作一个辅助直角三角形，如图 3-2 所示，可知 $t=\arcsin\frac{x}{a}$，$\cos t=\frac{\sqrt{a^2-x^2}}{a}$，代入上式，得

$$\int\sqrt{a^2-x^2}\mathrm{d}x=\frac{a^2}{2}\arcsin\frac{x}{a}+\frac{x}{2}\sqrt{a^2-x^2}+C.$$

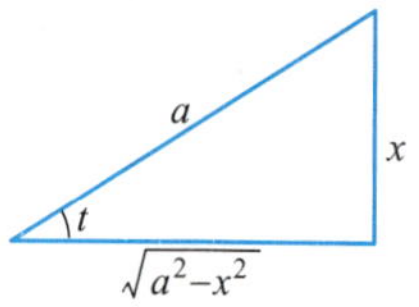

图 3-2

第二换元法常常用于被积函数中含有根式的情形，常用替换如下：

当被积分函数含有根式 $\sqrt[n_1]{x}$ 和 $\sqrt[n_2]{x}$ 时，则令 $t=\sqrt[n]{x}$，其中，n 为 n_1 与 n_2 的最小公倍数；

当被积分函数含有根式 $\sqrt[n]{ax+b}$ 时，则令 $t=\sqrt[n]{ax+b}$；

当被积分函数含有根式 $\sqrt{a^2-x^2}$ 时，则令 $x=a\sin t$；

当被积分函数含有根式 $\sqrt{a^2+x^2}$ 时，则令 $x=a\tan t$；

当被积分函数含有根式 $\sqrt{x^2-a^2}$ 时，则令 $x=a\sec t$.

练习 3.3

1. 判断题.

(1) $\int e^{-x}dx = e^{-x}+C$.　(　　)

(2) $\int \sin x\cos x dx = \int \sin x d(\sin x) = \frac{\sin^2 x}{2}$.　(　　)

(3) $\int x^2\sin x dx = \int \sin x d(2x) = 2\int \sin x dx = -2\cos x + C$.　(　　)

(4) $\int \frac{dx}{1-x} = \ln|1-x| + C$.　(　　)

(5) $\int \frac{1}{x^2}dx = -\frac{1}{x} + C$.　(　　)

2. 填空题.

(1) 不定积分 $\int \cos 2x dx =$ __________.

(2) 不定积分 $\int e^{x-3}dx =$ __________.

(3) 已知 $F'(x)=f(x)$，$\int f(2x)dx =$ ________.

(4) 设 $f(x)$ 是连续函数，则 $\int f^2(x)df(x) =$ ____________.

(5) 若 $\int f(x)dx = F(x)+C$，则 $\int f(ax+b)dx =$ ____________.

3. 选择题.

(1) 下面“凑微分”正确的是(　　).

A. $dx = 3d\left(\frac{x}{3}\right)$　　B. $\frac{1}{\sqrt{x}}dx = d(\sqrt{x})$

C. $\frac{dx}{x^3} = d\left(-\frac{2}{x^3}\right)$　　D. $\frac{1}{x^2}dx = d\left(\frac{1}{x}\right)$

(2) $\sin\frac{3x}{2}dx = d($　　$)$.

A. $\cos\frac{3x}{2}$　　B. $\frac{2}{3}\cos x + C$

C. $-\frac{2}{3}\cos\frac{3x}{2} + C$　　D. $-\frac{3}{2}\cos\frac{3x}{2} + C$

(3) 不定积分 $\int \sin 3x dx =$ (　　).

A. $\cos 3x + C$　　B. $3\cos 3x + C$

C. $-\frac{1}{3}\cos 3x + C$　　D. $-\frac{1}{3}\sin 3x + C$

(4) 不定积分 $\int e^{\frac{1}{3}x}dx =$ (　　).

A. $e^{\frac{1}{3}x} + C$　　B. $\frac{1}{3}e^{\frac{1}{3}x} + C$　　C. $3e^{\frac{1}{3}x} + C$　　D. 以上结论都不对

(5) 不定积分$\int e^{e^x+x}dx=$(　　).

A. $e^{e^x+x}+C$　　　　B. $e^{e^x-x}+C$

C. $e^x\ln x+C$　　　　D. $e^{e^x}+C$

3.4　分部积分法

利用换元积分法可以求许多函数的不定积分.然而,形如$\int\ln x dx$,$\int\arcsin x dx$等不定积分问题用基本积分公式和换元积分法仍然无法解决.本节将介绍另一种求不定积分的基本方法——分部积分法.

设函数 $u(x)$ 与 $v(x)$ 连续可导,根据函数乘积的微分法则,有

$$d[u(x)v(x)]=v(x)du(x)+u(x)dv(x),$$

等式两边同时积分,得

$$\int d[u(x)v(x)]=\int v(x)du(x)+\int u(x)dv(x),$$

根据不定积分的性质 1,有

$$u(x)v(x)=\int v(x)du(x)+\int u(x)dv(x),$$

移项,得

$$\int u(x)dv(x)=u(x)v(x)-\int v(x)du(x). \tag{3-3}$$

公式(3-3) 称为**分部积分公式**,简记为

$$\int u dv=uv-\int v du.$$

此公式的作用在于将$\int u dv$的积分问题转化为求$\int v du$的积分,当积分$\int v du$比较容易计算时,公式(3-3) 就起到了化难为易的作用.这种求不定积分的方法称为**分部积分法**.

例 3-27　求$\int x\cos x dx$.

解　$\int x\cos x dx=\int x d(\sin x)=x\sin x-\int\sin x dx=x\sin x+\cos x+C.$

例 3-28 扩展

例 3-28　求$\int x^3\ln x dx$.

解　$$\int x^3\ln x dx=\frac{1}{4}\int\ln x d(x^4)=\frac{1}{4}x^4\ln x-\frac{1}{4}\int x^4 d(\ln x)$$
$$=\frac{1}{4}x^4\ln x-\frac{1}{4}\int x^3 dx=\frac{1}{4}x^4\ln x-\frac{x^4}{16}+C.$$

由例 3-27 和例 3-28 可以看出,应用分部积分法求积分时,关键在于适当选取 u 和 dv.可按照反三角函数、对数函数、幂函数、三角函数、指数函数的顺序,即"反、对、幂、三、指"

的顺序，把排在前面的函数选作 u，排在后面的函数与 dx 的乘积选作 dv. 例 3-27 中被积函数是幂函数与三角函数的乘积，由于三角函数排在幂函数后面，所以取 $\cos x dx = d(\sin x)$ 作为 dv. 例 3-28 中被积函数是幂函数与对数函数的乘积，由于幂函数排在对数函数后面，所以取 $x^3 dx = \frac{1}{4} d(x^4)$ 作为 dv.

例 3-29 求 $\int x\arctan x dx$.

解 被积函数是幂函数与反三角函数的乘积，由于幂函数排在反三角函数的后面，所以取 $x dx = \frac{1}{2} d(x^2)$ 作为 dv. 于是

$$\begin{aligned}\int x\arctan x dx &= \frac{1}{2}\int \arctan x d(x^2) \\ &= \frac{1}{2}\left[x^2\arctan x - \int x^2 d(\arctan x)\right] \\ &= \frac{1}{2}\left(x^2\arctan x - \int \frac{x^2}{1+x^2}dx\right) \\ &= \frac{1}{2}\left[x^2\arctan x - \int\left(1 - \frac{1}{1+x^2}\right)dx\right] \\ &= \frac{1}{2}(x^2\arctan x - x + \arctan x) + C.\end{aligned}$$

例 3-30 求 $\int xe^{-x}dx$.

解 被积函数可看成幂函数与指数函数的乘积，由于指数函数排在幂函数的后面，所以取 $e^{-x}dx = -e^{-x}d(-x) = d(e^{-x})$ 作为 dv. 于是

$$\int xe^{-x}dx = -\int x d(e^{-x}) = -xe^{-x} + \int e^{-x}dx = -xe^{-x} - e^{-x} + C.$$

在对复合函数凑微分时，注意先内层再外层分层凑微分. 分部积分法可根据需要多次使用.

例 3-31 求 $\int x^2\sin x dx$.

解
$$\begin{aligned}\int x^2\sin x dx &= -\int x^2 d(\cos x) = -x^2\cos x + \int \cos x d(x^2) \\ &= -x^2\cos x + 2\int x\cos x dx \\ &= -x^2\cos x + 2\int x d(\sin x) \\ &= -x^2\cos x + 2x\sin x - 2\int \sin x dx \\ &= -x^2\cos x + 2x\sin x + 2\cos x + C.\end{aligned}$$

例 3-32 求 $\int \arctan \frac{1}{x} dx$

解 被积函数可看成幂函数($1 = x^0$)与反三角函数的乘积，由于幂函数排在反三角

函数的后面，所以取 $\mathrm{d}x$ 作为 $\mathrm{d}v$. 于是

$$\begin{aligned}\int\arctan\frac{1}{x}\mathrm{d}x&=x\arctan\frac{1}{x}-\int x\mathrm{d}\left(\arctan\frac{1}{x}\right)\\&=x\arctan\frac{1}{x}+\int\frac{x}{1+x^2}\mathrm{d}x\\&=x\arctan\frac{1}{x}+\frac{1}{2}\int\frac{1}{1+x^2}\mathrm{d}(1+x^2)\\&=x\arctan\frac{1}{x}+\frac{1}{2}\ln(1+x^2)+C.\end{aligned}$$

例 3-33 讲解

例 3-33　求 $\int\mathrm{e}^x\sin x\mathrm{d}x$.

解　$$\begin{aligned}\int\mathrm{e}^x\sin x\mathrm{d}x&=\int\sin x\,\mathrm{d}(\mathrm{e}^x)=\mathrm{e}^x\sin x-\int\mathrm{e}^x\,\mathrm{d}(\sin x)\\&=\mathrm{e}^x\sin x-\int\mathrm{e}^x\cos x\mathrm{d}x=\mathrm{e}^x\sin x-\int\cos x\mathrm{d}(\mathrm{e}^x)\\&=\mathrm{e}^x\sin x-\mathrm{e}^x\cos x+\int\mathrm{e}^x\,\mathrm{d}(\cos x)\\&=\mathrm{e}^x(\sin x-\cos x)-\int\mathrm{e}^x\sin\mathrm{d}x.\end{aligned}$$

注意到上面运用了两次分部积分后，又出现了与原积分相同的积分式子，经过移项可得到

$2\int\mathrm{e}^x\sin x\mathrm{d}x=\mathrm{e}^x(\sin x-\cos x)+C_1$（因等式右端已没有积分号，故需加上任意常数 C_1），

故

$$\int\mathrm{e}^x\sin x\mathrm{d}x=\frac{1}{2}\mathrm{e}^x(\sin x-\cos x)+C\left(C=\frac{1}{2}C_1\right).$$

练习 3.4

1. 判断题.

（1）$\int\ln(1+x^2)\mathrm{d}x=x\ln(1+x^2)+\int x\mathrm{d}[\ln(1+x^2)]=x\ln(1+x^2)+\int\frac{x^2}{1+x^2}\mathrm{d}x.$　（　　）

（2）$\int x\cos 2x\mathrm{d}x=\frac{1}{2}\int x\mathrm{d}(\sin 2x)=\frac{1}{2}x\sin 2x+\frac{1}{4}\cos 2x+C.$　（　　）

2. 填空题.

（1）不定积分 $\int x\mathrm{e}^x\mathrm{d}x=x\mathrm{e}^x-\int$________ $\mathrm{d}x$.

（2）不定积分 $\int\arctan x\mathrm{d}x=x\arctan x-\int$________ $\mathrm{d}x$.

（3）若 $uv=x\sin x$，$\int u'v\mathrm{d}x=-\cos x+C$，则 $\int uv'\mathrm{d}x=$ ________.

（4）利用分部积分计算 $\int\frac{\ln x}{x^2}\mathrm{d}x$ 时，设 $u=$ ________，$\mathrm{d}v=$ ________.

（5）利用分部积分计算 $\int x\arcsin x\mathrm{d}x$ 时，设 $u=$ ________，$\mathrm{d}v=$ ________.

3. 选择题.

(1) 下列分部积分对 u 及 dv 选择正确的是(　　).

A. $\int x^2\cos x\mathrm{d}x, u = \cos x, \mathrm{d}v = x^2\mathrm{d}x$

B. $\int x\ln x\mathrm{d}x, u = x, \mathrm{d}v = \ln x\mathrm{d}x$

C. $\int x\arccos x\mathrm{d}x, u = x, \mathrm{d}v = \arccos x\mathrm{d}x$

D. $\int \arcsin x\mathrm{d}x, u = \arcsin x, \mathrm{d}v = \mathrm{d}x$

(2) 下列不定积分适合分部积分法的是(　　).

A. $\int x\sin x\mathrm{d}x$　　B. $\int \frac{1}{4+x^2}\mathrm{d}x$

C. $\int \frac{x^2}{1+x^2}\mathrm{d}x$　　D. $\int \tan x\mathrm{d}x$

(3) 下列不定积分不适合分部积分法的是(　　).

A. $\int \ln x\mathrm{d}x$　　B. $\int x\ln x\mathrm{d}x$

C. $\int \frac{\ln^2 x}{x}\mathrm{d}x$　　D. $\int x\ln^2 x\mathrm{d}x$

(4) 不定积分 $\int \arcsin x\mathrm{d}x = $ (　　).

A. $\frac{1}{\sqrt{1-x^2}} + C$　　B. $x\arcsin x - \sqrt{1-x^2} + C$

C. $x\arcsin x + \arcsin x + C$　　D. $x\arcsin x + \sqrt{1-x^2} + C$

□ 知识与能力拓展

简单的微分方程

在实际生活中,有很多问题需要探寻变量间的函数关系,比较简单的函数关系可以通过对实际问题的分析和对变量之间变化关系的观察直接确定,但是有些比较复杂的问题,变量间的函数关系需要通过含有函数的导数或微分的方程来确定.

一、基本概念

定义 3.3　含有未知函数的导数或微分的方程,叫做**微分方程**.未知函数是一元函数的微分方程叫做**常微分方程**;未知函数是多元函数的微分方程叫做**偏微分方程**.微分方程中所出现的函数导数或微分的最高阶数,叫做**微分方程的阶**.

这里只讨论一阶常微分方程.例如,$y' = xy - 1$,$\frac{\mathrm{d}y}{\mathrm{d}x} = 2xy$ 都是一阶常微分方程.

定义 3.4　如果将一个函数代入微分方程后,能够使方程成为恒等式,那么该函数就叫做该**微分方程的解**.含有任意常数,且任意常数的个数与微分方程的阶数相同的解叫做**微分方程的通解**;确定了任意常数的值所得到的解叫做**微分方程的特解**.

例如对于一阶常微分方程 $y' = 2x$，容易验证，$y = x^2$，$y = x^2 + C$ 都是该方程的解，其中，$y = x^2 + C$ 为微分方程的通解，而 $y = x^2$ 是在确定了 $C = 0$ 时的一个解，为该微分方程的特解，常数 $C = 0$ 是对方程 $y' = 2x$ 给定初始条件 $y|_{x=0} = 0$ 得到的.

二、简单的微分方程的计算

例 3-34　求微分方程 $\frac{dy}{dx} = \frac{y}{x}$ 的通解以及满足初始条件 $y|_{x=e} = e$ 的特解.

解　方程变形后为

$$\frac{1}{y}dy = \frac{1}{x}dx,$$

两边积分，得

$$\int \frac{1}{y}dy = \int \frac{1}{x}dx,$$

计算，得

$$\ln|y| = \ln|x| + C_1,$$

化简，得

$$y = \pm e^{C_1}x.$$

容易验证，$y = 0$ 也是方程的解，记 C 为任意常数，则通解为

$$y = Cx.$$

把 $x = e$，$y = e$ 代入方程的通解，得 $C = 1$，所以满足初始条件的微分方程的特解为

$$y = x.$$

例 3-35　求微分方程 $y' = \frac{2x}{2y + e^y}$ 的通解.

解　将方程改写为

$$\frac{dy}{dx} = \frac{2x}{2y + e^y},$$

方程变形后为

$$(2y + e^y)dy = 2xdx.$$

两边积分，得

$$\int (2y + e^y)dy = \int 2xdx,$$

所以通解为

$$y^2 + e^y = x^2 + C.$$

注意　例 3-35 中，微分方程的通解是隐函数的形式.

三、利用微分方程建立模型

现实生活中，许多时候，我们需要找出变量间的函数关系，一般地，可以通过对现实情况的直接推理来找出关系.对于较为复杂的问题，可以借助数学知识建立数学模型，这

里介绍利用微分方程建立的数学模型，模型假设较为简单，有助于初步了解微分方程建模的方法.需要注意的是，有些模型可以很好地分析指导现实问题，而有些微分方程可能难以求得准确解，有些模型建立的条件过于简单化，有些模型建立得过于理想化，这些模型得出的结论不一定准确，但对现实问题仍然具有一定的指导作用.下面我们以水污染防控模型为例进行简单介绍.

模型　污染容易治理难 —— 水污染防控模型

【案例背景】 金山银山不如绿水青山.在经济发展过程中，有的地方对环境造成了极大破坏.近年来，各地都在加强环境的治理与生态的修复工作，正在努力恢复绿水青山.我们用个简单的例子来模拟分析污染与治理的问题.

【案例】 已知某水库的蓄水量为5 000万立方米，现有水质基本达标，重金属含量是4 mg/L，假设重金属在水库中分布均匀.若一个企业非法排污对上游水源造成了污染，上游的污水重金属含量为400 mg/L，以200万立方米／月的速度流入水库，假设经过了充分混合，混合后的水以200万立方米／月的速度流出水库.

问题1：经过一年后，水库中的重金属含量是多少？

问题2：一年后，地方政府开始治理水污染，采取的办法是，关闭污染企业，让水库自然恢复.这样，上游水源的无污染清水，会以200万立方米／月的速度流入水库，假设经过了充分混合，混合后水仍以200万立方米／月的速度流出水库.欲使水库的水质达到一年前的水平，即水中重金属含量重新回到4 mg/L，需要多长时间？

1. 模型假设

设 t 个月后水库中的重金属总质量为 $y=y(t)$，则$\frac{\mathrm{d}y}{\mathrm{d}t}$表示重金属总质量的变化率，初始条件 $y_0=y|_{t=0}=5\times10^{10}\times4=2\times10^{11}$(mg)(5 000万立方米 $=5\times10^{10}$ L，200万立方米 $=2\times10^{9}$ L).

2. 问题1的模型建立及求解

易知，$\frac{\mathrm{d}y}{\mathrm{d}t}=$ 重金属的流入速度 $-$ 重金属的流出速度，即

$$\frac{\mathrm{d}y}{\mathrm{d}t}=400\times2\times10^{9}-\frac{y(t)}{5\times10^{10}}\times2\times10^{9},$$

化简，得

$$\frac{\mathrm{d}y}{\mathrm{d}t}=\frac{2\times10^{13}-y}{25}.$$

方程变形后为

$$\frac{\mathrm{d}y}{2\times10^{13}-y}=\frac{\mathrm{d}t}{25},$$

两边积分，得通解为

$$-\ln|2\times10^{13}-y|=\frac{t}{25}+C,$$

由 $t=0, y_0=y|_{t=0}=2\times10^{11}$，得

$$C=-\ln(1.98\times 10^{13}).$$

代入通解,得特解为

$$|2\times 10^{13}-y|=\mathrm{e}^{\ln(1.98\times 10^{13})-\frac{t}{25}}=1.98\times 10^{13}\times \mathrm{e}^{-\frac{t}{25}}.$$

又因为 y 始终大于 0,所以

$$y(t)=2\times 10^{13}-1.98\times 10^{13}\times \mathrm{e}^{-\frac{t}{25}}.$$

当 $t=12$ 时,

$$y(12)=2\times 10^{13}-1.98\times 10^{13}\times \mathrm{e}^{-\frac{12}{25}}\approx 7.748\times 10^{12}(\mathrm{mg}).$$

此时水库中的重金属含量约为 $\dfrac{7.748\times 10^{12}}{5\times 10^{10}}=154.96(\mathrm{mg/L})$.

3. 问题 2 的模型建立及求解

污水治理后无新的重金属流入,则

$$\frac{\mathrm{d}y}{\mathrm{d}t}=-\text{重金属的流出速度},$$

即

$$\frac{\mathrm{d}y}{\mathrm{d}t}=-\frac{y(t)}{5\times 10^{10}}\times 2\times 10^{9},$$

化简,得

$$\frac{\mathrm{d}y}{\mathrm{d}t}=-\frac{y}{25}.$$

初始条件

$$y_0=y\big|_{t=0}=7.748\times 10^{12}(\mathrm{mg}).$$

分离变量,得

$$\frac{\mathrm{d}y}{y}=-\frac{\mathrm{d}t}{25},$$

两边积分,得通解为

$$-\ln|y|=\frac{t}{25}+C.$$

代入初始条件,得

$$C=-\ln(7.748\times 10^{12}).$$

所以微分方程的特解为

$$y(t)=7.748\times 10^{12}\times \mathrm{e}^{-\frac{t}{25}}.$$

欲使水库的水质达到一年前的水平,即水中重金属含量重新回到 4 mg/L,则水库中重金属总质量为 $5\times 10^{10}\times 4=2\times 10^{11}(\mathrm{mg})$,代入特解中,得

$$2\times 10^{11}=7.748\times 10^{12}\times \mathrm{e}^{-\frac{t}{25}},$$

解得

$$t=-25\times \ln\frac{2\times 10^{11}}{7.748\times 10^{12}}\approx 91.$$

所以约需要 91 个月才能恢复到一年前的水平.

从这个案例中可以看出,污染容易治理难,污染后若任由其自然恢复,恢复所需的时间远超污染所用的时间,因此在治理污染的过程中需要更多的治理手段.

练 习 题

(对战模型)在一款对战游戏中,甲拥有 10 名战士,乙拥有 6 名战士,问:当乙方战士全部阵亡后,甲方能剩余多少名战士?

(提示:假设

(1) 游戏中的战士的战斗力、防御力和生命值都是完全一样的;

(2) 双方相遇后,甲、乙不加以任何主动操作,由计算机控制双方战士自由对战;

(3) 设 t 时刻甲拥有的战士数量为 $x = x(t)$,乙拥有的战士数量为 $y = y(t)$,初始条件 $x_0 = x(0) = 10$,$y_0 = y(0) = 6$,单位时间内甲、乙双方损失的战士数量分别为 $\frac{\mathrm{d}x}{\mathrm{d}t}$,$\frac{\mathrm{d}y}{\mathrm{d}t}$,则一方损失数量与另一方现有战士数量成正比,设比例常数为 k,得 $\frac{\mathrm{d}x}{\mathrm{d}t} = -ky$,$\frac{\mathrm{d}y}{\mathrm{d}t} = -kx$.)

知识应用链接:

(一) 完全竞争市场下的 MR = MC 与 P = MC

通过前面的学习,我们已经知道,企业的经理一般根据 MR = MC 来确定产品的生产量,以实现企业生产利润的最大化.那么,在完全竞争的市场中企业的经理不仅可以用 MR = MC 来确定利润最大化的产量,还可以根据 P = MC 来确定利润最大化的产量.

因为完全竞争市场是一种竞争不受任何阻碍和干扰的市场结构.在这个市场下,有无数个购买者和生产者,且都为价格的接受者;市场上的产品是无差异的;厂商可自由入市或退市;购买者和生产者对市场信息完全了解.任何一个企业的生产量不能影响产品的价格,行业产品的价格是由整个行业的需求与供给决定的(图 3-3),每一个厂商都按照行业既定的产品价格 P 出售产品.我们知道,总收入 TR 为价格与产量的乘积,即

$$\mathrm{TR} = PQ.$$

平均收入 AR 是总收入与销售量的商,即 $\mathrm{AR} = \frac{\mathrm{TR}}{Q} = \frac{PQ}{Q} = P$(平均收入等于价格).

又因为边际收入是增加一个单位销售量所得到的收入,而对完全竞争市场中的一个厂商来说,无论销售量增加多少,市场的价格是不变的,所以

$$\mathrm{MR} = \frac{\Delta \mathrm{TR}}{\Delta Q} = \frac{\Delta (PQ)}{\Delta Q} = P \text{(边际收入等于价格)}.$$

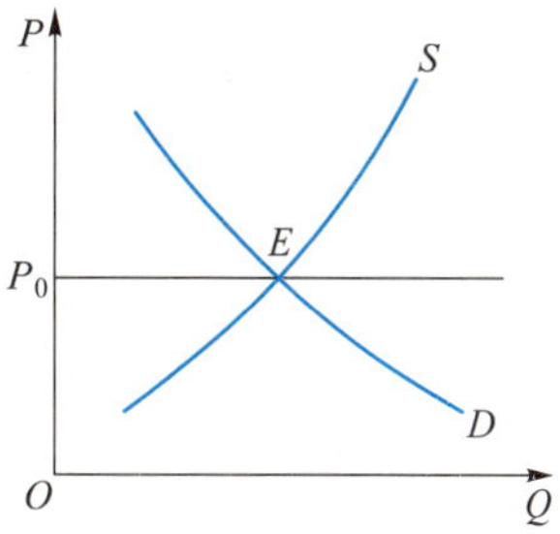

图 3-3

由此得到 P = MR = AR.而 MR = MC,故有 P = MC. 因此,在完全竞争市场中的厂商经理可根据 P = MC 来决定生产水平,从而实现生产利润的最大化.

对于经济问题 3 中的(3).

因为 $C'(Q) = Q + 10$,市场上茶叶的价格 $P = 64$.根据 P = MC,得到 $64 = Q + 10$,解得 $Q = 54$.

这就是说，对于完全竞争的茶叶市场，在市场价格 $P=64$ 的情况下，要实现企业利润的最大化，产量应为 54 个单位.

（二）无差异曲线

在效用论中，物品所具有的满足人类欲望的能力，经济学称之为效用.例如，消费者消费某种商品后能从中获得一定的满足程度.无差异曲线（记作 IC）是表示在偏好既定的条件下，消费者获得满足程度相等的商品组合点的轨迹.

无差异曲线的概念

例如，在无差异表（表 3-1）中，假设 5 名消费者消费两种商品 X,Y 的不同组合，所获得的满足程度相同.

表 3-1

商品组合	消费者				
	A	B	C	D	E
商品 X	1	2	3	4	5
商品 Y	5	3	2	1.5	1.2

将这些商品组合在坐标系中描点连线，可得无差异曲线（图 3-4(a)），不同的效用水平可以得到多条无差异曲线，组成无差异曲线群（图 3-4(b)）.

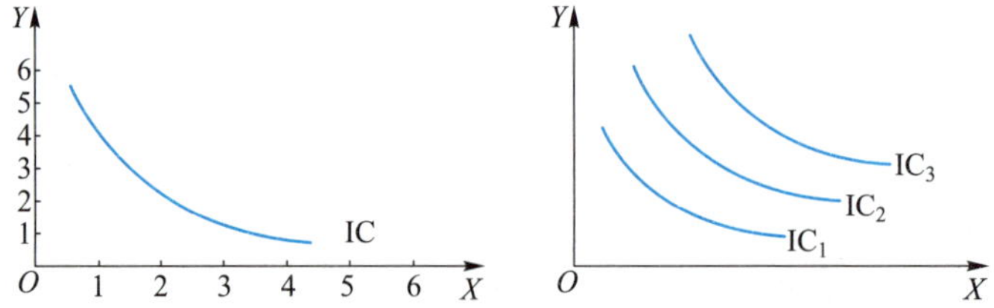

无差异曲线
(a)

无差异曲线群
(b)

图 3-4

无差异曲线的特点：

（1）无差异曲线向右下方倾斜，斜率为负.无差异曲线表明，两种不同数量的商品组合带来的效用是相等的.为维持相同的效用水平，增加 X 的同时就必须减少 Y.X,Y 两种商品可相互替代，但替代的程度不完全相同.

（2）在坐标平面上存在一组无差异曲线群（类比积分曲线）.在无差异曲线图中，离原点越远的无差异曲线代表的满足程度越高，因为无差异曲线的位置越高，意味着消费者拥有的 X 和 Y 两种商品的数量越多.

（3）任意两条无差异曲线不能相交（原函数相差一个常数）.

（4）无差异曲线凸向原点，这说明无差异曲线的斜率是递减的.无差异曲线的斜率是两种物品的边际替代率，该曲线凸向原点，是边际替代率递减使然.

? 问题思考

假设自行车生产行业是一个完全竞争的行业，现有一家新进厂商，经营者估计，包括正常利润在内的月度总成本为

$$TC = 10\ 000 + 4Q + 0.01Q^2.$$

(1) 当月产量为多少时，必须停止生产？

(2) 若自行车的售价为 400 元/辆，为使利润最大，则该厂每月应生产多少辆自行车？从短期看，该厂每月的经济利润为多少？

数学实验

利用 MATLAB 进行不定积分计算

1. 命令格式(表 3-2)

用 MATLAB 计算不定积分

表 3-2

命令	功能
int(f,x)	求函数 f 对 x 的不定积分

2. 实验举例

利用 MATLAB 计算不定积分的算例代码如表 3-3 所示。

表 3-3

例题	算例代码	运行结果

$\int \sin^2 \frac{x}{2} \mathrm{d}x$	`>> clear`
	`>> syms x`
	`>> y = sin(x/2)^2;`
	`>> int(y,x)`
		`ans =`
		`-cos(1/2*x)*sin(1/2*x)+1/2*x`

$\int \frac{\cos\sqrt{x}}{\sqrt{x}} \mathrm{d}x$	`>> clear`
	`>> syms x;`
	`>> y = cos(sqrt(x))/sqrt(x);`
	`>> int(y,x)`
		`ans =`
		`2*sin(x^(1/2))`

$\int \frac{1}{a^2 - x^2} \mathrm{d}x$ $(a > 0)$	`>> clear`
	`>> syms x a;`
	`>> y = 1/(a^2 - x^2);`
	`>> int(y,x)`
		`ans =`
		`1/2/a*log(x+a)-1/2/a*log(x-a)`

$\int \sec x \, \mathrm{d}x$	`>> clear`
	`>> syms x;`
	`>> y = sec(x);`
	`>> int(y,x)`
		`ans =`
		`log(sec(x)+tan(x))`

续表

例题	算例代码	运行结果

$\int\sqrt{1-x^2}\,dx$	`>> clear`
	`>> syms x;`
	`>> y = sqrt(1 - x^2);`
	`>> int(y,x)`
		`ans =`
		`1/2*x*(1-x^2)^(1/2)+1/2*asin(x)`

$\int x\ln x\,dx$	`>> clear`
	`>> syms x;`
	`>> y = x*log(x);`
	`>> int(y,x)`
		`ans =`
		`1/2*x^2*log(x) - 1/4*x^2`

注：在用 MATLAB 进行不定积分的计算时，运行结果中省略了常数 C.

习 题 3

1. 求下列不定积分.

(1) $\int\frac{dx}{x^2\sqrt{x}}$;　　(2) $\int\left(\frac{2}{x}+\frac{x}{3}\right)^2 dx$;

(3) $\int\left(\frac{1}{x}-3\cos x\right)dx$;　　(4) $\int\left(2\sin x+\frac{3}{\sqrt{1-x^2}}\right)dx$;

(5) $\int 5^x e^x dx$;　　(6) $\int\cot^2 x dx$;

(7) $\int\cos^2\frac{x}{2}dx$;　　(8) $\int\frac{x^2-1}{x^2+1}dx$;

(9) $\int\frac{3x^4+3x^2-1}{x^2+1}dx$;　　(10) $\int\frac{e^{2x}-1}{e^x+1}dx$.

2. 利用换元积分法求下列不定积分.

(1) $\int e^{2x-3}dx$;　　(2) $\int\frac{1}{\sqrt{1+2x}}dx$;

(3) $\int(3x+2)^6 dx$;　　(4) $\int\frac{x}{(1-x^2)^{11}}dx$;

(5) $\int e^{\cos x}\sin x dx$.　　(6) $\int\frac{1+\ln x}{x}dx$;

(7) $\int\frac{2x+5}{x^2+5x-1}dx$;　　(8) $\int\frac{e^{\frac{1}{x}}}{x^2}dx$;

(9) $\int\cos^3 x dx$;　　(10) $\int x\sqrt{x-2}\,dx$;

(11) $\int\frac{\sqrt{x}}{1+\sqrt{x}}dx$;　　(12) $\int\frac{1}{x^2\sqrt{1-x^2}}dx$.

3. 利用分部积分法求下列不定积分.

(1) $\int \ln x\mathrm{d}x$.　　(2) $\int x\mathrm{e}^{x}\mathrm{d}x$.

(3) $\int x\cos x\mathrm{d}x$.　　(4) $\int x^{4}\ln x\mathrm{d}x$.

(5) $\int x\sin 2x\mathrm{d}x$.　　(6) $\int x^{2}\mathrm{e}^{-x}\mathrm{d}x$.

4. 已知曲线 $y=f(x)$ 上点 (x,y) 处的切线斜率与 x^{3} 成正比，且该曲线通过点 $A(1,6)$ 和 $B(2,-9)$，求该曲线的方程.

5. 已知 $\dfrac{\sin x}{x}$ 是 $f(x)$ 的一个原函数，求 $\int xf'(x)\mathrm{d}x$.

第 3 章知识导图

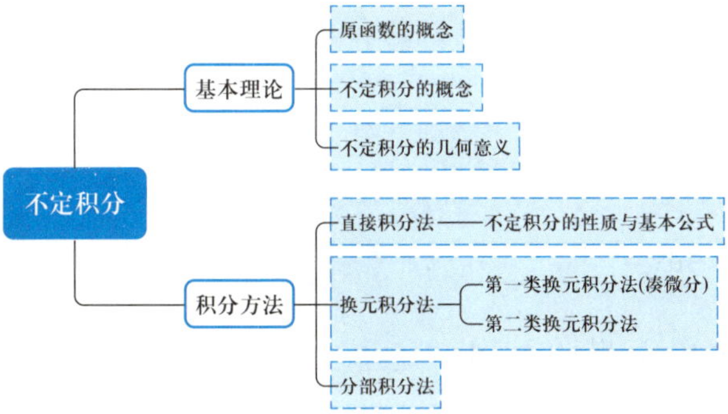

第 3 章自测题

A 组(基础篇)

一、单选题(每小题 3 分，共 15 分)

1. 下列式子中正确的是(　　).

A. $\int x^{2}\mathrm{d}x=x^{3}+C$　　B. $\int \dfrac{1}{x^{2}}\mathrm{d}x=\dfrac{1}{x}+C$

C. $\int \sin x\mathrm{d}x=\cos x+C$　　D. $\int \cos x\mathrm{d}x=\sin x+C$

2. 设 $F'(x)=f(x)$，则下列表达式正确的是(　　).

A. $\int \mathrm{d}F(x)=f(x)+C$　　B. $\int f(x)\mathrm{d}x=F(x)+C$

C. $\frac{d}{dx}\int F(x)dx = f(x) + C$　　　　D. $\int F'(x)dx = f(x) + C$

3. 若 $f(x)$ 的导函数为 $\sin x$，则 $f(x)$ 为(　　).

A. $\cos x$　　B. $\sin x$　　C. $-\cos x$　　D. $-\sin x$

4. 不定积分 $\int(3x-2)^9dx =$ (　　).

A. $9(3x-2)^8 + C$　　　　B. $\frac{1}{3}(3x-2)^8 + C$

C. $\frac{1}{10}(3x-2)^{10} + C$　　　　D. $\frac{1}{30}(3x-2)^{10} + C$

5. 下列不定积分适合用分部积分法求解的是(　　).

A. $\int \sin x \cdot \ln(\cos x)dx$　　　　B. $\int \frac{\cos(\ln x)}{x}dx$

C. $\int x\sin x^2dx$　　　　D. $\int \cot x dx$

二、填空题(每小题 3 分，共 15 分)

6. 不定积分 $\int\left(x^3 + \frac{2}{1+x^2}\right)dx =$ ________.

7. 不定积分 $\int \sin^2\frac{x}{2}dx =$ ________.

8. 不定积分 $\int e^{2x-3}dx =$ ________.

9. 已知 $F'(x) = f(x)$，则 $\int f(3x)dx =$ ________.

10. 利用分部积分法计算 $\int x^2\cos x dx$ 时，设 $u =$ ________，$dv =$ ________.

三、判断题(每小题 1 分，共 4 分)

11. 若 $f(x)$ 有原函数，则它的原函数一定是唯一的.　　(　　)

12. $\int 2^xe^xdx = \int 2^xdx \cdot \int e^xdx = \frac{2^x}{\ln 2}\cdot e^x + C.$　　(　　)

13. $\int \frac{1}{1+x}dx = \ln|1+x| + C.$　　(　　)

14. $\int \cos(\ln x)dx = x\cos(\ln x) + \int xd[\cos(\ln x)].$　　(　　)

四、计算题(每小题 8 分，共 48 分)

15. $\int \frac{2x\sqrt{x} + 3x + \sqrt{x} - 1}{\sqrt{x}}dx.$

16. $\int\left(10^x + \frac{1}{x} - \frac{1}{x^2}\right)dx.$

17. $\int 2xe^{x^2}dx.$

18. $\int \frac{(2\sqrt{x}+1)^{2\,024}}{\sqrt{x}}\mathrm{d}x$.

19. $\int x^5 \ln x\mathrm{d}x$.

20. $\int x\sin 2x\mathrm{d}x$.

五、应用题（每小题 9 分，共 18 分）

21. 已知曲线在横坐标为 x 的点处的切线斜率为 e^x，且过坐标原点，求该曲线方程.

22. 当某企业生产某种产品 Q 单位时，边际收入和边际成本函数分别为

$$R'(Q)=20-3Q,\quad C'(Q)=10+2Q,\quad C(0)=2,$$

求该产品的利润函数.

B 组（提高篇）

一、单选题（每小题 3 分，共 15 分）

1. 下列各式计算正确的是（　　）.

A. $\int \frac{1}{x}\mathrm{d}x=\ln x+C$　　B. $\int \frac{3}{x^2}\mathrm{d}x=\frac{1}{3x}+C$

C. $\int \mathrm{e}^{2x}\mathrm{d}x=2\mathrm{e}^{2x}+C$　　D. $\int x^3\mathrm{d}x=\frac{x^4}{4}+C$

2. 若 $f(x)$ 的导函数为 $\sin x$，则 $f(x)$ 的一个原函数是（　　）.

A. $1+\sin x$　　B. $1+\cos x$　　C. $1-\sin x$　　D. $1-\cos x$

3. 设 $f'(x)$ 存在且连续，则 $\left[\int \mathrm{d}f(x)\right]'=$（　　）.

A. $f(x)$　　B. $f'(x)$　　C. $f'(x)+C$　　D. $f(x)+C$

4. $\int \frac{1}{\sqrt{2-x^2}}\mathrm{d}x=$（　　）.

A. $\arcsin\frac{x}{2}+C$　　B. $\arcsin\frac{x}{\sqrt{2}}+C$

C. $\arcsin x+C$　　D. $\ln\left|x+\sqrt{2-x^2}\right|+C$

5. 下列不定积分可用分部积分法求解的是（　　）.

A. $\int x\sin x\cos x\mathrm{d}x$　　B. $\int \frac{1}{x(1+x^2)}\mathrm{d}x$　　C. $\int \frac{3x^3}{1-x^4}\mathrm{d}x$　　D. $\int \frac{1}{1+\sqrt[3]{x+1}}\mathrm{d}x$

二、填空题（每小题 3 分，共 15 分）

6. 设 $f(x)=\int \frac{1}{\sqrt{x^2+3}}\mathrm{d}x$，则 $f'(1)=$ ________.

7. 设 $f'(x)=2$，且 $f(0)=0$，则 $\int f(x)\mathrm{d}x=$ ________.

8. 若 $\int f(x)\mathrm{d}x=F(x)+C$，则 $\int f(2x+3)\mathrm{d}x=$ ________.

9. 若$\int f(x)\mathrm{d}x=\sin x+C$，则$\int xf(x)\mathrm{d}x=$ ________.

10. 若$f(x)$是e^{-x}的一个原函数，则$\int \frac{f(\ln x)}{x}\mathrm{d}x=$ ________.

三、判断题（每小题 1 分，共 4 分）

11. $\int x^2\cos x\mathrm{d}x=\int \cos x\mathrm{d}(2x)=2\int \cos x\mathrm{d}x=2\sin x+C.$ （　　）

12. $\int(\sin x+\cos x+\ln x)\mathrm{d}x=\sin x-\cos x+\frac{1}{x}+C.$ （　　）

13. $\int \frac{1-\cos x}{x-\sin x}\mathrm{d}x=\ln|1-\cos x|+C.$ （　　）

14. $\int x(\arctan x)^2\mathrm{d}x=\frac{1}{2}(x\arctan x)^2-\int \frac{x^2\arctan x}{1+x^2}\mathrm{d}x.$ （　　）

四、计算题（每小题 8 分，共 48 分）

15. $\int\left(\frac{x^2}{1+x^2}+\tan^2 x\right)\mathrm{d}x.$

16. $\int \frac{x}{\sqrt{x^2-4}}\mathrm{d}x.$

17. $\int \frac{1}{x(1+\sqrt{x})}\mathrm{d}x.$

18. $\int\left(x\mathrm{e}^x+\frac{1}{x}\ln x\right)\mathrm{d}x.$

19. $\int x\ln^2 x\mathrm{d}x.$

20. $\int \mathrm{e}^{\sqrt{x}}\mathrm{d}x.$

五、应用题（每小题 9 分，共 18 分）

21. 已知曲线$y=f(x)$上点(x,y)处的切线斜率与x^2成正比，且该曲线通过点$A\left(1,\frac{1}{3}\right)$和$B(3,9)$，求该曲线的方程.

22. 已知生产x个单位某产品时总收入R的变化率为

$$R'(x)=200-\frac{x}{100}(x\geqslant 0),$$

求生产 50 个单位产品时的总收入.

第 4 章

定积分及其应用

学习目标

(1) 理解定积分的概念与几何意义,掌握定积分的基本性质.

(2) 理解积分上限函数的概念,掌握牛顿 - 莱布尼茨公式,掌握定积分的换元积分法和分部积分法,会计算定积分及各种平面图形的面积.

(3) 能用定积分解决简单的经济应用问题.

(4) 掌握定积分中无限细分、无限求和、无限逼近的思想,树立以直代曲、以匀代不匀的辩证观点.

背景资料和经济问题 4

【背景资料】 企业经营的策略

近年来,各类"国货潮牌"在海外销售火爆.在2024年度世界移动通信大会上,小米公司发布的全新旗舰手机小米 14Ultra,备受消费者关注.与之前在国内刚发布的小米 14Ultra 相比,海外定价相对略高.国内外的价格见表 4-1.

表 4-1

型号	小米 14 Ultra		
版本	12 GB + 256 GB	16 GB + 512 GB	16 GB + 1 T
国内售价	6 499	6 999	7 799
海外售价	无	约 11 635 元 (1 499 欧元)	无

【经济问题 4】 企业为什么实行差别定价?

已知企业产品的边际收入函数为 $R'(Q)=60-8Q$,总成本函数为 $\mathrm{TC}=2+Q^2$.

(1) 在生产环节,若已知产量与时间 t 的关系为 $Q=\frac{1}{2}t^2$,试求从时刻 $t=1$ 到 $t=3$ 企业的总收入.

（2）若企业实行产品直销，则利润最大时的总销售量及最大利润分别是多少？

（3）若直销市场只有 A、B 两个，企业在 A、B 两个市场实行差别价格，已知两个市场的边际收入函数分别为 $R'_{\mathrm{A}}=60-10Q$ 和 $R'_{\mathrm{B}}=51-6Q$，其中，Q 为销售量.要求各市场完成企业原利润最大时的销售量的 $\frac{1}{3}$ 和 $\frac{2}{3}$，求实行差别价格后企业所获得的利润.

市场经济下，企业为获得最大经济利润，时常需要根据经济环境，决策类似经济问题 4 中的产量、利润问题.本章将从问题的难点出发，由具体到一般，提出解决问题的思路与方法.

4.1　定积分的概念与性质

4.1.1　两个引例——求总收入与曲边梯形的面积

引例 4-1　已知收入的变化率，求总收入（“经济问题 4”中的问题（1））.

我们知道，

$$\text{总收入}=\text{单位时间的收入}\times\text{时间}. \tag{4-1}$$

由题知 $Q(t)=\frac{1}{2}t^2$，得到 $Q'(t)=t$，故有

$$R'(t)=\frac{\mathrm{d}R}{\mathrm{d}Q}\frac{\mathrm{d}Q}{\mathrm{d}t}=R'(Q)Q'(t)=\left(60-8\times\frac{1}{2}t^2\right)t=60t-4t^3.$$

由于 $R'(t)$ 随时间的变化而变化，不是常数，所以不能用公式（4-1），但时刻 t 的收入率 $R'(t)$ 为图 4-1 上的线段（如 $R'(t)=AB$），由于时间是连续的，线动成面，所以求[1,3]上的总收入，即为求图 4-1 中阴影部分的面积.考虑到收入的变化率 R' 在区间[1,3]上是连续的，在很小的一段区间上，它的变化很小，所以我们可将区间[1,3]分割成许多个小区间，在每个小区间内，将收入的变化率看成常量，用均匀变化状态近似替代非均匀变化状态.由此我们可按以下步骤计算.

（1）分割——取 $n+1$ 个等分点 $1=t_0<t_1<\cdots<t_{n-1}<t_n=3$（也可不等分），把区间[1,3]分割成 n 个相等的小区间

$$[t_{i-1},t_i]=\left[1+\frac{2(i-1)}{n},1+\frac{2i}{n}\right]\quad(i=1,2,\cdots,n),$$

每个小区间的长度 $\Delta t_i=t_i-t_{i-1}=\frac{2}{n}$.

（2）取近似值——取小区间的右端点 $\xi_i=1+\frac{2i}{n}$，以常量 $R'(\xi_i)$ 代替 $R'(t)$，则时间段 Δt_i 上总收入的增加值 $\Delta R_i\approx R'(\xi_i)\Delta t_i$.

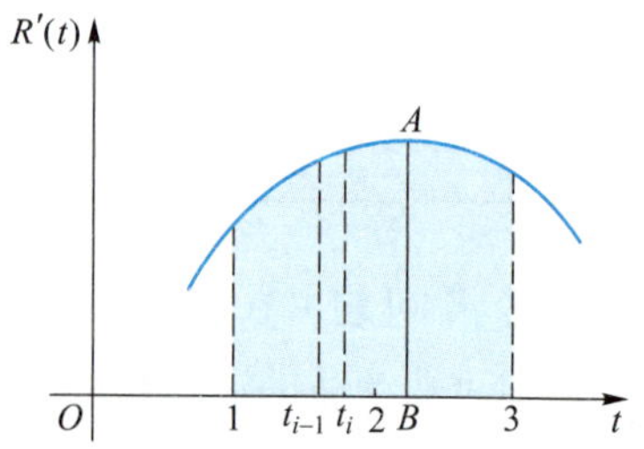

图 4-1

(3) 求和 —— 求 n 个时间段上总收入增加之和(积零为整).

由步骤(2) 知,总收入

$$
\begin{aligned}
R &= \Delta R_1 + \Delta R_2 + \cdots + \Delta R_n \approx \sum_{i=1}^{n} R'(\xi_i)\Delta t_i \\
&= \sum_{i=1}^{n}\left[60\left(1+\frac{2i}{n}\right) - 4\left(1+\frac{2i}{n}\right)^3\right]\frac{2}{n} \\
&= \frac{2}{n}\sum_{i=1}^{n}\left\{60+\frac{120i}{n} - 4\left[1+3\frac{2i}{n}+3\left(\frac{2i}{n}\right)^2+\left(\frac{2i}{n}\right)^3\right]\right\} \\
&= \frac{2}{n}\left[56n+\frac{96}{n}\frac{(n+1)n}{2} - \frac{48(2n+1)n(n+1)}{6n^2} - \frac{32}{n^3}\frac{n^2(n^2+2n+1)}{4}\right] \\
&= 112+96\left(1+\frac{1}{n}\right) - 16\left(2+\frac{1}{n}\right)\left(1+\frac{1}{n}\right) - 16\left(1+\frac{2}{n}+\frac{1}{n^2}\right).
\end{aligned}
$$

(4) 取极限 —— 收入的近似值过渡到精确值(收入精确化).

显然,分割越细,近似程度就越好.当分割无限加细,即每个小区间长度 Δt_i 趋于 0 时 $(n\to\infty)$,用步骤(3) 求出的 $R'(\xi_i)\Delta t_i$ 就趋于 ΔR_i.因此,对 $\sum\limits_{i=1}^{n} R'(\xi_i)\Delta t_i$ 取极限,若极限存在,则极限值即为所求的[1,3] 上产品生产的总收入,即

$$
\begin{aligned}
R &= \lim_{n\to\infty}\sum_{i=1}^{n} R'(\xi_i)\Delta t_i \\
&= \lim_{n\to\infty}\left[112+96\left(1+\frac{1}{n}\right) - 16\left(2+\frac{1}{n}\right)\left(1+\frac{1}{n}\right) - 16\left(1+\frac{2}{n}+\frac{1}{n^2}\right)\right] = 160.
\end{aligned}
$$

引例 4-2 曲边梯形的面积

在我国的某海域上,有一座小岛,小岛长约 3 641 m,宽约 1 905 m(图 4-2),我们不禁要问:小岛的面积是多少? 如何计算呢?

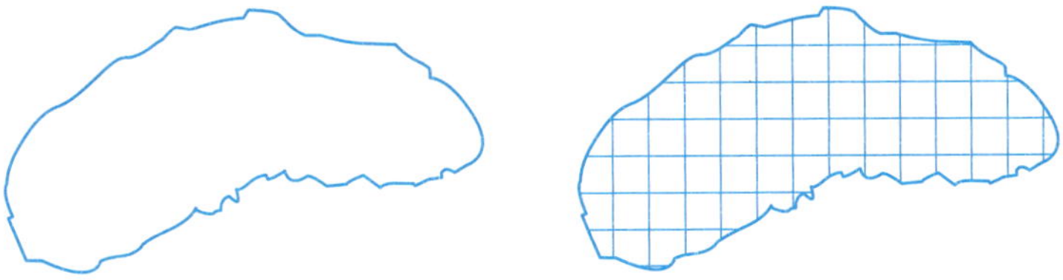

图 4-2

我们可以用分割的方法,网格化后发现,图形中央区域是矩形,因此只需测算边沿部分的面积即可,边沿部分是曲边梯形.

求由连续函数曲线 $y=f(x)\,(f(x)\geqslant 0)$,直线 $x=a, x=b$ 和 x 轴所围成的平面图形的面积(图 4-3).

我们知道曲边梯形在底边上各点的高 $f(x)$ 在 $[a,b]$ 上是变化的,因此其面积不能直接用矩形面积公式来计算.考虑到 $f(x)$ 在 $[a,b]$ 上是连续的,在很小一段区间上它的变化很小,我们按照计算非均匀状态下的总收入的方法来求曲边梯形的面积,步骤如下.

(1) 分割.

用分割点 $a=x_0<x_1<x_2<\cdots<x_{n-1}<x_n=b$ 把区间 $[a,b]$ 分成 n 个小区间 $[x_0,x_1]$, $[x_1,x_2]$, $\cdots$, $[x_{n-1},x_n]$,每个小区间的长度依次为

$$\Delta x_1=x_1-x_0,\Delta x_2=x_2-x_1,\cdots,\ \Delta x_n=x_n-x_{n-1}.$$

过每一个分点作 x 轴的垂线,这样曲边梯形被分成 n 个小曲边梯形,每个小曲边梯形的面积记为 $\Delta S_i(i=1,2,\cdots,n)$,则曲边梯形的面积 $S=\Delta S_1+\Delta S_2+\cdots+\Delta S_n=\sum\limits_{i=1}^{n}\Delta S_i$.

(2) 近似.

任取 $\xi_i\in[x_{i-1},x_i]$,以 $[x_{i-1},x_i]$ 为底,以常量 $f(\xi_i)$ 为高的小矩形面积近似代替小曲边梯形的面积(图 4-4),即

$$\Delta S_i\approx f(\xi_i)\Delta x_i(i=1,2,\cdots,n).$$

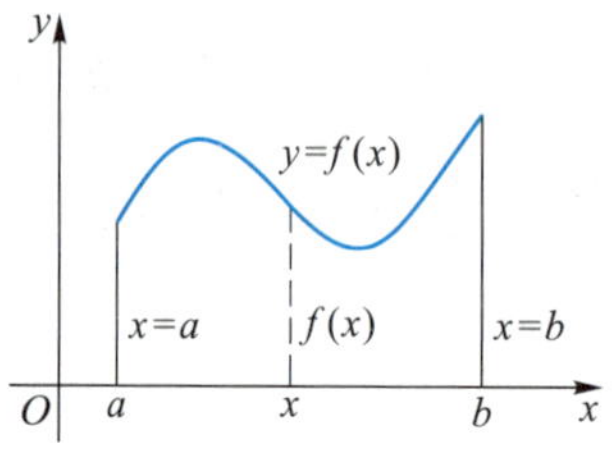

图 4-3

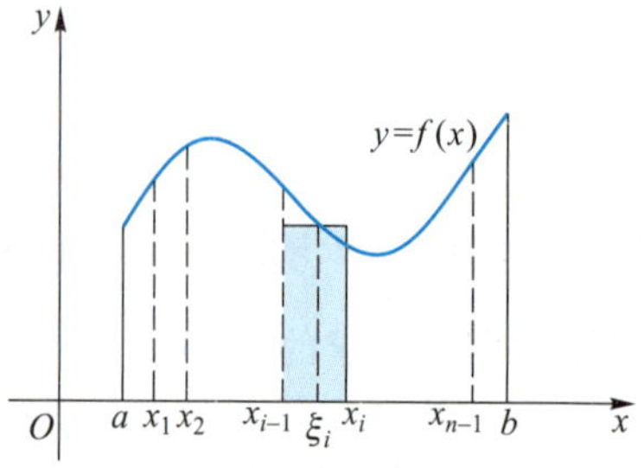

图 4-4

(3) 求和.

把 n 个小矩形面积之和作为曲边梯形面积的近似值,即

$$\begin{aligned}S&\approx f(\xi_1)\Delta x_1+f(\xi_2)\Delta x_2+\cdots+f(\xi_n)\Delta x_n\\&=\sum_{i=1}^{n}f(\xi_i)\Delta x_i.\end{aligned}$$

(4) 取极限.

当分割无限加细,即把区间 $[a,b]$ 无限细分,每个小区间长度趋于 0 时,所有小矩形面积之和的极限就是曲边梯形的面积.

记 $\lambda=\max\{\Delta x_1,\Delta x_2,\cdots,\Delta x_n\}$,当 $\lambda\to 0$ 时,和式 $\sum\limits_{i=1}^{n}f(\xi_i)\Delta x_i$ 的极限就是曲边梯形的面积,即 $S=\lim\limits_{\lambda\to 0}\sum\limits_{i=1}^{n}f(\xi_i)\Delta x_i$.

这一整套方法蕴含了唯物辩证法三大规律,即“对立统一”“量变到质变”“否定之否定”.第一步分割体现了“化整为零”,第二步近似代替,体现了“以直代曲”,第三步无限求和,体现了“积零为整”,第四步取极限,完成“量变到质变”,由“化整为零”到“积零为整”体现了“零”与“整”的“对立统一”,先近似代替再取极限求精确值,体现了“否定之否定”的规律.

以上两个引例虽然不同,但解决的思路都是“以匀代不匀,以直代曲”,且最终都归结为求特定和式的极限.因此,我们引入定积分的概念.

4.1.2 定积分的概念

定积分的
概念

定义 4.1 设函数 $f(x)$ 是定义在 $[a,b]$ 上的有界函数，在 $[a,b]$ 中任意插入 $n-1$ 个分点 $x_1,x_2,\cdots,x_{n-1}$，并且 $a=x_0<x_1<x_2<\cdots<x_{n-1}<x_n=b$，则区间 $[a,b]$ 被分成 n 个小区间

$$[x_0,x_1],[x_1,x_2],\cdots,[x_{n-1},x_n],$$

这些小区间的长度为 $\Delta x_1=x_1-x_0,\Delta x_2=x_2-x_1,\cdots,\Delta x_n=x_n-x_{n-1}$，在每个小区间上任取一点 $\xi_i\in[x_{i-1},x_i](i=1,2,\cdots,n)$，作和式 $\sum\limits_{i=1}^{n}f(\xi_i)\Delta x_i$，记 $\lambda=\max\{\Delta x_1,\Delta x_2,\cdots,\Delta x_n\}$，如果 $\lambda\to 0$ 时，该和式的极限存在，并且此极限值与区间 $[a,b]$ 的分法及 ξ_i 的取法无关，则称此极限值为函数 $f(x)$ 在 $[a,b]$ 上的**定积分**，记为 $\int_a^b f(x)\mathrm{d}x$，即

$$\int_a^b f(x)\mathrm{d}x=\lim_{\lambda\to 0}\sum_{i=1}^{n}f(\xi_i)\Delta x_i.$$

其中，$f(x)$ 称为**被积函数**，x 称为**积分变量**，$f(x)\mathrm{d}x$ 称为**被积表达式**，$[a,b]$ 称为**积分区间**，a 与 b 分别称为定积分的**下限**与**上限**.

如果定积分 $\int_a^b f(x)\mathrm{d}x$ 存在，则称 $f(x)$ 在 $[a,b]$ 上**可积**. 由定积分的定义，可知

(1) 引例 4-1 表示为 $R=\int_1^3(60t-4t^3)\mathrm{d}t=160.$

(2) 引例 4-2 表示为 $S=\int_a^b f(x)\mathrm{d}x.$

说明 (1) 定积分 $\int_a^b f(x)\mathrm{d}x$ 的值只与被积函数 $f(x)$ 及积分区间 $[a,b]$ 有关，而与积分变量用什么字母表示无关，即 $\int_a^b f(x)\mathrm{d}x=\int_a^b f(t)\mathrm{d}t.$

(2) 定积分定义中假设 $a<b$，如果 $a>b$，我们规定 $\int_a^b f(x)\mathrm{d}x=-\int_b^a f(x)\mathrm{d}x$，即定积分的上、下限互换时，定积分变号. 特别地，当 $a=b$ 时，有 $\int_a^a f(x)\mathrm{d}x=0.$

(3) 可以证明，当函数 $f(x)$ 在区间 $[a,b]$ 上连续或函数 $f(x)$ 在区间 $[a,b]$ 上有界，且只有有限个第一类间断点时，函数 $f(x)$ 在 $[a,b]$ 上可积. 另外，无界函数是不可积的.

(4) 定积分中无限细分、无限求和、无限逼近的思想，与我国魏晋时期数学家刘徽提出的数学史上著名的“割圆术”所用的思想类似. 公元 263 年，刘徽在其撰写的《九章算术注》中，以“圆内接正多边形的面积”来无限逼近“圆面积”(图 4-5). 刘徽如此形容他的“割圆术”：“割之弥细，所失弥少，割之又割，以至于不可割，则与圆周合体而无所失矣.”

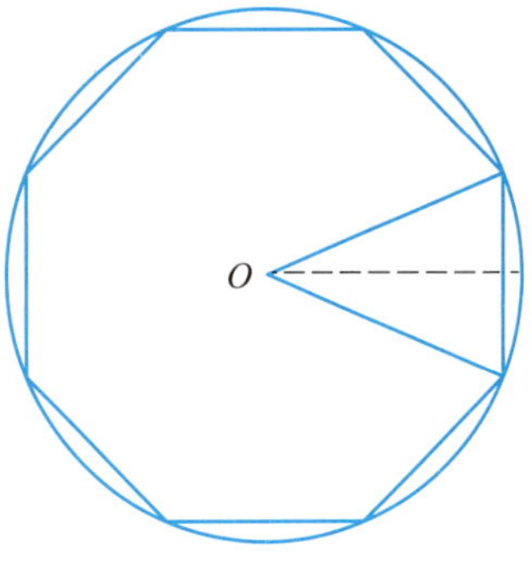

图 4-5

4.1.3　定积分的几何意义

由引例 4 - 2,可得定积分的几何意义.

若在$[a,b]$上,连续函数$f(x)\geqslant 0$,则定积分$\int_a^b f(x)\mathrm{d}x$的值表示由曲线$y=f(x)$,直线$x=a$,$x=b$及x轴所围成的曲边梯形的面积S(图 4-6),即

$$S=\int_a^b f(x)\mathrm{d}x.$$

平面图形的面积

一般地,我们有

(1) 若在$[a,b]$上,连续函数$f(x)<0$,则定积分$\int_a^b f(x)\mathrm{d}x$的值表示对应的曲边梯形的面积S的相反数(图 4-7),即

$$S=-\int_a^b f(x)\mathrm{d}x.$$

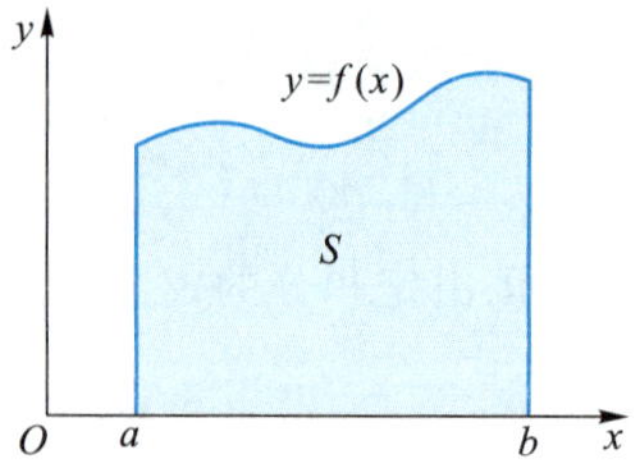

图 4-6

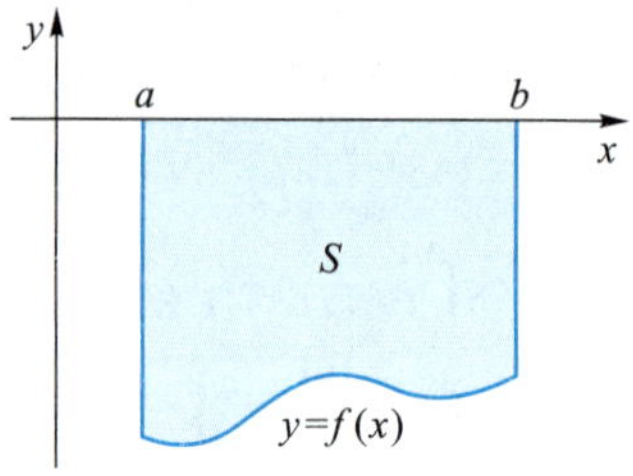

图 4-7

(2) 对$[a,b]$上的任意连续函数$f(x)$,定积分$\int_a^b f(x)\mathrm{d}x$的值表示对应的各个曲边梯形的面积的代数和,即

$$\int_a^b f(x)\mathrm{d}x=S_1-S_2+S_3=\int_a^c f(x)\mathrm{d}x+\int_c^d f(x)\mathrm{d}x+\int_d^b f(x)\mathrm{d}x,$$

如图 4-8 所示.

(3) 由两条连续曲线$y=f(x)$,$y=g(x)$$[f(x)\geqslant g(x)]$和直线$x=a$,$x=b(a<b)$所围成的曲边四边形(图 4-9)的面积为

$$S=\int_a^b f(x)\mathrm{d}x-\int_a^b g(x)\mathrm{d}x=\int_a^b[f(x)-g(x)]\mathrm{d}x.$$

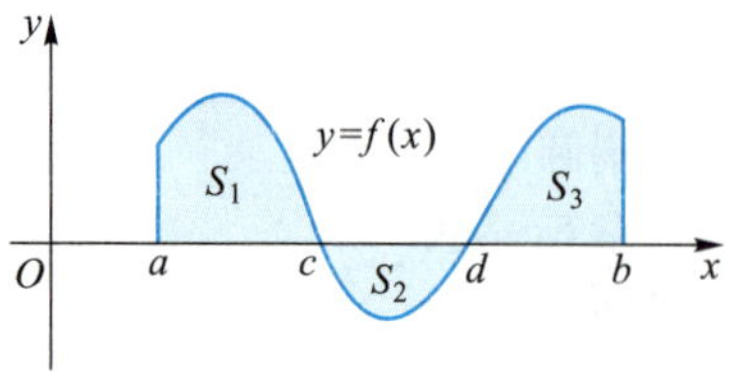

图 4-8

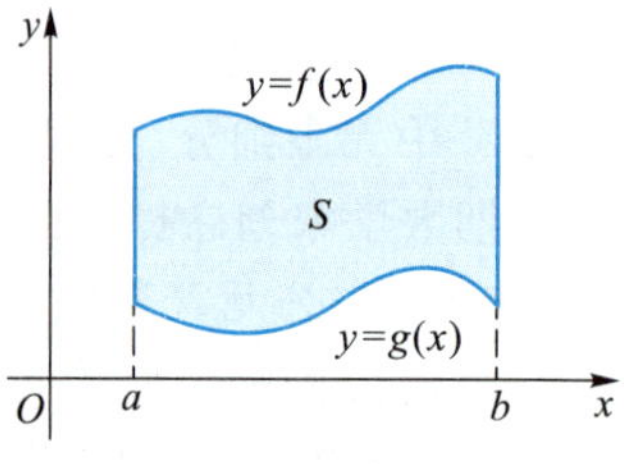

图 4-9

类似地，由连续曲线 $x=\varphi(y)$，$x=\psi(y)$（$\varphi(y)\geqslant\psi(y)$）和直线 $y=c$，$y=d$（$c<d$）所围成的曲边四边形（图 4-10）的面积为

$$S=\int_c^d[\varphi(y)-\psi(y)]\mathrm{d}y.$$

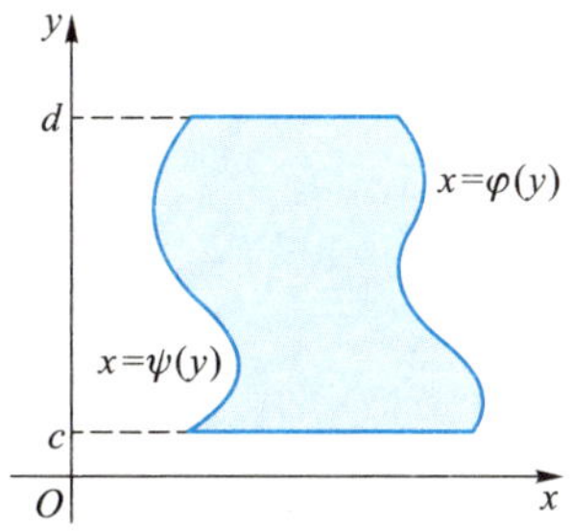

图 4-10

例 4-1　由定积分的几何意义，确定定积分 $\int_0^1(x+1)\mathrm{d}x$ 的值.

解　作出定积分 $\int_0^1(x+1)\mathrm{d}x$ 对应的曲边梯形（图 4-11），恰好是一个直角梯形，由直角梯形的面积公式可得，其面积 $S=\dfrac{3}{2}$，所以由定积分的几何意义，知

$$\int_0^1(x+1)\mathrm{d}x=S=\frac{3}{2}.$$

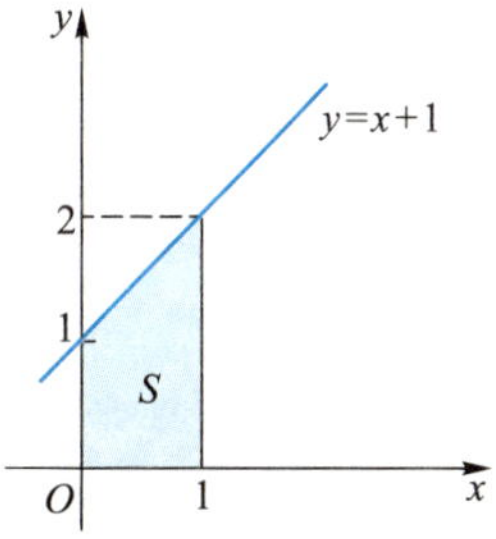

图 4-11

4.1.4　定积分的性质

在下面的讨论中，我们假设函数在所给的区间上都是可积的.

性质 1　当被积函数为 1 时，定积分的值等于上限减下限，即

$$\int_a^b\mathrm{d}x=b-a.$$

性质 2　被积函数的常数因子可提到积分号前，即

$$\int_a^b kf(x)\mathrm{d}x=k\int_a^b f(x)\mathrm{d}x.$$

性质 3　函数的代数和的积分等于积分的代数和，即

$$\int_a^b[f(x)\pm g(x)]\mathrm{d}x=\int_a^b f(x)\mathrm{d}x\pm\int_a^b g(x)\mathrm{d}x.$$

这个结论可推广到任意有限多个函数代数和的情形.

性质 4　对任意的点 c,有

$$\int_a^b f(x)\mathrm{d}x = \int_a^c f(x)\mathrm{d}x + \int_c^b f(x)\mathrm{d}x.$$

说明　点 c 既可以在区间 $[a,b]$ 内,也可以在区间 $[a,b]$ 外.

性质 5　如果函数在区间 $[a,b]$ 上满足 $f(x) \leqslant g(x)$,则

$$\int_a^b f(x)\mathrm{d}x \leqslant \int_a^b g(x)\mathrm{d}x.$$

特别地,如果在区间 $[a,b]$ 上 $f(x) \geqslant 0$,则

$$\int_a^b f(x)\mathrm{d}x \geqslant 0.$$

性质 6　设函数 $f(x)$ 在区间 $[a,b]$ 上的最大值与最小值分别为 M 与 m,则

$$m(b-a) \leqslant \int_a^b f(x)\mathrm{d}x \leqslant M(b-a).$$

证　因为 $m \leqslant f(x) \leqslant M$,由性质 5,得

$$\int_a^b m\mathrm{d}x \leqslant \int_a^b f(x)\mathrm{d}x \leqslant \int_a^b M\mathrm{d}x,$$

所以

$$m(b-a) \leqslant \int_a^b f(x)\mathrm{d}x \leqslant M(b-a).$$

性质 7(积分中值定理)　如果函数 $f(x)$ 在 $[a,b]$ 上连续,则至少存在一点 $\xi \in [a,b]$,使

$$\int_a^b f(x)\mathrm{d}x = f(\xi)(b-a).$$

证　因为函数 $f(x)$ 在 $[a,b]$ 上连续,设 M 和 m 分别为 $f(x)$ 在 $[a,b]$ 上的最大值与最小值,由定积分的性质 6,得

$$m(b-a) \leqslant \int_a^b f(x)\mathrm{d}x \leqslant M(b-a),$$

即

$$m \leqslant \frac{\int_a^b f(x)\mathrm{d}x}{b-a} \leqslant M.$$

由闭区间上连续函数的介值定理可知,至少存在一点 $\xi \in [a,b]$,使

$$\frac{\int_a^b f(x)\mathrm{d}x}{b-a} = f(\xi),$$

所以

$$\int_a^b f(x)\mathrm{d}x = f(\xi)(b-a).$$

积分中值定理的几何意义是,在区间 $[a,b]$ 上至少存在一点 ξ,使以 $f(\xi)$ 为高,以 $[a,b]$ 为底的矩形面积等于定积分 $\int_a^b f(x)\mathrm{d}x$ 的值(图 4-12).

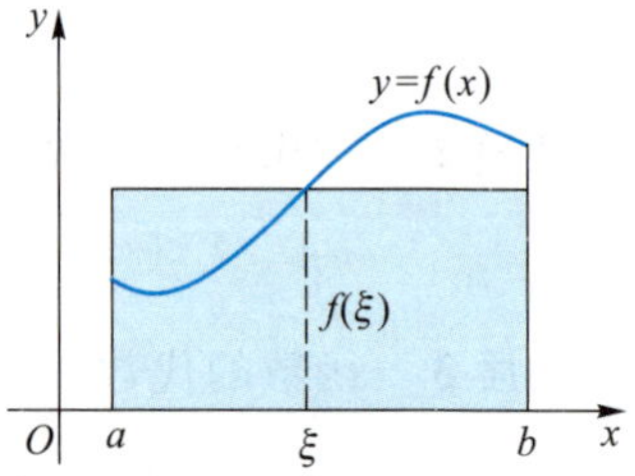

图 4-12

例 4-2 不计算定积分,比较下列定积分的大小.

(1) $\int_0^{\frac{\pi}{2}} x\mathrm{d}x$ 与 $\int_0^{\frac{\pi}{2}} \sin x\mathrm{d}x$.

(2) $\int_0^1 x\mathrm{d}x$ 与 $\int_0^1 x^2\mathrm{d}x$.

解 (1) 因为在区间 $\left[0,\frac{\pi}{2}\right]$ 上,$x \geqslant \sin x$,所以由定积分的性质 5,得

$$\int_0^{\frac{\pi}{2}} x\mathrm{d}x \geqslant \int_0^{\frac{\pi}{2}} \sin x\mathrm{d}x.$$

(2) 因为在区间$[0,1]$上,$x \geqslant x^2$,由定积分的性质 5,得

$$\int_0^1 x\mathrm{d}x \geqslant \int_0^1 x^2\mathrm{d}x.$$

例 4-3 不计算定积分,估计定积分$\int_0^1 (2x^3 - x^4)\mathrm{d}x$ 的值介于哪两个常数之间.

解 设$f(x)=2x^3-x^4$,则$f'(x)=6x^2-4x^3=2x^2(3-2x)\geqslant 0, x\in[0,1]$.因此$f(x)$在$[0,1]$上是单调增加函数,故$f(x)$在$[0,1]$上的最大值$M=f(1)=1$,最小值$m=f(0)=0$,由定积分的性质 6,得

$$0 \leqslant \int_0^1 (2x^3 - x^4)\mathrm{d}x \leqslant 1.$$

练习 4.1

1. 判断题.

(1) 由曲线 $y=f(x)$,直线 $x=a, x=b$ 及 x 轴所围成的平面图形的面积 $S=\int_a^b f(x)\mathrm{d}x$. ( )

(2) $\int_a^b f(x)\mathrm{d}x = \int_a^b f(t)\mathrm{d}t$. ( )

(3) $\int_0^1 2x\mathrm{d}x = 1$. ( )

(4) $\int_0^1 \mathrm{e}^{x^2}\mathrm{d}x \leqslant \int_0^1 \mathrm{e}^x\mathrm{d}x$. ( )

(5) $\int_a^b f(x)\mathrm{d}x = -\int_b^a f(t)\mathrm{d}t$. ( )

2. 填空题.

(1) 由曲线 $y=x^3$,直线 $x=-1, x=2$ 及 x 轴所围成的图形的面积用定积分表示为________.

(2) 已知某产品的总产量的变化率为 $Q'(t)=2t+3$(吨/年),用定积分表示第二个五年内的总产量为________.

(3) 函数有界是函数可积的________条件.

(4) 利用定积分的几何意义,得定积分$\int_0^2 \sqrt{4-x^2}\,\mathrm{d}x=$________.

(5) 估计定积分的值:________ $\leqslant \int_{-1}^1 \mathrm{e}^{-x^2}\mathrm{d}x \leqslant$ ________.

3. 选择题.

(1) $\int_0^3 |2-x|\mathrm{d}x=$ ( ).

A. $\int_0^2 (2-x)\mathrm{d}x + \int_2^3 (2-x)\mathrm{d}x$　　B. $\int_0^2 (2-x)\mathrm{d}x + \int_2^3 (x-2)\mathrm{d}x$

C. $\int_0^2 (x-2)\mathrm{d}x + \int_2^3 (x-2)\mathrm{d}x$　　D. $\int_0^2 (x-2)\mathrm{d}x + \int_2^3 (2-x)\mathrm{d}x$

(2) 下列各式成立的是(　　).

A. $\int_1^2 \ln x\mathrm{d}x \leqslant \int_1^2 \ln^2 x\mathrm{d}x$　　B. $\int_0^1 x\mathrm{d}x \leqslant \int_0^1 x^2\mathrm{d}x$

C. $\int_0^1 x\mathrm{d}x \geqslant \int_0^1 x^3\mathrm{d}x$　　D. $\int_1^2 x\mathrm{d}x \geqslant \int_1^2 x^2\mathrm{d}x$

(3) 定积分中值定理 $\int_a^b f(x)\mathrm{d}x = f(\xi)(b-a)$ 中，ξ 是 $[a,b]$ 内的(　　).

A. 任意一点　　B. 唯一的某点　　C. 必定存在的某一点　　D. 中点

(4) 设在区间 $[a,b]$ 上的连续函数 $f(x) > 0$，则 $\int_a^b f(x)\mathrm{d}x$ 与 0 的大小关系为(　　).

A. $\int_a^b f(x)\mathrm{d}x > 0$　　B. $\int_a^b f(x)\mathrm{d}x \leqslant 0$　　C. $\int_a^b f(x)\mathrm{d}x = 0$　　D. 不能确定

4.2　牛顿 - 莱布尼茨公式

定积分的定义是特定和式的极限，如果直接用定义求定积分的值是十分困难的. 由牛顿和莱布尼茨提出的微积分基本公式揭示了定积分与不定积分的联系，从而解决了定积分的计算难题.

4.2.1　积分上限函数

变上限积分

设函数 $f(x)$ 在区间 $[a,b]$ 上连续，对于任意的 $x \in [a,b]$，以 x 为上限的定积分 $\int_a^x f(t)\mathrm{d}t$ 有唯一确定的值与 x 对应，因此 $\int_a^x f(t)\mathrm{d}t$ 在区间 $[a,b]$ 上是关于 x 的一个函数，称 $\int_a^x f(t)\mathrm{d}t$ 为**积分上限函数**，记为 $\Phi(x)$，即 $\Phi(x) = \int_a^x f(t)\mathrm{d}t$.

函数 $\Phi(x)$ 有如下重要性质.

定理 4.1　如果函数 $f(x)$ 在区间 $[a,b]$ 上连续，则积分上限函数 $\Phi(x) = \int_a^x f(t)\mathrm{d}t$ 在区间 $[a,b]$ 上可导，并且

$$\Phi'(x) = \left[\int_a^x f(t)\mathrm{d}t\right]' = f(x).$$

证　给定自变量 x 的一个增量 Δx，则

$$\begin{aligned}\Phi(x+\Delta x) - \Phi(x) &= \int_a^{x+\Delta x} f(t)\mathrm{d}t - \int_a^x f(t)\mathrm{d}t \\ &= \int_a^{x+\Delta x} f(t)\mathrm{d}t + \int_x^a f(t)\mathrm{d}t\end{aligned}$$

$$=\int_{x}^{x+\Delta x} f(t)\,\mathrm{d}t.$$

根据积分中值定理,存在介于 x 和 $x+\Delta x$ 之间的 ξ,使$\int_{x}^{x+\Delta x} f(t)\,\mathrm{d}t=f(\xi)\Delta x$,所以

$$\lim_{\Delta x\to 0}\frac{\Phi(x+\Delta x)-\Phi(x)}{\Delta x}=\lim_{\Delta x\to 0} f(\xi),$$

当 $\Delta x\to 0$ 时,$\xi\to x$,由 $f(x)$ 的连续性,得上式的极限为

$$\Phi'(x)=\lim_{\xi\to x} f(\xi)=f(x).$$

定理 4.1 表明,如果 $f(x)$ 在区间 $[a,b]$ 上连续,则积分上限函数 $\Phi(x)=\int_{a}^{x} f(t)\,\mathrm{d}t$ 是 $f(x)$ 在区间 $[a,b]$ 上的一个原函数.也就是说,连续函数的原函数总是存在的.

例 4-4　设 $\Phi(x)=\int_{0}^{x} t^{2}\mathrm{e}^{-t}\,\mathrm{d}t$,求 $\Phi'(x)$.

解　由定理 4.1,得 $\Phi'(x)=x^{2}\mathrm{e}^{-x}$.

例 4-5　设 $\Phi(x)=\int_{0}^{\sin x}\frac{1}{1+t^{2}}\,\mathrm{d}t$,求 $\Phi'(x)$.

解　令 $u=\sin x$,则 $\Phi(x)=\int_{0}^{\sin x}\frac{1}{1+t^{2}}\,\mathrm{d}t$ 可看作由 $\Psi(u)=\int_{0}^{u}\frac{1}{1+t^{2}}\,\mathrm{d}t$,$u=\sin x$ 复合而成的复合函数.根据复合函数求导法则及定理 4.1,得

$$\Phi'(x)=\Psi'(u)(\sin x)'=\left(\int_{0}^{u}\frac{1}{1+t^{2}}\,\mathrm{d}t\right)'\cos x=\frac{1}{1+u^{2}}\cos x=\frac{\cos x}{1+\sin^{2}x}.$$

4.2.2　牛顿－莱布尼茨公式

定理 4.2　如果函数 $f(x)$ 在区间 $[a,b]$ 上连续,$F(x)$ 是 $f(x)$ 的一个原函数,则

$$\int_{a}^{b} f(x)\,\mathrm{d}x=F(b)-F(a).\tag{4-2}$$

该公式提供了计算定积分的有效方法,它是牛顿和莱布尼茨在 17 世纪分别建立的,因此称它为**牛顿－莱布尼茨公式**,也称为**微积分基本公式**.

牛顿－莱布尼茨公式

证　已知 $F(x)$ 是 $f(x)$ 的一个原函数,而积分上限函数 $\Phi(x)=\int_{a}^{x} f(t)\,\mathrm{d}t$ 也是 $f(x)$ 的一个原函数,由于同一函数的任何两个原函数只相差一个常数,因此

$$\Phi(x)=\int_{a}^{x} f(t)\,\mathrm{d}t=F(x)+C,$$

将 $x=a$ 代入上式有 $F(a)+C=\int_{a}^{a} f(t)\,\mathrm{d}t=0$,移项得 $C=-F(a)$,所以

$$\int_{a}^{x} f(t)\,\mathrm{d}t=F(x)-F(a).$$

再将 $x=b$ 代入,得$\int_{a}^{b} f(t)\,\mathrm{d}t=F(b)-F(a)$,将积分变量 t 换成 x,得

$$\int_{a}^{b} f(x)\,\mathrm{d}x=F(b)-F(a).$$

为了方便起见，我们一般把公式（4 - 2）写成

$$\int_a^b f(x)\mathrm{d}x = F(x)\Big|_a^b = F(b) - F(a).$$

牛顿 - 莱布尼茨公式揭示了定积分与不定积分之间的联系，并给出了定积分计算的方法，即连续函数 $f(x)$ 在区间 $[a,b]$ 上的定积分等于求 $f(x)$ 的一个原函数 $F(x)$ 在区间 $[a,b]$ 端点上的增量.

例 4-6　计算 $\int_0^3 x^2\mathrm{d}x$.

解　$\int_0^3 x^2\mathrm{d}x = \frac{1}{3}x^3\Big|_0^3 = 9 - 0 = 9.$

例 4-7　计算 $\int_1^3 \frac{1}{x}\mathrm{d}x$.

解　$\int_1^3 \frac{1}{x}\mathrm{d}x = \ln x\Big|_1^3 = \ln 3 - \ln 1 = \ln 3.$

例 4-8　计算 $\int_0^{\frac{\pi}{4}} \tan^2 x\mathrm{d}x$.

解　$\int_0^{\frac{\pi}{4}} \tan^2 x\mathrm{d}x = \int_0^{\frac{\pi}{4}}(\sec^2 x - 1)\mathrm{d}x = (\tan x - x)\Big|_0^{\frac{\pi}{4}} = 1 - \frac{\pi}{4}.$

例 4-9　计算 $\int_0^{\frac{\pi}{3}} \tan x\mathrm{d}x$.

解　$\int_0^{\frac{\pi}{3}} \tan x\mathrm{d}x = \int_0^{\frac{\pi}{3}} \frac{\sin x}{\cos x}\mathrm{d}x = -\int_0^{\frac{\pi}{3}} \frac{1}{\cos x}\mathrm{d}(\cos x)$

$$= -[\ln|\cos x|]\Big|_0^{\frac{\pi}{3}} = -\left(\ln\left|\cos\frac{\pi}{3}\right| - \ln|\cos 0|\right) = \ln 2.$$

例 4-10　设 $f(x) = \begin{cases} x + 1, & x \geqslant 0, \\ \mathrm{e}^{-x}, & x < 0, \end{cases}$ 求 $\int_{-1}^2 f(x)\mathrm{d}x$.

解　分段函数的积分，当 $-1 \leqslant x < 0$ 时，$f(x) = \mathrm{e}^{-x}$，当 $0 \leqslant x \leqslant 2$ 时，$f(x) = x + 1$.

$$\int_{-1}^2 f(x)\mathrm{d}x = \int_{-1}^0 \mathrm{e}^{-x}\mathrm{d}x + \int_0^2 (x + 1)\mathrm{d}x = -\mathrm{e}^{-x}\big|_{-1}^0 + \frac{(x+1)^2}{2}\Bigg|_0^2$$

$$= -(\mathrm{e}^0 - \mathrm{e}) + \left[\frac{(2+1)^2}{2} - \frac{(0+1)^2}{2}\right]$$

$$= \mathrm{e} - 1 + 4 = \mathrm{e} + 3.$$

例 4-11　计算 $\int_0^2 |1 - x|\mathrm{d}x$.

解　$\int_0^2 |1 - x|\mathrm{d}x = \int_0^1 (1 - x)\mathrm{d}x + \int_1^2 (x - 1)\mathrm{d}x$

$$= \left(x - \frac{1}{2}x^2\right)\Bigg|_0^1 + \left(\frac{1}{2}x^2 - x\right)\Bigg|_1^2 = 1.$$

例 4-12　求由曲线 $y = x^3$ 与直线 $x = 1, x = 2$ 和 x 轴所围成的曲边梯形的面积.

解　如图 4-13 所示,所求曲边梯形的面积为

$$S=\int_1^2 x^3\mathrm{d}x=\frac{1}{4}x^4\Big|_1^2=\frac{15}{4}.$$

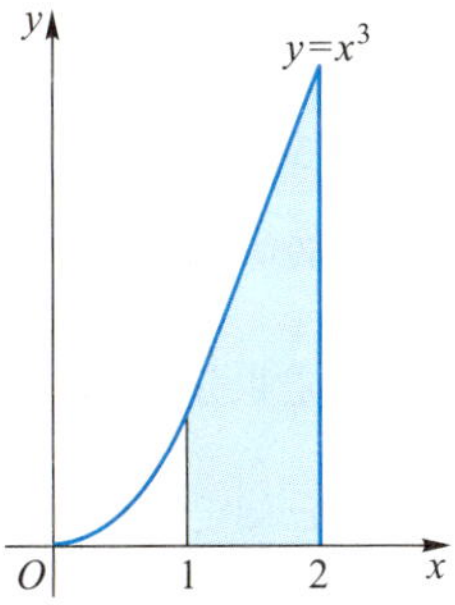

图 4-13

例 4-13　求由抛物线 $y=x^2+1$ 与直线 $x+y=3$ 所围成的平面图形的面积.

解　解方程组 $\begin{cases}y=x^2+1,\\x+y=3,\end{cases}$ 得交点 $(-2,5)$, $(1,2)$,如图 4-14 所示.

所围图形的面积为

$$S=\int_{-2}^{1}[3-x-(x^2+1)]\mathrm{d}x=\int_{-2}^{1}(2-x-x^2)\mathrm{d}x$$
$$=\left(2x-\frac{1}{2}x^2-\frac{1}{3}x^3\right)\Big|_{-2}^{1}=\frac{9}{2}.$$

例 4-14　求由曲线 $y=\frac{1}{x}$ 与直线 $y=x,y=2$ 所围成的图形的面积.

解　如图 4-15 所示,易知三个交点分别为$\left(\frac{1}{2},2\right)$,$(1,1)$,$(2,2)$.直线 $x=y$ 位于曲线 $x=\frac{1}{y}$ 的右方,取 y 为积分变量,积分区间为$[1,2]$,则所求面积为

$$S=\int_1^2\left(y-\frac{1}{y}\right)\mathrm{d}y=\left(\frac{1}{2}y^2-\ln y\right)\Big|_1^2=\frac{3}{2}-\ln 2.$$

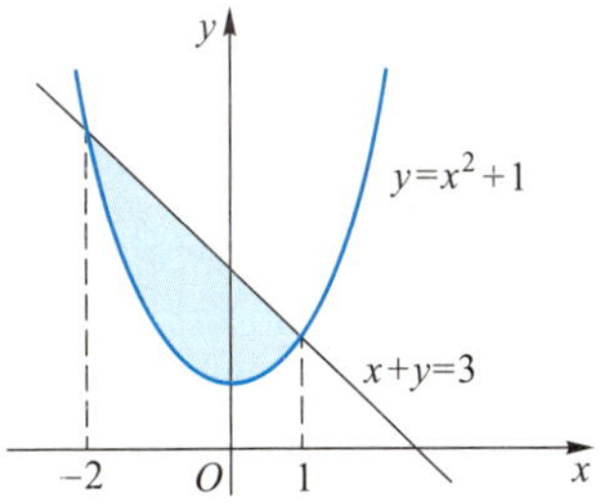

图 4-14

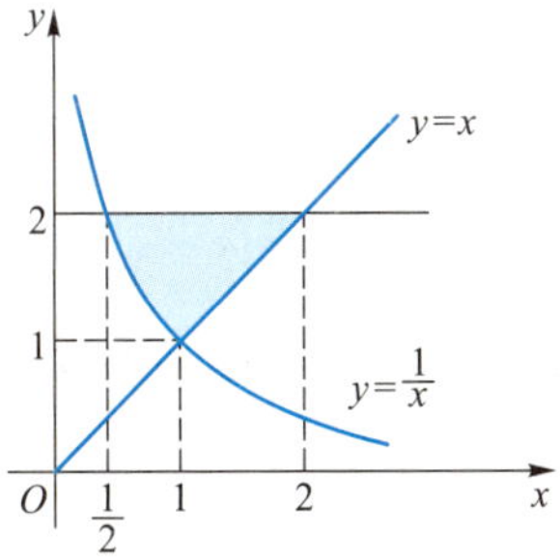

图 4-15

练习 4.2

1. 判断题.

(1) $\int_a^b F'(x)\mathrm{d}x=F(b)-F(a)$.　(　　)

(2) $\left[\int_a^t f(x)\mathrm{d}x\right]'=f(x)$.　(　　)

(3) $\int_a^b f'(x)\mathrm{d}x=f(x)$.　(　　)

(4) 若$\int_a^b f(x)\mathrm{d}x=\int_a^b g(x)\mathrm{d}x$,则 $f(x)=g(x)$.　(　　)

(5) 设 $y=\int_0^{\sin x}(2t+1)\mathrm{d}t$,则 $y'=\sin 2x+1$.　　(　　)

2. 填空题.

(1) 设 $f(x)=\int_x^0\frac{1}{1+t}\mathrm{d}t$,则 $f'(x)=$ ________.

(2) 定积分 $\int_0^1 \mathrm{e}^x\mathrm{d}x=$ ________.

(3) 已知定积分 $\int_0^1(2x+k)\mathrm{d}x=2$,则 $k=$ ________.

(4) 设 $y=\int_0^x(t-1)\mathrm{d}t$,则 y 的极小值为 ________.

(5) 设 $y=\int_0^{2x}(\sin t-1)\mathrm{d}t$,则 $y'=$ ________.

3. 选择题.

(1) 极限 $\lim\limits_{x\to 0}\frac{\int_0^x \sin t^2\mathrm{d}t}{x^3}=$ (　　).

A. 1　　B. 0　　C. $\frac{1}{2}$　　D. $\frac{1}{3}$

(2) 已知 $f(x)$ 在 $[a,b]$ 上连续,则积分上限函数 $\int_a^x f(t)\mathrm{d}t$ 是(　　).

A. $f(t)$ 的一个原函数　　B. $f(t)$ 的所有原函数

C. $f(x)$ 的一个原函数　　D. $f(x)$ 的所有原函数

(3) 下列定积分为 0 的是(　　).

A. $\int_1^2(x^3+x)\mathrm{d}x$　　B. $\int_0^{\pi}\cos x\mathrm{d}x$

C. $\int_1^2\mathrm{d}x$　　D. $\int_0^{\pi}\sin x\mathrm{d}x$

(4) 设 $f(x)=\begin{cases}x, & x\geqslant 0,\\ 1, & x<0,\end{cases}$ 则 $\int_{-1}^2 f(x)\mathrm{d}x=$ (　　).

A. 1　　B. 2　　C. 3　　D. $\frac{1}{3}$

(5) 由曲线 $y=-x^2+1$ 与 x 轴围成的图形的面积是(　　).

A. 1　　B. $\frac{2}{3}$　　C. $\frac{4}{3}$　　D. $\frac{1}{3}$

4.3　定积分的换元积分法与分部积分法

在不定积分的换元积分法和分部积分法的基础上,本节介绍定积分的换元积分法和分部积分法.

4.3.1　定积分的换元积分法

我们不加证明地给出下述的换元法定理.

定理 4.3　设函数$f(x)$在区间$[a,b]$上连续，$x=\varphi(t)$，且$a=\varphi(\alpha)$，$b=\varphi(\beta)$，如果

(1) $\varphi'(t)$在区间$[\alpha,\beta]$上连续，

(2) 当t从α变化到β时，$\varphi(t)$从a单调地变化到b，

则有

$$\int_a^b f(x)\mathrm{d}x=\int_\alpha^\beta f[\varphi(t)]\varphi'(t)\mathrm{d}t. \tag{4-3}$$

例 4-15　计算$\int_0^{\frac{\pi}{2}}\sin 3x\mathrm{d}x$.

解　令$t=3x$，则$\mathrm{d}t=3\mathrm{d}x$.当$x=0$时，$t=0$；当$x=\frac{\pi}{2}$时，$t=\frac{3\pi}{2}$.所以

$$\int_0^{\frac{\pi}{2}}\sin 3x\mathrm{d}x=\frac{1}{3}\int_0^{\frac{3\pi}{2}}\sin t\mathrm{d}t=-\frac{1}{3}\cos t\Big|_0^{\frac{3\pi}{2}}=\frac{1}{3}.$$

说明　在运用换元积分法时，我们要强调的是，换元必换限，(原)上限对(新)上限，(原)下限对(新)下限.如果不引入新的变量t，则定积分的上限、下限就不需要改变，即不换元不换限，本题也可按以下方法重新计算.

$$\int_0^{\frac{\pi}{2}}\sin 3x\mathrm{d}x=\frac{1}{3}\int_0^{\frac{\pi}{2}}\sin 3x\mathrm{d}(3x)=-\frac{1}{3}\cos 3x\Big|_0^{\frac{\pi}{2}}=\frac{1}{3}.$$

例 4-16　计算$\int_1^{\mathrm{e}}\frac{\ln x}{x}\mathrm{d}x$.

解　$\int_1^{\mathrm{e}}\frac{\ln x}{x}\mathrm{d}x=\int_1^{\mathrm{e}}\ln x\mathrm{d}(\ln x)=\frac{1}{2}(\ln x)^2\Big|_1^{\mathrm{e}}=\frac{1}{2}.$

例 4-17　计算$\int_0^1\frac{\arctan x}{1+x^2}\mathrm{d}x$.

解　$\int_0^1\frac{\arctan x}{1+x^2}\mathrm{d}x=\int_0^1\arctan x\mathrm{d}(\arctan x)=\frac{1}{2}(\arctan x)^2\Big|_0^1=\frac{\pi^2}{32}.$

例 4-18　求$\int_{-1}^1\frac{\mathrm{e}^x}{\mathrm{e}^x+1}\mathrm{d}x$.

解　$\int_{-1}^1\frac{\mathrm{e}^x}{\mathrm{e}^x+1}\mathrm{d}x=\int_{-1}^1\frac{1}{\mathrm{e}^x+1}\mathrm{d}(\mathrm{e}^x+1)=\ln(\mathrm{e}^x+1)\Big|_{-1}^1$

$$=\ln(\mathrm{e}+1)-\ln\left(\frac{1}{\mathrm{e}}+1\right)=1.$$

例 4-19　求$\int_0^{\frac{\pi}{2}}\sin^2x\cos x\mathrm{d}x$.

解　$\int_0^{\frac{\pi}{2}}\sin^2x\cos x\mathrm{d}x=\int_0^{\frac{\pi}{2}}\sin^2x\mathrm{d}(\sin x)=\frac{1}{3}\sin^3x\Big|_0^{\frac{\pi}{2}}=\frac{1}{3}.$

例 4-20　计算$\int_0^1\frac{\mathrm{d}x}{1+\sqrt{x}}$.

解　令$t=\sqrt{x}$，则$x=t^2$，$\mathrm{d}x=2t\mathrm{d}t$.当$x=0$时，$t=0$；当$x=1$时，$t=1$.所以

$$\int_0^1 \frac{\mathrm{d}x}{1+\sqrt{x}} = 2\int_0^1 \frac{t}{1+t}\mathrm{d}t = 2\int_0^1\left(1-\frac{1}{1+t}\right)\mathrm{d}t$$

$$= 2[t-\ln(1+t)]\Big|_0^1 = 2-2\ln 2.$$

例 4-21　计算$\int_0^{\ln 2}\sqrt{\mathrm{e}^x-1}\,\mathrm{d}x$.

解　令$\sqrt{\mathrm{e}^x-1}=t$,则$x=\ln(t^2+1)$,$\mathrm{d}x=\frac{2t}{t^2+1}\mathrm{d}t$.当$x=0$时,$t=0$;当$x=\ln 2$时,$t=1$.所以

$$\int_0^{\ln 2}\sqrt{\mathrm{e}^x-1}\,\mathrm{d}x = \int_0^1 t\mathrm{d}[\ln(t^2+1)] = \int_0^1\frac{2t^2}{t^2+1}\mathrm{d}t = 2\int_0^1\left(1-\frac{1}{t^2+1}\right)\mathrm{d}t$$

$$= 2t\Big|_0^1 - 2\arctan t\Big|_0^1 = 2-\frac{\pi}{2}.$$

例 4-22　计算$\int_1^2\frac{\sqrt{x^2-1}}{x}\mathrm{d}x$.

解　令$x=\sec t$,则$\mathrm{d}x=\sec t\tan t\mathrm{d}t$.当$x=1$时,$t=0$;当$x=2$时,$t=\frac{\pi}{3}$.所以

$$\int_1^2\frac{\sqrt{x^2-1}}{x}\mathrm{d}x = \int_0^{\frac{\pi}{3}}\frac{\tan t}{\sec t}\sec t\tan t\mathrm{d}t = \int_0^{\frac{\pi}{3}}(\sec^2 t-1)\mathrm{d}t$$

$$= (\tan t - t)\Big|_0^{\frac{\pi}{3}} = \sqrt{3}-\frac{\pi}{3}.$$

例 4-23　设$f(x)=\begin{cases}1+x^2, & x\leqslant 0,\\ \mathrm{e}^x, & x>0,\end{cases}$计算$\int_1^3 f(x-2)\mathrm{d}x$.

解　设$t=x-2$,则$x=t+2$,$\mathrm{d}x=\mathrm{d}t$.当$x=1$时,$t=-1$;当$x=3$时,$t=1$.所以

$$\int_1^3 f(x-2)\mathrm{d}x = \int_{-1}^1 f(t)\mathrm{d}t = \int_{-1}^1 f(x)\mathrm{d}x = \int_{-1}^0(1+x^2)\mathrm{d}x + \int_0^1\mathrm{e}^x\mathrm{d}x$$

$$= \left(x+\frac{x^3}{3}\right)\Big|_{-1}^0 + \mathrm{e}^x\Big|_0^1 = \frac{4}{3}+\mathrm{e}-1 = \frac{1}{3}+\mathrm{e}.$$

例 4-24　设函数$f(x)$在区间$[-a,a]$上连续,证明$\int_{-a}^a f(x)\mathrm{d}x = \int_0^a[f(x)+f(-x)]\mathrm{d}x$,且

例 4-24 讲解

(1) 若$f(x)$在区间$[-a,a]$上为偶函数,则$\int_{-a}^a f(x)\mathrm{d}x = 2\int_0^a f(x)\mathrm{d}x$;

(2) 若$f(x)$在区间$[-a,a]$上为奇函数,则$\int_{-a}^a f(x)\mathrm{d}x = 0$.

证　因为$\int_{-a}^a f(x)\mathrm{d}x = \int_{-a}^0 f(x)\mathrm{d}x + \int_0^a f(x)\mathrm{d}x$,对定积分$\int_{-a}^0 f(x)\mathrm{d}x$作变换$x=-t$,得

$$\int_{-a}^0 f(x)\mathrm{d}x = \int_a^0 f(-t)\mathrm{d}(-t) = \int_0^a f(-t)\mathrm{d}t = \int_0^a f(-x)\mathrm{d}x,$$

所以

$$\int_{-a}^{a} f(x)\mathrm{d}x = \int_{0}^{a} f(-x)\mathrm{d}x + \int_{0}^{a} f(x)\mathrm{d}x = \int_{0}^{a}[f(x) + f(-x)]\mathrm{d}x.$$

(1) 若 $f(x)$ 为偶函数,有 $f(-x)=f(x)$,则

$$\int_{-a}^{a} f(x)\mathrm{d}x = \int_{0}^{a}[f(x) + f(-x)]\mathrm{d}x = 2\int_{0}^{a} f(x)\mathrm{d}x.$$

(2) 若 $f(x)$ 为奇函数,有 $f(-x)=-f(x)$,则

$$\int_{-a}^{a} f(x)\mathrm{d}x = \int_{0}^{a}[f(x) + f(-x)]\mathrm{d}x = 0.$$

有了此结论,在遇到对称区间的定积分时,先判断被积函数 $f(x)$ 是奇函数还是偶函数,然后计算就会简化得多.例如,在计算定积分 $\int_{-1}^{1}\frac{x\cos x}{1+\sin^2 x}\mathrm{d}x$ 时,因为被积函数是奇函数,所以它的值为 0.

例 4-25 计算 $\int_{-1}^{1}(x\cos x + x^2)\mathrm{d}x$.

解 因为 $x\cos x$ 是奇函数,x^2 是偶函数,所以

$$\int_{-1}^{1}(x\cos x + x^2)\mathrm{d}x = \int_{-1}^{1} x\cos x\mathrm{d}x + \int_{-1}^{1} x^2\mathrm{d}x = 2\int_{0}^{1} x^2\mathrm{d}x = \frac{2}{3}x^3\Big|_0^1 = \frac{2}{3}.$$

例 4-26 计算 $\int_{-1}^{1}\frac{2x-|x|}{1+x^2}\mathrm{d}x$.

解 因为 $\frac{2x}{1+x^2}$ 是奇函数,$\frac{|x|}{1+x^2}$ 是偶函数,所以

$$\begin{aligned}\int_{-1}^{1}\frac{2x-|x|}{1+x^2}\mathrm{d}x &= \int_{-1}^{1}\frac{2x}{1+x^2}\mathrm{d}x - \int_{-1}^{1}\frac{|x|}{1+x^2}\mathrm{d}x\\ &= 0 - 2\int_{0}^{1}\frac{x}{1+x^2}\mathrm{d}x\\ &= -\ln(1+x^2)\Big|_0^1 = -\ln 2.\end{aligned}$$

4.3.2 定积分的分部积分法

定理 4.4 设函数 $u(x)$,$v(x)$ 在闭区间 $[a,b]$ 上有连续的导数,则

$$\int_{a}^{b} u(x)\mathrm{d}v(x) = u(x)v(x)\Big|_a^b - \int_{a}^{b} v(x)\mathrm{d}u(x). \tag{4-4}$$

公式(4-4)称为**定积分的分部积分公式**.

例 4-27 计算 $\int_{1}^{3}\ln x\mathrm{d}x$.

解 设 $u=\ln x$,$\mathrm{d}v=\mathrm{d}x$,则

$$\int_{1}^{3}\ln x\mathrm{d}x = (x\ln x)\Big|_1^3 - \int_{1}^{3} x\cdot\frac{1}{x}\mathrm{d}x = 3\ln 3 - 2.$$

例 4-27
扩展讲解

例 4-28 计算 $\int_{0}^{\frac{\pi}{2}} x\sin x\mathrm{d}x$.

解　设 $u = x, dv = d(-\cos x)$，则

$$\int_0^{\frac{\pi}{2}} x\sin x dx = \int_0^{\frac{\pi}{2}} x d(-\cos x) = (-x\cos x)\Big|_0^{\frac{\pi}{2}} + \int_0^{\frac{\pi}{2}} \cos x dx = \sin x\Big|_0^{\frac{\pi}{2}} = 1.$$

例 4-29　计算 $\int_0^1 x\arctan x dx$.

解　设 $u = \arctan x, dv = d\left(\frac{1}{2}x^2\right)$，则

$$\begin{aligned}\int_0^1 x\arctan x dx &= \int_0^1 \arctan x d\left(\frac{1}{2}x^2\right)\\ &= \left(\frac{1}{2}x^2\arctan x\right)\Big|_0^1 - \int_0^1 \frac{1}{2}x^2 d(\arctan x)\\ &= \frac{\pi}{8} - \frac{1}{2}\int_0^1 \frac{x^2}{1+x^2}dx = \frac{\pi}{8} - \frac{1}{2}\int_0^1\left(1 - \frac{1}{1+x^2}\right)dx\\ &= \frac{\pi}{8} - \frac{1}{2}(x - \arctan x)\Big|_0^1 = \frac{\pi}{4} - \frac{1}{2}.\end{aligned}$$

例 4-30　计算 $\int_0^1 e^{-\sqrt{x}}dx$.

解　令 $t = -\sqrt{x}$，则 $x = t^2, dx = 2tdt$. 当 $x = 0$ 时，$t = 0$；当 $x = 1$ 时，$t = -1$. 所以

$$\begin{aligned}\int_0^1 e^{-\sqrt{x}}dx &= 2\int_0^{-1} te^t dt = 2\int_0^{-1} td(e^t) = 2te^t\Big|_0^{-1} - 2\int_0^{-1} e^t dt\\ &= -2e^{-1} - 2e^t\Big|_0^{-1} = 2 - \frac{4}{e}.\end{aligned}$$

练习 4.3

1. 判断题.

(1) 求定积分 $\int_0^2 x^2\sqrt{4 - x^2}dx$ 时可以作换元 $x = \sin t$.　(　　)

(2) 当 $f(x)$ 为偶函数时，$\int_{-a}^{a} f(x)dx = 0$.　(　　)

(3) 在定积分计算中，作换元后积分限一定会改变.　(　　)

(4) $\int_0^{\frac{\pi}{2}} \sin^n x dx \neq \int_0^{\frac{\pi}{2}} \cos^n x dx$.　(　　)

(5) $\int_0^1 x^n(1-x)^m dx = \int_0^1 x^m(1-x)^n dx$.　(　　)

2. 填空题.

(1) 定积分 $\int_{-1}^{1} x^2\tan x dx =$ ________.

(2) 设 $f(x)$ 在 $[-a,a]$ 上连续，则 $\int_{-a}^{a}[f(x) - f(-x)]dx =$ ________.

(3) 定积分 $\int_0^1 e^{-x}dx =$ ________.

(4) 定积分 $\int_0^{\pi} x|\cos x|dx =$ ________.

(5) 定积分 $\int_0^{19} \frac{1}{\sqrt[3]{8+x}}dx$ 作换元 $t = \sqrt[3]{8+x}$ 后，变为定积分 ________.

3. 选择题.

(1) 下列定积分不为 0 的是(　　).

A. $\int_{-2}^{2}(x^3+x)\mathrm{d}x$　　B. $\int_{-2}^{2}(x^5+x^3)\mathrm{d}x$

C. $\int_{-2}^{2}x\sin^2 x\mathrm{d}x$　　D. $\int_{-2}^{2}\cos x\mathrm{d}x$

(2) 设 $f(x)$ 在 $[-a,a]$ 上连续,则定积分 $\int_{-a}^{a}f(-x)\mathrm{d}x=$ (　　).

A. 0　　B. $2\int_{0}^{a}f(x)\mathrm{d}x$　　C. $-\int_{-a}^{a}f(-x)\mathrm{d}x$　　D. $\int_{-a}^{a}f(x)\mathrm{d}x$

(3) 定积分 $\int_{-\pi}^{\pi}\frac{x^2\sin x}{1+x^2}\mathrm{d}x=$ (　　).

A. 2　　B. 1　　C. 0　　D. 3

(4) 设 $f(x)$ 为连续函数,则 $\int_{-a}^{a}x^2[f(x)-f(-x)]\mathrm{d}x=$ (　　).

A. 0　　B. 1　　C. -1　　D. 2

(5) 若 $\int_{a}^{b}\frac{f(x)}{f(x)+g(x)}\mathrm{d}x=1$,则 $\int_{a}^{b}\frac{g(x)}{f(x)+g(x)}\mathrm{d}x=$ (　　).

A. 0　　B. $b-a$　　C. -1　　D. $b-a-1$

4.4　定积分在经济中的应用

由定积分的概念和牛顿 - 莱布尼茨公式知:

(1) 当已知边际函数 $f(x)$,求相应的经济函数 $F(x)$ 在某区间 $[a,b]$ 内的总量(即经济函数 $F(x)$ 从 a 变化到 b 时的增量)时,有

$$F(b)-F(a)=\int_{a}^{b}f(x)\mathrm{d}x; \tag{4-5}$$

(2) 当已知边际函数 $f(x)$,求相应的经济函数 $F(x)$ 时,一般地,有

$$F(x)-F(0)=\int_{0}^{x}f(t)\mathrm{d}t.$$

例 4-31　已知某产品的边际成本函数为 $C'(Q)=\mathrm{MC}=3Q^2-10Q+50$($Q$ 为产量),固定成本为 100,求总成本函数.

解　由于总成本函数的导数就是边际成本函数,所以有

$$\int_{0}^{Q}C'(t)\mathrm{d}t=C(t)\Big|_{0}^{Q}=C(Q)-C(0),$$

所以

$$\begin{aligned}C(Q)&=C(0)+\int_{0}^{Q}C'(t)\mathrm{d}t=100+\int_{0}^{Q}(3t^2-10t+50)\mathrm{d}t\\&=100+(t^3-5t^2+50t)\Big|_{0}^{Q}=Q^3-5Q^2+50Q+100.\end{aligned}$$

例 4-32　已知某产品的边际成本 $C'(Q)=\mathrm{MC}=20+\frac{1}{3}Q$(万元/t),固定成本为 8 万

元，边际收入函数 $R'(Q)=\mathrm{MR}=140-Q$（万元/t），求：

（1）利润函数；

（2）产量为多少时，利润最大？

解　（1）成本函数为

$$C(Q)=8+\int_0^Q\left(20+\frac{1}{3}t\right)\mathrm{d}t=8+20Q+\frac{1}{6}Q^2,$$

收入函数为

$$R(Q)=\int_0^Q(140-t)\mathrm{d}t=140Q-\frac{1}{2}Q^2,$$

利润函数为

$$L(Q)=R(Q)-C(Q)=120Q-\frac{2}{3}Q^2-8.$$

（2）当"边际收入 = 边际成本"时，利润最大，即 $C'(Q)=R'(Q)$，于是有

$$20+\frac{1}{3}Q=140-Q,$$

解得

$$Q=90(\mathrm{t}).$$

即产量为 90 t 时，利润最大.

例 4-33　已知生产某种产品 x（百件）的固定成本为 1 万元，边际成本和边际收入分别为

$$C'(x)=3+\frac{1}{3}x（万元/百件）,$$

$$R'(x)=7-x（万元/百件）.$$

（1）求产量由 200 件增加到 400 件时，总成本增加量；

（2）求总成本函数；

（3）在利润最大时的产量的基础上，若再生产 200 件，利润变化了多少？

解　（1）产量由 200 件增加到 400 件时，总成本的增加量为

$$C(4)-C(2)=\int_2^4 C'(x)\mathrm{d}x=\int_2^4\left(3+\frac{1}{3}x\right)\mathrm{d}x$$

$$=\left(3x+\frac{1}{6}x^2\right)\Bigg|_2^4=8（万元）.$$

（2）因为固定成本为 1 万元，即 $C(0)=1$，所以

$$C(x)=C(0)+\int_0^x C'(t)\mathrm{d}t=1+\int_0^x\left(3+\frac{1}{3}t\right)\mathrm{d}t=1+3x+\frac{1}{6}x^2,$$

即总成本函数为

$$C(x)=1+3x+\frac{1}{6}x^2.$$

（3）设利润函数为 $L(x)$，当"边际收入 = 边际成本"时，利润最大，即 $C'(x)=R'(x)$，于是有

$$7-x=3+\frac{1}{3}x,$$

解得

$$x = 3$$

即当 $x = 3$(百件)时,利润最大.

在利润最大时的产量的基础上,若再生产 200 件,这时,利润的增量为

$$L(5) - L(3) = \int_3^5 L'(x)\,dx = \int_3^5 [R'(x) - C'(x)]\,dx$$

$$= \int_3^5 \left(4 - \frac{4}{3}x\right) dx = \left(4x - \frac{2}{3}x^2\right)\Bigg|_3^5 - \frac{8}{3}(\text{万元}).$$

此结果表明,产量由 300 件增加到 500 件时,利润将减少$\frac{8}{3}$万元.

例 4-34 “经济问题 4”中的问题(2)、(3).

解 (2) 因为

$$C(Q) = 2 + Q^2,$$

所以

$$C'(Q) = 2Q.$$

由利润函数

$$L(Q) = R(Q) - C(Q),$$

得到

$$L'(Q) = R'(Q) - C'(Q) = 60 - 8Q - 2Q = 60 - 10Q.$$

令 $L'(Q) = 0$,得 $Q = 6$,此时 $L''(Q) =- 10 < 0$,所以当总销售量为 6 个单位时,利润最大,最大利润为

$$L(6) = \int_0^6 (60 - 8Q)\,dQ - C(6) = (60Q - 4Q^2)\Big|_0^6 - (2 + 6^2)$$

$$= 60 \times 6 - 4 \times 6^2 - 38 = 178.$$

(3) 因为 A 市场的边际收入函数为

$$R'_A(Q) = 60 - 10Q,$$

B 市场的边际收入函数为

$$R'_B(Q) = 51 - 6Q,$$

所以 A、B 两个市场实行差别价格后的利润之和为

$$L = \int_0^2 R'_A(Q)\,dQ + \int_0^4 R'_B(Q)\,dQ - C(6)$$

$$= \int_0^2 (60 - 10Q)\,dQ + \int_0^4 (51 - 6Q)\,dQ - (2 + 6^2)$$

$$= (60Q - 5Q^2)\Big|_0^2 + (51Q - 3Q^2)\Big|_0^4 - 38$$

$$= 100 + 156 - 38 = 218.$$

显然实行差别价格后企业所获得的利润高于原利润.

通过本题,你对为何实行差别价格是否有了进一步的认识?在生活中你是否也遇到过一些变相的差别价格的营销策略?企业利润增加的部分是损害了的消费者的利益,这在经济学上是如何定义的呢?有兴趣的读者可以查阅相关书籍进行学习.

练习 4.4

1. 判断题.

(1) 成本函数 $C(Q)=C(0)+\int_0^Q C'(Q)\mathrm{d}Q$. (　　)

(2) 收入函数 $R(Q)=\int_0^Q R'(Q)\mathrm{d}Q$. (　　)

(3) 定积分 $\int_a^b f(x)\mathrm{d}x$ 的值在几何上可以用曲边梯形的面积的代数和表示. (　　)

(4) 图 4-16 中阴影部分的面积用定积分表示为 $S=\int_0^1[x^3-(x-2)^2]\mathrm{d}x$. (　　)

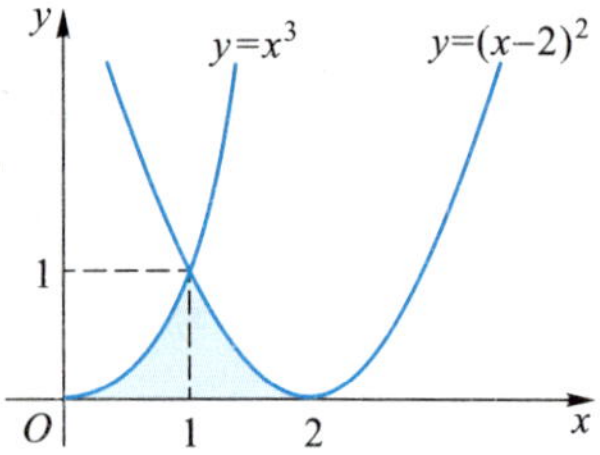

图 4-16

(5) 可变成本函数 $=\int_0^Q C'(Q)\mathrm{d}Q$. (　　)

2. 填空题.

(1) 已知边际消费是收入 x 的函数,即 $C'(x)=\frac{3}{2\sqrt{x}}$,当收入由 100 增加到 196 时,消费支出的增加量为 ________.

(2) 设某产品的总产量的变化率为 $Q'(t)=4t+1$(t / 年),则第一个五年内的总产量是 ________.

(3) 已知生产 x 件产品时总收入的变化率 $R'(x)=100-\frac{x}{20}$(元 / 件),则产量从 100 件增加到 200 件时的平均收入为 ________(元 / 件).

(4) 图 4-17 中阴影部分的面积 $S=$ ________.

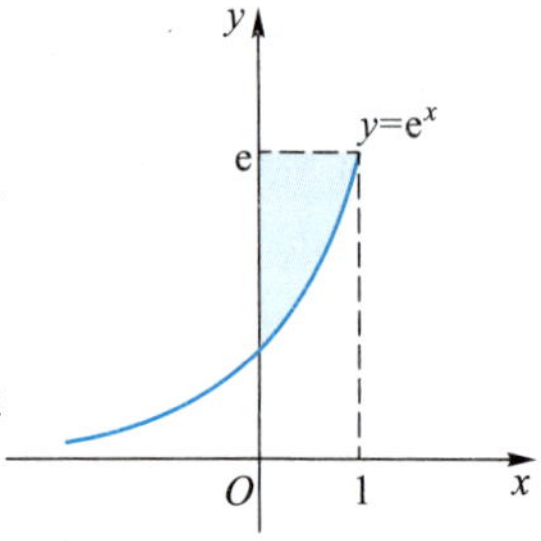

图 4-17

(5) 设某产品的边际收入 $R'(x)=25-2x$,边际成本 $C'(x)=13-4x$,固定成本为 10,则 $x=5$ 时的总利润为 ________.

3. 选择题.

(1) 由连续曲线 $y=f(x)$,$y=g(x)$ 与直线 $x=a$,$x=b$ 围成的平面图形的面积 $S=$(　　).

A. $\int_a^b[f(x)-g(x)]\mathrm{d}x$　　B. $\int_a^b[g(x)-f(x)]\mathrm{d}x$

C. $\int_a^b|f(x)-g(x)|\mathrm{d}x$　　D. $\int_a^b[|f(x)|-|g(x)|]\mathrm{d}x$

(2) 由曲线 $y=x(x-1)(x-2)$ 与 x 轴围成的平面图形的面积是(　　).

A. 2　　B. $\frac{1}{2}$　　C. 1　　D. $\frac{1}{3}$

(3) 已知某产品的边际成本 $C'(Q)=\frac{1}{50}Q+30$(元 /t),固定成本为 900 元,当平均成本最低时,产量 Q 为(　　).

A. 200 t　　B. 100 t　　C. 300 t　　D. 400 t

(4) 在区间 $[0,\pi]$ 上,由曲线 $y=\sin x$ 与 $y=\cos x$ 所围成的图形的面积是(　　).

A. 2　　B. $2\sqrt{2}-2$　　C. $2\sqrt{2}$　　D. $2\sqrt{2}-1$

(5) 设某产品的边际收入函数为 $R'(x)=9-x$(万元 / 万台),边际成本函数为 $C'(x)=4+\frac{x}{4}$(万元 / 万台),则产量由 4 万台增加到 5 万台时,利润(　　).

A. 增加　　B. 减少　　C. 不变　　D. 不确定

□ 知识与能力拓展

（一）反常积分[1]

前面讨论的定积分都是假设积分区间是有限区间，被积函数是有界函数.但在某些实际问题中我们还要研究无穷区间上的积分或无界函数的积分，这两类积分称为反常积分.

1. 无穷区间上的反常积分

定义 4.2　设函数 $f(x)$ 在区间 $[a,+\infty)$ 上连续，若极限 $\lim\limits_{b\to+\infty}\int_a^b f(x)\mathrm{d}x$ 存在，则称此极限为函数 $f(x)$ 在区间 $[a,+\infty)$ 上的**反常积分**，记为 $\int_a^{+\infty} f(x)\mathrm{d}x$，即

$$\int_a^{+\infty} f(x)\mathrm{d}x=\lim_{b\to+\infty}\int_a^b f(x)\mathrm{d}x.$$

这时也称反常积分**收敛**.若极限 $\lim\limits_{b\to+\infty}\int_a^b f(x)\mathrm{d}x$ 不存在，则称反常积分 $\int_a^{+\infty} f(x)\mathrm{d}x$ **发散**.

类似地，可定义函数 $f(x)$ 在区间 $(-\infty,b]$ 上的反常积分

$$\int_{-\infty}^{b} f(x)\mathrm{d}x=\lim_{a\to-\infty}\int_a^b f(x)\mathrm{d}x.$$

$f(x)$ 在区间 $(-\infty,+\infty)$ 上的反常积分定义为

$$\int_{-\infty}^{+\infty} f(x)\mathrm{d}x=\int_{-\infty}^{a} f(x)\mathrm{d}x+\int_a^{+\infty} f(x)\mathrm{d}x.$$

其中，a 是任意常数，当上式右端的两个反常积分均收敛时，称反常积分 $\int_{-\infty}^{+\infty} f(x)\mathrm{d}x$ 是收敛的.否则，称反常积分 $\int_{-\infty}^{+\infty} f(x)\mathrm{d}x$ 是发散的.

例 4-35　计算反常积分 $\int_1^{+\infty}\mathrm{e}^{-x}\mathrm{d}x$.

解　$\int_1^{+\infty}\mathrm{e}^{-x}\mathrm{d}x=\lim\limits_{b\to+\infty}\int_1^b\mathrm{e}^{-x}\mathrm{d}x=\lim\limits_{b\to+\infty}(-\mathrm{e}^{-x})\Big|_1^b=\lim\limits_{b\to+\infty}(-\mathrm{e}^{-b})+\mathrm{e}^{-1}=\dfrac{1}{\mathrm{e}}$.

说明　由于反常积分是定积分 $\int_a^b f(x)\mathrm{d}x$ 的极限，所以计算该类反常积分的实质就是先求定积分再取极限，因此这类反常积分还可按以下方法计算.

$$\int_1^{+\infty}\mathrm{e}^{-x}\mathrm{d}x=(-\mathrm{e}^{-x})\Big|_1^{+\infty}=\lim_{x\to+\infty}(-\mathrm{e}^{-x})+\mathrm{e}^{-1}=\frac{1}{\mathrm{e}}.$$

例 4-36　讨论反常积分 $\int_1^{+\infty}\dfrac{1}{x}\mathrm{d}x$ 的敛散性.

---

① 也称作“广义积分”.

解　因为$\int_1^{+\infty}\frac{1}{x}\mathrm{d}x=\ln x\Big|_1^{+\infty}=\lim\limits_{x\to+\infty}\ln x-\ln 1=+\infty$，所以该反常积分发散.

例 4-37 讲解

例 4-37　讨论反常积分$\int_{-\infty}^{+\infty}\frac{1}{1+x^2}\mathrm{d}x$的敛散性.

解　因为$\int_{-\infty}^{+\infty}\frac{1}{1+x^2}\mathrm{d}x=\int_{-\infty}^{0}\frac{1}{1+x^2}\mathrm{d}x+\int_{0}^{+\infty}\frac{1}{1+x^2}\mathrm{d}x$，而

$$\int_{-\infty}^{0}\frac{1}{1+x^2}\mathrm{d}x=\arctan x\Big|_{-\infty}^{0}=-\lim_{x\to-\infty}\arctan x=\frac{\pi}{2},$$

所以该反常积分收敛.同理

$$\int_{0}^{+\infty}\frac{1}{1+x^2}\mathrm{d}x=\frac{\pi}{2},$$

所以该反常积分也收敛.

因此反常积分$\int_{-\infty}^{+\infty}\frac{1}{1+x^2}\mathrm{d}x$收敛且$\int_{-\infty}^{+\infty}\frac{1}{1+x^2}\mathrm{d}x=\pi$.

2. 无界函数的反常积分

定义 4.3　设函数$f(x)$在$(a,b]$上连续，且$\lim\limits_{x\to a^+}f(x)=\infty$，如果极限$\lim\limits_{\varepsilon\to a^+}\int_{\varepsilon}^{b}f(x)\mathrm{d}x$存在，则称该极限为函数$f(x)$在$(a,b]$上的**反常积分**，记为$\int_a^b f(x)\mathrm{d}x$，即

$$\int_a^b f(x)\mathrm{d}x=\lim_{\varepsilon\to a^+}\int_{\varepsilon}^{b}f(x)\mathrm{d}x,$$

这时称反常积分$\int_a^b f(x)\mathrm{d}x$**收敛**，点a称为**瑕点**.否则称反常积分$\int_a^b f(x)\mathrm{d}x$**发散**.

类似地，若函数$f(x)$在$[a,b)$上连续，且$\lim\limits_{x\to b^-}f(x)=\infty$，如果极限$\lim\limits_{\varepsilon\to b^-}\int_a^{\varepsilon}f(x)\mathrm{d}x$存在，则定义

$$\int_a^b f(x)\mathrm{d}x=\lim_{\varepsilon\to b^-}\int_a^{\varepsilon}f(x)\mathrm{d}x,$$

这时也称反常积分$\int_a^b f(x)\mathrm{d}x$收敛.否则称反常积分$\int_a^b f(x)\mathrm{d}x$发散.

无界函数的反常积分又称为**瑕积分**，定义 4.3 中的瑕点就是函数$f(x)$的无穷间断点.

例 4-38　计算反常积分$\int_0^1\frac{1}{x}\mathrm{d}x$.

解　因为$\lim\limits_{x\to0^+}\frac{1}{x}=+\infty$，所以被积函数无界，由定义 4.3，得

$$\int_0^1\frac{1}{x}\mathrm{d}x=\lim_{\varepsilon\to0^+}\int_{\varepsilon}^1\frac{1}{x}\mathrm{d}x=\lim_{\varepsilon\to0^+}\ln x\Big|_{\varepsilon}^1=-\lim_{\varepsilon\to0^+}\ln\varepsilon=+\infty.$$

例 4-39　计算反常积分$\int_0^1\frac{\mathrm{d}x}{\sqrt{1-x^2}}$.

解　$\int_0^1\frac{\mathrm{d}x}{\sqrt{1-x^2}}=\lim\limits_{\varepsilon\to1^-}\int_0^{\varepsilon}\frac{\mathrm{d}x}{\sqrt{1-x^2}}=\lim\limits_{\varepsilon\to1^-}\arcsin x\Big|_0^{\varepsilon}=\lim\limits_{\varepsilon\to1^-}\arcsin\varepsilon=\frac{\pi}{2}$.

例 4-40 讨论反常积分$\int_{-1}^{1}\frac{1}{x^2}\mathrm{d}x$的敛散性.

解 因为$\lim\limits_{x\to 0}\frac{1}{x^2}=\infty$，所以原积分有分解式$\int_{-1}^{1}\frac{1}{x^2}\mathrm{d}x=\int_{-1}^{0}\frac{1}{x^2}\mathrm{d}x+\int_{0}^{1}\frac{1}{x^2}\mathrm{d}x$.由于

$$\int_{0}^{1}\frac{1}{x^2}\mathrm{d}x=\lim_{\varepsilon\to 0^+}\int_{\varepsilon}^{1}\frac{1}{x^2}\mathrm{d}x=\lim_{\varepsilon\to 0^+}\left(-\frac{1}{x}\bigg|_{\varepsilon}^{1}\right)=\lim_{\varepsilon\to 0^+}\left(\frac{1}{\varepsilon}-1\right)=+\infty,$$

所以反常积分$\int_{0}^{1}\frac{1}{x^2}\mathrm{d}x$发散，因此反常积分$\int_{-1}^{1}\frac{1}{x^2}\mathrm{d}x$发散.

（二）二重积分简介

引例 4-3 求以 xOy 平面上的闭区域 D 为底，曲面 $z=f(x,y)$（$f(x,y)\geqslant 0$ 且在 D 上连续）为顶的曲顶柱体的体积（图 4-18）.

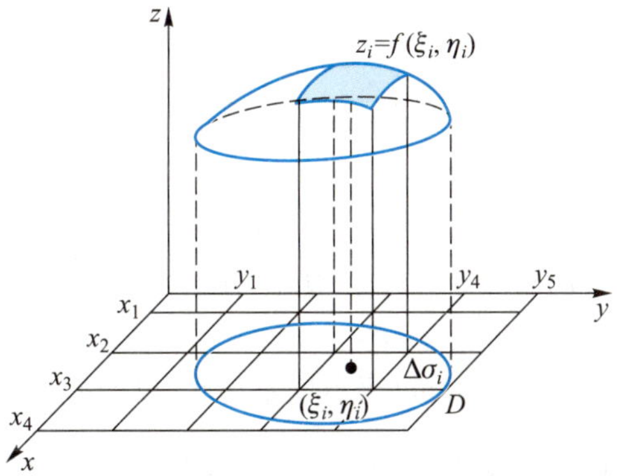

图 4-18

下面我们利用在引入定积分的概念时使用的分割、近似代替、求和、取极限的方法，计算曲顶柱体的体积.

（1）分割：将闭区域 D 任意分成 n 个小区域：$\Delta D_1,\Delta D_2,\cdots,\Delta D_n$，以 $\Delta\sigma_i$ 表示 ΔD_i（$i=1,2,\cdots,n$）的面积.相应地，可将曲顶柱体分割成 n 个小的曲顶柱体.

（2）近似代替：第 i 个小的曲顶柱体可近似地看作一个平顶柱体，任取$(\xi_i,\eta_i)\in\Delta D_i$，则 $f(\xi_i,\eta_i)\Delta\sigma_i$ 可看作第 i 个小曲顶柱体的体积 ΔV_i 的近似值.

（3）求和：将 n 个小平顶柱体的体积相加，得到原曲顶柱体体积的近似值，即

$$V=\sum_{i=1}^{n}\Delta V_i=\sum_{i=1}^{n}f(\xi_i,\eta_i)\Delta\sigma_i.$$

（4）取极限：为了使误差降低到无限小，引入直径的概念，一个闭区域的直径是指区域上任意两点之间距离的最大值.令闭区域 D 中 n 个小区域的直径的最大值为 λ，则曲顶柱体的体积

$$V=\lim_{\lambda\to 0}\sum_{i=1}^{n}f(\xi_i,\eta_i)\Delta\sigma_i.$$

定义 4.4　设 $f(x,y)$ 是有界闭区域 $D\subset\mathbf{R}^2$ 上的有界函数.将 D 任意分成 n 个小闭区域：$\Delta D_i(i=1,2,\cdots,n)$，并以 $\Delta\sigma_i$ 表示 ΔD_i 的面积. 对 $\forall(\xi_i,\eta_i)\in\Delta D_i$，作和式 $\sum\limits_{i=1}^{n}f(\xi_i,\eta_i)\Delta\sigma_i$.若当各小闭区域 ΔD_i 的最大直径 $\lambda\to0$ 时，和式的极限存在，则称此极限为 $f(x,y)$ 在闭区域 D 上的**二重积分**，记作 $\iint\limits_D f(x,y)\,\mathrm{d}\sigma$，即

$$\iint\limits_D f(x,y)\,\mathrm{d}\sigma=\lim_{\lambda\to0}\sum_{i=1}^{n}f(\xi_i,\eta_i)\Delta\sigma_i,$$

其中，$f(x,y)$ 称为**被积函数**，$f(x,y)\,\mathrm{d}\sigma$ 称为**被积表达式**，$\mathrm{d}\sigma$ 称为**面积元素**，x 与 y 称为**积分变量**，D 称为**积分区域**，$\sum\limits_{i=1}^{n}f(\xi_i,\eta_i)\Delta\sigma_i$ 称为**积分和**.

在直角坐标系下用平行于坐标轴的直线网来划分区域 D，则面积元素 $\mathrm{d}\sigma=\mathrm{d}x\mathrm{d}y$，因此二重积分可写为

$$\iint\limits_D f(x,y)\,\mathrm{d}\sigma=\iint\limits_D f(x,y)\,\mathrm{d}x\mathrm{d}y.$$

当被积函数大于等于零时，二重积分表示以被积函数为顶，积分区域为底的曲顶柱体的体积.

利用定积分的“切片法”可以计算二重积分.

例 4-41　计算 $I=\iint\limits_D(1+y+x^2)\,\mathrm{d}\sigma$，其中，$D=\{(x,y)\mid-1\leqslant x\leqslant2,0\leqslant y\leqslant1\}$.

解　二重积分 $I=\iint\limits_D(1+y+x^2)\,\mathrm{d}\sigma$ 表示以 D 为底，以曲面 $z=1+y+x^2$ 为顶的曲顶柱体的体积(图 4-19).用垂直于 x 轴的平面 $x=x_0$ 去截曲顶柱体，$A(x_0)$ 表示截面面积，则曲顶柱体的体积为

$$V=\int_{-1}^{2}A(x_0)\,\mathrm{d}x.$$

$A(x_0)$ 表示的是以区间 $0\leqslant y\leqslant1$ 为底，以曲线 $z=f(x_0,y)$ 为曲边的曲边梯形的面积(图 4-20).由定积分的几何意义，得 $A(x_0)=\int_0^1(1+y+x^2)\,\mathrm{d}y$，这里的 x 看成常量.于是

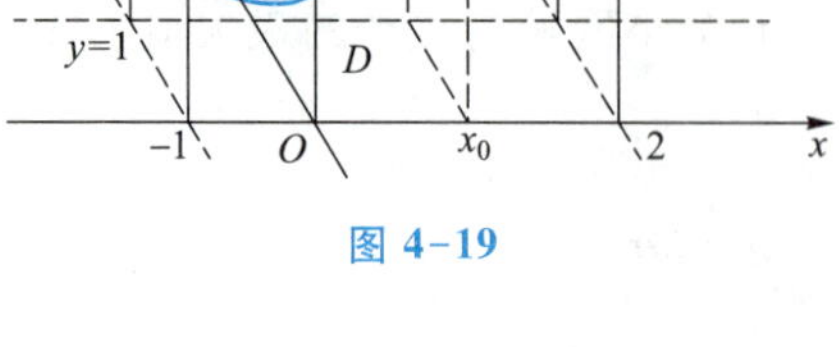

图 4-19

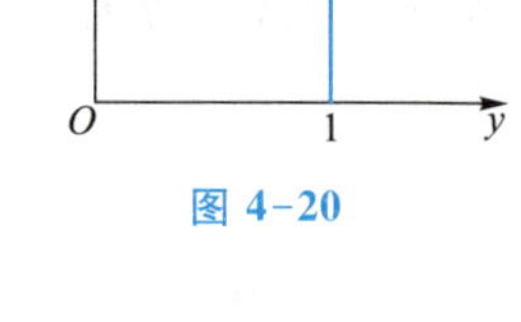

图 4-20

$$I=\iint\limits_D(1+y+x^2)\mathrm{d}\sigma=\int_{-1}^2\left[\int_0^1(1+y+x^2)\mathrm{d}y\right]\mathrm{d}x=\int_{-1}^2\left(y+\frac{y^2}{2}+x^2y\right)\Bigg|_0^1\mathrm{d}x$$

$$=\int_{-1}^2\left(\frac{3}{2}+x^2\right)\mathrm{d}x=\left(\frac{3}{2}x+\frac{1}{3}x^3\right)\Bigg|_{-1}^2=\frac{15}{2}.$$

例 4-42　求 $I=\iint\limits_D xy\mathrm{d}x\mathrm{d}y$，其中，$D$ 是由直线 $y=1,x=2$ 及 $y=x$ 所围成的闭区域.

解　二重积分 $I=\iint\limits_D xy\mathrm{d}x\mathrm{d}y$ 表示以 D 为底，以曲面 $z=xy$ 为顶的曲顶柱体的体积（图 4-21）.用垂直于 x 轴的平面去截曲顶柱体，$A(x)$ 表示截面面积，则曲顶柱体的体积为

$$V=\int_1^2 A(x)\mathrm{d}x.$$

$A(x_0)$ 表示的是以区间 $1\leqslant y\leqslant x$ 为底，以曲线 $z=f(x_0,y)$ 为曲边的曲边梯形的面积（图 4-22），由定积分的几何意义，得 $A(x)=\int_1^x xy\mathrm{d}y$，这里的 x 看成常量.于是

$$I=\int_1^2\left(\int_1^x xy\mathrm{d}y\right)\mathrm{d}x=\int_1^2\left(\frac{1}{2}xy^2\right)_1^x\mathrm{d}x$$

$$=\int_1^2\left(\frac{x^3}{2}-\frac{x}{2}\right)\mathrm{d}x=\frac{9}{8}.$$

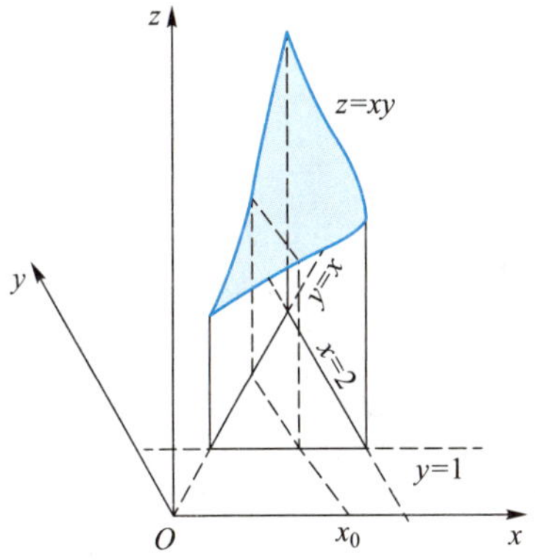

图 4-21

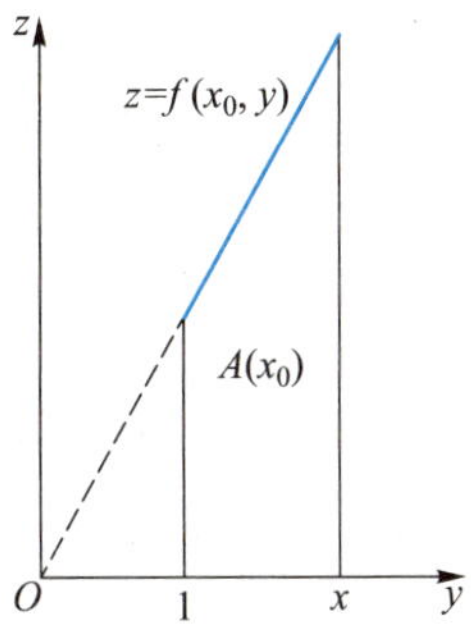

图 4-22

练　习　题

1. 判断题.

(1) $\int_{-2}^2\frac{1}{x^2}\mathrm{d}x=\left(-\frac{1}{x}\right)\Bigg|_{-2}^2=-\frac{1}{2}+\left(-\frac{1}{2}\right)=-1.$　（　　）

(2) 反常积分 $\int_1^{+\infty}\frac{1}{x^2}\mathrm{d}x$ 是发散的.　（　　）

(3) 反常积分 $\int_0^{+\infty}\cos x\mathrm{d}x$ 是收敛的.　（　　）

(4) $\int_0^1\frac{1}{\sqrt{1-x^2}}\mathrm{d}x$ 是反常积分.　（　　）

(5) $\int_{-\infty}^{+\infty}\frac{x}{\sqrt{1+x^2}}dx=+\infty$. (　　)

2. 填空题.

(1) 反常积分$\int_{e}^{+\infty}\frac{1}{x\ln x}dx$________.

(2) 反常积分$\int_{1}^{+\infty}\frac{1}{x(1+x)}dx=$ ________.

(3) 若反常积分$\int_{a}^{+\infty}f(x)dx$收敛,则反常积分$\int_{b}^{+\infty}f(x)dx$________.

(4) 当反常积分$\int_{0}^{+\infty}f(x)dx$和$\int_{-\infty}^{0}f(x)dx$只有一个收敛时,则反常积分$\int_{-\infty}^{+\infty}f(x)dx$________.

(5) 若反常积分$\int_{a}^{+\infty}f(x)dx$收敛且$\int_{a}^{+\infty}f(x)dx=T,K\neq 0,K$为常数,则$\int_{a}^{+\infty}Kf(x)dx=$ ______.

3. 选择题.

(1) 下列积分可以直接使用牛顿 - 莱布尼茨公式的是(　　).

A. $\int_{0}^{5}\frac{x^3}{x+1}dx$　　B. $\int_{-1}^{1}\frac{1}{x}dx$

C. $\int_{0}^{1}\frac{1}{\sqrt{1-x}}dx$　　D. $\int_{-1}^{1}\frac{1}{\sqrt{1-x^2}}dx$

(2) 下列反常积分收敛的是(　　).

A. $\int_{-\infty}^{+\infty}\sin x dx$　　B. $\int_{-1}^{1}\frac{1}{x}dx$

C. $\int_{1}^{+\infty}\frac{1}{\sqrt{x}}dx$　　D. $\int_{-\infty}^{0}e^{x}dx$

(3) 反常积分$\int_{a}^{b}\frac{1}{\sqrt{b-x}}dx(b>a)$(　　).

A. 发散　　B. 收敛于$\frac{1}{2}(b-a)$　　C. 收敛于$2\sqrt{b-a}$　　D. 以上都不对

(4) 若反常积分$\int_{0}^{1}\frac{1}{x^p}dx$收敛,则有(　　).

A. $p\geqslant 1$　　B. $p>1$　　C. $p\leqslant 1$　　D. $p<1$

(5) 若反常积分$\int_{-\infty}^{0}e^{-kx}dx$收敛,则$k$的范围为(　　).

A. $k\geqslant 0$　　B. $k>0$　　C. $k\leqslant 0$　　D. $k<0$

4. 计算下列二重积分.

(1) $I=\iint\limits_{D}(1-x^2)d\sigma$,其中,$D$是由直线$x=-1,x=1,y=0,y=2$所围成的区域;

(2) $I=\iint\limits_{D}e^{-y^2}d\sigma$,其中,$D$是由直线$y=x,x=0,y=1$所围成的区域.

知识应用链接

消费者剩余与生产者剩余

消费者剩余是指消费者对某种商品所愿意支付的最高价格与他实际支付的价格的差额.例如,某人知道商品A的市场均价为25元/件,国庆期间他到商品A的产出地旅游,他本打算按价格 23 元购买一件，最终在集贸市场上以 20 元成交，则消费者剩余 = 23 − 20 = 3(元).

生产者剩余是指生产者生产某种产品的成本和得到的价格的差额.例如，已知石油的生产成本为 25 美元／桶，但在交易市场的价格为 51 美元／桶，则生产者剩余 = 51 − 25 = 26(美元).

我们用完全竞争条件下的市场均衡说明消费者剩余和生产者剩余.如图 4-23 所示，曲线 $P_{\mathrm{d}}(Q)$ 表示需求函数，曲线 $P_{\mathrm{s}}(Q)$ 表示供给函数，E 为均衡点，均衡价格为 P_0，均衡产量为 Q_0.这时消费者剩余就是均衡价格线 P_0 以上需求曲线 $P_{\mathrm{d}}(Q)$ 以下的阴影部分，用定积分表示消费者剩余为

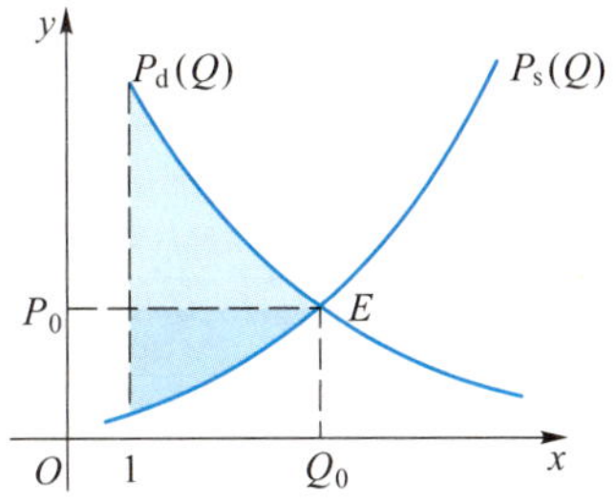

图 4-23

$$S_1 = \int_1^{Q_0} P_{\mathrm{d}}(Q)\,\mathrm{d}Q - (Q_0 - 1)P_0.$$

而生产者剩余就是均衡价格线 P_0 以下供给曲线 $P_{\mathrm{s}}(Q)$ 以上的阴影部分，用定积分表示生产者剩余为

$$S_2 = (Q_0 - 1)P_0 - \int_1^{Q_0} P_{\mathrm{s}}(Q)\,\mathrm{d}Q.$$

消费者剩余与生产者剩余之和即为**社会福利**.消费者剩余和生产者剩余达到最大，即社会福利达到最大，表明价格调节实现了资源配置的最优化.

从微观上说，经济管理专业的学生需要研究它，以便在今后的工作与生活中可以用它来维护自身的消费权益，同时要注意分析企业经营者在营销策略上是如何将“消费者剩余”转化为企业利润或促进消费的.

问题思考

假设一家企业的需求方程为 $P = 50 - 2Q$，其中，Q 为需求量，边际成本为 10 元，

(1) 求企业利润最大时的消费者剩余.

(2) 相对于 $P = MC$ 的定价规则，消费者剩余损失多少？这些消费者剩余是否可以转为企业收入参与再分配呢？

数学实验

利用 MATLAB 进行定积分的计算

1. 命令格式(表 4-2)

表 4-2

命令	功能
int(f,x,a,b)	求函数 $f(x)$ 在区间 $[a,b]$ 上的定积分

利用 MATLAB 计算定积分

2. 实验举例

利用 MATLAB 计算定积分的几个算例代码如表 4-3 所示.

表 4-3

例题	算例代码	运行结果

$\int_1^4 \sqrt{x}\,dx$	`>> clear`
	`>> syms x`
	`>> y = sqrt(x);`
	`>> int(y,x,1,4)`
		`ans =`
		`14/3`

$\int_0^{\ln 3} e^x(1+e^x)^2 dx$	`>> clear`
	`>> syms x;`
	`>> y = exp(x)*(1 + exp(x))^2;`
	`>> m = int(y,x,0,log(3));`
	`>> eval(m)`
		`ans =`
		`18.666 7`

$\int_1^2 x\ln x dx$	`>> clear`
	`>> syms x a;`
	`>> y = x*log(x);`
	`>> int(y,x,1,2)`
		`ans =`
		`2*log(2) - 3/4`

求$\int_a^x \sin t^2 dt$的导数	`>> clear`
	`>> syms a x t;`
	`>> y = sin(t^2);`
	`>> z = int(y,t,a,x);`
	`>> diff(z)`
		`ans =`
		`sin(x^2)`

$\int_0^1 \int_x^{x+1} (x^2+y^2+1)dxdy$	`>> clear`
	`>> syms x y;`
	`>> z = x^2 + y^2 + 1;`
	`>> int(int(z,y,x,x + 1),0,1)`
		`ans =`
		`5/2`

习　题　4

1. 利用定积分的几何意义说明下列等式成立.

(1) $\int_0^2 x dx = 2$;　　(2) $\int_0^1 \sqrt{1-x^2}dx = \dfrac{\pi}{4}$.

2. 利用定积分的性质比较下列各组定积分的大小.

(1) $\int_0^1 2^x dx$ 与 $\int_0^1 3^x dx$;　　(2) $\int_1^2 \ln x dx$ 与 $\int_1^2 (\ln x)^2 dx$.

3. 不计算定积分,估计下列定积分的值.

(1) $\int_0^1 (1+x^2)dx$;　　(2) $\int_{-\frac{\pi}{2}}^{\frac{\pi}{2}} (\sin 2x - x)dx$.

4. 求下列函数的导数.

(1) $\Phi(x)=\int_0^x \frac{e^t}{1+t^2}dt$;　　(2) $\Phi(x)=\int_x^2 t\sin 3t dt$;

(3) $\Phi(x)=\int_0^{2x} te^t dt$;　　(4) $\Phi(x)=\int_{\sin x}^2 (1-t^2)dt$.

5. 计算下列定积分.

(1) $\int_0^1 2^x dx$;　　(2) $\int_0^\pi |\cos x| dx$;

(3) $\int_0^{\frac{1}{2}} \frac{1}{\sqrt{1-x^2}}dx$;　　(4) $\int_0^1 (e^x+1)dx$;

(5) $\int_{\frac{\pi}{4}}^{\frac{\pi}{2}} \cot^2 x dx$;　　(6) $\int_0^2 (x-2)^2 dx$.

6. 计算下列定积分.

(1) $\int_0^1 e^{2x}dx$;　　(2) $\int_1^e \frac{1+\ln x}{x}dx$;

(3) $\int_0^{\frac{\pi}{2}} \cos x\sin^2 x dx$;　　(4) $\int_0^\pi \sin^2 \frac{x}{2}dx$;

(5) $\int_0^1 \frac{1}{e^x+e^{-x}}dx$;　　(6) $\int_0^1 \frac{x}{1+x^2}dx$;

(7) $\int_0^3 \frac{1}{1+\sqrt{1+x}}dx$;　　(8) $\int_0^2 \sqrt{4-x^2}dx$;

(9) $\int_0^1 (1+x^2)^{-\frac{3}{2}}dx$;　　(10) $\int_0^1 \frac{1}{\sqrt{x}+\sqrt[4]{x}}dx$.

7. 计算下列定积分.

(1) $\int_0^{\frac{\pi}{2}} x\cos x dx$;　　(2) $\int_0^1 xe^x dx$;

(3) $\int_0^1 \arcsin x dx$;　　(4) $\int_0^{\frac{\pi}{2}} e^x\cos x dx$;

(5) $\int_1^2 x\ln 2x dx$;　　(6) $\int_0^1 e^{\sqrt{x}}dx$;

(7) $\int_1^e (\ln x)^2 dx$;　　(8) $\int_0^{\frac{\pi}{2}} x\sin^2 x dx$.

*8. 计算下列反常积分,并判断其敛散性.

(1) $\int_1^{+\infty} \frac{1}{x^4}dx$;　　(2) $\int_1^{+\infty} \frac{\ln x}{x}dx$;

(3) $\int_0^{+\infty} \sin x dx$;　　(4) $\int_{-2}^{+\infty} \frac{1}{x^2+4x+5}dx$;

(5) $\int_0^1 \frac{1}{\sqrt{x}}dx$;　　(6) $\int_1^e \frac{1}{x\ln x}dx$;

（7）$\int_0^2 \frac{1}{\sqrt{4-x^2}}\mathrm{d}x$；　　　　（8）$\int_0^1 \frac{1}{\sqrt{1-x}}\mathrm{d}x$.

9. 求下列各题中的平面图形的面积.

（1）由曲线 $y=\mathrm{e}^x$ 与直线 $x=0, x=1$ 和 x 轴所围成的图形；

（2）曲线 $y=x^2+1$ 与直线 $x=-1, x=1$ 和 x 轴所围成的图形；

（3）在区间 $\left[0,\frac{3\pi}{2}\right]$ 上，由曲线 $y=\sin x$ 和 x 轴所围成的图形；

（4）由曲线 $y=x^2$ 与直线 $y=x$ 所围成的图形；

（5）由直线 $y=x, y=2x, y=1$ 所围成的图形；

（6）由曲线 $y=\sin x, y=\cos x$ 与直线 $x=0, x=\frac{\pi}{2}$ 所围成的图形；

（7）由曲线 $xy=1, y=x$ 与直线 $x=2$ 所围成的图形；

（8）由曲线 $y^2=2x+1$ 和直线 $y=x-1$ 所围成的图形.

10. 已知某产品的总产量变化率为 $Q'(t)=10+8t-0.3t^2$（万吨／年），求第一个五年内的产量.

11. 已知某产品的边际成本函数为 $C'(Q)=20-0.4Q$（元／件），固定成本为 20 元，需求函数为 $P=30-0.3Q$，求：

（1）成本函数 $C(Q)$ 和收入函数 $R(Q)$；

（2）该产品的销售价格为多少时取得的利润最大.

12. 设某产品的边际成本函数为 $C'(Q)=200+0.2Q$（元／件），固定成本为 25 元.

（1）求产量由 10 件增加到 50 件时，总成本的增加量；

（2）如果这种产品的销售单价为 400 元，问：生产多少件产品时，获得的利润最大？

第 4 章知识导图

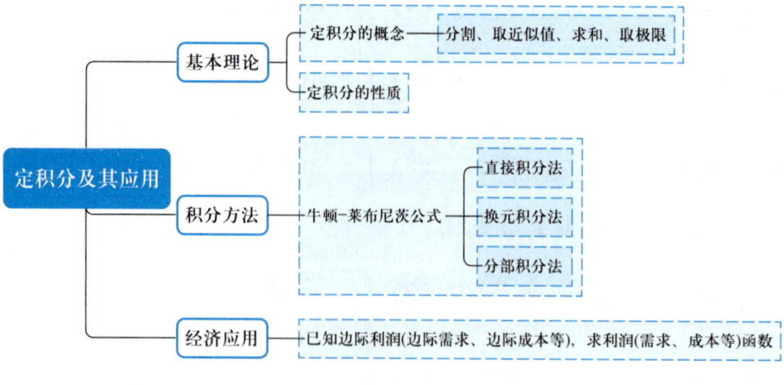

第 4 章自测题

A 组(基础篇)

一、单选题(每小题 3 分,共 15 分)

1. 设函数 $f(x)$ 区间 $[a,b]$ 上连续,则定积分 $\int_a^b f(x)\mathrm{d}x$ 的值(　　).

A. 与积分区间无关,与被积函数有关　　B. 与积分区间和被积函数均有关

C. 与积分变量用何字母表示有关　　D. 与被积函数 $f(x)$ 的形式无关

2. $\frac{\mathrm{d}}{\mathrm{d}x}\int_a^b \sin x\mathrm{d}x$(　　).

A. $\sin 2x$　　B. $\sin b - \sin a$　　C. 0　　D. $\cos x$

3. $\frac{\mathrm{d}}{\mathrm{d}x}\int_1^x \sin t^2\mathrm{d}t$(　　).

A. $\sin x^2$　　B. $2x\sin x^2$　　C. $2x\cos x^2$　　D. $\cos x^2$

4. 下列式子正确的是(　　).

A. $\int_0^1 x\mathrm{d}x < \int_0^1 x^2\mathrm{d}x$　　B. $\int_0^1 \mathrm{e}^{2x}\mathrm{d}x < \int_0^1 \mathrm{e}^x\mathrm{d}x$

C. $\int_0^1 \sin x\mathrm{d}x < \int_0^1 \sin^2 x\mathrm{d}x$　　D. $\int_1^{\mathrm{e}} \ln^2 x\mathrm{d}x < \int_1^{\mathrm{e}} \ln x\mathrm{d}x$

5. 下列定积分不为 0 的是(　　).

A. $\int_{-1}^1 \sin x\mathrm{d}x$　　B. $\int_{-1}^1 x^2\mathrm{d}x$　　C. $\int_{-1}^1 x\cos x\mathrm{d}x$　　D. $\int_{-1}^1 (x^3+x)\mathrm{d}x$

二、填空题(每小题 3 分,共 15 分)

6. $\int_a^b f(u)\mathrm{d}u + \int_a^a f(x)\mathrm{d}x + \int_b^a f(t)\mathrm{d}t =$ ________.

7. 已知 $\int_a^b f(x)\mathrm{d}x = 2$, $\int_a^b g(x)\mathrm{d}x = 3$, 则 $\int_a^b [2f(x)+3g(x)]\mathrm{d}x =$ ________.

8. 设函数 $f(x)=\begin{cases} x, & 0 \leqslant x \leqslant 1, \\ 1, & 1 < x \leqslant 2, \end{cases}$ 则 $\int_1^2 f(x)\mathrm{d}x =$ ________.

9. 已知 $f(x)$ 为偶函数且 $\int_0^6 f(x)\mathrm{d}x = 8$, 则 $\int_{-6}^6 f(x)\mathrm{d}x =$ ______.

10. 极限 $\lim\limits_{x\to 0}\frac{\int_0^x \cos\sqrt{t}\,\mathrm{d}t}{x} =$ ________.

三、判断题(每小题 1 分,共 4 分)

11. 已知 $f(x)$ 在 $[a,b]$ 上连续,则 $\int_a^x f(t)\mathrm{d}t$ 是 $f(x)$ 的一个原函数.　　(　　)

12. 定积分$\int_0^1 \sqrt{1-x^2}\,dx$表示单位圆在 x 轴上方部分的面积.　（　　）

13. $\int_0^4 \frac{1}{1+\sqrt{x}}dx = \int_0^4 \frac{2t}{1+t}dt$.　（　　）

14. 已知边际成本 $C'(q)$，固定成本 C_0，则总成本函数 $C(q)=\int_0^q C'(q)\,dq + C_0$.　（　　）

四、计算题（每小题 6 分，共 36 分）

15. $\int_0^1 \frac{3x^2}{1+x^2}dx$；　16. $\int_1^2 \left(2x+\frac{1}{x}-\frac{1}{x^2}\right)dx$；　17. $\int_0^1 \frac{1}{e^x+e^{-x}}dx$；

18. $\int_1^{\sqrt{3}} \frac{1}{\sqrt{4-x^2}}dx$；　19. $\int_{\frac{2}{3}}^1 \frac{1}{\sqrt{3x-2}+1}dx$；　20. $\int_1^e x\ln x\,dx$.

五、应用题（每小题 10 分，共 30 分）

21. 由曲线 $y=x^3$ 和 $y=x$ 所围成的平面图形的面积.

22. 已知某产品的边际收入为 $R'(q)=100-2q$，其中，q 为生产量，求：

（1）生产 10 单位产品时的总收入；

（2）已经生产 10 单位产品后，如果再多生产 10 单位产品，问：总收入增加了多少？

23. 已知某企业生产某种产品 Q 单位时的边际利润函数为 $L'(Q)=40-5Q$，且已知固定成本为 6. 求当生产多少该产品时利润最大？并求最大利润.

B 组（提高篇）

一、单选题（每小题 3 分，共 15 分）

1. 已知$\int_0^x f(t)\,dt = \frac{1}{x}$，则 $f(x)=$（　　）.

A. $-\frac{1}{x^2}$　B. $\frac{1}{x^2}$　C. $\ln x$　D. $\ln|x|$

2. $\int_{-\sqrt{3}}^{\sqrt{3}} (1+x^2\sin x)\,dx =$（　　）.

A. $-\sqrt{3}$　B. 0　C. $\sqrt{3}$　D. $2\sqrt{3}$

3. $\int_0^1 \cos(x^2)\,dx$ 的取值范围是（　　）.

A. $[-1,1]$　B. $[\cos 1,1]$　C. $[1,2]$　D. $[-1,0]$

4. 设 $f(x)=\begin{cases} x^2, & 0\leqslant x\leqslant 1 \\ 2-x, & 1<x\leqslant 2 \end{cases}$，则$\int_0^2 f(t)\,dt =$（　　）.

A. $\frac{1}{2}$　B. $\frac{1}{6}$　C. $\frac{5}{6}$　D. 1

5. 下列命题正确的是（　　）.

A. $0\leqslant \int_0^2 e^{-x^2}dx \leqslant e^{-1}$　B. $0\leqslant \int_0^2 e^{-x^2}dx \leqslant e^{-2}$

C. $2e^{-4} \leqslant \int_0^2 e^{-x^2}dx \leqslant 2$　　D. $e^{-4} \leqslant \int_0^2 e^{-x^2}dx \leqslant 1$

二、填空题（每小题 3 分，共 15 分）

6. 极限 $\lim\limits_{x\to0}\dfrac{\int_0^{\sqrt{x}}\sin x\mathrm{d}t}{x}=$ ________.

7. 设 $f(x)$ 是连续函数，且 $f(x)=x+3\int_0^1 f(t)\mathrm{d}t$，则 $f(x)=$ ________.

8. 定积分 $\int_0^1(2x+1)e^{x^2+x}\mathrm{d}x=$ ________.

9. 已知 $f(0)=1, f(3)=2, f'(3)=3$，则 $\int_0^3 xf''(x)\mathrm{d}x=$ ________ .

10. 已知某产品的产量变化率是时间 t 的函数：$f(t)=2t+5, t\geqslant0$，当 $t=0$ 时，产量为 0，则从时间 $t=0$ 增加到 $t=5$ 时的总产量为 ________ .

三、判断题（每小题 1 分，共 4 分）

11. 若函数 $f(x)$ 在 $[a,b]$ 上可积，则 $f(x)$ 在 $[a,b]$ 上有界.　（　　）

12. 图 4-24 中阴影部分的面积是 $\int_a^c f(x)\mathrm{d}x+\int_c^d f(x)\mathrm{d}x+\int_d^b f(x)\mathrm{d}x$.　（　　）

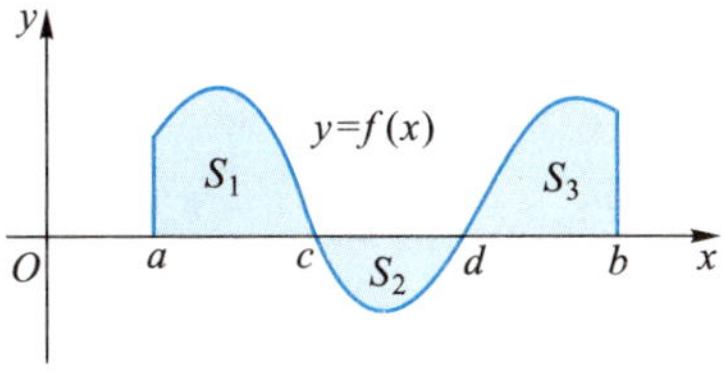

图 4-24

13. 求定积分 $\int_0^1\sqrt{1-x^2}\mathrm{d}x$ 时，可作换元 $x=\sin t$.　（　　）

14. $\int_a^b|f(x)|\mathrm{d}x<\int_a^b f(x)\mathrm{d}x$.　（　　）

四、计算题（每小题 6 分，共 30 分）

15. $\int_0^1\dfrac{x^2-x}{(1+x)(1+x^2)}\mathrm{d}x$；　16. $\int_0^1\dfrac{1}{x^2-2x+2}\mathrm{d}x$；　17. $\int_0^3\dfrac{x}{1+\sqrt{1+x}}\mathrm{d}x$；

18. $\int_0^{\pi}x\cos 2x\mathrm{d}x$.　19. $\int_0^1\ln(1+x^2)\mathrm{d}x$.

五、证明题（共 6 分）

20. 设函数 $f(x), g(x)$ 在区间 $[-a,a]$ 上连续，$g(x)$ 为偶函数，且 $f(-x)+f(x)=2$. 证明：$\int_{-a}^a f(x)g(x)\mathrm{d}x=2\int_0^a g(x)\mathrm{d}x$.

六、应用题（第 21 题 12 分，第 22 题 18 分，共 30 分）

21. 求抛物线 $y=4x-x^2$.

（1）抛物线上哪一点处切线平行于 x 轴，求出该水平切线方程；

（2）求由抛物线与其水平切线及 y 轴所围平面图形的面积.

22. 已知某商品的固定成本为 12(元)，当产量为 Q 时的边际成本和边际收入分别为

$$C'(Q)=Q, R'(Q)=40-3Q.$$

求：

(1) 总成本函数和收入函数.

(2) 产量为多少时利润最大？最大利润是多少？

(3) 在总利润最大时的产量的基础上再多生产 3 单位产品，此时总利润有什么变化？

第 5 章

线性代数

学习目标

(1) 了解矩阵的概念,掌握矩阵的运算.

(2) 会用矩阵的初等行变换求矩阵的秩及逆矩阵.

(3) 掌握线性方程组的解的判定,求解经济应用问题.

背景资料和经济问题 5

【背景资料】 上市公司交叉持股

交叉持股是资本市场中较为常见的现象,是指公司之间相互持有对方一定比例的股份,继而相互成为对方股东的情形.交叉持股可以实现企业之间的战略协作、降低财务风险、防御敌意收购、促进长期稳定发展等.

【经济问题 5】 交叉持股的三家公司年度投资收益是多少?

已知三家股份公司交叉持股的情况如图 5-1 所示,其中,A 公司持有 B 公司 24% 的股份,B 公司持有 C 公司 35% 的股份,C 公司持有 A 公司的 25% 的股份;C 公司持有 B 公司 22% 的股份,B 公司持有 A 公司 20% 的股份.若 2023 年 A、B、C 三家公司独立的营业净利润(税后)分别为 100 万元、85 万元、60 万元.试求各公司本年的投资收益与本年的净利润**(本年的净利润 = 营业净利润 + 投资收益)**.

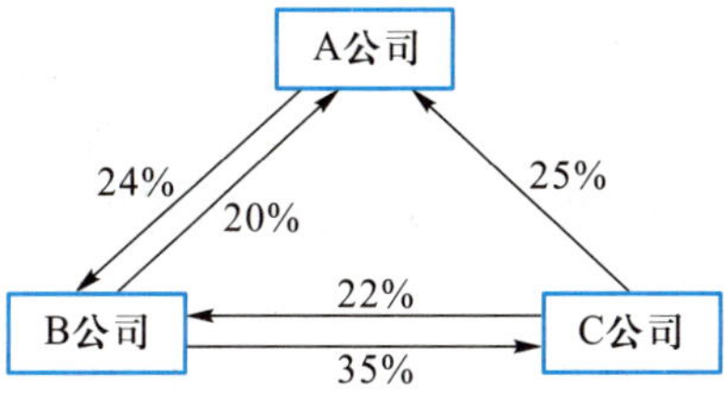

图 5-1

5.1　n 元线性方程组与矩阵

5.1.1　n 元线性方程组

公司之间相互持股是我国公司改制实现股权多元化的一种有益的形式，“经济问题 5”就是一个双向交叉循环相互持股的公司投资收益问题．根据我国《企业会计准则第 2 号——长期股权投资》中有关**权益法**核算的规定：

投资企业的投资收益 = 被投资单位当年实现的净利润 × 投资企业的股权．

因此，对“经济问题 5”，设 x_1 为 A 公司本年的投资收益，x_2 为 B 公司本年的投资收益，x_3 为 C 公司本年的投资收益，则各公司的本年投资收益由下列方程确定：

$$\begin{cases} x_1 = (850\,000 + x_2) \times 0.24, \\ x_2 = (1\,000\,000 + x_1) \times 0.2 + (600\,000 + x_3) \times 0.35, \\ x_3 = (1\,000\,000 + x_1) \times 0.25 + (850\,000 + x_2) \times 0.22, \end{cases}$$

整理，得

$$\begin{cases} x_1 - 0.24x_2 = 204\,000, \\ -0.2x_1 + x_2 - 0.35x_3 = 410\,000, \\ -0.25x_1 - 0.22x_2 + x_3 = 437\,000. \end{cases}$$

称这个方程组为**三元线性方程组**．在经济预测、决策时，我们经常会遇到类似“经济问题 5”的问题，最终归结为求解线性方程组的问题．

一般地，设有 m 个方程，n 个未知数组成的线性方程组

$$\begin{cases} a_{11}x_1 + a_{12}x_2 + \cdots + a_{1n}x_n = b_1, \\ a_{21}x_1 + a_{22}x_2 + \cdots + a_{2n}x_n = b_2, \\ \cdots\cdots\cdots\cdots \\ a_{m1}x_1 + a_{m2}x_2 + \cdots + a_{mn}x_n = b_m, \end{cases} \tag{5-1}$$

称为 **n 元线性方程组**．其中，x_j 是未知量，a_{ij} 是第 i 个方程中第 j 个未知量 x_j 的系数，b_i 是第 i 个方程的常数项（$i = 1,2,\cdots m; j = 1,2,\cdots,n$）．

若 $b_1 = b_2 = \cdots = b_m = 0$，则称方程组（5 - 1）为**齐次线性方程组**；否则，称为**非齐次线性方程组**．满足方程组的数组 $x_1 = c_1, x_2 = c_2, \cdots, x_n = c_n$ 称为方程组的**特解**，若方程组有不止一个解，则称所有解的共同表达式为**通解**．若两个方程组有相同的非空解集合，则称两个方程组为**同解方程组**．

对 n 元线性方程组的求解，在中学阶段我们常采用消元法．

例 5-1（减肥食谱）　剑桥减肥食谱流行于 20 世纪 80 年代，数百万人使用这份食谱快速且有效地减轻了体重．

假设表 5-1 为简化的减肥食谱，试求人们为了保持正常体重，每天应食用多少脱脂牛奶、大豆粉和乳清，才能使人体所需的蛋白质、碳水化合物和脂肪达到表 5-1 的标准．

表 5-1

营养	每 100 g 成分所含的营养			剑桥食谱一天所提供的营养
	脱脂牛奶	大豆粉	乳清	
蛋白质	36	51	13	33
碳水化合物	52	34	74	45
脂肪	0	7	1.1	3

解 设每天应食用脱脂牛奶、大豆粉和乳清的量分别为 x_1,x_2,x_3(单位:百克),则得到线性方程组

$$\begin{cases} 36x_1+51x_2+13x_3=33, \\ 52x_1+34x_2+74x_3=45, \\ \qquad\qquad 7x_2+1.1x_3=3. \end{cases}$$

将第一个方程等式两边同乘$\frac{1}{36}$,同时第二个方程等式两边同乘$\frac{1}{52}$,第三个方程等式两边同乘$\frac{1}{7}$,得(计算过程保留 3 位小数)

$$\begin{cases} x_1+1.417x_2+0.361x_3=0.917, \\ x_1+0.654x_2+1.423x_3=0.865, \\ \qquad\qquad x_2+0.157x_3=0.429. \end{cases}$$

用 -1 乘第一个方程的两端后加到第二个方程上去,得

$$\begin{cases} x_1+1.417x_2+0.361x_3=0.917, \\ \quad -0.763x_2+1.062x_3=-0.052, \\ \qquad\qquad x_2+0.157x_3=0.429. \end{cases}$$

用 -1.417 乘第三个方程的两端后加到第一个方程上去,同时用 0.763 乘第三个方程的两端后加到第二个方程上去,并将第二个方程与第三个方程互换位置,得

$$\begin{cases} x_1+\qquad 0.139x_3=0.309, \\ \qquad x_2+0.157x_3=0.429, \\ \qquad\qquad 1.182x_3=0.275. \end{cases}$$

用$\frac{1}{1.182}$乘第三个方程的两端,得

$$\begin{cases} x_1+\qquad 0.139x_3=0.309, \\ \qquad x_2+0.157x_3=0.429, \\ \qquad\qquad\quad x_3=0.233. \end{cases}$$

分别用 -0.139 和 -0.157 乘第三个方程的两端并先后加到第一个与第二个方程上去,得

$$\begin{cases} x_1 = 0.277, \\ x_2 = 0.392, \\ x_3 = 0.233. \end{cases}$$

故为了保持正常体重，人们每天约需食用 27.7 g 的脱脂牛奶，39.2 g 的大豆粉，23.3 g 的乳清.

分析例 5-1 的求解过程，消元法实质是对方程组多次进行下列变换：

(1) 互换两个方程的位置；

(2) 用一个非零的数乘某个方程的两端；

(3) 用一个数乘一个方程后加到另一个方程上.

上述三种变换称为线性方程组的**初等变换**.

5.1.2　矩阵

从例 5-1 用消元法求解线性方程组的过程可以看出，对方程组施行初等变换，实质上只与未知数的系数有关，而与未知数无关.因此，可以将未知数略去不写，只将未知数的系数按照原来的顺序关系排成一张数表，对这张数表进行上述三种变换，即

$$\begin{pmatrix} 36 & 51 & 13 & 33 \\ 52 & 34 & 74 & 45 \\ 0 & 7 & 1.1 & 3 \end{pmatrix} \xrightarrow{\text{初等变换}} \cdots \xrightarrow{\text{初等变换}} \begin{pmatrix} 1 & 0 & 0 & 0.277 \\ 0 & 1 & 0 & 0.392 \\ 0 & 0 & 1 & 0.233 \end{pmatrix}.$$

为此，我们引入矩阵的概念.

定义 5.1　由 $m \times n$ 个数 $a_{ij}(i=1,2,\cdots,m;j=1,2,\cdots,n)$ 排成的 m 行 n 列，并括以圆括弧(或方括号)的数表

$$\begin{pmatrix} a_{11} & a_{12} & \cdots & a_{1n} \\ a_{21} & a_{22} & \cdots & a_{2n} \\ \vdots & \vdots & & \vdots \\ a_{m1} & a_{m2} & \cdots & a_{mn} \end{pmatrix} \tag{5-2}$$

称为 $m \times n$ 矩阵.其中，m 为矩阵的**行数**；n 为矩阵的**列数**；a_{ij} 称为位于矩阵第 i 行、第 j 列的**元素**，i 是行标，j 是列标.习惯上，矩阵常用大写黑体字母 $\boldsymbol{A},\boldsymbol{B},\boldsymbol{C}$ 或 $\boldsymbol{A}_{m\times n},\boldsymbol{B}_{m\times n},\boldsymbol{C}_{m\times n}$ 等表示.有时，将上面的矩阵简记成 $(a_{ij})_{m\times n}$.

将 n 元线性方程组

$$\begin{cases} a_{11}x_1 + a_{12}x_2 + \cdots + a_{1n}x_n = b_1, \\ a_{21}x_1 + a_{22}x_2 + \cdots + a_{2n}x_n = b_2, \\ \cdots\cdots\cdots\cdots \\ a_{m1}x_1 + a_{m2}x_2 + \cdots + a_{mn}x_n = b_m \end{cases}$$

的系数按原来的排列顺序构成的矩阵

$$\boldsymbol{A} = \begin{pmatrix} a_{11} & a_{12} & \cdots & a_{1n} \\ a_{21} & a_{22} & \cdots & a_{2n} \\ \vdots & \vdots & & \vdots \\ a_{m1} & a_{m2} & \cdots & a_{mn} \end{pmatrix}$$

称为方程组的**系数矩阵**.

由方程组的系数及常数项构成的矩阵

$$\bar{\boldsymbol{A}}=(\boldsymbol{A},\boldsymbol{b})=\begin{pmatrix} a_{11} & a_{12} & \cdots & a_{1n} & b_1 \\ a_{21} & a_{22} & \cdots & a_{2n} & b_2 \\ \vdots & \vdots & & \vdots & \vdots \\ a_{m1} & a_{m2} & \cdots & a_{mn} & b_m \end{pmatrix}$$

称为线性方程组的**增广矩阵**.例如,例 5-1 所对应的三元线性方程组

$$\begin{cases} 36x_1+51x_2+13x_3=33, \\ 52x_1+34x_2+74x_3=45, \\ \qquad\quad 7x_2+1.1x_3=3 \end{cases}$$

的系数矩阵与增广矩阵分别为

$$\begin{pmatrix} 36 & 51 & 13 \\ 52 & 34 & 74 \\ 0 & 7 & 1.1 \end{pmatrix} \text{ 及 } \begin{pmatrix} 36 & 51 & 13 & 33 \\ 52 & 34 & 74 & 45 \\ 0 & 7 & 1.1 & 3 \end{pmatrix}.$$

一般地,当 $m=n$ 时,称 $\boldsymbol{A}_{m\times n}$ 为 n **阶方阵**,简称**方阵**①.在 n 阶方阵中,从左上角到右下角的对角线称为方阵的**主对角线**,从右上角到左下角的对角线称为方阵的**次对角线**.

当 $m=1$ 时,矩阵只有一行,即

$$\boldsymbol{A}=(a_{11} \quad a_{12} \quad \cdots \quad a_{1n})$$

称为**行矩阵**.

当 $n=1$ 时,矩阵只有一列,即

$$\boldsymbol{A}=\begin{pmatrix} a_{11} \\ a_{21} \\ \vdots \\ a_{m1} \end{pmatrix}$$

称为**列矩阵**.特别地,只有一个元素的矩阵称为**单元素矩阵**,记作(a) 或 a,也就是说,将 1×1 矩阵视为一个数.

如果两个矩阵 $\boldsymbol{A},\boldsymbol{B}$ 有相同的行数和相同的列数,并且对所有 i 和 j 都有 $a_{ij}=b_{ij}$,则称矩阵 $\boldsymbol{A}$ 与矩阵 $\boldsymbol{B}$ 相等,即 $\boldsymbol{A}=\boldsymbol{B}$.

例 5-2　已知

$$\boldsymbol{A}=\begin{pmatrix} a+b & 2 \\ 3 & 4 \end{pmatrix},\ \boldsymbol{B}=\begin{pmatrix} 6 & 2 \\ 3 & a-b \end{pmatrix},$$

---

① 对于方阵,有一个方阵的行列式的概念.式(5－2)的 n 阶方矩的行列式为

$$\begin{vmatrix} a_{11} & a_{12} & \cdots & a_{1n} \\ a_{21} & a_{22} & \cdots & a_{2n} \\ \vdots & \vdots & & \vdots \\ a_{n1} & a_{n2} & \cdots & a_{nn} \end{vmatrix},$$

它表示一个数,或一个代数式.行列式是线性代数中一个非常有用的概念.本教材不做介绍,有兴趣的同学可参考相关的教材.至于行列式的计算,可用 MATLAB 实现,见本章后面的与 MATLAB 有关的内容.

且 $\boldsymbol{A}=\boldsymbol{B}$,求 a,b.

解 由题意,可得 $\begin{cases}a+b=6,\\a-b=4,\end{cases}$ 解得 $a=5,b=1$.

下面介绍几种常见的特殊矩阵.

(1) **零矩阵**:所有元素均为0的矩阵称为**零矩阵**,记作 $\boldsymbol{O}_{m\times n}$ 或 $\boldsymbol{O}$.

常见矩阵

例如,

$$\boldsymbol{O}_{2\times 2}=\begin{pmatrix}0&0\\0&0\end{pmatrix},\quad \boldsymbol{O}_{3\times 5}=\begin{pmatrix}0&0&0&0&0\\0&0&0&0&0\\0&0&0&0&0\end{pmatrix}$$

分别为2阶零矩阵和 3×5 零矩阵.

(2) **三角矩阵**:主对角线下(或上)方的元素全都是0的 n 阶矩阵,称为 n 阶上(或下)三角矩阵.上三角矩阵、下三角矩阵统称为三角矩阵.

例如,

$$\boldsymbol{A}=\begin{pmatrix}-1&4&1\\0&5&2\\0&0&3\end{pmatrix},\quad \boldsymbol{B}=\begin{pmatrix}1&0&0&0\\4&0&0&0\\5&2&3&0\\3&5&1&5\end{pmatrix}$$

分别为三阶上三角矩阵和四阶下三角矩阵.

(3) n **阶对角矩阵**:主对角线上的元素不全为0,而其余元素都是0的 n 阶矩阵称为 n 阶对角矩阵,记作

$$\mathbf{diag}(a_1,a_2,\cdots,a_n).$$

例如,

$$\boldsymbol{B}=\begin{pmatrix}4&0&0&0\\0&7&0&0\\0&0&0&0\\0&0&0&-3\end{pmatrix}$$

为四阶对角矩阵.

(4) n **阶数量矩阵**:主对角线上元素都是相同的非零常数的对角矩阵,称为 n 阶数量矩阵.

例如,

$$\boldsymbol{A}=\begin{pmatrix}b&0\\0&b\end{pmatrix}\quad(b\neq 0),\quad \boldsymbol{B}=\begin{pmatrix}5&0&0\\0&5&0\\0&0&5\end{pmatrix}$$

就是二阶和三阶数量矩阵.

(5) n **阶单位矩阵**:主对角线上元素都是1的对角矩阵,称为 n 阶单位矩阵,记作 $\boldsymbol{E}_n$.

例如,

$$\boldsymbol{E}_2=\begin{pmatrix}1&0\\0&1\end{pmatrix}$$

为二阶单位矩阵.

(6) **转置矩阵**:设矩阵 $\boldsymbol{A}=(a_{ij})$ 是 $m\times n$ 矩阵,把矩阵 $\boldsymbol{A}$ 的行与列按顺序互换后得到的 $n\times m$ 矩阵 $(a_{ji})_{n\times m}$,称为矩阵 $\boldsymbol{A}$ 的转置矩阵,记作 $\boldsymbol{A}^{\mathrm{T}}$.

例如,已知 $\boldsymbol{A}=\begin{pmatrix} a_{11} & a_{12} & \cdots & a_{1n} \\ a_{21} & a_{22} & \cdots & a_{2n} \\ \vdots & \vdots & & \vdots \\ a_{m1} & a_{m2} & \cdots & a_{mn} \end{pmatrix}$,则 $\boldsymbol{A}^{\mathrm{T}}=\begin{pmatrix} a_{11} & a_{21} & \cdots & a_{m1} \\ a_{12} & a_{22} & \cdots & a_{m2} \\ \vdots & \vdots & & \vdots \\ a_{1n} & a_{2n} & \cdots & a_{mn} \end{pmatrix}$.

显然,$(\boldsymbol{A}^{\mathrm{T}})^{\mathrm{T}}=\boldsymbol{A}$.

(7) **对称矩阵**:关于主对角线对称位置上的元素相等的方阵称为对称矩阵,即 $a_{ij}=a_{ji}$, $i,j=1,2,\cdots,n$,如

$$\begin{pmatrix} 1 & 3 & -2 & 0 \\ 3 & 0 & 4 & -1 \\ -2 & 4 & 7 & 0.3 \\ 0 & -1 & 0.3 & 8 \end{pmatrix}.$$

(8) **反对称矩阵**:关于主对角线对称的元素互为相反数,且主对角线上的元素为 0 的方阵称为反对称矩阵,即 $a_{ij}=-a_{ji}$, $i,j=1,2,\cdots,n$,如

$$\begin{pmatrix} 0 & 2 & -4 \\ -2 & 0 & 3 \\ 4 & -3 & 0 \end{pmatrix}.$$

定理 5.1　$\boldsymbol{A}$ 为对称矩阵的充分必要条件是 $\boldsymbol{A}^{\mathrm{T}}=\boldsymbol{A}$;$\boldsymbol{A}$ 为反对称矩阵的充分必要条件是 $\boldsymbol{A}^{\mathrm{T}}=-\boldsymbol{A}$.

5.1.3　矩阵的初等变换与秩

前面我们提到了线性方程组的初等变换,由方程组的系数及常数项构成的增广矩阵也具有相应的初等变换.我们首先通过一个熟悉的线性方程组的求解来说明矩阵的初等变换.

例 5-3　解线性方程组 $\begin{cases} 2x_1+x_2=1, \\ x_1+2x_2=-1. \end{cases}$

解　用消元法解线性方程组时,观察同解的线性方程组之间对应的增广矩阵的变化情况(表 5-2).

表 5-2

线性方程组	消元过程	增广矩阵	初等行变换过程
$\begin{cases} 2x_1+x_2=1 \\ x_1+2x_2=-1 \end{cases}$	将第 1 个方程与第 2 个方程互换	$\overline{\boldsymbol{A}}=\begin{pmatrix} 2 & 1 & 1 \\ 1 & 2 & -1 \end{pmatrix}$	将 $\overline{\boldsymbol{A}}$ 的第 1 行与第 2 行互换
$\Rightarrow\begin{cases} x_1+2x_2=-1 \\ 2x_1+x_2=1 \end{cases}$	第 1 个方程乘 -2 加到第 2 个方程	$\rightarrow\begin{pmatrix} 1 & 2 & -1 \\ 2 & 1 & 1 \end{pmatrix}$	将第 1 行乘 -2 加到第 2 行

续表

线性方程组	消元过程	增广矩阵	初等行变换过程
$\Rightarrow\begin{cases}x_1+2x_2=-1\\ -3x_2=3\end{cases}$	第 2 个方程乘 $-\dfrac{1}{3}$	$\rightarrow\begin{pmatrix}1 & 2 & -1\\ 0 & -3 & 3\end{pmatrix}$	第 2 行乘 $-\dfrac{1}{3}$
$\Rightarrow\begin{cases}x_1+2x_2=-1\\ x_2=-1\end{cases}$	第 2 个方程乘 -2 加到第 1 个方程	$\rightarrow\begin{pmatrix}1 & 2 & -1\\ 0 & 1 & -1\end{pmatrix}$	将第 2 行乘 -2 加到第 1 行
$\Rightarrow\begin{cases}x_1=1\\ x_2=-1\end{cases}$		$\rightarrow\begin{pmatrix}1 & 0 & 1\\ 0 & 1 & -1\end{pmatrix}$	

由此得线性方程组的解为 $x_1=1, x_2=-1$.

分析可见,以上线性方程组的初等变换也就是对增广矩阵施行相应的变换,因此,我们有

定义 5.2 矩阵的**初等行变换**

(1) **互换变换**:将矩阵的两行互换位置(互换 i,j 两行,记为 $r_i\leftrightarrow r_j$).

(2) **倍乘变换**:以非零常数 k 乘矩阵某一行的所有元素(第 i 行乘 k,记为 kr_i).

(3) **倍加变换**:把矩阵某一行所有元素乘同一个非零常数 k 后加到另一行对应的元素上去(第 j 行的 k 倍加到 i 行上,记为 r_i+kr_j).

若将定义中的“行”换成“列”,则称为**初等列变换**.矩阵的初等行变换和初等列变换统称为矩阵的**初等变换**.

初等变换

例 5-4 利用初等行变换将矩阵 $\boldsymbol{A}=\begin{pmatrix}1 & 2 & 0\\ 3 & 5 & 2\\ 2 & 0 & 6\end{pmatrix}$ 化成单位矩阵.

解

$$\boldsymbol{A}=\begin{pmatrix}1 & 2 & 0\\ 3 & 5 & 2\\ 2 & 0 & 6\end{pmatrix}\xrightarrow{\frac{1}{2}r_3}\begin{pmatrix}1 & 2 & 0\\ 3 & 5 & 2\\ 1 & 0 & 3\end{pmatrix}\xrightarrow[r_3+(-1)r_1]{r_2+(-3)r_1}\begin{pmatrix}1 & 2 & 0\\ 0 & -1 & 2\\ 0 & -2 & 3\end{pmatrix}$$

$$\xrightarrow{(-1)r_2}\begin{pmatrix}1 & 2 & 0\\ 0 & 1 & -2\\ 0 & -2 & 3\end{pmatrix}\xrightarrow[r_3+2r_2]{r_1+(-2)r_2}\begin{pmatrix}1 & 0 & 4\\ 0 & 1 & -2\\ 0 & 0 & -1\end{pmatrix}$$

$$\xrightarrow{(-1)r_3}\begin{pmatrix}1 & 0 & 4\\ 0 & 1 & -2\\ 0 & 0 & 1\end{pmatrix}\xrightarrow[r_2+2r_3]{r_1+(-4)r_3}\begin{pmatrix}1 & 0 & 0\\ 0 & 1 & 0\\ 0 & 0 & 1\end{pmatrix}.$$

若矩阵 $\boldsymbol{A}$ 具有下列特征:

(1) 各个非零行(元素不全为 0 的行)的第一个非零元素(亦称主元或首非零元素)的列标随着行标的递增而严格增大;

(2) 如果矩阵有零行,零行在矩阵的最下方,

则称矩阵 $\boldsymbol{A}$ 为**阶梯形矩阵**.

例如，

$$\begin{pmatrix}1&2&3\\0&5&2\\0&0&3\end{pmatrix},\begin{pmatrix}4&2&3&-1\\0&2&-1&7\\0&0&0&6\end{pmatrix},\begin{pmatrix}0&1&0&1\\0&0&3&8\\0&0&0&0\end{pmatrix}$$

都是阶梯形矩阵.

若阶梯形矩阵的各非零行的首非零元都是1，且首非零元所在列的其余元素都是0，则称它为**行简化阶梯形矩阵.**

例如，

$$\begin{pmatrix}1&0&2&0&2\\0&1&4&0&3\\0&0&0&1&1\\0&0&0&0&0\end{pmatrix},\quad\begin{pmatrix}1&5&0&0&2\\0&0&1&0&3\\0&0&0&1&1\end{pmatrix}$$

都是行简化阶梯形矩阵.

定理 5.2　任意一个非零矩阵经过若干次初等行变换后都可以化为行简化阶梯形矩阵.

例 5-5　将矩阵 $\boldsymbol{A}=\begin{pmatrix}-1&1&4&0\\3&-2&5&-3\\2&0&-6&4\\0&1&1&2\end{pmatrix}$ 化为行简化阶梯形矩阵.

解　$$\boldsymbol{A}=\begin{pmatrix}-1&1&4&0\\3&-2&5&-3\\2&0&-6&4\\0&1&1&2\end{pmatrix}\xrightarrow[r_3+2r_1]{r_2+3r_1}\begin{pmatrix}-1&1&4&0\\0&1&17&-3\\0&2&2&4\\0&1&1&2\end{pmatrix}$$

$$\xrightarrow[r_3-2r_2]{r_4-\frac{1}{2}r_3}\begin{pmatrix}-1&1&4&0\\0&1&17&-3\\0&0&-32&10\\0&0&0&0\end{pmatrix}\xrightarrow[-\frac{1}{32}r_3]{-r_1}\begin{pmatrix}1&-1&-4&0\\0&1&17&-3\\0&0&1&-\frac{5}{16}\\0&0&0&0\end{pmatrix}$$

$$\xrightarrow[r_1+4r_3]{r_2-17r_3}\begin{pmatrix}1&-1&0&-\frac{5}{4}\\0&1&0&\frac{37}{16}\\0&0&1&-\frac{5}{16}\\0&0&0&0\end{pmatrix}\xrightarrow{r_1+r_2}\begin{pmatrix}1&0&0&\frac{17}{16}\\0&1&0&\frac{37}{16}\\0&0&1&-\frac{5}{16}\\0&0&0&0\end{pmatrix}.$$

由于选用的方法不同，任意矩阵 $\boldsymbol{A}$ 经过一系列初等行变换后化成的阶梯形矩阵不是唯一的，但具有相同的非零行的行数（此点不予证明）.因此有

定义 5.3　矩阵 $\boldsymbol{A}$ 的阶梯形矩阵的非零行的行数称为矩阵 $\boldsymbol{A}$ 的**秩**，记作 $r(\boldsymbol{A})$.

例 5-6　求矩阵 $A=\begin{pmatrix}1&-2&1&1&-1\\2&1&-1&-1&-1\\1&3&-2&-2&0\\3&-1&0&0&-2\end{pmatrix}$ 的秩.

解　因为

$$A=\begin{pmatrix}1&-2&1&1&-1\\2&1&-1&-1&-1\\1&3&-2&-2&0\\3&-1&0&0&-2\end{pmatrix}\xrightarrow[r_4+(-3)r_1]{\substack{r_2+(-2)r_1\\r_3+(-1)r_1}}\begin{pmatrix}1&-2&1&1&-1\\0&5&-3&-3&1\\0&5&-3&-3&1\\0&5&-3&-3&1\end{pmatrix}$$

$$\xrightarrow[r_4+(-1)r_2]{r_3+(-1)r_2}\begin{pmatrix}1&-2&1&1&-1\\0&5&-3&-3&1\\0&0&0&0&0\\0&0&0&0&0\end{pmatrix},$$

所以 $r(A)=2$.

零矩阵的秩规定为 0,记作 $r(O)=0$.

如果 n 阶方阵 A 的秩与它的阶数相同,即 $r(A)=n$,则称 A 为**满秩矩阵**,否则称为**降秩矩阵**.

注　任何满秩矩阵都可以利用初等行变换化为单位矩阵.

练习 5.1

1. 判断题.

(1) 矩阵 $A=\begin{pmatrix}1&6&0&0&2\\0&0&-1&9&3\\0&0&0&1&1\end{pmatrix}$ 是行简化阶梯形矩阵.　(　　)

(2) 矩阵 $B=\begin{pmatrix}1&0&3\\0&1&2\\0&1&0\\0&0&1\\0&0&0\\0&0&0\end{pmatrix}$ 的秩为 4.　(　　)

2. 填空题.

(1) 已知矩阵 $A=(1\quad -2\quad 0)$,$B=\begin{pmatrix}2&1\\-1&0\\0&1\end{pmatrix}$,则 $A^{\mathrm{T}}=$ ________,$B^{\mathrm{T}}=$ ________.

(2) 线性方程组 $\begin{cases}2x_1-3x_2+x_3+5x_4=6,\\-3x_1+x_2+2x_3-4x_4=5,\\-x_1-2x_2+3x_3+x_4=2\end{cases}$ 的系数矩阵 $A=$ ________,增广矩阵 $\bar{A}=$ ________,$r(A)=$ ________,$r(\bar{A})=$ ________.

3. 选择题.

(1) 线性方程组 $\begin{cases}2x_1+x_2=2,\\x_2-x_3=0\end{cases}$ 的系数矩阵是(　　).

A. 2 × 3 矩阵　　B. 3 × 2 矩阵

C. 3 阶矩阵　　D. 2 阶矩阵

(2) 矩阵 $\boldsymbol{A}=\begin{pmatrix}0&0&-1&-1&2\\1&4&-1&0&2\\-1&-4&2&-1&0\\2&8&1&1&0\end{pmatrix}$ 的阶梯形矩阵为(　　).

A. $\begin{pmatrix}1&4&-1&0&2\\0&0&1&1&2\\0&0&0&-2&4\\0&0&0&0&-2\end{pmatrix}$　　B. $\begin{pmatrix}1&4&-1&0&2\\0&0&-1&-1&2\\0&0&0&-2&4\\0&0&0&0&-2\end{pmatrix}$

C. $\begin{pmatrix}1&4&-1&0&2\\0&0&1&1&-2\\0&0&0&2&4\\0&0&0&0&-2\end{pmatrix}$　　D. $\begin{pmatrix}1&4&-1&0&2\\0&0&-1&-1&2\\0&0&0&2&-4\\0&0&0&1&-2\end{pmatrix}$

(3) 矩阵 $\begin{pmatrix}1&3&-2&1&0\\0&1&1&0&0\\0&0&1&0&0\\0&1&0&0&0\end{pmatrix}$ 的秩是(　　).

A. 1　　B. 2　　C. 3　　D. 4

5.2　矩阵的运算

像实数可以进行运算一样,由实数对应的矩阵也可以进行运算,只是矩阵的运算与实数运算的形式有所不同.但是,这种运算对于由实际问题抽象出来的数组来说,不仅形式简洁,而且便于实际操作.

5.2.1　矩阵的加减与数乘

例 5-7　某计算机公司两个销售点 1 月和 2 月销售的三种计算机配件的数量分别用矩阵 $\boldsymbol{A}$ 和 $\boldsymbol{B}$ 表示为

$$\begin{matrix}&\text{网卡}&\text{U 盘}&\text{主板}\\ \boldsymbol{A}=&\begin{pmatrix}120&330&70\\210&240&80\end{pmatrix}&&\end{matrix}\begin{matrix}\text{销售点 1}\\\text{销售点 2}\end{matrix},\quad \boldsymbol{B}=\begin{pmatrix}170&270&90\\250&200&60\end{pmatrix}\begin{matrix}\text{销售点 1}\\\text{销售点 2}\end{matrix}.$$

(矩阵 $\boldsymbol{B}$ 的列同样依次为网卡、U 盘、主板.)

试分别求出两个销售网点两个月三种计算机配件的销售量.

解　根据我们日常数表的统计方式,将同一个销售网点的同一种配件销售量相加即可.

$$\boldsymbol{C}=\boldsymbol{A}+\boldsymbol{B}=\begin{pmatrix}120&330&70\\210&240&80\end{pmatrix}+\begin{pmatrix}170&270&90\\250&200&60\end{pmatrix}$$

$$=\begin{pmatrix}120+170&330+270&70+90\\210+250&240+200&80+60\end{pmatrix}=\begin{pmatrix}290&600&160\\460&440&140\end{pmatrix}\begin{matrix}\text{销售点 1}\\\text{销售点 2}\end{matrix}.$$

矩阵的加减

定义 5.4　设 $\boldsymbol{A}=(a_{ij})_{m\times n}$ 和 $\boldsymbol{B}=(b_{ij})_{m\times n}$ 都是 $m\times n$ 矩阵，称矩阵

$$(a_{ij}\pm b_{ij})_{m\times n}=\begin{pmatrix} a_{11}\pm b_{11} & a_{12}\pm b_{12} & \cdots & a_{1n}\pm b_{1n} \\ a_{21}\pm b_{21} & a_{22}\pm b_{22} & \cdots & a_{2n}\pm b_{2n} \\ \vdots & \vdots & & \vdots \\ a_{m1}\pm b_{m1} & a_{m2}\pm b_{m2} & \cdots & a_{mn}\pm b_{mn} \end{pmatrix}$$

为矩阵 $\boldsymbol{A}$ 与 $\boldsymbol{B}$ 的**和(差)矩阵**，记为 $\boldsymbol{A}\pm\boldsymbol{B}$.

例 5-8　已知某计算机公司两个销售点 1 月和 2 月销售的三种计算机配件数量完全相同，即

$$\begin{matrix} & \text{网卡} & \text{U盘} & \text{主板} & \end{matrix}$$
$$\boldsymbol{A}=\boldsymbol{B}=\begin{pmatrix} 120 & 330 & 70 \\ 210 & 240 & 80 \end{pmatrix}\begin{matrix}\text{销售点 1}\\ \text{销售点 2}\end{matrix}.$$

试分别求出两个销售网点两个月三种计算机配件的销售量.

解
$$\boldsymbol{C}=\begin{pmatrix} 120\times 2 & 330\times 2 & 70\times 2 \\ 210\times 2 & 240\times 2 & 80\times 2 \end{pmatrix}=\begin{pmatrix} 240 & 660 & 140 \\ 420 & 480 & 160 \end{pmatrix}.$$

可见，把矩阵 $\boldsymbol{A}$ 的所有元素都乘 2 就得到问题所求的矩阵 $\boldsymbol{C}$.

矩阵数乘

定义 5.5　设 k 是任意一个实数，$\boldsymbol{A}=(a_{ij})$ 是一个 $m\times n$ 矩阵，则

$$k\boldsymbol{A}=(ka_{ij})_{m\times n}=\begin{pmatrix} ka_{11} & ka_{12} & \cdots & ka_{1n} \\ ka_{21} & ka_{22} & \cdots & ka_{2n} \\ \vdots & \vdots & & \vdots \\ ka_{m1} & ka_{m2} & \cdots & ka_{mn} \end{pmatrix}$$

称为数 k 与矩阵 $\boldsymbol{A}$ 的**数乘矩阵**.特别地，当 $k=-1$ 时，称 $-\boldsymbol{A}$ 为矩阵 $\boldsymbol{A}$ 的负矩阵.

例 5-9　设 $\boldsymbol{A}=\begin{pmatrix} 2 & 5 & -1 \\ 5 & 2 & 3 \end{pmatrix}$，$\boldsymbol{B}=\begin{pmatrix} 1 & -5 & 4 \\ 4 & 3 & 6 \end{pmatrix}$，求 $\boldsymbol{A}+\boldsymbol{B}$，$3\boldsymbol{A}-2\boldsymbol{B}$.

解
$$\begin{aligned}\boldsymbol{A}+\boldsymbol{B}&=\begin{pmatrix} 2 & 5 & -1 \\ 5 & 2 & 3 \end{pmatrix}+\begin{pmatrix} 1 & -5 & 4 \\ 4 & 3 & 6 \end{pmatrix}\\ &=\begin{pmatrix} 2+1 & 5+(-5) & -1+4 \\ 5+4 & 2+3 & 3+6 \end{pmatrix}=\begin{pmatrix} 3 & 0 & 3 \\ 9 & 5 & 9 \end{pmatrix},\end{aligned}$$

$$\begin{aligned}3\boldsymbol{A}-2\boldsymbol{B}&=3\begin{pmatrix} 2 & 5 & -1 \\ 5 & 2 & 3 \end{pmatrix}-2\begin{pmatrix} 1 & -5 & 4 \\ 4 & 3 & 6 \end{pmatrix}\\ &=\begin{pmatrix} 6 & 15 & -3 \\ 15 & 6 & 9 \end{pmatrix}-\begin{pmatrix} 2 & -10 & 8 \\ 8 & 6 & 12 \end{pmatrix}\\ &=\begin{pmatrix} 4 & 25 & -11 \\ 7 & 0 & -3 \end{pmatrix}.\end{aligned}$$

容易验证，矩阵的加法满足下列运算规律：

$$\boldsymbol{A}+\boldsymbol{B}=\boldsymbol{B}+\boldsymbol{A};$$
$$(\boldsymbol{A}+\boldsymbol{B})+\boldsymbol{C}=\boldsymbol{A}+(\boldsymbol{B}+\boldsymbol{C});$$

$$A+O=A;$$
$$(A\pm B)^{T}=A^{T}\pm B^{T}.$$

矩阵的数乘运算满足下列运算规律：

$$\alpha(A+B)=\alpha A+\alpha B;$$
$$(\alpha+\beta)A=\alpha A+\beta A;$$
$$(\alpha\beta)A=\alpha(\beta A)=\beta(\alpha A);$$
$$0\times A=O;\ 1\times A=A;$$
$$(\alpha A)^{T}=\alpha A^{T}.$$

其中，α 与 β 是常数.

矩阵的加法运算与数乘运算合起来，统称为矩阵的**线性运算**.

例 5-10　已知矩阵方程为 $3X-2A+3B=5X-5C$，其中，

$$A=\begin{pmatrix}1&0\\0&0\\0&1\end{pmatrix},B=\begin{pmatrix}3&7\\1&5\\2&3\end{pmatrix},C=\begin{pmatrix}3&1\\1&5\\4&9\end{pmatrix},$$

求矩阵 X.

解　因为

$$3X-2A+3B=5X-5C,$$
$$2X=5C-2A+3B,$$

所以

$$2X=5C-2A+3B=\begin{pmatrix}15&5\\5&25\\20&45\end{pmatrix}-\begin{pmatrix}2&0\\0&0\\0&2\end{pmatrix}+\begin{pmatrix}9&21\\3&15\\6&9\end{pmatrix}=\begin{pmatrix}22&26\\8&40\\26&52\end{pmatrix},$$

得

$$X=\frac{1}{2}\begin{pmatrix}22&26\\8&40\\26&52\end{pmatrix}=\begin{pmatrix}11&13\\4&20\\13&26\end{pmatrix}.$$

5.2.2　矩阵的乘法

在例 5-2 中，我们已知矩阵 A 表示两个销售点第一个月三种计算机配件的销售量，现在假设用矩阵 D 表示三种计算机配件的单位售价（元）和单位利润（元），即

$$A=\begin{matrix}\text{网卡}&\text{U盘}&\text{主板}&\\ \left(\begin{matrix}120&330&70\\210&240&80\end{matrix}\right.&&\left.\right)&\begin{matrix}\text{销售点 1}\\\text{销售点 2}\end{matrix}\end{matrix}$$

$$A=\begin{pmatrix}120&330&70\\210&240&80\end{pmatrix}\begin{matrix}\text{销售点 1}\\\text{销售点 2}\end{matrix}\ (\text{列：网卡　U盘　主板}),\quad D=\begin{pmatrix}180&60\\90&30\\850&200\end{pmatrix}\begin{matrix}\text{网卡}\\\text{U盘}\\\text{主板}\end{matrix}\ (\text{列：单价　单位利润}),$$

则销售点 1 第一个月的销售总额和总利润分别为

$$120\times180+330\times90+70\times850=110\ 800(\text{元}),$$
$$120\times60+330\times30+70\times200=31\ 100(\text{元}).$$

销售点 2 第一个月的销售总额和总利润分别为

$$210\times180+240\times90+80\times850=127\,400(\text{元}),$$
$$210\times60+240\times30+80\times200=35\,800(\text{元}).$$

我们以销售点序号为行,销售总额和总利润为列得到一个二阶矩阵

$$\boldsymbol{M}=\begin{pmatrix}120\times180+330\times90+70\times850 & 120\times60+330\times30+70\times200\\ 210\times180+240\times90+80\times850 & 210\times60+240\times30+80\times200\end{pmatrix}$$

$$\begin{matrix} & \text{销售总额} & \text{总利润} & \\ = & \left(\begin{matrix}110\,800 \\ 127\,400\end{matrix}\right. & \left.\begin{matrix}31\,100 \\ 35\,800\end{matrix}\right) & \begin{matrix}\text{销售点 1}\\ \text{销售点 2}\end{matrix}\end{matrix},$$

矩阵乘法

可见,$\boldsymbol{M}$ 矩阵中的元素 m_{11} 恰好是矩阵 $\boldsymbol{A}$ 中的第一行与矩阵 $\boldsymbol{D}$ 的第一列所有对应元素的乘积之和,m_{12} 是矩阵 $\boldsymbol{A}$ 中的第一行与矩阵 $\boldsymbol{D}$ 的第二列所有对应元素的乘积之和,其他类似,我们称矩阵 $\boldsymbol{M}$ 是矩阵 $\boldsymbol{A}$ 与矩阵 $\boldsymbol{D}$ 的乘积.

定义 5.6　设 $\boldsymbol{A}$ 是一个 $m\times s$ 矩阵,$\boldsymbol{B}$ 是一个 $s\times n$ 矩阵,$\boldsymbol{C}$ 是一个 $m\times n$ 矩阵,

$$\boldsymbol{A}=\begin{pmatrix}a_{11}&a_{12}&\cdots&a_{1s}\\a_{21}&a_{22}&\cdots&a_{2s}\\\vdots&\vdots&&\vdots\\a_{m1}&a_{m2}&\cdots&a_{ms}\end{pmatrix},\boldsymbol{B}=\begin{pmatrix}b_{11}&b_{12}&\cdots&b_{1n}\\b_{21}&b_{22}&\cdots&b_{2n}\\\vdots&\vdots&&\vdots\\b_{s1}&b_{s2}&\cdots&b_{sn}\end{pmatrix},\boldsymbol{C}=\begin{pmatrix}c_{11}&c_{12}&\cdots&c_{1n}\\c_{21}&c_{22}&\cdots&c_{2n}\\\vdots&\vdots&&\vdots\\c_{m1}&c_{m2}&\cdots&c_{mn}\end{pmatrix},$$

其中,$c_{ij}=a_{i1}b_{1j}+a_{i2}b_{2j}+\cdots+a_{is}b_{sj}=\sum\limits_{k=1}^{s}a_{ik}b_{kj}(i=1,2,\cdots,m;j=1,2,\cdots,n)$,则矩阵 $\boldsymbol{C}$ 称为矩阵 $\boldsymbol{A}$ 与 $\boldsymbol{B}$ 的乘积,记为 $\boldsymbol{A}_{m\times s}\boldsymbol{B}_{s\times n}=\boldsymbol{C}_{m\times n}$(或 $\boldsymbol{AB}=\boldsymbol{C}$).

由矩阵的乘法定义可知,两个矩阵相乘,要求左乘矩阵的列数与右乘矩阵的行数相等,且乘积矩阵 $\boldsymbol{C}$ 的行数与列数分别等于左乘矩阵的行数与右乘矩阵的列数.

例 5-11　设 $\boldsymbol{A}=\begin{pmatrix}1&2\\3&4\\-1&0\end{pmatrix},\boldsymbol{B}=\begin{pmatrix}3&1&4\\1&5&9\end{pmatrix}$,求 $\boldsymbol{AB}$ 和 $\boldsymbol{BA}$.

解　$$\boldsymbol{AB}=\begin{pmatrix}1&2\\3&4\\-1&0\end{pmatrix}\begin{pmatrix}3&1&4\\1&5&9\end{pmatrix}=\begin{pmatrix}1\times3+2\times1&1\times1+2\times5&1\times4+2\times9\\3\times3+4\times1&3\times1+4\times5&3\times4+4\times9\\-1\times3+0\times1&-1\times1+0\times5&-1\times4+0\times9\end{pmatrix}$$
$$=\begin{pmatrix}5&11&22\\13&23&48\\-3&-1&-4\end{pmatrix}.$$

$$\boldsymbol{BA}=\begin{pmatrix}3&1&4\\1&5&9\end{pmatrix}\begin{pmatrix}1&2\\3&4\\-1&0\end{pmatrix}=\begin{pmatrix}3\times1+1\times3+4\times(-1)&3\times2+1\times4+4\times0\\1\times1+5\times3+9\times(-1)&1\times2+5\times4+9\times0\end{pmatrix}$$
$$=\begin{pmatrix}2&10\\7&22\end{pmatrix}.$$

例 5-12　设 $\boldsymbol{A}=\begin{pmatrix}1&1\\-1&-1\end{pmatrix},\boldsymbol{B}=\begin{pmatrix}1&-1\\-1&1\end{pmatrix},\boldsymbol{C}=\begin{pmatrix}-1&-1\\1&1\end{pmatrix}$,求 $\boldsymbol{AB}$,$\boldsymbol{AC}$ 和 $\boldsymbol{BA}$.

解　$$\boldsymbol{AB}=\begin{pmatrix}1&1\\-1&-1\end{pmatrix}\begin{pmatrix}1&-1\\-1&1\end{pmatrix}=\begin{pmatrix}1\times1+1\times(-1)&1\times(-1)+1\times1\\-1\times1+(-1)\times(-1)&-1\times(-1)+(-1)\times1\end{pmatrix}$$

$$=\begin{pmatrix}0&0\\0&0\end{pmatrix}.$$

$$AC=\begin{pmatrix}1&1\\-1&-1\end{pmatrix}\begin{pmatrix}-1&-1\\1&1\end{pmatrix}=\begin{pmatrix}1\times(-1)+1\times1&1\times(-1)+1\times1\\-1\times(-1)+(-1)\times1&-1\times(-1)+(-1)\times1\end{pmatrix}$$

$$=\begin{pmatrix}0&0\\0&0\end{pmatrix}.$$

$$BA=\begin{pmatrix}1&-1\\-1&1\end{pmatrix}\begin{pmatrix}1&1\\-1&-1\end{pmatrix}=\begin{pmatrix}2&2\\-2&-2\end{pmatrix}.$$

由上述例题可得如下结论.

(1) **矩阵乘法不满足非零性.**

一般情况下,由 $AB=O$ 不能推出 $A=O$ 或 $B=O$.因此两个非零矩阵的乘积可能是零矩阵.

(2) **矩阵乘法不满足消去律.**

一般情况下,当 $A\neq O$ 时,由 $AB=AC$ 未必能推出 $B=C$.

(3) **矩阵乘法不满足交换律.**

一般情况下,$AB\neq BA$.因此,在提到用一个矩阵去乘另一个矩阵时,一定要说明是左乘还是右乘.

如果矩阵 $AB=BA$,则称矩阵 A 与 B 是**可交换**的,矩阵 A 与 B 也称为**互相可交换**.显然单位矩阵 E 与任何同阶矩阵可交换.

例 5-13 设矩阵 $A=\begin{pmatrix}0&1\\4&3\end{pmatrix}$,$B=\begin{pmatrix}-1&1\\4&2\end{pmatrix}$,试判断 A 和 B 是否可交换?

解 $AB=\begin{pmatrix}0&1\\4&3\end{pmatrix}\begin{pmatrix}-1&1\\4&2\end{pmatrix}=\begin{pmatrix}4&2\\8&10\end{pmatrix}$, $BA=\begin{pmatrix}-1&1\\4&2\end{pmatrix}\begin{pmatrix}0&1\\4&3\end{pmatrix}=\begin{pmatrix}4&2\\8&10\end{pmatrix}$,

因为 $AB=BA$,所以 A 和 B 可交换.

例 5-14 设 A 是一个 $1\times n$ 的行矩阵,B 是一个 $n\times1$ 的列矩阵,且

$$A=(a_1\quad a_2\quad\cdots\quad a_n),\quad B=\begin{pmatrix}b_1\\b_2\\\vdots\\b_n\end{pmatrix},$$

求 AB 和 BA.

解 $$AB=(a_1\quad a_2\quad\cdots\quad a_n)\begin{pmatrix}b_1\\b_2\\\vdots\\b_n\end{pmatrix}=a_1b_1+a_2b_2+\cdots+a_nb_n,$$

$$BA=\begin{pmatrix}b_1\\b_2\\\vdots\\b_n\end{pmatrix}(a_1\quad a_2\quad\cdots\quad a_n)=\begin{pmatrix}a_1b_1&a_2b_1&\cdots&a_nb_1\\a_1b_2&a_2b_2&\cdots&a_nb_2\\\vdots&\vdots&&\vdots\\a_1b_n&a_2b_n&\cdots&a_nb_n\end{pmatrix}.$$

例 5-15　设矩阵

$$\boldsymbol{A}=\begin{pmatrix}2&0&-1\\1&3&2\end{pmatrix},\quad \boldsymbol{B}=\begin{pmatrix}1&7&-1\\4&2&3\\2&0&1\end{pmatrix},$$

求$(\boldsymbol{AB})^{\mathrm{T}}$和$\boldsymbol{B}^{\mathrm{T}}\boldsymbol{A}^{\mathrm{T}}$.

解　因为

$$\boldsymbol{AB}=\begin{pmatrix}2&0&-1\\1&3&2\end{pmatrix}\begin{pmatrix}1&7&-1\\4&2&3\\2&0&1\end{pmatrix}=\begin{pmatrix}0&14&-3\\17&13&10\end{pmatrix},$$

所以

$$(\boldsymbol{AB})^{\mathrm{T}}=\begin{pmatrix}0&17\\14&13\\-3&10\end{pmatrix}.$$

又因为

$$\boldsymbol{A}^{\mathrm{T}}=\begin{pmatrix}2&1\\0&3\\-1&2\end{pmatrix},\quad \boldsymbol{B}^{\mathrm{T}}=\begin{pmatrix}1&4&2\\7&2&0\\-1&3&1\end{pmatrix},$$

所以

$$\boldsymbol{B}^{\mathrm{T}}\boldsymbol{A}^{\mathrm{T}}=\begin{pmatrix}1&4&2\\7&2&0\\-1&3&1\end{pmatrix}\begin{pmatrix}2&1\\0&3\\-1&2\end{pmatrix}=\begin{pmatrix}0&17\\14&13\\-3&10\end{pmatrix}.$$

矩阵乘法满足以下运算规则：

(1) 乘法结合律

$$(\boldsymbol{AB})\boldsymbol{C}=\boldsymbol{A}(\boldsymbol{BC}).$$

(2) 左乘分配律

$$\boldsymbol{A}(\boldsymbol{B}+\boldsymbol{C})=\boldsymbol{AB}+\boldsymbol{AC}.$$

右乘分配律

$$(\boldsymbol{A}+\boldsymbol{B})\boldsymbol{C}=\boldsymbol{AC}+\boldsymbol{BC}.$$

(3) 数乘结合律

$$\lambda(\boldsymbol{AB})=(\lambda\boldsymbol{A})\boldsymbol{B}=\boldsymbol{A}(\lambda\boldsymbol{B}).$$

另

$$(\boldsymbol{AB})^{\mathrm{T}}=\boldsymbol{B}^{\mathrm{T}}\boldsymbol{A}^{\mathrm{T}}.$$

$$\boldsymbol{EA}=\boldsymbol{AE}=\boldsymbol{A},\quad \boldsymbol{OA}=\boldsymbol{O},\quad \boldsymbol{AO}=\boldsymbol{O}.$$

下面引入矩阵乘幂的概念.

若$\boldsymbol{A}$是n阶方阵,则$\boldsymbol{A}^m$是$\boldsymbol{A}$的m次幂,即m个$\boldsymbol{A}$相乘,

$$\boldsymbol{A}^m=\underbrace{\boldsymbol{AA}\cdots\boldsymbol{A}}_{m\text{个}\boldsymbol{A}},$$

其中,m是正整数.当$m=0$时,规定$\boldsymbol{A}^0=\boldsymbol{E}$.对矩阵的乘幂,有

$$\boldsymbol{A}^p\boldsymbol{A}^q=\boldsymbol{A}^{p+q},(\boldsymbol{A}^p)^q=\boldsymbol{A}^{pq},$$

其中，p,q 是任意自然数.由于矩阵乘法不满足交换律，因此，一般地

$$(\boldsymbol{AB})^m \neq \boldsymbol{A}^m\boldsymbol{B}^m.$$

例 5-16 设矩阵 $\boldsymbol{A}=\begin{pmatrix}1 & 1\\0 & 1\end{pmatrix}$，求幂矩阵 $\boldsymbol{A}^n$，其中，n 是正整数.

解 因为

$$\boldsymbol{A}^2=\boldsymbol{AA}=\begin{pmatrix}1 & 1\\0 & 1\end{pmatrix}\begin{pmatrix}1 & 1\\0 & 1\end{pmatrix}=\begin{pmatrix}1 & 2\\0 & 1\end{pmatrix},$$

$$\boldsymbol{A}^3=\boldsymbol{A}^2\boldsymbol{A}=\begin{pmatrix}1 & 2\\0 & 1\end{pmatrix}\begin{pmatrix}1 & 1\\0 & 1\end{pmatrix}=\begin{pmatrix}1 & 3\\0 & 1\end{pmatrix},$$

$$\boldsymbol{A}^4=\boldsymbol{A}^3\boldsymbol{A}=\begin{pmatrix}1 & 3\\0 & 1\end{pmatrix}\begin{pmatrix}1 & 1\\0 & 1\end{pmatrix}=\begin{pmatrix}1 & 4\\0 & 1\end{pmatrix},$$

$$\cdots\cdots\cdots\cdots$$

故

$$\boldsymbol{A}^n=\begin{pmatrix}1 & n\\0 & 1\end{pmatrix}.$$

利用矩阵的乘法，n 元线性方程组

$$\begin{cases}a_{11}x_1+a_{12}x_2+\cdots+a_{1n}x_n=b_1,\\a_{21}x_1+a_{22}x_2+\cdots+a_{2n}x_n=b_2,\\\cdots\cdots\cdots\cdots\\a_{m1}x_1+a_{m2}x_2+\cdots+a_{mn}x_n=b_m\end{cases}$$

可以非常简单地表示为矩阵方程 $\boldsymbol{AX}=\boldsymbol{B}$，其中，$\boldsymbol{A}$ 为线性方程组的系数矩阵，即

$$\boldsymbol{A}=\begin{pmatrix}a_{11} & a_{12} & \cdots & a_{1n}\\a_{21} & a_{22} & \cdots & a_{2n}\\\vdots & \vdots & & \vdots\\a_{m1} & a_{m2} & \cdots & a_{mn}\end{pmatrix},\quad \boldsymbol{X}=\begin{pmatrix}x_1\\x_2\\\vdots\\x_n\end{pmatrix},\quad \boldsymbol{B}=\begin{pmatrix}b_1\\b_2\\\vdots\\b_m\end{pmatrix}.$$

例 5-17 将线性方程组 $\begin{cases}x_1+x_3=-8,\\2x_1+x_2=3,\\-3x_1+2x_2-5x_3=-4\end{cases}$ 表示为矩阵方程.

解 线性方程组可表示为矩阵方程 $\boldsymbol{AX}=\boldsymbol{B}$，其中，

$$\boldsymbol{A}=\begin{pmatrix}1 & 0 & 1\\2 & 1 & 0\\-3 & 2 & -5\end{pmatrix},\quad \boldsymbol{X}=\begin{pmatrix}x_1\\x_2\\x_3\end{pmatrix},\quad \boldsymbol{B}=\begin{pmatrix}-8\\3\\-4\end{pmatrix}.$$

5.2.3 逆矩阵

我们已将复杂的 n 元线性方程组用简单的矩阵方程 $\boldsymbol{AX}=\boldsymbol{B}$ 来表示了，此时，问题就转化为解矩阵方程.类似中学代数方程 $ax=b\left(\text{即 } x=a^{-1}b=\dfrac{b}{a}\right)$ 的解法，我们期望寻求到矩

阵 A^{-1} 从而解出 X.那么,A^{-1} 应具备什么特点呢？下面我们给出定义.

定义 5.7　设 A 是 n 阶方阵,如果存在 n 阶方阵 B,使 $AB=BA=E$,则称矩阵 A 可逆,并称矩阵 B 是矩阵 A 的**逆矩阵**,记为 A^{-1},即 $B=A^{-1}$.可逆矩阵也称为**非奇异矩阵**.

例 5-18　已知 $A=\begin{pmatrix}2&1\\3&1\end{pmatrix}$,$B=\begin{pmatrix}-1&1\\3&-2\end{pmatrix}$,求证 $A^{-1}=B$.

解　因为

$$AB=\begin{pmatrix}2&1\\3&1\end{pmatrix}\begin{pmatrix}-1&1\\3&-2\end{pmatrix}=\begin{pmatrix}1&0\\0&1\end{pmatrix}=E,$$

$$BA=\begin{pmatrix}-1&1\\3&-2\end{pmatrix}\begin{pmatrix}2&1\\3&1\end{pmatrix}=\begin{pmatrix}1&0\\0&1\end{pmatrix}=E,$$

有

$$AB=BA=E,$$

所以

$$A^{-1}=B.$$

显然,矩阵 B 也可逆,并且 $B^{-1}=A$,所以 A 与 B 互为逆矩阵.

例 5-19　设矩阵 A 及 $A-E$ 可逆,试用逆矩阵表示矩阵方程 $AX=B$ 及 $X+B=XA$ 的解.

解　对矩阵方程为 $AX=B$ 两边同时左乘 A^{-1},得

$$A^{-1}AX=A^{-1}B,$$

由逆矩阵的定义知 $A^{-1}A=E$,故 $EX=A^{-1}B$,所以矩阵方程的解为

$$X=A^{-1}B.$$

对于矩阵方程 $X+B=XA$,化简后,得

$$X(A-E)=B,$$

故矩阵方程的解为

$$X=B(A-E)^{-1}.$$

逆矩阵有如下性质.

性质 1　如果矩阵 A 可逆,则 A 的逆矩阵是唯一的.

性质 2　如果矩阵 A 可逆,则其逆矩阵 A^{-1} 也可逆,且 $(A^{-1})^{-1}=A$.

性质 3　如果 A 与 B 均为 n 阶可逆矩阵,则其乘积矩阵 AB 也可逆,且

$$(AB)^{-1}=B^{-1}A^{-1}.$$

性质 4　如果矩阵 A 可逆,则其转置矩阵 A^{T} 也可逆,且 $(A^{T})^{-1}=(A^{-1})^{T}$.

性质 5　如果矩阵 A 可逆,数 $k\neq 0$,则其数乘矩阵 kA 也可逆,且 $(kA)^{-1}=\dfrac{1}{k}A^{-1}$.

是否所有的矩阵都存在着逆矩阵？答案是否定的,如零矩阵就不存在逆矩阵.那么什么样的矩阵可逆？如何求逆矩阵？我们有下面的定理.

逆矩阵

定理 5.3　n 阶矩阵 A 可逆的充分必要条件为 $r(A)=n$.

定理 5.4　n 阶可逆矩阵 A 经过一系列的初等行变换后,必可化成 n 阶单位矩阵 E.同时,对 n 阶单位矩阵 E 作同样的初等行变换,所得到的矩阵即为 A 的逆矩阵 A^{-1}.

作 $n\times 2n$ 矩阵 $(\boldsymbol{A}\quad\boldsymbol{E})$，对 $(\boldsymbol{A}\quad\boldsymbol{E})$ 作初等行变换，使 $\boldsymbol{A}$ 成为单位矩阵.与此同时，单位矩阵 $\boldsymbol{E}$ 成为 $\boldsymbol{A}$ 的逆矩阵 $\boldsymbol{A}^{-1}$，即

$$(\boldsymbol{A}\quad\boldsymbol{E})\xrightarrow{\text{初等行变换}}(\boldsymbol{E}\quad\boldsymbol{A}^{-1}).$$

例 5-20　求 $\boldsymbol{A}=\begin{pmatrix}1&2\\1&3\end{pmatrix}$ 的逆矩阵.

解　因为

$$(\boldsymbol{A}\quad\boldsymbol{E})=\begin{pmatrix}1&2&1&0\\1&3&0&1\end{pmatrix}\xrightarrow{r_2-r_1}\begin{pmatrix}1&2&1&0\\0&1&-1&1\end{pmatrix}\xrightarrow{r_1-2r_2}\begin{pmatrix}1&0&3&-2\\0&1&-1&1\end{pmatrix},$$

所以

$$\boldsymbol{A}^{-1}=\begin{pmatrix}3&-2\\-1&1\end{pmatrix}.$$

事实上，

$$\boldsymbol{A}\boldsymbol{A}^{-1}=\begin{pmatrix}1&2\\1&3\end{pmatrix}\begin{pmatrix}3&-2\\-1&1\end{pmatrix}=\begin{pmatrix}1&0\\0&1\end{pmatrix},\quad \boldsymbol{A}^{-1}\boldsymbol{A}=\begin{pmatrix}3&-2\\-1&1\end{pmatrix}\begin{pmatrix}1&2\\1&3\end{pmatrix}=\begin{pmatrix}1&0\\0&1\end{pmatrix}.$$

例 5-21　用初等行变换求 $\boldsymbol{A}=\begin{pmatrix}1&2&3\\4&5&6\\7&8&9\end{pmatrix}$ 的逆矩阵.

解　$$(\boldsymbol{A}\quad\boldsymbol{E})=\begin{pmatrix}1&2&3&1&0&0\\4&5&6&0&1&0\\7&8&9&0&0&1\end{pmatrix}\xrightarrow[r_3-7r_1]{r_2-4r_1}\begin{pmatrix}1&2&3&1&0&0\\0&-3&-6&-4&1&0\\0&-6&-12&-7&0&1\end{pmatrix}$$

$$\xrightarrow{r_3-2r_2}\begin{pmatrix}1&2&3&1&0&0\\0&-3&-6&-4&1&0\\0&0&0&1&-2&1\end{pmatrix},$$

此时，左半边的矩阵出现一行全是 0，$r(\boldsymbol{A})=2\neq 3$，说明矩阵 $\boldsymbol{A}$ 不可逆.

例 5-22　已知例 5-17 的系数矩阵

$$\boldsymbol{A}=\begin{pmatrix}1&0&1\\2&1&0\\-3&2&-5\end{pmatrix},$$

求 $\boldsymbol{A}$ 的逆矩阵.

解　因为

$$(\boldsymbol{A}\quad\boldsymbol{E})=\begin{pmatrix}1&0&1&1&0&0\\2&1&0&0&1&0\\-3&2&-5&0&0&1\end{pmatrix}\xrightarrow[r_3+3r_1]{r_2-2r_1}\begin{pmatrix}1&0&1&1&0&0\\0&1&-2&-2&1&0\\0&2&-2&3&0&1\end{pmatrix}$$

$$\xrightarrow{r_3-2r_2}\begin{pmatrix}1&0&1&1&0&0\\0&1&-2&-2&1&0\\0&0&2&7&-2&1\end{pmatrix}\xrightarrow{\frac{1}{2}r_3}\begin{pmatrix}1&0&1&1&0&0\\0&1&-2&-2&1&0\\0&0&1&\frac{7}{2}&-1&\frac{1}{2}\end{pmatrix}$$

$$\xrightarrow[r_2+2r_3]{r_1-r_3}\begin{pmatrix}1&0&0&-\frac{5}{2}&1&-\frac{1}{2}\\0&1&0&5&-1&1\\0&0&1&\frac{7}{2}&-1&\frac{1}{2}\end{pmatrix},$$

所以

$$A^{-1}=\begin{pmatrix}-\frac{5}{2}&1&-\frac{1}{2}\\5&-1&1\\\frac{7}{2}&-1&\frac{1}{2}\end{pmatrix}.$$

必须注意，用初等行变换法求逆矩阵时，要始终作行变换，其间不能作任何列变换.

解线性方程组

例 5-23 用逆矩阵求解例 5-17 中的线性方程组.

解 例 5-17 中的矩阵方程为 $AX=B$，其中，

$$A=\begin{pmatrix}1&0&1\\2&1&0\\-3&2&-5\end{pmatrix},\quad X=\begin{pmatrix}x_1\\x_2\\x_3\end{pmatrix},\quad B=\begin{pmatrix}-8\\3\\-4\end{pmatrix}.$$

易知 $X=A^{-1}B$. 由例 5-22，知

$$A^{-1}=\begin{pmatrix}-\frac{5}{2}&1&-\frac{1}{2}\\5&-1&1\\\frac{7}{2}&-1&\frac{1}{2}\end{pmatrix},$$

故

$$X=\begin{pmatrix}x_1\\x_2\\x_3\end{pmatrix}=\begin{pmatrix}-\frac{5}{2}&1&-\frac{1}{2}\\5&-1&1\\\frac{7}{2}&-1&\frac{1}{2}\end{pmatrix}\begin{pmatrix}-8\\3\\-4\end{pmatrix}=\begin{pmatrix}25\\-47\\-33\end{pmatrix}.$$

因此，方程组的解为

$$\begin{cases}x_1=25,\\x_2=-47,\\x_3=-33.\end{cases}$$

例 5-24 某厂计划生产 A、B、C 三种产品，已知每种产品单位产量所需资源及现有资源如表 5-3 所示.

表 5-3

资源	产品			现有资源
	A	B	C	
钢材	1	2	0	240
燃料	2	1	3	510
电力	1	2	2	450

试确定三种产品的产量,使之能充分利用现有资源.

解 设 A、B、C 三种产品的产量分别是 x_1,x_2,x_3,则由题意,可得矩阵方程为

$$\begin{pmatrix}1&2&0\\2&1&3\\1&2&2\end{pmatrix}\begin{pmatrix}x_1\\x_2\\x_3\end{pmatrix}=\begin{pmatrix}240\\510\\450\end{pmatrix},$$

用初等行变换,可求得

$$\begin{pmatrix}1&2&0\\2&1&3\\1&2&2\end{pmatrix}^{-1}=\begin{pmatrix}\frac{2}{3}&\frac{2}{3}&-1\\\frac{1}{6}&-\frac{1}{3}&\frac{1}{2}\\-\frac{1}{2}&0&\frac{1}{2}\end{pmatrix},$$

故

$$\begin{pmatrix}x_1\\x_2\\x_3\end{pmatrix}=\begin{pmatrix}\frac{2}{3}&\frac{2}{3}&-1\\\frac{1}{6}&-\frac{1}{3}&\frac{1}{2}\\-\frac{1}{2}&0&\frac{1}{2}\end{pmatrix}\begin{pmatrix}240\\510\\450\end{pmatrix}=\begin{pmatrix}50\\95\\105\end{pmatrix},$$

即

$$x_1=50,\quad x_2=95,\quad x_3=105.$$

用逆矩阵解线性方程组的优点是,当方程组的常数项改变时,无须重新计算逆矩阵,就可计算出方程组的解.例如,将例 5-24 中的现有资源改为

$$\begin{pmatrix}210\\360\\340\end{pmatrix},$$

可计算出三种产品的产量分别为

$$\begin{pmatrix}x_1\\x_2\\x_3\end{pmatrix}=\begin{pmatrix}\frac{2}{3}&\frac{2}{3}&-1\\\frac{1}{6}&-\frac{1}{3}&\frac{1}{2}\\-\frac{1}{2}&0&\frac{1}{2}\end{pmatrix}\begin{pmatrix}210\\360\\340\end{pmatrix}=\begin{pmatrix}40\\85\\65\end{pmatrix}.$$

练习 5.2

1. 判断题.

(1) 任意两个矩阵都可以相加减. ( )

(2) $(\boldsymbol{AB})^2=\boldsymbol{A}^2\boldsymbol{B}^2$. ( )

(3) 若 $\boldsymbol{A}$ 可逆,且 $\boldsymbol{AB}=\boldsymbol{O}$,则 $\boldsymbol{B}=\boldsymbol{O}$. ( )

2. 填空题.

(1) 已知 $\boldsymbol{A}=\begin{pmatrix}1 & 1\\ -1 & -1\end{pmatrix}$, $\boldsymbol{B}=\begin{pmatrix}1 & -1\\ -1 & 1\end{pmatrix}$, 则 $5\boldsymbol{A}=$ ________, $\boldsymbol{AB}=$ ________, $\boldsymbol{BA}=$ ________, $\boldsymbol{A}^{\mathrm{T}}\boldsymbol{B}=$ ________.

(2) 若矩阵 $\boldsymbol{A}=\begin{pmatrix}1 & 2\\ 3 & 5\end{pmatrix}$, 则 $\boldsymbol{A}^{-1}=$ ________.

(3) 已知 $\boldsymbol{A},\boldsymbol{B}$ 为 n 阶方阵, 则 $(\boldsymbol{A}+\boldsymbol{B})^2=\boldsymbol{A}^2+2\boldsymbol{AB}+\boldsymbol{B}^2$, $(\boldsymbol{A}+\boldsymbol{B})(\boldsymbol{A}-\boldsymbol{B})=\boldsymbol{A}^2-\boldsymbol{B}^2$ 成立的充分必要条件是 ________.

3. 选择题.

(1) 设矩阵 $\boldsymbol{A},\boldsymbol{B}$, 则一定可以计算(　　).

A. $\boldsymbol{A}+\boldsymbol{B}$　　B. $\boldsymbol{A}-\boldsymbol{B}$　　C. $\lambda\boldsymbol{A}$, λ 为常数　　D. $\boldsymbol{AB}$

(2) 设矩阵 $\boldsymbol{A}=(1\quad -2\quad 0)$, $\boldsymbol{B}=\begin{pmatrix}2 & 1\\ -1 & 0\\ 0 & 1\end{pmatrix}$, 则 $\boldsymbol{AB}=$ (　　).

A. $(4\quad 1)$　　B. $(1\quad -2\quad 0)$　　C. $\begin{pmatrix}2 & 1\\ -1 & 0\\ 0 & 1\end{pmatrix}$　　D. $\begin{pmatrix}4\\ 1\end{pmatrix}$

(3) 设矩阵

$$\boldsymbol{A}=\begin{pmatrix}3 & 6 & 0\\ 0 & 1 & -2\\ 3 & -1 & 9\end{pmatrix},\quad \boldsymbol{B}=\begin{pmatrix}2 & -6\\ 9 & 1\\ 0 & 8\end{pmatrix},$$

则矩阵 $\boldsymbol{A}$ 与 $\boldsymbol{B}$ 的乘积 $\boldsymbol{AB}$ 的第 3 行第 1 列的元素的值是(　　).

A. 1　　B. -2　　C. -3　　D. 3

(4) 已知矩阵 $\boldsymbol{A}=\begin{pmatrix}1 & 2 & 3\\ 0 & 2 & 1\\ 0 & 0 & 3\end{pmatrix}$, 则(　　).

A. $\boldsymbol{A}$ 不可逆　　B. $\boldsymbol{A}^{-1}=\begin{pmatrix}1 & -1 & -\frac{2}{3}\\ 0 & \frac{1}{2} & -\frac{1}{6}\\ 0 & 0 & \frac{1}{3}\end{pmatrix}$

C. $\boldsymbol{A}^{-1}=\begin{pmatrix}1 & \frac{1}{2} & \frac{1}{3}\\ 0 & \frac{1}{2} & 1\\ 0 & 0 & \frac{1}{3}\end{pmatrix}$　　D. 以上都不对

5.3 线性方程组解的一般理论

用逆矩阵解线性方程组具有一定的局限性,其线性方程组的系数矩阵必须是满秩方阵,这时所得的解唯一.但实际应用中遇到的线性方程组的系数矩阵并非一定是方阵,即使是方阵,也未必一定是满秩矩阵,因此需要寻求更一般的方法解矩阵方程,或讨论线性方程组解的情况.

5.3.1 齐次线性方程组的一般理论

齐次线性方程组中,由于 $b_1 = b_2 = \cdots = b_m = 0$,故其至少有一个零解 $x_1 = x_2 = \cdots = x_n = 0$,那么,齐次线性方程组 $\boldsymbol{AX} = \boldsymbol{O}$ 何时有非零解?

定理 5.5 n 元齐次线性方程组 $\boldsymbol{AX} = \boldsymbol{O}$ 有非零解的充分必要条件是 $r(\boldsymbol{A}) < n$.

推论 当齐次线性方程组 $\boldsymbol{AX} = \boldsymbol{O}$ 中方程的个数小于未知数的个数(即 $m < n$)时,其一定有非零解.

例 5-25 判断下列齐次方程组是否有非零解.

$$\begin{cases} x_1 - x_2 + 5x_3 - x_4 = 0, \\ x_1 + x_2 - 2x_3 + 3x_4 = 0, \\ 3x_1 - x_2 + 9x_3 + 2x_4 = 0, \\ x_1 + 3x_2 - 9x_3 + 8x_4 = 0. \end{cases}$$

解 用初等行变换将系数矩阵化成阶梯形矩阵,即

$$\boldsymbol{A} = \begin{pmatrix} 1 & -1 & 5 & -1 \\ 1 & 1 & -2 & 3 \\ 3 & -1 & 9 & 2 \\ 1 & 3 & -9 & 8 \end{pmatrix} \to \begin{pmatrix} 1 & -1 & 5 & -1 \\ 0 & 2 & -7 & 4 \\ 0 & 2 & -6 & 5 \\ 0 & 4 & -14 & 9 \end{pmatrix} \to \begin{pmatrix} 1 & -1 & 5 & -1 \\ 0 & 2 & -7 & 4 \\ 0 & 0 & 1 & 1 \\ 0 & 0 & 0 & 1 \end{pmatrix}.$$

因为 $r(\boldsymbol{A}) = 4 = n$($n$ 是未知量个数),所以原齐次方程组只有零解.

例 5-26 解齐次线性方程组

$$\begin{cases} x_1 + 2x_2 + 2x_3 + x_4 = 0, \\ 2x_1 + x_2 - 2x_3 - 2x_4 = 0, \\ x_1 - x_2 - 4x_3 - 3x_4 = 0. \end{cases}$$

解 因为

$$\boldsymbol{A} = \begin{pmatrix} 1 & 2 & 2 & 1 \\ 2 & 1 & -2 & -2 \\ 1 & -1 & -4 & -3 \end{pmatrix} \to \begin{pmatrix} 1 & 2 & 2 & 1 \\ 0 & -3 & -6 & -4 \\ 0 & -3 & -6 & -4 \end{pmatrix} \to \begin{pmatrix} 1 & 0 & -2 & -\dfrac{5}{3} \\ 0 & 1 & 2 & \dfrac{4}{3} \\ 0 & 0 & 0 & 0 \end{pmatrix},$$

所以

$$\begin{cases} x_1 = \quad 2x_3 + \dfrac{5}{3}x_4, \\ x_2 = -2x_3 - \dfrac{4}{3}x_4. \end{cases}$$

其中，x_3,x_4 称为**自由未知量**，令 $x_3=k_1,x_4=k_2$，则方程组的通解也可以表示为

$$\begin{cases} x_1 = 2k_1 + \dfrac{5}{3}k_2, \\ x_2 = -2k_1 - \dfrac{4}{3}k_2, \\ x_3 = k_1, \\ x_4 = k_2, \end{cases}$$

其中，k_1,k_2 为任意常数.

例 5-27　判定 λ 取何值时，齐次线性方程组 $\begin{cases} 3x_1 + x_2 - x_3 = 0, \\ 3x_1 + 2x_2 + 3x_3 = 0, \\ \qquad x_2 + \lambda x_3 = 0 \end{cases}$ 有非零解.

解　用初等行变换化系数矩阵为阶梯形矩阵，即

$$\boldsymbol{A} = \begin{pmatrix} 3 & 1 & -1 \\ 3 & 2 & 3 \\ 0 & 1 & \lambda \end{pmatrix} \rightarrow \begin{pmatrix} 3 & 1 & -1 \\ 0 & 1 & 4 \\ 0 & 0 & \lambda-4 \end{pmatrix},$$

可见，当 $\lambda=4$ 时，有 $r(\boldsymbol{A})=2<3$，所以当 $\lambda=4$ 时，该齐次线性方程组有非零解.

例 5-28（平衡价格）　假设一个经济系统由煤炭、电力、钢铁行业组成，每个行业的产出在各个行业的分配如表 5-4 所示，每一列中的元素表示占该行业总产出的比例. 以表 5-4 的第 2 列为例，电力行业的总产出分配如下：40% 分配到煤炭行业，50% 分配到钢铁行业，余下的 10% 分配到电力行业（电力行业把这 10% 当作部门运营所需的投入）.

表 5-4

产出分配			购买者
煤炭	电力	钢铁	
0.0	0.4	0.6	煤炭
0.6	0.1	0.2	电力
0.4	0.5	0.2	钢铁

试求使每个行业的投入与产出都相等的平衡价格.

解　设煤炭、电力、钢铁行业每年总产出的价格（即货币价值）分别用 x_1,x_2,x_3 表示. 以煤炭行业为例，煤炭行业必须分别向电力行业和钢铁行业支付 $0.4x_2$（百万元）和 $0.6x_3$（百万元），煤炭行业的总支出为 $0.4x_2+0.6x_3$，要使煤炭行业的收入 x_1 等于它的支出，则 $0.4x_2+0.6x_3=x_1$. 同理分析，可得线性方程组

$$\begin{cases} x_1 - 0.4x_2 - 0.6x_3 = 0, \\ -0.6x_1 + 0.9x_2 - 0.2x_3 = 0, \\ -0.4x_1 - 0.5x_2 + 0.8x_3 = 0. \end{cases}$$

化简系数矩阵为

$$\boldsymbol{A} = \begin{pmatrix} 1 & -0.4 & -0.6 \\ -0.6 & 0.9 & -0.2 \\ -0.4 & -0.5 & 0.8 \end{pmatrix} \to \begin{pmatrix} 1 & -0.4 & -0.6 \\ 0 & 0.66 & -0.56 \\ 0 & -0.66 & 0.56 \end{pmatrix} \to \begin{pmatrix} 1 & 0 & -0.94 \\ 0 & 1 & -0.85 \\ 0 & 0 & 0 \end{pmatrix}.$$

故线性方程组的通解约为

$$\begin{cases} x_1 = 0.94x_3, \\ x_2 = 0.85x_3 \end{cases} \quad (x_3 \text{ 是自由未知量}).$$

x_3 的每一个取值(非负)都确定一个平衡价格的取值.例如,取 x_3 为 10 000 万元,则 x_1 =9 400 万元,x_2 = 8 500 万元,此时每个行业的收入和支出相等.

综上所述,线性方程组在经济上的应用主要表现在由具体问题建立线性方程组,再讨论它的非负解问题.

5.3.2　非齐次线性方程组的一般理论

定理 5.6　设 $\boldsymbol{A}$ 与 $\overline{\boldsymbol{A}}$ 分别是 n 元非齐次线性方程组 $\boldsymbol{AX}=\boldsymbol{B}(\boldsymbol{B}\neq\boldsymbol{O})$ 的系数矩阵和增广矩阵,则

(1) 若 $r(\boldsymbol{A}) \neq r(\overline{\boldsymbol{A}})$,则方程组无解.

(2) 若 $r(\boldsymbol{A})=r(\overline{\boldsymbol{A}})$,则方程组有解,且当 $r(\boldsymbol{A})=n$ 时,方程组有唯一解;当 $r(\boldsymbol{A})<n$ 时,方程组有无穷多个解,且通解中一定含有 $n-r(\boldsymbol{A})$ 个自由未知量.

例 5-29　解线性方程组 $\begin{cases} 2x_1 + x_2 + 2x_3 = -1, \\ x_1 + 2x_2 + 4x_3 = -5, \\ 3x_1 - 3x_2 + x_3 = -2. \end{cases}$

解　对线性方程组的增广矩阵作初等行变换,即

$$\overline{\boldsymbol{A}} = \begin{pmatrix} 2 & 1 & 2 & -1 \\ 1 & 2 & 4 & -5 \\ 3 & -3 & 1 & -2 \end{pmatrix} \to \begin{pmatrix} 1 & 2 & 4 & -5 \\ 2 & 1 & 2 & -1 \\ 3 & -3 & 1 & -2 \end{pmatrix} \to \begin{pmatrix} 1 & 2 & 4 & -5 \\ 0 & -3 & -6 & 9 \\ 0 & -9 & -11 & 13 \end{pmatrix}$$

$$\to \begin{pmatrix} 1 & 2 & 4 & -5 \\ 0 & 1 & 2 & -3 \\ 0 & 0 & 7 & -14 \end{pmatrix} \to \begin{pmatrix} 1 & 2 & 4 & -5 \\ 0 & 1 & 2 & -3 \\ 0 & 0 & 1 & -2 \end{pmatrix}$$

$$\to \begin{pmatrix} 1 & 2 & 0 & 3 \\ 0 & 1 & 0 & 1 \\ 0 & 0 & 1 & -2 \end{pmatrix} \to \begin{pmatrix} 1 & 0 & 0 & 1 \\ 0 & 1 & 0 & 1 \\ 0 & 0 & 1 & -2 \end{pmatrix}.$$

所以方程组的解为

$$\begin{cases} x_1 = 1, \\ x_2 = 1, \\ x_3 = -2. \end{cases}$$

在例 5-29 中，因为 $r(\boldsymbol{A}) = r(\overline{\boldsymbol{A}}) = 3$，故方程组有唯一解.

例 5-30 解线性方程组 $\begin{cases} x_1 - 2x_2 + 3x_3 - 4x_4 = 4, \\ 2x_1 + x_2 - x_3 + x_4 = 0, \\ 3x_1 - x_2 + 2x_3 - 3x_4 = 2. \end{cases}$

解 $\overline{\boldsymbol{A}} = \begin{pmatrix} 1 & -2 & 3 & -4 & 4 \\ 2 & 1 & -1 & 1 & 0 \\ 3 & -1 & 2 & -3 & 2 \end{pmatrix} \to \begin{pmatrix} 1 & -2 & 3 & -4 & 4 \\ 0 & 5 & -7 & 9 & -8 \\ 0 & 5 & -7 & 9 & -10 \end{pmatrix}$

$$\to \begin{pmatrix} 1 & -2 & 3 & -4 & 4 \\ 0 & 5 & -7 & 9 & -8 \\ 0 & 0 & 0 & 0 & -2 \end{pmatrix}.$$

由于 $r(\boldsymbol{A}) = 2, r(\overline{\boldsymbol{A}}) = 3, r(\boldsymbol{A}) \neq r(\overline{\boldsymbol{A}})$，所以原方程组无解.

例 5-31 解“经济问题 5”中的线性方程组

$$\begin{cases} x_1 - 0.24x_2 = 204\ 000, \\ -0.2x_1 + x_2 - 0.35x_3 = 410\ 000, \\ -0.25x_1 - 0.22x_2 + x_3 = 437\ 000. \end{cases}$$

解 $\overline{\boldsymbol{A}} = \begin{pmatrix} 1 & -0.24 & 0 & 204\ 000 \\ -0.2 & 1 & -0.35 & 410\ 000 \\ -0.25 & -0.22 & 1 & 437\ 000 \end{pmatrix}$

$$\xrightarrow[r_3 + 0.25r_1]{r_2 + 0.2r_1} \begin{pmatrix} 1 & -0.24 & 0 & 204\ 000 \\ 0 & 0.952 & -0.35 & 450\ 800 \\ 0 & -0.28 & 1 & 488\ 000 \end{pmatrix}$$

$$\xrightarrow[r_3 \times (-1/0.28)]{r_2 \times 1/0.952} \begin{pmatrix} 1 & -0.24 & 0 & 204\ 000 \\ 0 & 1 & -0.368 & 473\ 529.4 \\ 0 & 1 & -3.571 & -1\ 742\ 857.1 \end{pmatrix}$$

$$\xrightarrow{r_3 - r_2} \begin{pmatrix} 1 & -0.24 & 0 & 204\ 000 \\ 0 & 1 & -0.368 & 473\ 529.4 \\ 0 & 0 & -3.203 & -2\ 216\ 386.5 \end{pmatrix}$$

$$\xrightarrow{r_3 \times (-1/3.203)} \begin{pmatrix} 1 & -0.24 & 0 & 204\ 000 \\ 0 & 1 & -0.368 & 473\ 529.4 \\ 0 & 0 & 1 & 691\ 972.1 \end{pmatrix}$$

$$\xrightarrow{r_2 + 0.368r_3} \begin{pmatrix} 1 & -0.24 & 0 & 204\ 000 \\ 0 & 1 & 0 & 728\ 175.1 \\ 0 & 0 & 1 & 691\ 972.1 \end{pmatrix} \xrightarrow{r_1 + 0.24r_2} \begin{pmatrix} 1 & 0 & 0 & 378\ 762 \\ 0 & 1 & 0 & 728\ 175.1 \\ 0 & 0 & 1 & 691\ 972.1 \end{pmatrix}.$$

所以 A、B、C 三家股份公司本年的投资收益分别约为

$x_1=378\ 762$(元), $x_2=728\ 175.1$(元), $x_3=691\ 972.1$(元).

本年的净利润分别约为

$$1\ 000\ 000+378\ 762=1\ 378\ 762(\text{元}),$$
$$850\ 000+728\ 175.1=1\ 578\ 175.1(\text{元}),$$
$$600\ 000+691\ 972.1=1\ 291\ 972.1(\text{元}).$$

例 5-32(交通流量) 图 5-2 所示是某城市一个地区某时段的交通网络,设所有道路均为单行道,且路边不准停车,问:怎样才能确保不会交通堵塞?

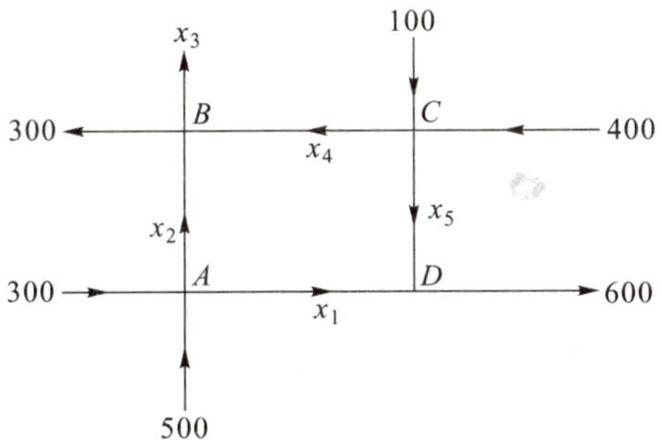

图 5-2

解 因为道路两边不准停车,理论上可认为每个交叉点的流入和流出车量是相等的,由四个交叉点的交通流量得四个方程为

$$\begin{cases}x_1+x_2=800,\\ x_2-x_3+x_4=300,\\ x_4+x_5=500,\\ x_1+x_5=600.\end{cases}$$

由总流入车量与总流出车量相等,得方程

$$500+300+400+100=300+x_3+600,\text{即 } x_3=400.$$

建立线性方程组

$$\begin{cases}x_1+x_2=800,\\ x_2-x_3+x_4=300,\\ x_4+x_5=500,\\ x_1+x_5=600,\\ x_3=400.\end{cases}$$

对增广矩阵 $\overline{\boldsymbol{A}}$ 进行初等变换为

$$\overline{\boldsymbol{A}}=\begin{pmatrix}1&1&0&0&0&800\\0&1&-1&1&0&300\\0&0&0&1&1&500\\1&0&0&0&1&600\\0&0&1&0&0&400\end{pmatrix}\rightarrow\begin{pmatrix}1&0&0&0&1&600\\0&1&0&0&-1&200\\0&0&1&0&0&400\\0&0&0&1&1&500\\0&0&0&0&0&0\end{pmatrix}.$$

所以交通网络的流量模式为

$$\begin{cases} x_1 = 600 - x_5, \\ x_2 = 200 + x_5, \\ x_3 = 400, \\ x_4 = 500 - x_5. \end{cases} \quad (x_5\text{ 是自由未知量})$$

很明显，上式中，x_5 可以任意取值，因此该线性方程组有无穷多个解.其解也可以表示为

$$\begin{cases} x_1 = 600 - c, \\ x_2 = 200 + c, \\ x_3 = 400, \\ x_4 = 500 - c, \\ x_5 = c \end{cases} \quad (c\text{ 是任意常数}).$$

因所有的变量不可能是负值，故当 $0 \leqslant c \leqslant 500$ 时，理论上才不会堵车.

我们可以归纳出求解线性方程组的一般步骤：

（1）用初等行变换把增广矩阵 $\overline{\boldsymbol{A}}$ 化为阶梯形矩阵，如果 $r(\boldsymbol{A}) \neq r(\overline{\boldsymbol{A}})$，则线性方程组无解；否则，转入下一步.

（2）用初等行变换把所得的阶梯形矩阵化为行简化阶梯形矩阵.

（3）根据所得的行简化阶梯形矩阵得到一个与原线性方程组同解的线性方程组.

（4）如果 $r(\boldsymbol{A}) = n$，则得到唯一解；如果 $r(\boldsymbol{A}) < n$，则得到含有 $n - r(\boldsymbol{A})$ 个自由未知量的一般解.

练习 5.3

1. 判断题.

（1）若 n 元齐次线性方程组 $\boldsymbol{AX} = \boldsymbol{O}$ 有非零解，则 $r(\boldsymbol{A}) < n$.（　　）

（2）对于 n 元非齐次线性方程组 $\boldsymbol{AX} = \boldsymbol{B}(\boldsymbol{B} \neq \boldsymbol{O})$，若 $r(\boldsymbol{A}) \neq r(\overline{\boldsymbol{A}})$，则方程组无解.（　　）

2. 选择题.

（1）当 λ 取何值时，齐次线性方程组 $\begin{cases} 2x - y + 3z = 0, \\ x - 3y + 4z = 0, \\ -x + 2y + \lambda z = 0 \end{cases}$ 有非零解（　　）.

A. $\lambda = -1$　　B. $\lambda = 2$　　C. $\lambda = -3$　　D. $\lambda = 3$

（2）若非齐次线性方程组 $\boldsymbol{A}_{n\times n}\boldsymbol{X} = \boldsymbol{B}$ 有唯一解，那么有（　　）.

A. $r(\boldsymbol{A}\quad\boldsymbol{B}) = n$　　B. $r(\boldsymbol{A}) = n$

C. $r(\boldsymbol{A}\quad\boldsymbol{B}) = r(\boldsymbol{A})$　　D. $r(\boldsymbol{A}) = r(\boldsymbol{A}\quad\boldsymbol{B}) = n$

（3）若线性方程组的增广矩阵为 $\overline{\boldsymbol{A}} = \begin{pmatrix} 1 & \lambda & 2 \\ 2 & 1 & 4 \end{pmatrix}$，则当 $\lambda =$（　　）时，线性方程组有无穷多解.

A. 1　　B. 4　　C. 2　　D. $\dfrac{1}{2}$

（4）如果线性方程组 $\boldsymbol{AX} = \boldsymbol{B}$ 有唯一解，那么 $\boldsymbol{AX} = \boldsymbol{O}$（　　）.

A. 可能有解　　B. 有无穷多解

C. 无解　　D. 有唯一解

□ 知识与能力拓展

线性规划简介

线性规划(Linear Programming,LP)是研究线性约束条件下线性目标函数的极值问题的数学理论和方法,为合理地利用有限的人力、物力、财力等资源作出最优决策提供科学的依据,被广泛应用于军事作战、经济分析、经营管理和工程技术等多个方面.

要将一个问题转化为线性规划问题,首先需要有一个或多个线性约束条件,同时要求计算最优解的目标函数也是线性的.

例如,某企业生产甲、乙两种产品,并且对应的每千克产品销售后的利润分别为4 000元与3 000元.生产每千克甲产品需用A原材料16 kg和B原材料15 kg;生产每单位乙产品需用A原材料12 kg、B原材料8 kg和C原材料6 kg.若可用于加工A、B、C三种原材料库存分别为600 kg、560 kg和300 kg,并且A、B、C三种原材料每千克成本分别为30元、20元和10元,问:该厂应如何安排生产,才能使总利润最大?

设该厂生产 x_1 kg甲产品和 x_2 kg乙产品时总利润最大,则 x_1,x_2 应满足以下表达式

$$\begin{aligned}\max\quad z&=4\,000x_1+3\,000x_2-(30\times16+20\times15)x_1\\&\quad-(30\times12+20\times8+10\times6)x_2\\&=3\,220x_1+2\,420x_2;\end{aligned}$$

$$\text{s.t.}\begin{cases}16x_1+12x_2\leqslant600,\\15x_1+8x_2\leqslant560,\\6x_2\leqslant300,\\x_1,x_2\geqslant0.\end{cases}$$

记 $\boldsymbol{X}=\begin{pmatrix}x_1\\x_2\end{pmatrix}$ 为决策变量,$\boldsymbol{c}=\begin{pmatrix}c_1\\c_2\end{pmatrix}=\begin{pmatrix}3\,220\\2\,420\end{pmatrix}$ 为系数向量,$\boldsymbol{A}=\begin{pmatrix}16&12\\15&8\\0&6\end{pmatrix}$ 为约束矩阵,$\boldsymbol{b}=\begin{pmatrix}b_1\\b_2\\b_3\end{pmatrix}=\begin{pmatrix}600\\560\\300\end{pmatrix}$ 为约束向量,则以上线性规划模型可以改写为以下标准形式:

$$\max\quad z=\boldsymbol{c}^{\mathrm{T}}\boldsymbol{X};$$

$$\text{s.t.}\begin{cases}\boldsymbol{AX}\leqslant\boldsymbol{b},\\\boldsymbol{X}\geqslant\boldsymbol{0}.\end{cases}$$

具有实用价值的线性规划问题中的变量个数通常有数百以上.求解线性规划问题的基本方法是单纯形法,目前,已有单纯形法的标准化软件,可在电子计算机上求解约束条件和决策变量数量以万计的线性规划问题,如Lindo、MATLAB、IBM ILOG Cplex和Gurobi等,利用Excel也可以求解一些较为简单的线性规划问题.

练　习　题

将 6 个发点 8 个收点的最小费用运输问题表示为线性规划模型，其中，产销单位运价如表 5-5 所示.

表 5-5

产地	销地								产量
	B_1	B_2	B_3	B_4	B_5	B_6	B_7	B_8	
A_1	6	2	6	7	4	2	5	9	60
A_2	4	9	5	3	8	5	8	2	55
A_3	5	2	1	9	7	4	3	3	51
A_4	7	6	7	3	9	2	7	1	43
A_5	2	3	9	5	7	2	6	5	41
A_6	5	5	2	2	8	1	4	3	52
销量	35	37	22	32	41	32	43	38	

（**提示**：将单位运价表示为矩阵 $\boldsymbol{M}=(M_{ij})_{6\times8}$，记从产地 A_i 运往销地 B_j 的运输量为 X_{ij}，消耗矩阵 $\boldsymbol{C}=(X_{ij}M_{ij})_{6\times8}$，产地的产量为列矩阵 $\boldsymbol{P}$，每个销地的销量为列矩阵 $\boldsymbol{D}$，则总运价 z 最小可以表示为 $\min z=\sum\limits_{j=1}^{8}\sum\limits_{i=1}^{6}X_{ij}M_{ij}=\boldsymbol{E}_6^{\mathrm{T}}\boldsymbol{C}\boldsymbol{E}_8$，其中，$\boldsymbol{E}_k$ 表示元素全为 1 的 k 维列向量；每个产地的产量限制可表示为 $\boldsymbol{C}\boldsymbol{E}_8\leqslant\boldsymbol{P}$，满足每个销地的销量可表示为 $\boldsymbol{C}^{\mathrm{T}}\boldsymbol{E}_6=\boldsymbol{D}$.）

知识应用链接

权益法与成本法

权益法与成本法是长期股权投资的核算方法.其中，**权益法**适用于企业对被投资单位具有共同控制（一般企业所持被投资单位的股份在 20% 以上）或具有重大影响的长期股权投资.**成本法**适用于企业能够对被投资单位实施控制（即子公司）或不具有控制、共同控制及重大影响，且在活跃市场中没有报价、公允值不能可靠计量的长期股权投资.

权益法的核算：企业的投资收益等于被投资单位的年利润（税后年营业净利润加上投资收益）乘所持股权.例如，假设 A 公司持有 B 公司 35% 的股份，已知本年 B 公司的营业净利润为 100 万元（税后），所有的投资收益为 20 万元，那么 A 公司本年在 B 公司应分享的投资收益为

$$(100+20)\times35\%=42(\text{万元}).$$

? 问题思考

公司之间相互持股是我国公司改制实现股权多元化的一种有益的形式，通过解“经济问题 5”及习题第 15 题，分析相互持股公司的营业净利润之和与理论上计算的各公司所得年利润之和是否相等？若不相等则分析其原因.

数学实验

利用 MATLAB 进行矩阵运算和线性方程组求解

1. 矩阵的输入

任何矩阵都可以直接按行方式输入每个元素，输入时使用下述规则，在[ ]内逐行输入矩阵的各元素，同一行中不同元素用逗号或空格分隔，不同行用分号分隔.

矩阵的输入

2. 与矩阵运算有关的命令（表 5-6）

表 5-6

命令	功能
[ ]	生成空矩阵
eye(n)	生成 n 阶单位矩阵
zeros(n) zeros(m,n) zeros(size(A))	生成 n 阶零矩阵 生成 $m\times n$ 零矩阵 生成与矩阵 $\boldsymbol{A}$ 相同大小的零矩阵
ones(m,n)	生成 $m\times n$ 元素全为 1 的矩阵
det(A)	求方阵 $\boldsymbol{A}$ 行列式的值
diag(A)	求矩阵 $\boldsymbol{A}$ 的对角元素
rank(A)	求矩阵 $\boldsymbol{A}$ 的秩
inv(A)	求矩阵 $\boldsymbol{A}$ 的逆
triu(A)	生成上三角矩阵
tril(A)	生成下三角矩阵
rref(A)	将矩阵 $\boldsymbol{A}$ 化成阶梯形矩阵（行变换）
A + B	矩阵 $\boldsymbol{A}$ 与 $\boldsymbol{B}$ 的和
A - B	矩阵 $\boldsymbol{A}$ 与 $\boldsymbol{B}$ 的差
k * B	数 k 与矩阵 $\boldsymbol{A}$ 的数乘
A * B	矩阵 $\boldsymbol{A}$ 与 $\boldsymbol{B}$ 的乘法
A′	矩阵 $\boldsymbol{A}$ 的转置矩阵
A^k	矩阵 $\boldsymbol{A}$ 的 k 次方

矩阵运算（1）

矩阵运算（2）

3. 实验举例

例 5-33　已知 $A=\begin{pmatrix}3 & -1 & 2\\1 & 5 & 7\\5 & 4 & -3\end{pmatrix}, B=\begin{pmatrix}7 & 5 & -4\\1 & 1 & 9\\3 & -2 & 1\end{pmatrix}$. 求：

(1) $2A-3B$；

(2) A 的行列式；

(3) A 的转置；

(4) B 的秩；

(5) AB；

(6) A 的逆.

解　各算例代码如表 5-7 所示.

表 5-7

	算例代码	运行结果
求 $2A-3B$	>> A = [3 -1 2;1 5 7;5 4 -3]; >> B = [7 5 -4;1 1 9;3 -2 1]; >> 2*A-3*B	ans = -15 -17 16 -1 7 -13 1 14 -9
求 A 的行列式	>> det(A)	ans = -209
求 A 的转置	>> A'	ans = 3 1 5 -1 5 4 2 7 -3
求 B 的秩	>> rank(B)	ans = 3
求 AB	>> A*B	ans = 26 10 -19 33 -4 48 30 35 13
求 A 的逆	>> inv(A)	ans = 0.205 7 -0.023 9 0.081 3 -0.181 8 0.090 9 0.090 9 0.100 5 0.081 3 0.076 6

4. 求解线性方程组

一般情况下，X 是矩阵方程 $AX = B$ 的解，若 A 可逆，则 $X = A^{-1}B$.

例 5-34 解线性方程组
$$\begin{cases} x_1 - x_2 + x_3 - 2x_4 = 2, \\ 2x_1 \qquad\;\; - x_3 + 4x_4 = 4, \\ 3x_1 + 2x_2 + x_3 \qquad\;\; = -1, \\ -x_1 + 2x_2 - x_3 + 2x_4 = -4. \end{cases}$$

解 列出矩阵方程 $AX = B$，其中，

$$A = \begin{pmatrix} 1 & -1 & 1 & -2 \\ 2 & 0 & -1 & 4 \\ 3 & 2 & 1 & 0 \\ -1 & 2 & -1 & 2 \end{pmatrix}, B = \begin{pmatrix} 2 \\ 4 \\ -1 \\ -4 \end{pmatrix}.$$

其算例代码如表 5-8 所示.

表 5-8

算例代码	运行结果
>> A = [1 - 1 1 - 2;2 0 - 1 4;3 2 1 0; - 1 2 - 1 2]; >> B = [2;4; - 1; - 4]; >> inv(A) * B	ans = 1.000 0 - 2.000 0 0 0.500 0

即方程组的解为

$$\begin{pmatrix} x_1 \\ x_2 \\ x_3 \\ x_4 \end{pmatrix} = \begin{pmatrix} 1 \\ -2 \\ 0 \\ 0.5 \end{pmatrix}.$$

习 题 5

1. 求下列矩阵的秩.

(1) $\begin{pmatrix} 1 & -2 & 5 \\ 1 & 0 & 7 \\ 1 & -1 & 6 \end{pmatrix}$；　(2) $\begin{pmatrix} 1 & 0 & 2 \\ 1 & 1 & 3 \\ 2 & -3 & 2 \end{pmatrix}$；

(3) $\begin{pmatrix} 1 & -2 & -1 & 0 & 2 \\ -2 & 4 & 2 & 6 & -6 \\ 2 & -1 & 0 & 2 & 3 \\ 3 & 3 & 3 & 3 & 4 \end{pmatrix}$.

2. 设矩阵

$$\boldsymbol{A}=\begin{pmatrix}1&2&1&2\\2&1&2&1\\1&2&3&4\end{pmatrix},\quad \boldsymbol{B}=\begin{pmatrix}4&3&2&1\\-2&1&-2&1\\0&-1&0&-1\end{pmatrix}.$$

如果 $\boldsymbol{X}$ 满足 $\boldsymbol{X}-2\boldsymbol{A}=\boldsymbol{B}-\boldsymbol{X}$，求 $\boldsymbol{X}$.

3. 设矩阵

$$\boldsymbol{A}=\begin{pmatrix}1&-1&1\\1&-1&-1\\1&0&1\end{pmatrix},\quad \boldsymbol{B}=\begin{pmatrix}1&2&1\\0&-1&1\\1&2&0\end{pmatrix}.$$

求 $3\boldsymbol{A}-2\boldsymbol{B}$，$\boldsymbol{A}\boldsymbol{B}^{\mathrm{T}}$，$(\boldsymbol{A}\boldsymbol{B})^{\mathrm{T}}$.

4. 计算下列矩阵（n 为正整数）的幂.

（1）$\begin{pmatrix}1&-2\\3&4\end{pmatrix}^3$；　　（2）$\begin{pmatrix}1&1\\1&1\end{pmatrix}^n$.

5. 对任意 n 阶矩阵 $\boldsymbol{A}$，试证：

（1）$\boldsymbol{A}+\boldsymbol{A}^{\mathrm{T}}$ 是对称矩阵；　　（2）$\boldsymbol{A}-\boldsymbol{A}^{\mathrm{T}}$ 是反对称矩阵.

6. 求下列矩阵的逆矩阵.

（1）$\begin{pmatrix}2&2&3\\1&2&0\\1&2&3\end{pmatrix}$；　　（2）$\begin{pmatrix}3&1&3\\1&-1&0\\-1&2&1\end{pmatrix}$；

（3）$\begin{pmatrix}1&1&1&1\\1&1&-1&-1\\1&-1&1&-1\\1&0&0&1\end{pmatrix}$.

7. 解下列矩阵方程，求出未知矩阵 $\boldsymbol{X}$.

（1）$\begin{pmatrix}3&5\\1&2\end{pmatrix}\boldsymbol{X}=\begin{pmatrix}4&-1&2\\3&0&-1\end{pmatrix}$.　　（2）$\boldsymbol{X}+\begin{pmatrix}2&5\\1&3\end{pmatrix}\boldsymbol{X}=\begin{pmatrix}4&-6\\2&1\end{pmatrix}$.

8. 已知 n 阶矩阵 $\boldsymbol{A}$ 满足 $\boldsymbol{A}^2-3\boldsymbol{A}-2\boldsymbol{E}=\boldsymbol{O}$. 试证：$\boldsymbol{A}$ 可逆，并求 $\boldsymbol{A}^{-1}$.

9. 判断下列齐次方程组是否有非零解.

（1）$\begin{cases}x_1+2x_2+x_3-x_4=0,\\3x_1+6x_2-x_3-3x_4=0,\\5x_1+10x_2+x_3-5x_4=0;\end{cases}$　　（2）$\begin{cases}2x_1+3x_2-x_3+5x_4=0,\\x_1-2x_2+3x_3-12x_4=0,\\4x_1+x_2-3x_3+6x_4=0,\\x_1-2x_2+4x_3-7x_4=0.\end{cases}$

10. 判断下列线性方程组是否有解，若有解，是唯一解还是无数多解.

（1）$\begin{cases}2x_1-x_2+x_3=2,\\x_1+x_2+x_3=4,\\2x_1-x_2+x_3=2,\\2x_1+5x_2+3x_3=14;\end{cases}$　　（2）$\begin{cases}x_1+2x_2-3x_3=-11,\\x_1-4x_2+2x_3=13,\\2x_1-3x_2+x_3=6,\\-x_1-2x_2+3x_3=11.\end{cases}$

11. 当 λ 为何值时,非齐次线性方程组

$$\begin{cases}\lambda x_1+x_2+x_3=\lambda-3,\\ x_1+\lambda x_2+x_3=-2,\\ x_1+x_2+\lambda x_3=-2\end{cases}$$

无解？有唯一解？有无数多解？

12. 解下列线性方程组.

(1) $\begin{cases}3x_1-5x_2+x_3-2x_4=0,\\ 2x_1+3x_2-5x_3+x_4=0,\\ x_1+10x_2-9x_3+4x_4=0,\\ 4x_1+15x_2-7x_3+9x_4=0;\end{cases}$

(2) $\begin{cases}x_1+3x_2-x_3-2x_4=0,\\ 2x_1-x_2+2x_3+3x_4=0,\\ 3x_1+2x_2+x_3+x_4=0,\\ x_1-4x_2+3x_3+5x_4=0;\end{cases}$

(3) $\begin{cases}x_1-2x_2+3x_3-4x_4=4,\\ x_2-x_3+x_4=-3,\\ x_1+3x_2-3x_4=1,\\ -7x_2+3x_3+x_4=-3;\end{cases}$

(4) $\begin{cases}2x_1+x_2-x_3+x_4=1,\\ 2x_1+x_2-x_3=2,\\ 2x_1+x_2-x_3-x_4=1;\end{cases}$

(5) $\begin{cases}3x_1-6x_2+3x_3+2x_4=5,\\ x_1-2x_2+x_3-x_4=-1,\\ x_1-2x_2+x_3+2x_4=5;\end{cases}$

(6) $\begin{cases}x_1+2x_2+3x_3=4,\\ 3x_1+5x_2+7x_3=9,\\ 2x_1+3x_2+4x_3=5.\end{cases}$

13. 某公司销售三种仪器 A,B,C,其售价分别为 18 万元、20 万元、24 万元,已知这三种仪器共售出 40 台,总收入为 780 万元,求 A,B,C 仪器各售出多少台？

14. 一家商场出售四个码的文化衫:XS,S,M,L,四个码的单价分别为 30 元、26 元、24 元、22 元.若在“五一”期间,该商场共售出 13 件,毛收入为 320 元,已知 S 码的销售量是 XS 码和 L 码销售量的总和,S 码的销售收入也是 XS 码和 L 码销售收入的总和.问:各个码的文化衫各售出多少件？

15. 已知石油公司 A 与煤炭公司 B 相互持股.其中,A 公司持有 B 公司 25% 的股份,B 公司持有 A 公司 40% 的股份.若本年 A 公司与 B 公司独立的营业净利润(税后)分别为 200 万元、100 万元.试求各公司本年的投资收益与本年的利润.

16. (成本问题)某生产线经一次投料生产能获得三种产品和副产品,现投料三次得三批产品,已知每批产品的产量和总成本见表 5-9,试求每种产品的单位成本.

表 5-9

批次	产品			总成本 / 元
	A	B	C	
第一批产品	150	200	250	5 000
第二批产品	125	175	225	4 300
第三批产品	75	100	150	2 600

第 5 章知识导图

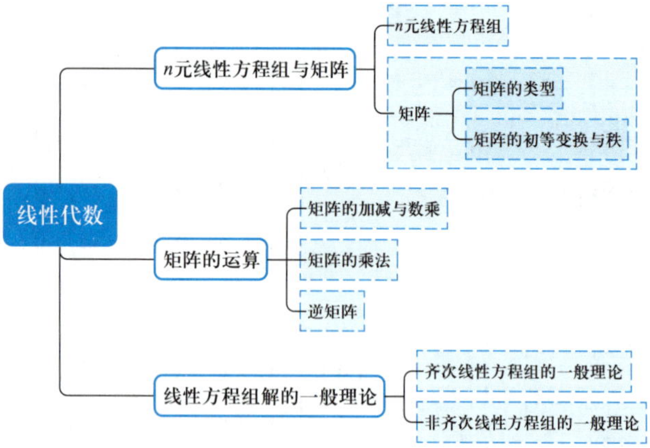

第 5 章自测题

A 组(基础篇)

一、单选题(每题 3 分,共 30 分)

1. 设 $\boldsymbol{A}$ 为 2×3 矩阵,$\boldsymbol{B}$ 为 3×2 矩阵,则下列选项中有意义的是(　　).

A. $\boldsymbol{A}+\boldsymbol{B}$　　B. $\boldsymbol{AB}$　　C. $\boldsymbol{A}^{\mathrm{T}}\boldsymbol{B}$　　D. $\boldsymbol{AB}^{\mathrm{T}}$

2. 若非齐次线性方程组 $\begin{cases} x_1 - 2x_3 = 1, \\ -x_1 + x_2 + x_3 = 0, \\ 2x_1 - x_2 + ax_3 = b \end{cases}$ 有无数多解,则(　　).

A. $a\neq -3, b=1$　　B. $a\neq -3, b\neq 1$　　C. $a=-3, b=1$　　D. $a=-3, b\neq 1$

3. 已知 $\boldsymbol{A}=\begin{pmatrix} 1 & 2 \\ 0 & 3 \end{pmatrix}$,$\boldsymbol{B}=\begin{pmatrix} 1 & 0 \\ 2 & x \end{pmatrix}$,且 $\boldsymbol{AB}=\begin{pmatrix} 5 & 2 \\ 6 & 3 \end{pmatrix}$,则 $x=$(　　).

A. -1　　B. 1　　C. -2　　D. 2

4. 设 $\boldsymbol{Ax}=\boldsymbol{b}$ 为 5 元非齐次线性方程组,且 $r(\boldsymbol{A})=r(\overline{\boldsymbol{A}})=3$,则方程组的通解一定含有(　　)个自由未知量.

A. 5　　B. 4　　C. 3　　D. 2

5. 已知 $\boldsymbol{A}=\begin{pmatrix} 1 & 2 \\ 4 & 3 \end{pmatrix}$,$\boldsymbol{B}=\begin{pmatrix} x & 1 \\ 2 & y \end{pmatrix}$,若 $\boldsymbol{AB}=\boldsymbol{BA}$,则(　　).

A. $2x=7$　　B. $2y=x$　　C. $y=x+1$　　D. $y=x-1$

6. 若矩阵 $\boldsymbol{A}=\begin{pmatrix}2&3\\1&1\end{pmatrix}$，则 $\boldsymbol{A}^{-1}=$（　　）.

A. $\begin{pmatrix}1&3\\1&2\end{pmatrix}$　　B. $\begin{pmatrix}-1&3\\1&-2\end{pmatrix}$　　C. $\begin{pmatrix}-1&-3\\-1&-2\end{pmatrix}$　　D. $\begin{pmatrix}-1&1\\3&-2\end{pmatrix}$

7. 若齐次线性方程组 $\begin{cases}x_1+2x_3=0\\k_1x_1+2x_2=0\end{cases}$ 有非零解，则 k 的值为（　　）.

A. 1　　B. 2　　C. 3　　D. 4

8. 设 $\boldsymbol{A},\boldsymbol{B}$ 都是 n 阶矩阵，则下列结论正确的是（　　）.

A. $(\boldsymbol{A}+\boldsymbol{B})^2=\boldsymbol{A}^2+2\boldsymbol{A}\boldsymbol{B}+\boldsymbol{B}^2$　　B. $(\boldsymbol{A}\boldsymbol{B})^{-1}=\boldsymbol{A}^{-1}\boldsymbol{B}^{-1}$

C. $(\boldsymbol{A}\boldsymbol{B})^2=\boldsymbol{A}^2\boldsymbol{B}^2$　　D. $(\boldsymbol{A}\boldsymbol{B})^{\mathrm{T}}=\boldsymbol{B}^{\mathrm{T}}\boldsymbol{A}^{\mathrm{T}}$

9. 下列结论不正确的是（　　）.

A. $(\boldsymbol{A}+\boldsymbol{B})^{\mathrm{T}}=\boldsymbol{A}^{\mathrm{T}}+\boldsymbol{B}^{\mathrm{T}}$　　B. $(\boldsymbol{A}\boldsymbol{B})^{\mathrm{T}}=\boldsymbol{A}^{\mathrm{T}}\boldsymbol{B}^{\mathrm{T}}$

C. $(\boldsymbol{A}\boldsymbol{B})^{-1}=\boldsymbol{B}^{-1}\boldsymbol{A}^{-1}$　　D. $(\boldsymbol{A}^{\mathrm{T}})^{-1}=(\boldsymbol{A}^{-1})^{\mathrm{T}}$

10. 设 $\boldsymbol{\eta}$ 是非齐次线性方程组 $\boldsymbol{AX}=\boldsymbol{b}$ 的解，$\boldsymbol{\xi}$ 是齐次线性方程组 $\boldsymbol{AX}=\boldsymbol{O}$ 的解，则下列仍为 $\boldsymbol{AX}=\boldsymbol{b}$ 的解的是（　　）.

A. $2\xi+\eta$　　B. $2\xi+3\eta$　　C. $2\xi-3\eta$　　D. $3\xi-2\eta$

二、填空题（每题 3 分，共 15 分）

11. 若矩阵 $\boldsymbol{A}=\begin{pmatrix}2&3&4&5\\-2&t&4&-1\\0&3&4&2\end{pmatrix}$ 的秩为 2，则 $t=$ ________.

12. 若矩阵 $\boldsymbol{A}=\begin{pmatrix}0&-1\\1&0\end{pmatrix}$，则 $\boldsymbol{A}^2+\boldsymbol{A}=$ ________.

13. 设 $\boldsymbol{A}=\begin{pmatrix}1&1\\2&3\end{pmatrix}$，则 $(\boldsymbol{A}^2-3\boldsymbol{A})^{-1}=$ ________.

14. 设 $\boldsymbol{A}=\begin{pmatrix}2&3&1&1\\-1&2&-4&3\\3&5&1&2\end{pmatrix}$，则 $r(\boldsymbol{A})=$ ________.

15. 设矩阵 $\boldsymbol{A}=\begin{pmatrix}3&4\\4&-3\end{pmatrix}$，则 $\boldsymbol{A}^4=$ ________.

三、判断题（每题 3 分，共 15 分）

16. 设 $\boldsymbol{A},\boldsymbol{B},\boldsymbol{C}$ 都是 n 阶矩阵，若 $\boldsymbol{AB}=\boldsymbol{AC}$，则 $\boldsymbol{B}=\boldsymbol{C}$.　（　　）

17. 任何满秩矩阵都可以利用初等行变换化为单位矩阵.　（　　）

18. 设 $\boldsymbol{A},\boldsymbol{B}$ 都是 n 阶矩阵，若 $\boldsymbol{AB}=\boldsymbol{O}$，则 $\boldsymbol{A}=\boldsymbol{O}$ 或 $\boldsymbol{B}=\boldsymbol{O}$.　（　　）

19. 若齐次线性方程组的系数矩阵的秩小于未知量的个数，则方程组只有零解.　（　　）

20. 若 $\boldsymbol{A},\boldsymbol{B}$ 均为 3 阶矩阵，则有 $\boldsymbol{AB}=\boldsymbol{BA}$.　（　　）

四、计算题(21 ~ 25 每题 6 分,26 题 10 分,共 40 分)

21. 已知矩阵 $\boldsymbol{A}=\begin{pmatrix}1&-2&3\\-1&2&1\end{pmatrix}$,$\boldsymbol{B}=\begin{pmatrix}1&3&5\\2&1&-2\end{pmatrix}$,求 $\boldsymbol{A}+\boldsymbol{B}$,$2\boldsymbol{A}-3\boldsymbol{B}$,$\boldsymbol{A}^{\mathrm{T}}\boldsymbol{B}$,$\boldsymbol{A}\boldsymbol{B}^{\mathrm{T}}$.

22. 求矩阵 $\boldsymbol{A}=\begin{pmatrix}1&3&4&2\\-1&0&1&2\\0&0&2&1\end{pmatrix}$ 的秩 $r(\boldsymbol{A})$.

23. 已知矩阵 $\boldsymbol{A}=\begin{pmatrix}2&5\\1&3\end{pmatrix}$,$\boldsymbol{B}=\begin{pmatrix}4&-6\\2&1\end{pmatrix}$,且矩阵 $\boldsymbol{X}$ 满足 $\boldsymbol{AX}=\boldsymbol{B}$,求 $\boldsymbol{X}$.

24. 设矩阵 $\boldsymbol{A}=\begin{pmatrix}1&0&1\\a&-1&b\\0&0&1\end{pmatrix}$,且 $\boldsymbol{A}$ 经过初等行变换 $r_1\times 3+r_2$ 后,得到 $\boldsymbol{B}=\begin{pmatrix}1&0&1\\3&-1&3\\0&0&1\end{pmatrix}$,

(1) 求参数 a,b;

(2) 判断矩阵 $\boldsymbol{A}$ 是否可逆,若可逆,求 $\boldsymbol{A}^{-1}$.

25. 求方程组 $\begin{cases}x_1+2x_2+2x_3+x_4=0,\\2x_1+x_2-2x_3-2x_4=0,\\x_1-x_2-4x_3-3x_4=0\end{cases}$ 的通解.

26. 求方程组 $\begin{cases}2x_1-x_2+4x_3-3x_4=-4,\\x_1+x_3-x_4=-3,\\3x_1+x_2+x_3=1,\\7x_1+7x_3-3x_4=3\end{cases}$ 的通解.

B 组(提高篇)

一、单选题(每题 3 分,共 30 分)

1. 设 $\boldsymbol{A},\boldsymbol{B},\boldsymbol{C}$ 为 n 阶方阵,$\boldsymbol{E}$ 为 n 阶单位矩阵,若 $\boldsymbol{CBA}=\boldsymbol{E}$,则下列结论成立的是(　　).

A. $\boldsymbol{BCA}=\boldsymbol{E}$　　B. $\boldsymbol{CAB}=\boldsymbol{E}$　　C. $\boldsymbol{ACB}=\boldsymbol{E}$　　D. $\boldsymbol{ABC}=\boldsymbol{E}$

2. 若非线性方程组 $\begin{cases}x_1+x_2=1,\\x_2+x_3=a,\\x_1-x_3=b\end{cases}$ 有解,则 a,b 满足的关系式为(　　).

A. $a+b=1$　　B. $a+b=-1$　　C. $a+b=0$　　D. $a+b=2$

3. 设 $\boldsymbol{A},\boldsymbol{B}$ 为两个 n 阶方阵,$\boldsymbol{E}$ 为 n 单位矩阵,若 $\boldsymbol{AB}=\boldsymbol{E}$,则下列结论不成立的是(　　).

A. $\boldsymbol{B}$ 是可逆矩阵　　B. 齐次线性方程组 $\boldsymbol{BX}=\boldsymbol{O}$ 有非零解

C. $\boldsymbol{B}$ 的秩为 n　　D. $\boldsymbol{B}$ 的列向量组线性无关

4. 已知线性方程组$\begin{cases} x_1+4x_2+3x_3=2, \\ 2x_1+kx_2+6x_3=5 \end{cases}$无解,则常数 $k=$(　　).

A. 2　　B. 4　　C. 6　　D. 8

5. 若矩阵 $\boldsymbol{A}$ 与 $\boldsymbol{B}$ 可以相加,则必有(　　)

A. $\boldsymbol{A}$ 与 $\boldsymbol{B}$ 可以相乘　　B. $\boldsymbol{B}$ 与 $\boldsymbol{A}$ 可以相乘

C. $\boldsymbol{A}$ 与 $\boldsymbol{B}^{\mathrm{T}}$ 可以相乘　　D. $\boldsymbol{A}$ 与 $\boldsymbol{B}$ 不能相减

6. 下列结论不正确的是(　　).

A. $(\boldsymbol{A}^{\mathrm{T}})^{\mathrm{T}}=A$　　B. $(\boldsymbol{AB})^{\mathrm{T}}=\boldsymbol{A}^{\mathrm{T}}\boldsymbol{B}^{\mathrm{T}}$

C. $(\boldsymbol{A}^{-1})^{-1}=\boldsymbol{A}$　　D. $(\boldsymbol{AB})^{-1}=\boldsymbol{B}^{-1}\boldsymbol{A}^{-1}$

7. 若非齐次线性方程组$\begin{cases} x_1+x_2=a, \\ 2x_1+bx_2=4 \end{cases}$有无数多解,则(　　).

A. $a=4,b=1$　　B. $a=-4,b=-1$

C. $a=2,b=2$　　D. $a=-2,b=-2$

8. 设矩阵 $\boldsymbol{A}=\begin{pmatrix} 1 & 0 \\ 1 & 1 \end{pmatrix}$,$n$ 为正整数,则幂矩阵 $\boldsymbol{A}^n$ 为(　　).

A. $\begin{pmatrix} 1 & 0 \\ 1 & 1 \end{pmatrix}$　　B. $\begin{pmatrix} 1 & 1 \\ 1 & 1 \end{pmatrix}$

C. $\begin{pmatrix} 1 & 0 \\ n & 1 \end{pmatrix}$　　D. $\begin{pmatrix} 1 & n \\ 0 & 1 \end{pmatrix}$

9. 已知矩阵 $\boldsymbol{A}_{3\times 2}$,$\boldsymbol{B}_{2\times 4}$,则下列矩阵运算可行的是(　　).

A. $A+B$　　B. $A-B$　　C. $\boldsymbol{AB}$　　D. $\boldsymbol{BA}$

10. 若 $\boldsymbol{A},\boldsymbol{B},\boldsymbol{X}$ 为同阶方阵,且 $\boldsymbol{A},\boldsymbol{B}$ 可逆,则下列结论错误的是(　　).

A. 若 $\boldsymbol{AX}=\boldsymbol{B}$,则 $\boldsymbol{X}=\boldsymbol{A}^{-1}\boldsymbol{B}$　　B. 若 $\boldsymbol{XA}=\boldsymbol{B}$,则 $\boldsymbol{X}=\boldsymbol{BA}^{-1}$

C. 若 $\boldsymbol{AXB}=\boldsymbol{C}$,则 $\boldsymbol{X}=\boldsymbol{A}^{-1}\boldsymbol{CB}^{-1}$　　D. 若 $\boldsymbol{AXB}=\boldsymbol{C}$,则 $\boldsymbol{X}=\boldsymbol{A}^{-1}\boldsymbol{B}^{-1}\boldsymbol{C}$

二、填空题(每题 3 分,共 15 分)

11. 若矩阵 $\boldsymbol{A}=\begin{pmatrix} 1 & 0 & 1 \\ 1 & a-1 & 1 \\ 4 & a-1 & a^2+3 \end{pmatrix}$的秩为 2,则 $a=$________.

12. 设方阵 $\boldsymbol{A},\boldsymbol{B}$ 满足$(\boldsymbol{A}-\boldsymbol{B})(\boldsymbol{A}+\boldsymbol{B})=\boldsymbol{A}^2-\boldsymbol{B}^2$,则 $\boldsymbol{A},\boldsymbol{B}$ 满足的条件为________.

13. 已知方阵 $\boldsymbol{A},\boldsymbol{B}$,矩阵 $\boldsymbol{C}=(c_{ij})_{s\times n}$,且满足 $\boldsymbol{AB}=\boldsymbol{CB}$,则 s 和 n 的大小关系________.

14. 若矩阵 $\boldsymbol{A}=(1\quad 2\quad 3)$,$\boldsymbol{B}=\begin{pmatrix} 3 \\ 2 \\ 1 \end{pmatrix}$,则 $\boldsymbol{AB}=$________.

15. 已知方程组$\begin{pmatrix} 1 & 2 & 1 \\ 2 & 3 & a+2 \\ 1 & a & -2 \end{pmatrix}\begin{pmatrix} x_1 \\ x_2 \\ x_3 \end{pmatrix}=\begin{pmatrix} 1 \\ 3 \\ 0 \end{pmatrix}$无解,则 a________.

三、判断题(每题 3 分,共 15 分)

16. 齐次线性方程组的任意两个不同解的线性组合仍是它的解.　(　　)

17. 若非齐次线性方程组的系数矩阵的秩等于增广矩阵的秩,则非齐次线性方程有唯一解.　(　　)

18. 若同阶方阵 $\boldsymbol{A}$ 和 $\boldsymbol{B}$ 都可逆,则矩阵 $\boldsymbol{AB}$ 也可逆.　(　　)

19. 若 $\boldsymbol{A},\boldsymbol{B}$ 均为 n 阶方阵,则 $(\boldsymbol{AB})^2=\boldsymbol{A}^2\boldsymbol{B}^2$.　(　　)

20. 若 $\boldsymbol{A},\boldsymbol{B}$ 均为 n 阶方阵,则 $\boldsymbol{A}^2-\boldsymbol{B}^2=(\boldsymbol{A}+\boldsymbol{B})(\boldsymbol{A}-\boldsymbol{B})$.　(　　)

四、计算题(21 ~ 25 每题 6 分,26 题 10 分,共 40 分)

21. 已知矩阵 $\boldsymbol{A}=\begin{pmatrix}1&0&-1\\2&1&0\\3&2&-1\end{pmatrix}$,$\boldsymbol{B}=\begin{pmatrix}-2&1&0\\0&3&1\\0&0&2\end{pmatrix}$,求 $\boldsymbol{AB},\boldsymbol{BA}$.

22. 求矩阵 $\boldsymbol{A}=\begin{pmatrix}1&3&-2&5&4\\1&4&1&3&5\\1&4&2&4&3\\2&7&-3&6&13\end{pmatrix}$ 的秩 $r(\boldsymbol{A})$.

23. 已知矩阵 $\boldsymbol{A}=\begin{pmatrix}0&1&1\\1&0&1\\1&1&0\end{pmatrix}$,$\boldsymbol{B}=\begin{pmatrix}1&2\\0&1\\2&0\end{pmatrix}$,且矩阵 $\boldsymbol{X}$ 满足 $\boldsymbol{AX}=\boldsymbol{B}$,求 $\boldsymbol{X}$.

24. 设矩阵 $\boldsymbol{A}=\begin{pmatrix}1&3&-4\\1&3&-5\\-1&-4&6\end{pmatrix}$,求 $\boldsymbol{A}^{-1}$.

25. 求方程组 $\begin{cases}x_1+x_2+x_3+x_4=0,\\3x_1+2x_2+x_3+x_4=0,\\x_2+2x_3+2x_4=0,\\6x_1+5x_2+4x_3+4x_4=0\end{cases}$ 的通解.

26. 当 λ 为何值时,非齐次线性方程组 $\begin{cases}x_1+3x_2+2x_3+2x_4=4,\\2x_1+5x_2+x_3+3x_4=2,\\x_1+4x_2+5x_3+3x_4=1,\\5x_1+13x_2+4x_3+8x_4=\lambda\end{cases}$ 有无数多解,并求其通解.

第 6 章

概率统计初步

学习目标

(1) 了解随机事件概念,掌握事件之间的关系与运算.

(2) 会求简单的随机事件的概率和随机变量的概率分布.

(3) 会用随机变量的数学期望与方差分析经济生活中的相关案例.

(4) 掌握总体、样本与统计量的概念.

(5) 掌握参数估计中点估计和区间估计的方法.

(6) 会建立回归方程,并进行简单的经济预测.

背景资料和经济问题 6

【背景资料】 商业抽奖

抽奖在商业活动中非常常见.比如签约买房有抽奖、公司年会有抽奖、商场促销有抽奖、新产品推广有抽奖.只要抽奖就涉及一个问题,那就是参与抽奖的人有先有后,怎么保证所有参与抽奖的人都有公平的获奖机会? 会不会出现如某些人认为的,先抽奖有优势,因为先抽奖的人可以保证奖品不被别人抽走,或者后抽奖有优势,因为只要前面的人没有抽中,那么后面的人抽中奖品的概率就会逐渐提高的现象呢?

【经济问题 6】 抽中奖品的概率与参与抽奖的顺序有关吗?

某商场做促销,购物满 188 元即可参与抽奖,现设置 n 张奖券,其中特等奖 1 个,奖品为电视机一台.现有 n 个人按顺序参与抽奖,请问他们抽到特等奖的概率各是多少?

6.1　随机事件与概率

6.1.1　随机事件及其运算

1. 随机试验与随机事件

观察下面几个试验：

(1) 投掷一枚均匀的硬币，观察正面、反面出现的情况；

(2) 夏季某种新型饮料上市，观察其每日销售量.

以上试验都有三个共同的特性：

(1) 试验可以在相同条件下重复进行；

(2) 每次试验的可能结果不止一个，而且在试验前明确知道所有的可能结果；

(3) 每次试验前不能肯定会出现哪一个结果，但可以肯定每次试验出现这些可能结果中的一个.

具有以上三个特性的试验称为**随机试验**，简称为**试验**，记为 E. 随机试验 E 的所有可能结果组成的集合，称为 E 的**样本空间**，记作 Ω. E 中的每一个可能结果，称为**样本点**，记为 A_i. 样本空间 Ω 的若干个样本点组成的集合称为**随机事件**，简称**事件**，常用大写字母 A，B，C，… 来表示.

例如，投掷一枚均匀的硬币是一次随机试验，“正面向上”是一个事件，“正面向下”也是一个事件，可以写成

$$A=\{\text{正面向上}\},B=\{\text{正面向下}\}.$$

事件 A 和 B 是不能再分的事件，称为**基本事件**；由若干个基本事件组合而成的事件称为**复合事件**（或称一般事件）.

在一定条件下，必然会发生的事件称为**必然事件**，它就是样本空间 Ω；必然不会发生的事件称为**不可能事件**，通常记为 $\varnothing$.

2. 随机事件之间的关系及其运算

1) 事件的包含与相等

如果事件 A 发生必然导致事件 B 发生，则称事件 B 包含事件 A（或称事件 A 包含在事件 B 中），记作

$$A\subset B \text{ 或 } B\supset A,$$

可用维恩图（图 6-1）给出直观解释.

特别地，若 $A\subset B$ 和 $B\supset A$ 同时成立，则称事件 A 与 B 相等，记作 $A=B$.

2) 事件的和（并）

“事件 A 与 B 中至少有一个发生”这一事件称为事件 A 与 B 的和（或并），记作 $A+B$ 或 $A\cup B$，如图 6-2 中的阴影部分所示.

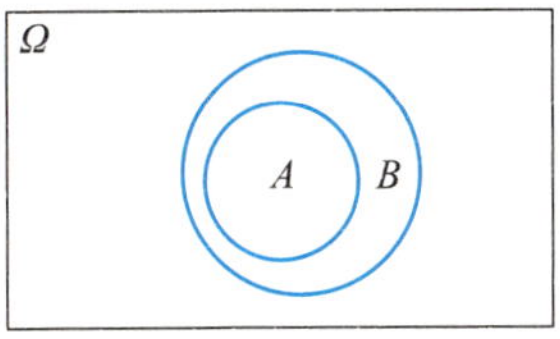

图 6-1

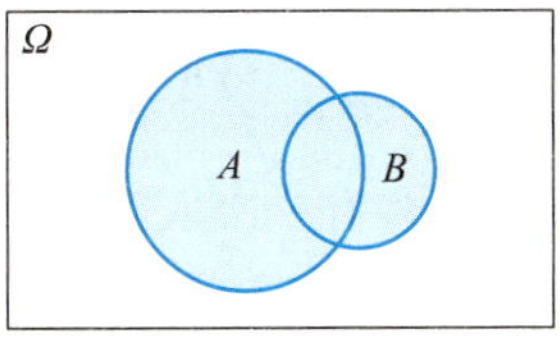

图 6-2

对任意事件 A，有 $A+A=A, A+\Omega=\Omega, A+\varnothing=A$.

3）事件的积（交）

“事件 A 与 B 同时发生”这一事件称为事件 A 与 B 的积（或交），记作 AB 或 $A\cap B$，如图 6-3 中的阴影部分所示.

对任意事件 A，有 $AA=A, A\Omega=\Omega, A\varnothing=\varnothing$.

4）事件的差

“事件 A 发生而事件 B 不发生”这一事件称为 A 与 B 的差，记作 $A-B$，如图 6-4 的阴影部分所示.

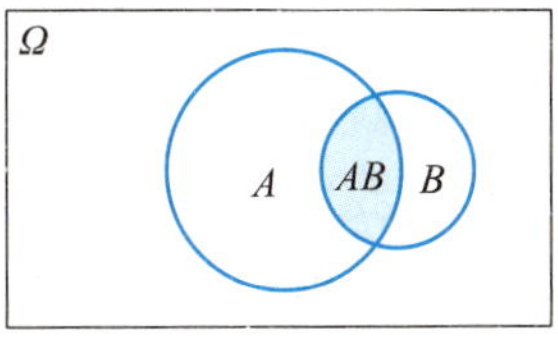

图 6-3

5）互不相容事件

若事件 A 与 B 在一次试验中不能同时出现，则称事件 A 与 B 是互不相容事件（或互斥事件），这时 $AB=\varnothing$，如图6-5 所示.

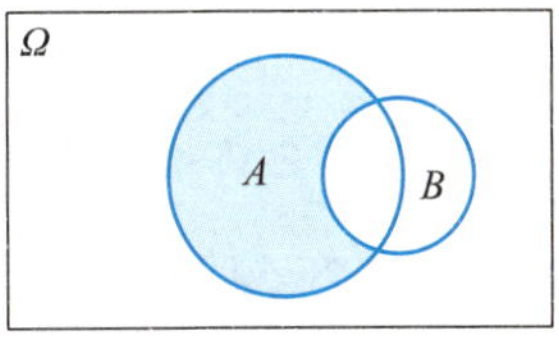

图 6-4

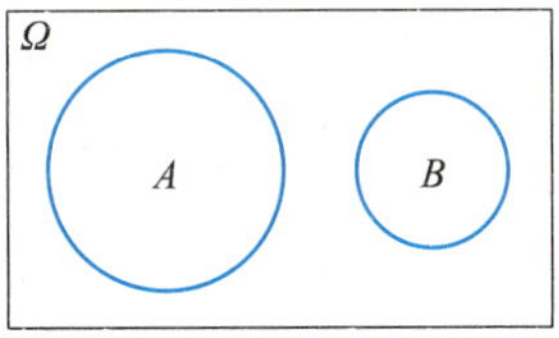

图 6-5

任一随机试验中的任意两个基本事件都是互不相容的事件.

6）对立事件

“A 不发生”是一个事件，称此事件为事件 A 的对立事件（或逆事件），记作 $\overline{A}$，如图 6-6 所示.

显然，$A+\overline{A}=\Omega, A\overline{A}=\varnothing, \overline{\overline{A}}=A$.两个相互对立的事件一定是互不相容事件，但是两个互不相容的事件不一定是对立事件.

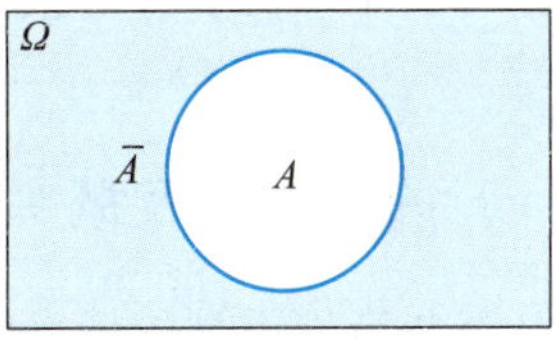

图 6-6

例 6-1 从一批产品中每次取出一件进行检验（每次取出的产品不放回），事件 A_i 表示第 i 次取到正品（$i=1,2,3$）.试用符号表示下列事件：

（1）三次都取到正品；

（2）三次中至少有一次取到正品；

（3）三次中至多有一次取到正品；

（4）第二次取到正品而第三次未取到正品.

解 （1）三次都取到正品：

$$A_1A_2A_3.$$

(2) 三次中至少有一次取到正品:

$$A_1+A_2+A_3.$$

(3) 三次中至多有一次取到正品:

$$\bar{A}_1\bar{A}_2\bar{A}_3+A_1\bar{A}_2\bar{A}_3+\bar{A}_1A_2\bar{A}_3+\bar{A}_1\bar{A}_2A_3.$$

(4) 第二次取到正品而第三次未取到正品:

$$A_2-A_3=A_2\bar{A}_3.$$

6.1.2　古典概型及概率

1. 概率的统计定义

在经济活动中,我们经常用数据反映随机事件发生的可能性.例如:

(1) 我国新生男性婴儿的出生率为 51.2%;

(2) 我国 2023 年 GDP(gross domestic product,国内生产总值)增长 5.2%;

(3) 我国 2018 届高职院校毕业生的就业率为 92.0%。

显然,“新生婴儿的性别”“GDP 的增长”“毕业生的就业”都是随机现象,而用 51.2%,5.2%,92.0% 来反映随机现象发生的可能性的大小,是人们对这些随机现象进行大量的观察统计得到的,称为统计概率.由此我们有

概率的古典定义

定义 6.1　在相同的条件下重复进行 n 次试验,事件 A 出现 m 次,当 n 很大时,如果事件 A 发生的频率 $\frac{m}{n}$ 稳定地在某个常数 p 附近,则称常数 p 为事件 A 的概率,记为 $P(A)=p$.

根据概率的统计定义,概率具有以下性质:

(1) 对任何事件 A,有

$$0\leqslant P(A)\leqslant 1.$$

(2) 必然事件的概率等于 1,即

$$P(\Omega)=1.$$

(3) 不可能事件的概率等于 0,即

$$P(\varnothing)=0.$$

2. 古典概型及概率

某些特殊类型的概率问题,并不需要进行大量的重复试验,而只需根据问题本身所具有的特性,通过具体的分析就可直接计算出概率.

例如,从省属 5 所高职院校中随机抽取一所院校进行年度消防工作检查,显然,每所院校都有可能被抽到,即有 5 个基本事件,并且每所院校被抽到的机会均等,故每所院校被抽到的可能性都是 $\frac{1}{5}$.

以上试验具有两个特点:

(1) 每次试验,只有有限个可能的试验结果,或者说基本事件总数为有限个;

（2）每次试验中，各基本事件出现的可能性相同.

在概率论中，把具有上述两个特征的试验的概率问题称为**古典概型**.

定义 6.2　若试验结果共有 n 个基本事件，这些事件的出现具有相等的可能性，而事件 A 由其中 m 个基本事件组成，则事件 A 的概率是

$$P(A)=\frac{A\text{ 中包含的基本事件数}}{\text{基本事件总数}}=\frac{m}{n}. \tag{6-1}$$

例 6-2　已知一批产品共有 50 件，其中，有 2 件次品.求：

（1）这批产品的次品率（即任取 1 件产品为次品的概率）；

（2）从中任取 2 件，恰有 1 件次品的概率；

（3）从中任取 2 件均为合格品的概率.

解　（1）设事件 A 表示"任取 2 件为次品"，则基本事件总数 $n=C_{50}^{1}$，事件 A 所包含的基本事件数为 $m=C_{2}^{1}$，故

$$P(A)=\frac{m}{n}=\frac{C_{2}^{1}}{C_{50}^{1}}=\frac{2}{50}=0.04.$$

（2）设事件 B 表示"任取 2 件，恰有 1 件次品"，则基本事件总数 $n=C_{50}^{2}$，事件 B 所包含的基本事件数为 $m=C_{2}^{1}C_{48}^{1}$，故

$$P(B)=\frac{m}{n}=\frac{C_{2}^{1}C_{48}^{1}}{C_{50}^{2}}\approx 0.078.$$

（3）设事件 C 表示"任取 2 件均为合格品"，则基本事件总数 $n=C_{50}^{2}$，事件 C 所包含的基本事件数为 $m=C_{48}^{2}$，故

$$P(C)=\frac{m}{n}=\frac{C_{48}^{2}}{C_{50}^{2}}\approx 0.92.$$

6.1.3　加法公式与乘法公式

1. 概率的加法公式

对于任意两个事件 A,B，有

$$P(A+B)=P(A)+P(B)-P(AB). \tag{6-2}$$

称此公式为广义的**加法公式**，也称为加法的**一般公式**.特别地，

（1）当事件 A,B 互不相容时，即 $AB=\varnothing$，则

$$P(A+B)=P(A)+P(B). \tag{6-3}$$

（2）对于对立事件，有

$$P(A)+P(\bar{A})=1. \tag{6-4}$$

（3）如图 6-7 所示，

$$P(B-A)=P(B)-P(AB), \tag{6-5}$$

特别地，如果 $A\subset B$，则

$$P(B-A)=P(B)-P(A). \tag{6-6}$$

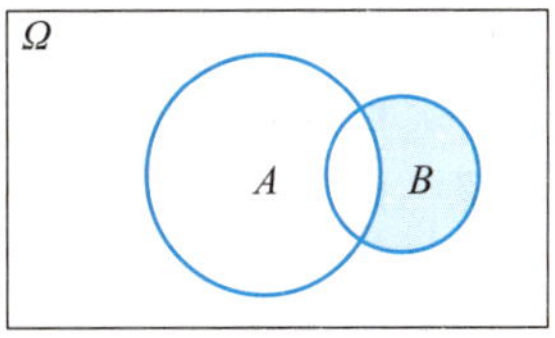

图 6-7

公式(6-2)可以推广到任意多个事件.设任意三个事件 A,B,C,有

$$P(A+B+C)=P(A)+P(B)+P(C)-P(AB)-P(AC)-P(BC)+P(ABC) \tag{6-7}$$

例 6-3　甲、乙两人代表学院参加市级新会计准则知识选拔赛,甲被选中的概率为 0.82,乙被选中的概率为 0.84,甲、乙两人同时被选中的概率为 0.68.求:

(1) 两人至少有一人被选中的概率;

(2) 两人都没有被选中的概率.

解　设事件 A 表示"甲被选中",事件 B 表示"乙被选中",则 $A+B$ 表示"甲、乙至少有一人被选中",$\overline{A+B}$ 表示"甲、乙两人都没被选中".

(1) 由于 A,B 相容,所以有

$$\begin{aligned}P(A+B)&=P(A)+P(B)-P(AB)\\&=0.82+0.84-0.68=0.98.\end{aligned}$$

(2) $P(\overline{A+B})=1-P(A+B)=0.02.$

2. 概率的乘法公式

1) 条件概率

在概率的实际应用中,常会遇到这样的情况,在"事件 B 已发生"的条件下,求事件 A 发生的概率.

条件概率

定义 6.3　如果 A,B 为同一随机试验的两个事件,在事件 B 已经发生的条件下,事件 A 发生的概率称为**条件概率**,记作 $P(A|B)$.

如图 6-8 所示,设基本事件总数为 n,事件 A,B 分别包含了 m_1 和 m_2 个基本事件,事件 AB 包含了 r 个基本事件,在事件 B 发生的条件下,事件 A 发生的概率为

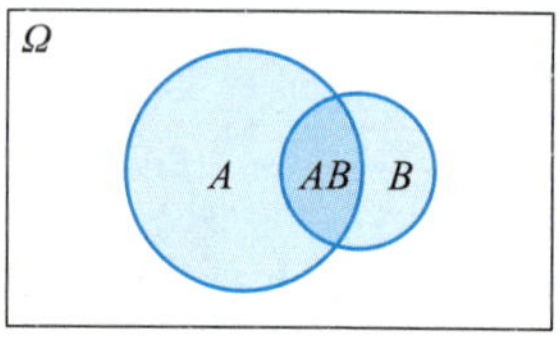

图 6-8

$$P(A|B)=\frac{r}{m_2}=\frac{r/n}{m_2/n}=\frac{P(AB)}{P(B)}.$$

所以当 $P(B)\neq 0$ 时,有

$$P(A|B)=\frac{P(AB)}{P(B)}. \tag{6-8}$$

同理,当 $P(A)\neq 0$ 时,有

$$P(B|A)=\frac{P(AB)}{P(A)}. \tag{6-9}$$

例 6-4　某班有 40 名学生,其中,男生 25 名,女生 15 名.男生中有 18 名是独生子女,女生中有 10 名是独生子女.现任抽一名学生参加暑期社会实践活动,求:

(1) 抽到男生的概率;

(2) 抽到男生独生子女的概率;

(3) 已知抽到的是一名男生,那么这名男生是独生子女的概率.

解　设事件 A 表示"抽到男生",事件 B 表示"抽到独生子女".

(1) $P(A)=\dfrac{C_{25}^{1}}{C_{40}^{1}}=\dfrac{25}{40}=0.625.$

(2)“抽到男生独生子女”的概率即事件“AB”的概率,基本事件总数是 C_{40}^1,故

$$P(AB)=\frac{C_{18}^1}{C_{40}^1}=\frac{18}{40}=0.45.$$

(3) 事件 A“抽到男生”发生的条件下,求事件 B“抽到独生子女”发生的概率,即 $P(B|A)$,因此,新样本空间应为班级男生,基本事件总数是 C_{25}^1,$B|A$包含的基本事件数是新样本空间中的独生子女的人数 C_{18}^1,故有

$$P(B|A)=\frac{C_{18}^1}{C_{25}^1}=\frac{18}{25}=0.72.$$

2) 乘法公式

由条件概率公式(6-8) 和(6-9),可直接得到乘法公式

$$P(AB)=P(B)P(A|B)=P(A)P(B|A). \tag{6-10}$$

也就是说,两个事件之积的概率等于其中一个事件的概率乘在此事件发生的前提下另一个事件发生的**条件概率.**

例 6-5 已知盒中有 10 张彩票,其中,一等奖 3 张,二等奖 7 张,甲、乙、丙三人依次从盒中摸取两张,求:

(1) 甲摸到两张二等奖彩票的概率;

(2) 在甲摸到两张二等奖彩票的条件下,乙摸到一、二等奖彩票各一张的概率;

(3) 甲摸到两张二等奖彩票的同时,乙摸到一、二等奖彩票各一张且丙摸到两张一等奖彩票的概率.

解 设事件 A 表示“甲摸到两张二等奖彩票”,事件 B 表示“乙摸到一、二等奖彩票各一张”,事件 C 表示“丙摸到两张一等奖彩票”.由题意知:

(1) $P(A)=\dfrac{C_7^2}{C_{10}^2}=0.467$;

(2) $P(B|A)=\dfrac{C_3^1C_5^1}{C_8^2}=0.536$;

(3) 因为

$$P(C|AB)=\frac{C_2^2}{C_6^2}=0.067,$$

所以所求事件的概率为

$$P(ABC)=P(A)P(B|A)P(C|AB)=0.467\times0.536\times0.067=0.017.$$

例 6-6 解【经济问题 6】

解 设 A_i 表示事件“第 i 个人抽到特等奖”,$i=1,2,\cdots,n$,则

$$P(A_1)=\frac{1}{n},$$

$$P(A_2)=P(\bar{A}_1A_2)=P(\bar{A}_1)P(A_2|\bar{A}_1)=\frac{n-1}{n}\cdot\frac{1}{n-1}=\frac{1}{n},$$

$$P(A_3)=P(\bar{A}_1\bar{A}_2A_3)=P(\bar{A}_1)P(\bar{A}_2|\bar{A}_1)P(A_3|\bar{A}_1\bar{A}_2)=\frac{n-1}{n}\cdot\frac{n-2}{n-1}\cdot\frac{1}{n-2}=\frac{1}{n},$$

$$\cdots$$

$$P(A_n)=P(\overline{A}_1\overline{A}_2\cdots\overline{A}_{n-1}A_n)=P(\overline{A}_1)P(\overline{A}_2\mid\overline{A}_1)\cdots P(A_n\mid\overline{A}_1\overline{A}_2\cdots\overline{A}_{n-1})=\frac{n-1}{n}\cdot\frac{n-2}{n-1}\cdots\frac{1}{2}\cdot 1=\frac{1}{n}.$$

每个人抽到特等奖的概率是一样的，说明中奖与否与抽奖的顺序无关，这种商业抽奖是公平的.

思考 如果是 m 个特等奖，那么每个人抽到特等奖的概率是多少？

例 6-7 某银行规定：申请贷款单位其按期偿还贷款的概率不得低于 0.6，否则不予贷款.现有甲厂欲申请贷款引入一条生产线，预测在生产因素正常的情况下，按期偿还贷款的概率为 0.8；在生产因素不正常的情况下，按期偿还贷款的概率为 0.3.多年资料表明该厂生产因素正常的概率为 0.75，试决策银行能不能向甲厂提供贷款.

解 设事件 A 表示"按期偿还贷款"，事件 H_1 表示"生产因素正常"，事件 H_2 表示"生产因素不正常".显然，H_1，H_2 互不相容且 $H_1+H_2=\Omega$，故

$$A=A\Omega=A(H_1+H_2)=AH_1+AH_2,$$

且 AH_1，AH_2 也两两互不相容，根据加法公式和乘法公式，得

$$\begin{aligned}P(A)&=P(AH_1)+P(AH_2)\\&=P(H_1)P(A\mid H_1)+P(H_2)P(A\mid H_2)\\&=0.75\times 0.8+0.25\times 0.3\\&=0.675.\end{aligned}$$

因为 $P(A)=0.675>0.6$，故银行可以考虑向甲厂提供贷款.

一般地，如果 $H_1,H_2,H_3,\cdots,H_n$ 两两互不相容且有 $H_1+H_2+\cdots+H_n=\Omega$，那么对于任一事件 A，都有

$$P(A)=\sum_{i=1}^{n}P(H_i)\cdot P(A\mid H_i). \tag{6-11}$$

公式(6-11)称为**全概率公式**.

6.1.4 事件的独立性

1. 事件的独立性

在客观世界中一些事件的发生是有联系的，但有些事件的发生是互不影响的.例如，甲地区发生水灾，与同一时间乙地区发生森林火灾没有必然的联系；又如，两位同学参加某门课程考试，两人成绩合格与否互不影响.

事件的独立性及乘法公式

定义 6.4 如果事件 B 的发生不影响事件 A 发生的概率，即

$$P(A\mid B)=P(A), \tag{6-12}$$

则称事件 A 对事件 B 是**独立的**(或称事件 A 独立于事件 B)，否则，称事件 A 与 B 不独立.

由定义 6.4，可得出如下三个性质.

(1) 若事件 A 独立于事件 B，则事件 B 也独立于事件 A.

(2) 若事件 A,B 相互独立，则

$$P(AB)=P(A)P(B). \tag{6-13}$$

反之也成立.

(3) 若事件 A 和 B 相互独立，则下列各对事件

$$\overline{A} \text{ 与 } B,\quad A \text{ 与 } \overline{B},\quad \overline{A} \text{ 与 } \overline{B}$$

也相互独立.

例 6-8 甲、乙两人同为某财产保险公司的资深业务推销员.根据近三年的业绩，甲推销员的业务推销成功率(被访问的客户购买保险，则认为业务推销成功)为 0.28，乙推销员的业务推销成功率为 0.3.现在两人被公司要求各随机地拜访某类人群中的一名客户，试求：

(1) 两人都推销成功的概率；

(2) 恰有一位推销员业务推销成功的概率.

解 设事件 A 表示"甲推销员推销成功"，事件 B 表示"乙推销员推销成功".

(1) 由于事件 A,B 相互独立，由公式(6-13)，有

$$P(AB)=P(A)P(B)=0.28\times 0.3=0.084.$$

(2)
$$\begin{aligned} P(A\overline{B}+\overline{A}B) &= P(A\overline{B})+P(\overline{A}B) \\ &= P(A)P(\overline{B})+P(\overline{A})P(B) \\ &= 0.28\times 0.7+0.72\times 0.3=0.412. \end{aligned}$$

2. 独立试验概型

在概率论中，我们把在相同的条件下，独立重复进行 n 次试验的模型称为 **n 次独立试验概型**(又称为 **n 重伯努利概型**).

例 6-9 欣欣便利店的经理经过长期观察发现，任意一位顾客购买商品的概率为 0.3. 现在有三位顾客接连走进便利店，问：三位顾客中恰有两位购买商品的概率.

解 观察每一位顾客就是一次试验，所以相当于做了三次相同的试验，且每次试验结果只有"购买"或"不购买"两种可能的结果，设事件 B 表示"三位顾客中恰有两位购买"，事件 A_i 表示"第 i 个顾客购买"$(i=1,2,3)$.由题意，知

$$P(A_1)=P(A_2)=P(A_3)=0.3,$$

$$P(\overline{A_1})=P(\overline{A_2})=P(\overline{A_3})=1-0.3=0.7.$$

事件 B 可表示为

$$B=\overline{A_1}A_2A_3+A_1\overline{A_2}A_3+A_1A_2\overline{A_3}.$$

因为等号右边的三个事件互不相容，根据加法定理，有

$$P(B)=P(\overline{A_1}A_2A_3)+P(A_1\overline{A_2}A_3)+P(A_1A_2\overline{A_3}).$$

又因为 A_1,A_2,A_3 是相互独立事件，根据事件的独立性，有

$$P(\overline{A_1}A_2A_3)=P(\overline{A_1})P(A_2)P(A_3)=0.7\times 0.3\times 0.3=0.063,$$

同理可得

$$P(A_1\overline{A_2}A_3)=P(A_1A_2\overline{A_3})=0.063,$$

所以

$$P(B)=P(\overline{A_1}A_2A_3)+P(A_1\overline{A_2}A_3)+P(A_1A_2\overline{A_3})$$
$$=3\times0.063=0.189.$$

故三位顾客中恰有两位购买的概率为 0.189.

定理 6.1（伯努利定理） 设一次试验中事件 A 发生的概率为 $p(0<p<1)$，则 n 重伯努利试验中，事件 A 恰好发生 k 次的概率为

$$P_n(k)=C_n^k p^k q^{n-k},\tag{6-14}$$

其中，$q=1-p$.

练习 6.1

1. 判断题.

(1) 对立事件一定是互不相容事件.　(　　)

(2) 若事件 A 与 B 互不相容，则 $P(A\cup\overline{B})=P(A)+P(\overline{B})$.　(　　)

(3) 设 A,B,C 是三个随机事件. 若 $A\cap B\cap C=\varnothing$，则 A,B,C 互不相容.　(　　)

(4) 若事件 A,B,C 满足 $A\cap B\cap C=C$，则 $A\cup B\supset C$.　(　　)

(5) 若 $P(A\cap B)=0$，则事件 $P(A+B)=P(A)+P(B)=1$.　(　　)

2. 填空题.

(1) 如果事件 A,B 在同一试验中，有 $A\cap B=\varnothing$ 成立，则 A 与 B 是________. 如果事件 A,B 满足 $A\cap B=\varnothing$，且 $A\cup B=\Omega$，则 A 与 B 是________.

(2) 设甲、乙、丙三人完成月销售任务的事件分别为 A,B,C，则某月三人都未完成月销售任务的事件可表示为____________，三人中恰有一人完成月销售任务的事件可表示为____________.

(3) 兄、弟、姐、妹四人排成一排照相，姐、妹站在一起的概率是________；弟弟站在左边的概率是________.

(4) 科学兴趣小组 40 名同学去采集标本，采集到昆虫标本的有 24 人，采集到植物标本的有 20 人，两种标本都采集到的有 8 人，则采集到昆虫标本的概率为________；采集到植物标本的概率为________；至少采集到一种标本的概率为____________；没有采集到标本的概率为________.

(5) 概率为 $p(0<p<1)$ 的随机事件 A 在 n 次独立重复试验中至多发生一次的概率为__________.

3. 选择题.

(1) 从 12 件产品中（其中有 2 件次品）任取 3 件的必然事件应为（　　）.

A. 三件都是正品　　B. 至少有一件次品

C. 三件都是次品　　D. 至少有一件正品

(2) 甲、乙两名篮球队员在罚球线上投球的命中率分别为 0.5 和 0.6. 现让两人各投两球，则两人各投进一球的概率是（　　）.

A. 0.5　　B. 0.45　　C. 0.3　　D. 0.24

(3) 设事件 A,B 相互独立，若 $P(A)=\frac{1}{2}$，$P(B)=\frac{1}{4}$，则 $P(A+B)$ 为（　　）.

A. $\frac{5}{8}$　　B. $\frac{1}{2}$　　C. $\frac{3}{4}$　　D. $\frac{7}{8}$

(4) 若事件 A,B 相互独立,且 $P(A)=\frac{1}{4}$,$P(A+B)=\frac{1}{2}$,则 $P(B)=$(　　).

A. $\frac{1}{3}$　　B. $\frac{1}{2}$　　C. $\frac{3}{4}$　　D. $\frac{2}{3}$

(5) 设甲厂产品的次品率为 0.05,乙厂产品的次品率为 0.03,现从 300 件甲厂产品和 200 件乙厂产品中任选一件检查,则该产品为次品的概率为(　　).

A. 0.05　　B. 0.03　　C. 0.042　　D. 0.04

6.2 随机变量及分布

6.2.1 随机变量的概念

1. 随机变量

很多随机现象的结果(随机事件)与数值密切相关.例如,在产品检验问题中,我们关心的是抽样中出现的废品数;在产品的销售问题中,我们关心的是某段时间内的销售量或销售额;在电话问题中,我们关心的是某段时间的话务量等.因此可用一个变量表示随机事件,变量取不同的值表示不同的随机事件发生.

例如,在含有 3 件次品的 10 件产品中任取 3 件,我们用“$\xi=0$”表示“抽到 0 件次品”,“$\xi=1$”表示“抽到 1 件次品”,“$\xi=2$”表示“抽到 2 件次品”,“$\xi=3$”表示“抽到 3 件次品”,“$\xi\leqslant 2$”表示“抽到的次品不超过 2 件”,“$\xi\geqslant 1$”表示“抽到的次品不少于 1 件”.

这种用来表示随机事件结果的变量称为**随机变量**,通常用字母 ξ,η 或 X,Y,Z 等来表示.

有些随机现象的结果显然与数值无关,但我们可以把它的结果与数值一一对应.

例如,观察某种洗衣机投放市场的销售情况,其可能为“畅销”“一般”“滞销”,显然,事件的发生与数值无关,如果给一个对应关系:“$\eta=0$”表示“畅销”,“$\eta=1$”表示“一般”,“$\eta=2$”表示“滞销”.η 取不同的值,表示发生不同的事件,这样 η 也是一个随机变量.

由此得到结论,对任何随机现象的研究都可以转化为对随机变量的研究.

随机变量按其取值情况分为离散型和非离散型两类.若随机变量的取值可以一一列出,则这种随机变量称为**离散型随机变量**,在经济管理中又称**计数值**.若随机变量的取值充满了某个区间,则该随机变量称为**连续型随机变量**,在经济管理中又称**计量值**.

例如,某零售商店每天的人流量、某网站每天的点击次数、某会计在规定时间内核查账目无误的笔数等都是离散型随机变量;而汽车排气系统的使用寿命、五月份某地区的降雨量、某人在汽车站候车的时间等都是连续型随机变量.

2. 分布函数

在实际中随机变量经常需要了解 ξ 不超过值 x 的概率,为此我们引入一个新的概念 —— 分布函数.

定义 6.5　设 ξ 是一个随机变量,称函数

$$F(x)=P(\xi \leqslant x) \qquad (-\infty < x < +\infty) \tag{6-15}$$

为随机变量 ξ 的分布函数,记作 $\xi \sim F(x)$ 或 $F_{\xi}(x)$.

利用概率的性质可以证明,分布函数 $F(x)$ 具有以下性质:

(1) $F(x)$ 是一个非减的函数,即若 $x_1 < x_2$,则 $F(x_1) \leqslant F(x_2)$;

(2) $0 \leqslant F(x) \leqslant 1$;

(3) $F(-\infty)=\lim\limits_{x \to -\infty} F(x)=0, F(+\infty)=\lim\limits_{x \to -\infty} F(x)=1$.

另外,还有如下公式:

$$P(a < \xi \leqslant b)=F(b)-F(a), \quad P(\xi > a)=1-F(a).$$

因此,已知 ξ 的分布函数 $F(x)$,就能求得 ξ 在任何一个区间上取值的概率,即分布函数完整地描述了随机变量的变化情况.

6.2.2　离散型随机变量及其分布

1. 散型随机变量的概率分布

中学教材曾介绍过离散型随机变量的概率分布,下面举例进行简单复习.

例 6-10　盒子里装有 5 个白球和 3 个黑球,任意摸取一个,如果是黑球则不放回且另外 放入一个白球,这样继续下去,直到取出的球是白球为止,ξ 表示可能的取球次数.试写出随机变量 ξ 可能取的值及其概率.

解　设"$\xi=i$"表示"第 i 次取到白球"($i=1,2,3$),其概率分别为

$$P(\xi=1)=\frac{C_5^1}{C_8^1}=\frac{5}{8},$$

$$P(\xi=2)=\frac{C_3^1 C_6^1}{C_8^1 C_8^1}=\frac{3 \times 6}{8 \times 8}=\frac{9}{32},$$

$$P(\xi=3)=\frac{C_3^1 C_2^1 C_7^1}{C_8^1 C_8^1 C_8^1}=\frac{3 \times 2 \times 7}{8 \times 8 \times 8}=\frac{21}{256},$$

$$P(\xi=4)=\frac{C_3^1 C_2^1 C_1^1 C_8^1}{C_8^1 C_8^1 C_8^1 C_8^1}=\frac{3 \times 2 \times 8}{8 \times 8 \times 8 \times 8}=\frac{3}{256}.$$

可列成表 6-1.

表 6-1

ξ	1	2	3	4
$P(\xi=i)$	$\frac{5}{8}$	$\frac{9}{32}$	$\frac{21}{256}$	$\frac{3}{256}$

定义 6.6　离散型随机变量 ξ 所有可能的取值 $x_k(k=1,2,\cdots)$ 及其对应的概率值的全体

$$P(\xi=x_k)=p_k \quad (k=1,2,\cdots,n,\cdots)$$

称为离散型随机变量 ξ 的**概率分布列**,简称为**分布列**.

由概率的性质可以知道，p_k 满足：

（1）$p_k \geqslant 0(k=1,2,\cdots)$；

（2）$\sum_k p_k = 1$.

离散型随机变量的分布列也可以由表 6-2 给出.

表 6-2

ξ	x_1	x_2	x_3	$\cdots$	x_k	$\cdots$
$P(\xi=x_k)$	p_1	p_2	p_3	$\cdots$	p_k	$\cdots$

2. 几个常用的离散型概率分布

常用的离散型分布

1）两点分布（“0-1”分布）

如果随机变量 ξ 的分布列如表 6-3 所示.

表 6-3

ξ	1	0
$P(\xi=x_k)$	p	q

其中，$0<p<1, q=1-p$，则称 ξ 服从以 p 为参数的两点分布，记作 $\xi \sim B(1,p)$.

例 6-11 设一批产品的次品率为 0.08，现任取一件检查，分别用 $\xi=1, \xi=0$ 表示这件产 品为合格品和次品，求 ξ 的分布列.

解 ξ 的分布列如表 6-4 所示.

表 6-4

ξ	0	1
$p(\xi=x_k)$	0.08	0.92

即 $\xi \sim B(1,0.92)$.

2）二项分布

若离散型随机变量 ξ 的分布列为

$$P_n(\xi=k)=\mathrm{C}_n^k p^k q^{n-k} \quad (0<p<1, q=1-p, k=0,1,2,\cdots,n), \tag{6-16}$$

则称 ξ 服从参数为 n,p 的**二项分布**，记作 $\xi \sim B(n,p)$.

由于 $\mathrm{C}_n^k p^k q^{n-k}$ 恰是二项式 $(p+q)^n$ 的展开式的通项，所以把分布列（6-16）称为二项分布.

在 6-1 节研究 n 次独立试验概型时，我们知道，事件 A 恰好发生 k 次的概率为 $P_n(k)=\mathrm{C}_n^k p^k q^{n-k}$，它正好与分布列（6-16）相同，也就是说二项分布就是专门用来描述 n 次独立试验概型的.

例 6-12 现有 4 台型号相同的抽水机，每台正常工作的概率均为 0.8，试写出任一时刻正常工作的抽水机台数的分布列.

解 任一时刻对一台抽水机进行观察，只有“在工作”与“不在工作”两种可能.设事件 A 表示“抽水机在工作”，于是

$$P(A)=0.8, \quad P(\bar{A})=0.2.$$

对 4 台抽水机的观察，可以看成 4 次独立重复试验.

设随机变量 ξ 为任一时刻抽水机正常工作的台数，则 ξ 服从 $B(4,0.8)$，于是随机变量 ξ 的分布列为

$$P(\xi=k)=C_4^k\cdot 0.8^k\cdot 0.2^{4-k}\quad(k=0,1,2,3,4),$$

或用表 6-5 表示为

表 6-5

ξ	0	1	2	3	4
$P(\xi=k)$	0.001 6	0.025 6	0.153 6	0.409 6	0.409 6

3）泊松分布

如果离散型随机变量 ξ 的分布为

$$P(\xi=k)=\frac{\lambda^k}{k!}\cdot e^{-\lambda}\quad(\lambda>0;k=0,1,2,\cdots),\tag{6-17}$$

则称 ξ 服从以 λ 为参数的泊松分布，记作 $\xi\sim P(\lambda)$.

泊松分布在经济和管理工作中占有很重要的位置.例如，在一段时间内商店出售某种商品的件数，某段时间内百货商店顾客的流动数，电话交换台被呼唤的次数等，都是服从泊松分布的随机变量.

服从泊松分布的随机变量 ξ 的概率值可在书后附录泊松分布表（附表 1）中查出，表中给出的数值为

$$P(\xi\geqslant C)=\sum_{k=C}^{+\infty}\frac{\lambda^k}{k!}e^{-\lambda}.$$

例 6-13　已知某随机变量 $\xi\sim P(2)$，求 $P(\xi\geqslant 3)$，$P(\xi\leqslant 2)$，$P(\xi=3)$.

解　由题知参数 $\lambda=2$，$C=3$，查附录中的泊松分布表（附表 1）.表中 $\lambda=2$ 列与 $C=3$ 行相交处为 0.323 3，即

$$P(\xi\geqslant 3)=\sum_{k=3}^{+\infty}\frac{2^k}{k!}e^{-2}=0.323\ 3.$$

于是

$$\begin{aligned}P(\xi\leqslant 2)&=1-P(\xi>2)=1-P(\xi\geqslant 3)\\&=1-0.323\ 3=0.676\ 7.\end{aligned}$$

类似可得

$$\begin{aligned}P(\xi=3)&=P(\xi\geqslant 3)-P(\xi\geqslant 4)\\&=0.323\ 3-0.142\ 9=0.180\ 4.\end{aligned}$$

泊松分布是 1837 年法国数学家泊松（Poisson）在研究二项分布的近似计算时发现的，当 n 很大，p 很小时，有

$$P(\xi=k)=C_n^k p^k q^{n-k}\approx\frac{\lambda^k}{k!}e^{-\lambda}，其中，\lambda=np.$$

也就是说，当 n 很大时可用泊松分布来近似计算服从二项分布的 ξ 的概率，其误差不大.

例 6-14　保险公司为了估计公司利润，需要计算各类险种发生索赔的概率，下面是典型问题之一：若一年中某类保险者中每个人死亡的概率等于 0.000 2，现有 20 000 个这类人参加人寿保险，试求在这些保险者中死亡人数超过 12 人的概率.

解　设参加该类保险者在一年内死亡的人数为 ξ，则随机变量 ξ 服从二项分布 $B(20\ 000,0.000\ 2)$，所以

$$P(\xi=k)=C_{20\ 000}^{k}\times 0.000\ 2^{k}\times 0.999\ 8^{20\ 000-k},$$

$$P(\xi>12)=1-P(\xi\leqslant 12)$$

$$=1-\sum_{k=0}^{12}C_{20\ 000}^{k}\times 0.000\ 2^{k}\times 0.999\ 8^{20\ 000-k}.$$

显然，计算量很大，由于 20 000 很大，而 $P=0.000\ 2$ 很小，所以可以利用泊松分布近似计算，查泊松分布表（附表 1）$\lambda=np=4$，可直接得出

$$P(\xi>12)=P(\xi\geqslant 13)=0.000\ 3.$$

故该项保险者死亡人数超过 12 人的概率为万分之三.

3. 离散型随机变量的分布函数

由离散型随机变量 ξ 的分布列可求得离散型随机变量 ξ 的分布函数：

$$F(x)=P(\xi\leqslant x)=\sum_{x_i\leqslant x}p_i.$$

这里的和式是对于小于或等于 x 的一切 x_i 对应的概率和.

例 6-15　已知随机变量 ξ 的分布列如表 6-6 所示.

表 6-6

ξ	0	1	2
$P(\xi=x_k)$	$\frac{1}{3}$	$\frac{1}{6}$	$\frac{1}{2}$

（1）求 ξ 的分布函数；

（2）求 $P\left(1\leqslant \xi<\frac{5}{2}\right)$.

解　（1）分段考察.

当 $x<0$ 时，ξ 取小于 0 的值，所以事件“$\xi\leqslant x$”的概率为 0，于是有

$$F(x)=P(\xi\leqslant x)=0;$$

当 $0\leqslant x<1$ 时，事件“$\xi\leqslant x$”=“$\xi=0$”，于是有

$$F(x)=P(\xi\leqslant x)=P(\xi=0)=\frac{1}{3};$$

当 $1\leqslant x<2$ 时，事件“$\xi<x$”=“$\xi=0$”+“$\xi=1$”，于是有

$$F(x)=P(\xi\leqslant x)=P(\xi=0)+P(\xi=1)$$

$$=\frac{1}{3}+\frac{1}{6}=\frac{1}{2};$$

同理，当 $x\geqslant 2$ 时，事件“$\xi\leqslant x$”=“$\xi=0$”+“$\xi=1$”+“$\xi=2$”，于是有

$$F(x)=P(\xi\leqslant x)=P(\xi=0)+P(\xi=1)+P(\xi=2)$$

$$=\frac{1}{3}+\frac{1}{6}+\frac{1}{2}=1.$$

综上所述，随机变量 ξ 的分布函数为

$$F(x)=\begin{cases}0, & x<0,\\ \dfrac{1}{3}, & 0\leqslant x<1,\\ \dfrac{1}{2}, & 1\leqslant x<2,\\ 1, & x\geqslant 2.\end{cases}$$

如图 6-9 所示，它是一条阶梯形曲线，$x=0,1,2$ 为跳跃点，其跳跃值分别是$\frac{1}{3},\frac{1}{6},\frac{1}{2}$.

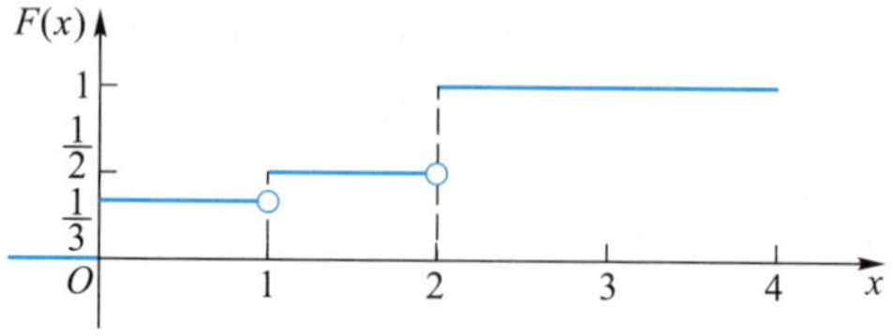

图 6-9

（2）$P\left(1\leqslant \xi<\frac{5}{2}\right)=P(\xi=1)+P(\xi=2)=\frac{1}{6}+\frac{1}{2}=\frac{2}{3}$.

6.2.3　连续型随机变量及其分布

对于连续型随机变量，我们关心的是该变量在某个区间内取值的概率，那么如何求这个概率呢？

在中学“总体分布估计”的知识中介绍过**总体密度曲线**，即在一个总体中抽取一个容量为 n 的样本，首先根据样本测得所关心的 n 个数据，进行分组，并列出频率分布表，作频率直方图.然后，让样本容量无限增大，使频率直方图顶部折线可以用一条光滑曲线——**总体密度曲线**来近似（图 6-10(a)）.它反映了总体在各个区间 (a,b) 内取值的概率.所以我们把总体密度曲线的函数 $y=f(x)$ 称为随机变量 ξ 的概率密度函数（图 6-10(b)）.

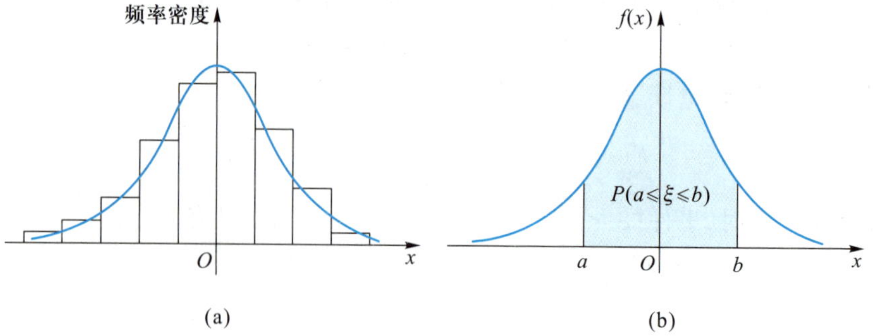

图 6-10

1. 概率密度函数

定义 6.7　设 ξ 为连续型随机变量，如果存在非负函数 $y=f(x)$，使 ξ 在任一区间 $[a,b]$ 内取值的概率都有

$$P(a \leqslant \xi \leqslant b) = \int_a^b f(x)\,\mathrm{d}x\,, \tag{6-18}$$

那么 $f(x)$ 就称为 ξ 的**概率密度函数**(简称为密度函数),记为 $\xi \sim f(x)$,读作"随机变量 ξ 服从以 $f(x)$ 作为概率密度函数的概率分布".

概率密度函数需满足以下条件:

(1) $f(x) \geqslant 0$,即概率密度函数是非负的;

(2) $\int_{-\infty}^{+\infty} f(x)\,\mathrm{d}x = 1$.

显然,式(6-18)表示连续型随机变量 ξ 在区间 $[a,b]$ 上取值的概率就是概率密度函数 $f(x)$ 曲线下在该区间范围内的面积.由此推得,连续型随机变量 ξ 取任意一个特定值的概率为 0,即当 $a = b$ 时,

$$P(\xi = a) = \int_a^a f(x) = 0.$$

故

$$P(a < \xi < b) = P(a \leqslant \xi < b) = P(a < \xi \leqslant b) = P(a \leqslant \xi \leqslant b)\,.$$

例 6-16 某台电子计算机发生故障前正常运行的时间 ξ(单位:h)是一个连续型随机变量,其概率密度函数为

$$f(x) = \begin{cases} \dfrac{1}{100}\mathrm{e}^{-\frac{x}{100}}, & x > 0, \\ 0, & x \leqslant 0. \end{cases}$$

求:(1) 正常运行时间在 50 ~ 100 h 范围内的概率;

(2) 运行 100 h 尚未发生故障的概率.

解 (1) $P(50 < \xi < 100) = \int_{50}^{100} \dfrac{1}{100}\mathrm{e}^{-\frac{x}{100}}\mathrm{d}x$

$$= -\mathrm{e}^{-\frac{x}{100}}\Big|_{50}^{100} = -\mathrm{e}^{-1} + \mathrm{e}^{-\frac{1}{2}} \approx 0.238\ 7.$$

(2) 运行 100 h 尚未发生故障,即 $\xi > 100$,所以

$$P(\xi > 100) = \int_{100}^{+\infty} \frac{1}{100}\mathrm{e}^{-\frac{x}{100}}\mathrm{d}x = -\mathrm{e}^{-\frac{x}{100}}\Big|_{100}^{+\infty} \approx 0.367\ 9.$$

例 6-17 已知连续型随机变量 ξ 的概率密度函数为

$$f(x) = \begin{cases} ax^2, & 0 \leqslant x \leqslant 1, \\ 0, & \text{其他}. \end{cases}$$

(1) 求常数 a;

(2) 求 ξ 取值在区间 $\left[\dfrac{1}{4}, \dfrac{1}{2}\right]$ 内的概率.

解 由概率密度函数的性质(2),得到

$$\int_0^1 ax^2\,\mathrm{d}x = \frac{ax^3}{3}\Big|_0^1 = 1,$$

解得 $a = 3$.于是

$$P\left(\frac{1}{4} \leqslant \xi \leqslant \frac{1}{2}\right) = \int_{\frac{1}{4}}^{\frac{1}{2}} 3x^2 \mathrm{d}x = x^3 \Big|_{\frac{1}{4}}^{\frac{1}{2}} = \frac{1}{8} - \frac{1}{64} = \frac{7}{64}.$$

2. 连续型随机变量的分布函数

根据定义 6.7，对于连续型随机变量 ξ，其分布函数为 $F(x)$，则

$$F(x) = P(\xi \leqslant x) = \int_{-\infty}^{x} f(t)\mathrm{d}t,$$

且当 $f(x)$ 在点 x 处连续时，$F'(x) = f(x)$.

例 6-18　已知随机变量 ξ 的概率密度函数为

$$f(x) = \begin{cases} x, & 0 < x < 1, \\ 2 - x, & 1 \leqslant x < 2, \\ 0, & \text{其他}. \end{cases}$$

求：(1) 分布函数 $F(x)$；

(2) $P(\xi < 0.5)$，$P(\xi > 1.3)$，$P(0.2 < \xi < 3)$.

解　(1) 当 $x \leqslant 0$ 时，

$$F(x) = \int_{-\infty}^{x} f(t)\mathrm{d}t = \int_{-\infty}^{x} 0\mathrm{d}t = 0;$$

当 $0 < x < 1$ 时，

$$F(x) = \int_{-\infty}^{x} f(t)\mathrm{d}t = \int_{-\infty}^{0} 0\mathrm{d}t + \int_{0}^{x} t\mathrm{d}t = \frac{t^2}{2}\Big|_{0}^{x} = \frac{x^2}{2};$$

当 $1 \leqslant x < 2$ 时，

$$\begin{aligned} F(x) &= \int_{-\infty}^{x} f(t)\mathrm{d}t = \int_{-\infty}^{0} 0\mathrm{d}t + \int_{0}^{1} t\mathrm{d}t + \int_{1}^{x} (2 - t)\,\mathrm{d}t \\ &= \frac{t^2}{2}\Big|_{0}^{1} + \left(2t - \frac{t^2}{2}\right)\Big|_{1}^{x} = -\frac{x^2}{2} + 2x - 1; \end{aligned}$$

当 $x \geqslant 2$ 时，

$$\begin{aligned} F(x) &= \int_{-\infty}^{x} f(t)\mathrm{d}t = \int_{-\infty}^{0} 0\mathrm{d}t + \int_{0}^{1} t\mathrm{d}t + \int_{1}^{2} (2 - t)\,\mathrm{d}t + \int_{2}^{x} 0\mathrm{d}t \\ &= \frac{1}{2} + \frac{1}{2} = 1. \end{aligned}$$

故所求的分布函数为

$$F(x) = \begin{cases} 0, & x \leqslant 0, \\ \dfrac{x^2}{2}, & 0 < x < 1, \\ -\dfrac{x^2}{2} + 2x - 1, & 1 \leqslant x < 2, \\ 1, & x \geqslant 2. \end{cases}$$

其图像如图 6-11 所示.

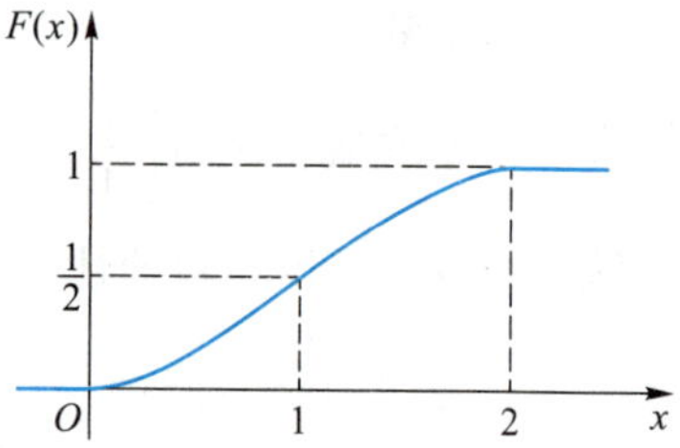

图 6-11

(2) $P(\xi < 0.5) = F(0.5) = \dfrac{1}{8}$；

$P(\xi > 1.3) = 1 - P(\xi \leqslant 1.3) = 1 - F(1.3)$

$$= 1 - \left(- \frac{1.3^2}{2} + 2 \times 1.3 - 1 \right)$$
$$= 1 - 0.755 = 0.245;$$

$$P(0.2 < \xi < 3) = F(3) - F(0.2) = 1 - \frac{0.2^2}{2} = 0.98.$$

3. 几个常见的连续型随机变量的分布函数

1）均匀分布

如果连续型随机变量 ξ 的概率密度函数为

$$f(x) = \begin{cases} \dfrac{1}{b-a}, & a \leqslant x \leqslant b, \\ 0, & \text{其他}. \end{cases} \tag{6-19}$$

则称 ξ 服从区间上的均匀分布，记为 $\xi \sim U(a,b)$.

均匀分布的分布函数

$$F(x) = \begin{cases} 0, & x < a, \\ \dfrac{x-a}{b-a}, & a \leqslant x \leqslant b, \\ 1, & x > b. \end{cases}$$

均匀分布的概率密度函数与分布函数的图形如图 6-12 所示.

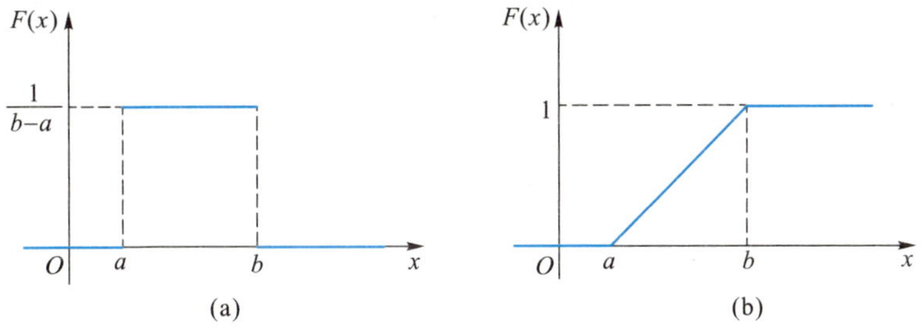

图 6-12

例 6-19 爱奇发动机公司设计的汽车排气系统的寿命(单位:年)服从区间(2.5,7)的均匀分布.假设该公司对所有部件都有 5 年的保证期,即在购买后的 5 年内可以更换任何有缺陷的部件.求:

(1) 在保证期内,任何一辆汽车需要更换排气系统的概率;

(2) 任何一辆汽车的排气系统的寿命在 3 ~ 6 年范围内的概率.

解 设随机变量 ξ 表示排气系统的寿命,且 $\xi \sim U(2.5,7)$,其概率密度函数为

$$f(x) = \begin{cases} \dfrac{2}{9}, & 2.5 \leqslant x \leqslant 7, \\ 0, & \text{其他}, \end{cases}$$

则

(1) $P(\xi \leqslant 5) = \int_{-\infty}^{5} f(x)\,\mathrm{d}x = \int_{-\infty}^{2.5} 0\,\mathrm{d}x + \int_{2.5}^{5} \frac{2}{9}\,\mathrm{d}x = \frac{2}{9}x \Big|_{2.5}^{5} \approx 0.556.$

(2) $P(3 \leqslant \xi \leqslant 6) = \int_{3}^{6} \frac{2}{9}\,\mathrm{d}x = \frac{2}{9}x \Big|_{3}^{6} \approx 0.667.$

2）正态分布

如果连续型随机变量 ξ 的概率密度函数为

$$f(x)=\frac{1}{\sqrt{2\pi}\sigma}e^{-\frac{(x-\mu)^2}{2\sigma^2}}\quad(-\infty<x<+\infty),\tag{6-20}$$

其中，μ 为任意实数，$\sigma>0$，则称 ξ 服从以 μ,σ^2 为参数的正态分布，记作 $\xi\sim N(\mu,\sigma^2)$.

式（6-20）的图像如图 6-13 所示.我们称

$$F(x)=\int_{-\infty}^{x}\frac{1}{\sqrt{2\pi}\sigma}e^{-\frac{(t-\mu)^2}{2\sigma^2}}dt\tag{6-21}$$

为正态分布函数.

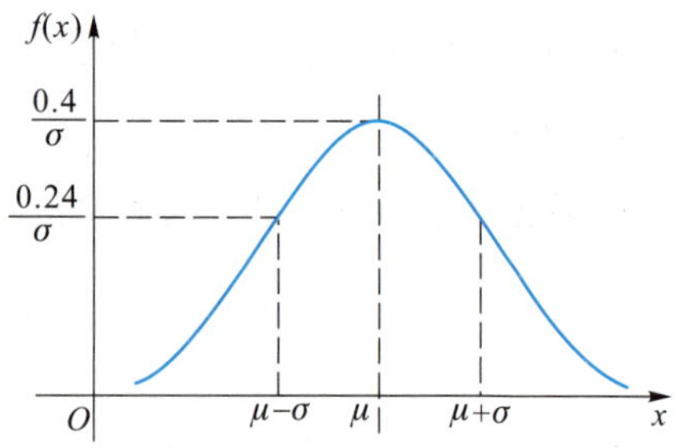

图 6-13

特别地，当 $\mu=0,\sigma=1$ 时，称随机变量 ξ 服从标准正态分布，记为 $\xi\sim N(0,1)$，其概率密度函数 $\varphi(x)$ 和分布函数 $\Phi(x)$ 分别为

$$\varphi(x)=\frac{1}{\sqrt{2\pi}}e^{-\frac{x^2}{2}},$$

$$\Phi(x)=\int_{-\infty}^{x}\frac{1}{\sqrt{2\pi}}e^{-\frac{t^2}{2}}dt.$$

其中，$\varphi(x)$ 的图像如图 6-14 所示，图中阴影部分的面积为当 $x=x_0$ 时的 $\Phi(x)$ 的值.

由标准正态分布的密度函数表达式可知，该函数的曲线关于 y 轴对称，且对称区间内的概率相等，于是有

正态分布的概率计算

$$\Phi(-x_0)=1-\Phi(x_0).$$

如图 6-15 所示.

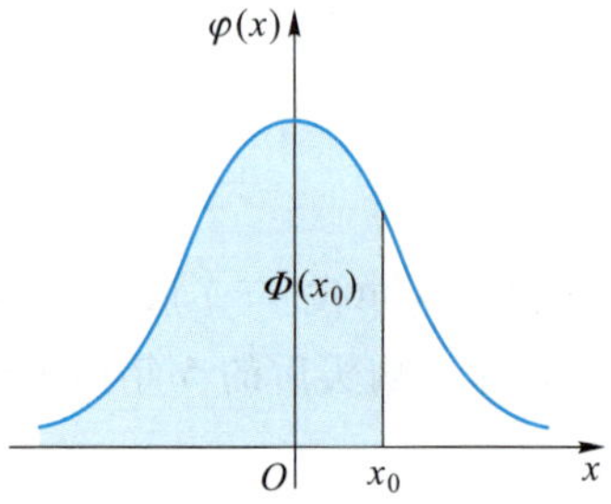

图 6-14

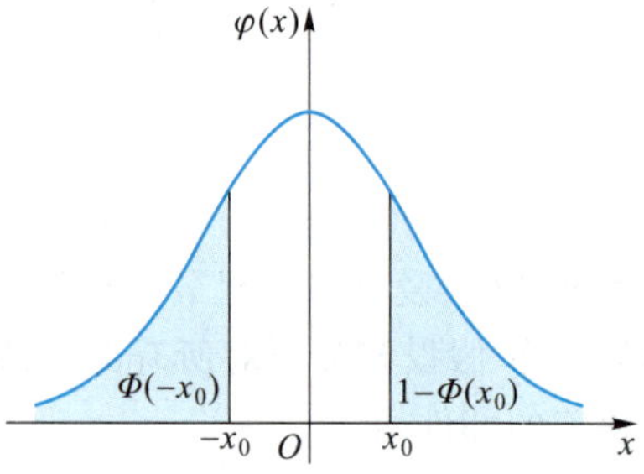

图 6-15

例 6-20　已知 $\xi\sim N(0,1)$，求：

（1）$P(-1.3<\xi\leqslant 2)$；

（2）$P(\xi>-1.4)$.

解　（1）查附录中的标准正态分布表（附表 2），得

$$\begin{aligned}P(-1.3<\xi\leqslant 2)&=P(\xi<2)-P(\xi<-1.3)\\&=P(\xi<2)-[1-P(\xi<1.3)]\\&=P(\xi<2)+P(\xi<1.3)-1\\&=0.977\,2+0.903\,2-1=0.880\,4.\end{aligned}$$

(2) $P(\xi > -1.4) = P(\xi < 1.4) = 0.919\ 2$.

在中学已经介绍过,若随机变量 $\xi \sim N(\mu, \sigma^2)$,则 $\xi^* = \dfrac{\xi - \mu}{\sigma} \sim N(0,1)$,即

$$\text{非标准正态分布} \xrightarrow{\text{标准化}} \text{标准正态分布}$$
$$\downarrow \qquad\qquad\qquad\qquad \downarrow$$
$$F(x) = P(\xi < x) = \Phi\left(\frac{x-\mu}{\sigma}\right) = P\left(\xi^* < \frac{x-\mu}{\sigma}\right).$$

例 6-21 设 $\xi \sim N(50,25)$,求:

(1) $P(45 < \xi < 52)$;

(2) $P(\xi > 63)$.

解 (1)
$$\begin{aligned} P(45 < \xi < 52) &= P(\xi < 52) - P(\xi < 45) \\ &= \Phi\left(\frac{52-50}{5}\right) - \Phi\left(\frac{45-50}{5}\right) \\ &= \Phi(0.4) - \Phi(-1) = \Phi(0.4) + \Phi(1) - 1 \\ &= 0.655\ 4 + 0.841\ 3 - 1 = 0.496\ 7. \end{aligned}$$

(2)
$$\begin{aligned} P(\xi > 63) &= 1 - \Phi\left(\frac{63-50}{5}\right) = 1 - \Phi(2.6) \\ &= 1 - 0.995\ 3 = 0.004\ 7. \end{aligned}$$

一般地,设 $\xi \sim N(\mu, \sigma^2)$,则有

$$P(a \leqslant \xi \leqslant b) = \Phi\left(\frac{b-\mu}{\sigma}\right) - \Phi\left(\frac{a-\mu}{\sigma}\right).$$

例 6-22 某省的普通高考成绩 $\xi \sim N(480, 80^2)$.

(1) 求考试成绩为 440 ~ 515 分的学生所占的比例;

(2) 假设某学生的成绩是 630 分,问:有多大比例的学生取得了比他高的成绩?

解 (1) 因为 $\xi \sim N(480, 80^2)$,所以有

$$\begin{aligned} P(440 < \xi < 515) &= P(\xi < 515) - P(\xi < 440) \\ &= \Phi\left(\frac{515-480}{80}\right) - \Phi\left(\frac{440-480}{80}\right) \\ &\approx \Phi(0.44) - \Phi(-0.5) \\ &= 0.670\ 0 + 0.691\ 5 - 1 = 0.361\ 5. \end{aligned}$$

即约有 36.15% 的学生的成绩为 440 ~ 515 分.

(2)
$$\begin{aligned} P(\xi \geqslant 630) &= 1 - P(\xi < 630) = 1 - \Phi\left(\frac{630-480}{80}\right) \\ &\approx 1 - \Phi(1.88) \\ &= 1 - 0.97 = 0.03. \end{aligned}$$

即约有 3% 的学生取得了比他高的成绩.

练习 6.2

1. 判断题.

(1) $P(\xi = k) = \dfrac{1}{2^k}, k = 1,2,3,4$ 是随机变量 ξ 的分布列. ( )

(2) 设 $\xi \sim N(1,4)$,则 $P(-1<\xi<2)=\Phi\left(\frac{2-1}{4}\right)-\Phi\left(\frac{-1-1}{4}\right)$.　(　　)

(3) 函数 $f(x)=\begin{cases}\cos x, & x\in\left[0,\frac{\pi}{2}\right],\\ 0, & 其他\end{cases}$ 可作为随机变量的概率密度函数.　(　　)

(4) 函数 $F(x)=\begin{cases}\sin x, & 0\leqslant x\leqslant \pi,\\ 0, & 其他\end{cases}$ 不可作为随机变量的分布函数.　(　　)

(5) 设 ξ 服从泊松分布,且 $P(\xi=5)=P(\xi=6)$,则 $\lambda=6$.　(　　)

2. 填空题.

(1) 若 $F(x)$ 是随机变量 ξ 的分布函数,则 $F(+\infty)=$ ________,$F(-\infty)=$ ________.

(2) 随机变量 ξ 的概率密度函数为

$$f(x)=\begin{cases}\dfrac{1}{\pi\sqrt{1-x^2}}, & |x|<1,\\ 0, & 其他,\end{cases}$$

则 ξ 落在区间 $\left(-\frac{1}{2},\frac{1}{2}\right)$ 内的概率为 ________.

(3) 设随机变量 ξ 的分布函数为 $F(x)=\begin{cases}1-e^{-x}, & x\geqslant 0,\\ 0, & x<0,\end{cases}$ 则 $f(x)=$ ________.$P(\xi\leqslant 2)=$ ________,$P(\xi>3)=$ ________.

(4) 正态分布的概率密度函数为 ________,当参数 $\mu=$ ________,$\sigma^2=$ ________ 时称为标准正态分布.

(5) 设随机变量 ξ 的分布函数为

$$F(x)=\begin{cases}0, & x<0,\\ x^2, & 0\leqslant x\leqslant 1,\\ 1, & x>1,\end{cases}$$

则其概率密度函数为 $f(x)=$ ________,$P(0.2<\xi<0.5)=$ ________.

3. 选择题.

(1) 随机变量 ξ 分布列可以为(　　).

A.

ξ	2	3	4	6
$P(\xi=x_k)$	0.1	0.2	0.3	0.4

B.

ξ	0	1	2	3	4
$P(\xi=x_k)$	$-\frac{1}{5}$	$-\frac{1}{3}$	1	$\frac{1}{3}$	$\frac{1}{5}$

C.

ξ	1	2	3	4	5
$P(\xi=x_k)$	1	0	1	0	-1

D.

ξ	0	1	2	3
$P(\xi = x_k)$	0.4	0.4	0.2	0.1

(2) 已知随机变量 ξ 分布列如表 6-7 所示,则常数 a 的值为(　　).

表 6-7

ξ	-2	-1	0	1	2	3
$P(\xi = x_k)$	$\frac{a}{2}$	$\frac{a}{3}$	$\frac{a}{4}$	$\frac{a}{4}$	$\frac{a}{6}$	a^2

A. $\frac{2}{5}$　　B. $\frac{1}{2}$　　C. $\frac{1}{3}$　　D. $\frac{1}{2}$ 或 -2

(3) 设 $\xi \sim N(\mu, \sigma^2)$,若 $P(\mu - k\sigma < \xi < \mu + k\sigma) = 0.99$,则 k 的值应是(　　).

A. 1.96　　B. 1.65　　C. 2.58　　D. 2.56

(4) 设 $\xi \sim U(1,4)$,则 $P(-1 \leqslant \xi < 3) =$ (　　).

A. 2　　B. $\frac{1}{2}$　　C. 1　　D. $\frac{2}{3}$

(5) 设 $\xi \sim N(\mu, \sigma^2)$,且 $\mu = 25$,$P(15 < \xi < 20) = 0.2$,则 $P(30 < \xi < 35) =$ (　　).

A. 0.2　　B. 0.4　　C. 0.3　　D. 以上都不是

6.3 随机变量的数字特征

我们讨论了随机变量的分布函数、概率密度函数和概率分布,这些都能全面完整地描述随机变量.但是在实际问题中,要求出随机变量的分布函数或概率密度函数比较困难,而且在很多情况下,并不需要全面考察随机变量的变化情况,只需要描述随机变量在某些方面的重要特征即可.为此,本节将介绍能够反映随机变量取值的中心位置和分散性的数字特征 —— 数学期望和方差.

6.3.1 随机变量的数学期望及其性质

例 6-23 某化妆品公司近几年的年销售收益 ξ(单位:百万元)及概率分布如表 6-8 所示,试预测该公司下个年度的期望收益.

表 6-8

ξ	4	5	6	7	8
$P(\xi = x_k)$	0.05	0.20	0.35	0.30	0.10

解 下一年度的预期期望收益为

$$4 \times 0.05 + 5 \times 0.20 + 6 \times 0.35 + 7 \times 0.30 + 8 \times 0.10 = 6.2(\text{百万元}).$$

1. 离散型随机变量的数学期望

定义 6.8　设离散型随机变量 ξ 的分布列如表 6-9 所示.

表 6-9

ξ	x_1	x_2	x_3	$\cdots$	x_n	$\cdots$
$P(\xi = x_i)$	p_1	p_2	p_3	$\cdots$	p_n	$\cdots$

则称

$$x_1p_1 + x_2p_2 + x_3p_3 + \cdots + x_np_n + \cdots = \sum_{i=1}^{n} x_ip_i \tag{6-22}$$

为 ξ 的**数学期望**(或**均值**),简称为**期望**,记为 $E(\xi)$.

例 6-24　某地区规划在某新建住宅区增加商业网点,提出两种方案:或者建一个大型连锁超市,或者建若干个便利店.估计建大型连锁超市要投资 100 万元,建若干个便利店需要投资 16 万元.两个方案的年损益值及经营状况的概率如表 6-10 所示.

表 6-10

概率	经营状况	建连锁超市的年收益 / 万元	建若干个便利店的年收益 / 万元
0.7	好	50	24
0.3	差	- 10	5

如果不考虑货币的时间价值,以 10 年总净收益决定方案的优劣,应选择哪种投资方案?

解　计算各方案的损益期望.

建大型连锁超市:

年收益的期望 $= 50 \times 0.7 + (-10) \times 0.3 = 35 - 3 = 32$(万元),

10 年总净收益 $= 32 \times 10 - 100 = 220$(万元).

建若干个便利店:

年收益的期望 $= 24 \times 0.7 + 5 \times 0.3 = 16.8 + 1.5 = 18.3$(万元),

10 年总净收益 $= 18.3 \times 10 - 16 = 167$(万元).

两者比较,建大型连锁超市的方案较合理.

例 6-25　螃蟹的进价(包括各种费用)为每千克 30 元,销售价为每千克 50 元,过几天死后没有残值,某外贸公司欲收购螃蟹外销,根据前几年外销统计资料得到,几天内可能的市场需求量及其概率估计如表 6-11 所示,试作出一次性收购量的决策.

表 6-11

需要量 /kg	300	400	500	600
概率 P	0.1	0.2	0.4	0.3

解　(1) 显然,一次性购进 300 kg 时,在外销市场各需求量下将全部售完,所获利润为

$$(50-30)\times300=6\ 000(\text{元}).$$

(2) 一次性购进 400 kg 时，在外销市场各需求量下的销售、亏损及对应的概率如表 6-12 所示.

表 6-12

需要量/kg	购进量/kg	销售量/kg	亏损量/kg	销售利润/元	概率 P
300	400	300	100	3 000	0.1
400	400	400	0	8 000	0.2
500	400	400	0	8 000	0.4
600	400	400	0	8 000	0.3

此时所获利润的期望为

$$3\ 000\times0.1+8\ 000\times0.2+8\ 000\times0.4+8\ 000\times0.3=7\ 500(\text{元}).$$

(3) 一次性购进 500 kg 时，在外销市场各需求量下的销售、亏损及对应的概率如表 6-13 所示.

表 6-13

需要量/kg	购进量/kg	销售量/kg	亏损量/kg	销售利润/元	概率 P
300	500	300	200	0	0.1
400	500	400	100	5 000	0.2
500	500	500	0	10 000	0.4
600	500	500	0	10 000	0.3

此时所获利润的期望为

$$0\times0.1+5\ 000\times0.2+10\ 000\times0.4+10\ 000\times0.3=8\ 000(\text{元}).$$

(4) 一次性购进 600 kg 时，在外销市场各需求量下的销售、亏损及对应的概率如表 6-14 所示.

表 6-14

需要量/kg	购进量/kg	销售量/kg	亏损量/kg	销售利润/元	概率 P
300	600	300	300	-3 000	0.1
400	600	400	200	2 000	0.2
500	600	500	100	7 000	0.4
600	600	600	0	12 000	0.3

此时所获利润的期望为

$$-3\ 000\times0.1+2\ 000\times0.2+7\ 000\times0.4+12\ 000\times0.3=6\ 500(\text{元}).$$

比较上述四种收购量下所获利润的期望，可见一次性收购 500 kg 螃蟹时，该外贸公司获得的利润最大.

2. 连续型随机变量的数学期望

定义 6.9　如果连续型随机变量 ξ 的概率密度函数为 $f(x)$,则称

$$E(\xi)=\int_{-\infty}^{+\infty} xf(x)\,\mathrm{d}x \tag{6-23}$$

为 ξ 的**数学期望**(或**均值**),简称为**期望**.

如果积分不存在,则 $E(\xi)$ 也不存在.

例 6-26　已知某种无线电元件的使用寿命是一个随机变量,它的概率密度函数为

$$f(x)=\begin{cases}\dfrac{1}{4}\mathrm{e}^{-\frac{1}{4}x}, & x>0,\\ 0, & x\leqslant 0.\end{cases}$$

求这种元件的平均使用寿命.

解　由公式(6-23),得

$$\begin{aligned}E(\xi)&=\int_{-\infty}^{+\infty}xf(x)\,\mathrm{d}x=\int_{-\infty}^{0}xf(x)\,\mathrm{d}x+\int_{0}^{+\infty}xf(x)\,\mathrm{d}x\\&=\int_{0}^{+\infty}x\frac{1}{4}\mathrm{e}^{-\frac{1}{4}x}\mathrm{d}x=\lim_{b\to+\infty}\int_{0}^{b}x\frac{1}{4}\mathrm{e}^{-\frac{1}{4}x}\mathrm{d}x\\&=\lim_{b\to+\infty}\int_{0}^{b}x\mathrm{e}^{-\frac{1}{4}x}\mathrm{d}\left(\frac{1}{4}x\right)=-\lim_{b\to+\infty}\int_{0}^{b}x\mathrm{d}\left(\mathrm{e}^{-\frac{1}{4}x}\right)\\&=-\lim_{b\to+\infty}\left(x\mathrm{e}^{-\frac{1}{4}x}\Big|_{0}^{b}-\int_{0}^{b}\mathrm{e}^{-\frac{1}{4}x}\mathrm{d}x\right)\\&=-\lim_{b\to+\infty}\left(x\mathrm{e}^{-\frac{1}{4}x}+4\mathrm{e}^{-\frac{1}{4}x}\right)\Big|_{0}^{b}=4.\end{aligned}$$

3. 数学期望的性质

随机变量的数学期望有下列性质:

(1) 常数的数学期望等于该常数,即

$$E(C)=C(C\text{ 为常数});\tag{6-24}$$

(2) 常数与随机变量乘积的数学期望等于该常数与随机变量数学期望的积,即

$$E(C\xi)=CE(\xi)(C\text{ 为常数});\tag{6-25}$$

(3) 两个随机变量和的数学期望等于它们数学期望的和,即

$$E(\xi+\eta)=E(\xi)+E(\eta);\tag{6-26}$$

(4) 两个相互独立的随机变量乘积的数学期望等于它们数学期望的乘积,即

$$E(\xi\eta)=E(\xi)E(\eta).\tag{6-27}$$

例 6-27　王女士是 A 金融公司的中层管理者,她根据自己的业绩估计在目前的职位上,第二年她的薪水将服从表 6-15 所示的分布列.现竞争对手 B 公司给她提供了一个诱人的 职位,并且薪水也在她的薪水基础上增加 20%,还有加上签约的奖金 1.6 万元,试求第二年王女士分别在 A 公司和 B 公司任职的年薪水的期望.

表 6-15

薪水 ξ/万元	10	10.5	10.8	11	12
$P(\xi = x_k)$	0.15	0.2	0.25	0.2	0.2

解 根据题意，ξ 表示在目前的职位上，第二年王女士在A公司的年薪水数，则 ξ 的期望为

$$E(\xi) = 10 \times 0.15 + 10.5 \times 0.2 + 10.8 \times 0.25 + 11 \times 0.2 + 12 \times 0.2 = 10.9(\text{万元}).$$

设 η 表示第二年王女士在B公司任职的年薪水数，根据题意，有

$$\eta = 1.2\xi + 1.6,$$

则 η 的期望为

$$E(\eta) = E(1.2\xi + 1.6) = 1.2E(\xi) + 1.6 = 1.2 \times 10.9 + 1.6 = 14.68\ (\text{万元}).$$

6.3.2 随机变量的方差及性质

1. 随机变量的方差

定义 6.10 如果 ξ 是离散型随机变量且分布列为 $P(\xi = x_k) = p_k(k = 1,2,3,\cdots,n,\cdots)$，则称

$$D(\xi) = E[\xi - E(\xi)]^2 = \sum_{k}^{n} [x_k - E(\xi)]^2 p_k \tag{6-28}$$

为随机变量 ξ 的**方差**.$\sqrt{D(\xi)}$ 称为随机变量 ξ 的标准差或均方差，记作 $\sigma(\xi)$，即

$$\sigma(\xi) = \sqrt{D(\xi)}.$$

由公式(6-28)可知，方差是随机变量 ξ 所取之值与 $E(\xi)$ 的距离平方的平均值.因此，方差小说明随机变量所取的值比较集中，方差大说明随机变量所取的值比较分散.我们常常用方差来分析问题的波动程度与风险.

例 6-28 某经营管理专业毕业生应聘于一家生产医疗器械的企业，现有两个岗位可供选择，一个岗位是到销售部门，收入的高低取决于产品的销量.若产品销量好，则月收入为 2 000 元；若产品销量一般，则月收入只有 1 000 元.另一个岗位是到企业管理部门当办事员，一般情况下，月收入为 1 510 元.若企业经营不佳而裁减办公人员时，他只能每月领取 510 元的生活补助.现已了解到上述两个岗位的月收入及其分布列分别如表 6-16(a)和表 6-16(b) 所示，试分析，该毕业生应如何作出选择？

表 6-16

(a)

推销 ξ/元	2 000	1 000
$P(\xi = x_k)$	0.5	0.5

(b)

办公室 η/ 元	1 510	510
$P(\eta = x_k)$	0.99	0.01

解 一般情况下,毕业生就业时首先考虑的是收入,因此根据已知条件,两个岗位的月收入的期望为

$$E(\xi) = 2\ 000 \times 0.5 + 1\ 000 \times 0.5 = 1\ 500(\text{元}),$$

$$E(\eta) = 1\ 510 \times 0.99 + 510 \times 0.01 = 1\ 500(\text{元}).$$

两个岗位的月收入的期望相同,无法进行选择.但是

$$D(\xi) = (2\ 000 - 1\ 500)^2 \times 0.5 + (1\ 000 - 1\ 500)^2 \times 0.5 = 250\ 000,$$

$$D(\eta) = (1\ 510 - 1\ 500)^2 \times 0.99 + (510 - 1\ 500)^2 \times 0.01 = 9\ 900,$$

即 $D(\xi) > D(\eta)$,所以若考虑收入的稳定性应选择企业管理部门.

类似地,我们有连续型随机变量的方差的概念.

定义 6.11 设 ξ 是连续型随机变量,且概率密度函数为 $f(x)$,则称

$$D(\xi) = E[\xi - E(\xi)]^2 = \int_{-\infty}^{+\infty} [x - E(\xi)]^2 f(x)\,\mathrm{d}x \tag{6-29}$$

为 ξ 的**方差**.

2. 方差的性质

随机变量的方差有如下性质:

(1) 常数的方差等于 0,即

$$D(C) = 0(C\ \text{为常数}); \tag{6-30}$$

(2) 常数与随机变量乘积的方差等于该常数的平方与随机变量方差的乘积,即

$$D(C\xi) = C^2 D(\xi)(C\ \text{为常数}); \tag{6-31}$$

(3) 两个相互独立的随机变量之和的方差等于这两个随机变量方差的和,即

$$D(\xi + \eta) = D(\xi) + D(\eta). \tag{6-32}$$

(证明略.)

注意 方差的常用计算公式还有

$$D(\xi) = E(\xi^2) - E^2(\xi). \tag{6-33}$$

例 6-29 已知 $\xi \sim U(a,b)$,求 $E(\xi)$,$D(\xi)$.

解 因为随机变量 ξ 服从均匀分布,且概率密度函数为

$$f(x) = \begin{cases} \dfrac{1}{b-a}, & a \leqslant x \leqslant b, \\ 0, & \text{其他}, \end{cases}$$

所以

$$E(\xi) = \int_{-\infty}^{+\infty} x f(x)\,\mathrm{d}x = \int_a^b \frac{x}{b-a}\mathrm{d}x = \frac{x^2}{2(b-a)}\bigg|_a^b = \frac{b^2 - a^2}{2(b-a)} = \frac{b+a}{2},$$

$$D(\xi)=E(\xi^2)-E^2(\xi)=\int_{-\infty}^{+\infty}x^2f(x)\mathrm{d}x-\left(\frac{b+a}{2}\right)^2$$

$$=\int_a^b\frac{x^2}{b-a}\mathrm{d}x-\frac{b^2+2ab+a^2}{4}=\frac{x^3}{3(b-a)}\Big|_a^b-\frac{b^2+2ab+a^2}{4}$$

$$=\frac{b^3-a^3}{3(b-a)}-\frac{b^2+2ab+a^2}{4}=\frac{(b-a)^2}{12}.$$

例 6-30 某人欲在股票上进行投资，经分析 A、B 两种股票的报酬率及分布列如表 6-17 所示.

表 6-17

i	$P_{A_iB_i}$	$x_{A_i}/\%$	$x_{B_i}/\%$
1	0.2	-10	15
2	0.6	10	10
3	0.2	30	0

注：x_{A_i}——股票 A 第 i 个报酬率；x_{B_i}——股票 B 第 i 个报酬率；$P_{A_iB_i}$——A、B 两种股票的共同概率

对初涉者来说，应投资哪种股票较稳妥？

解 $E(A)=0.2\times(-10)+0.6\times10+0.2\times30$

$=-2+6+6=10(\%)$,

$\sigma(A)=\sqrt{0.2\times(-10-10)^2+0.6\times(10-10)^2+0.2\times(30-10)^2}$

$=\sqrt{160}\approx12.65(\%)$;

$E(B)=0.2\times15+0.6\times10+0.2\times0=9(\%)$,

$\sigma(B)=\sqrt{0.2\times(15-9)^2+0.6\times(10-9)^2+0.2\times(0-9)^2}$

$=\sqrt{24}\approx4.9(\%)$.

显然 $\sigma(A)$ 比 $\sigma(B)$ 大得多，即投资股票 A 比股票 B 的风险大，而两种股票报酬的期望也比较接近，故从理论上说，投资 B 种股票较稳妥.

利用标准差可以比较若干个投资方案的风险大小，当投资方案的评价指标的期望相同或相近时，一般的投资者会选择风险小的方案.当投资方案的期望不同时，具体方案的选择主要根据投资者对风险的偏好程度决定.

为了使用方便，我们把常用的随机变量的分布列及其数字特征列于表 6-18 中.

表 6-18

名称	分布列	参数范围	期望	方差
两点分布 $\xi\sim B(1,p)$	$P(\xi=k)=p^kq^{n-k}$ $(k=0,1)$	$0<p<1$, $q=1-p$	p	pq
二项分布 $\xi\sim B(n,p)$	$P(\xi=k)=\mathrm{C}_n^kp^kq^{n-k}$ $(k=0,1,\cdots,n)$	$0<p<1$, $q=1-p$ $n\in\mathbf{N}$	np	npq

续表

名称	分布列	参数范围	期望	方差
泊松分布 $\xi \sim P(\lambda)$	$P(\xi = k) = \dfrac{\lambda^k}{k!}e^{-\lambda}$ $(k = 0,1,2,\cdots,n)$	$\lambda > 0$	λ	λ
均匀分布 $\xi \sim U(a,b)$	$f(x) = \begin{cases} \dfrac{1}{b-a}, & a \leqslant x \leqslant b, \\ 0, & 其他 \end{cases}$	$b > a$	$\dfrac{a+b}{2}$	$\dfrac{(b-a)^2}{12}$
正态分布 $\xi \sim N(\mu,\sigma^2)$	$f(x) = \dfrac{1}{\sqrt{2\pi}\sigma}e^{-\frac{(x-\mu)^2}{2\sigma^2}}$	$-\infty < \mu < +\infty$, $\sigma > 0$	μ	σ^2
标准正态分布 $\xi \sim N(0,1)$	$f(x) = \dfrac{1}{\sqrt{2\pi}}e^{-\frac{x^2}{2}}$	$\mu = 0$ $\sigma = 1$	0	1

例 6-31　某地区通过调查统计，了解到所有个人的商业贷款有 68% 是购房贷款.而年龄在 35 岁以下的购房贷款人的平均贷款数额是 18 万元.假设这个年龄组的贷款额度服从正态分布，其标准差为 4 万元.求：

(1) 贷款数额超过 20 万元的人所占的百分比；

(2) 10% 的最少债务人的债务；

(3) 5% 的最高债务人的债务超过了多少数额?

解　设随机变量 ξ 表示贷款数额，并且已知 $\mu = 18$(万元)，$\sigma = 4$(万元).

(1) 由题得 $\xi \sim N(18,16)$，查附表 2，得

$$P(\xi \geqslant 20) = 1 - P(\xi < 20) = 1 - \Phi\left(\frac{20-18}{4}\right)$$
$$= 1 - \Phi(0.5) = 1 - 0.691\ 5 = 0.308\ 5.$$

所以贷款数额超过 20 万元的人约占 30.85%.

(2) 设 10% 的最少债务人有 x 万元债务.因为 $\mu = 18$ 万元，所以 10% 的最少债务人的债务 $x < 18$.于是有

$$P(\xi \leqslant x) = \Phi\left(\frac{x-18}{4}\right) = 1 - \Phi\left(\frac{18-x}{4}\right) = 0.1,$$

所以问题转化为求解

$$1 - \Phi\left(\frac{18-x}{4}\right) = 0.1,$$

即

$$\Phi\left(\frac{18-x}{4}\right) = 0.9,$$

查标准正态分布表(附表 2)，得 $\dfrac{18-x}{4} \approx 1.29$，

$$x \approx 12.84(万元),$$

所以 10% 的最少债务人的债务约为 12.84 万元.

(3) 设5%的最高债务人的债务超过了x万元.因为$\mu=18$万元,所以5%的最高债务$x>18$(万元).于是有

$$P(\xi \geqslant x)=1-P(\xi<x)=1-\Phi\left(\frac{x-18}{4}\right)=0.05,$$

同样问题转化为求解

$$1-\Phi\left(\frac{x-18}{4}\right)=0.05,$$

即

$$\Phi\left(\frac{x-18}{4}\right)=0.95,$$

查标准正态分布表(附表2),得 $\dfrac{x-18}{4}\approx 1.65,$

$$x\approx 24.6(\text{万元}),$$

所以5%的最高债务人的债务超过了24.6万元.

练习 6.3

1. 判断题.

(1) 若C为常量,则$D(C\xi)=CD(\xi)$. ( )

(2) 若$\xi \sim B(n,p)$,则$E(\xi)=p,D(\xi)=pq$. ( )

(3) 若ξ_1,ξ_2是任意两个随机变量,则

$$E(\xi_1\xi_2)=E(\xi_1)E(\xi_2),$$
$$D(\xi_1+\xi_2)=D(\xi_1)+D(\xi_2).$$ ( )

(4) 若$\xi \sim P(\lambda)$,则$D(\xi)=E(\xi)=\lambda$. ( )

(5) 设$\xi \sim N(1,4)$,则$P(-2<\xi<3)=\Phi\left(\dfrac{3-1}{4}\right)-\Phi\left(\dfrac{-2-1}{4}\right)$. ( )

2. 填空题.

(1) 设随机变量ξ的分布列为$P(\xi=k)=\dfrac{1}{4},k=1,2,3,4$,则$E(\xi)=$________,$D(\xi)=$______.

(2) 设随机变量ξ的概率密度函数为$f(x)=\begin{cases}\dfrac{1}{\pi\sqrt{1-x^2}}, & |x|\leqslant 1,\\ 0, & |x|>1,\end{cases}$则$E(\xi)=$__________,$D(\xi)=$__________.

(3) 设随机变量ξ的概率密度函数为$f(x)=\begin{cases}\dfrac{3}{4}(2x-x^2), & 0<x<2,\\ 0, & \text{其他},\end{cases}$则$E(\xi)=$__________,$D(\xi)=$__________.

(4) 设随机变量$\xi \sim B(n,p)$,且$E(\xi)=24,D(\xi)=16$,则$p=$________,$n=$__________.

(5) 设随机变量ξ的分布列如表6-19所示.

表 6-19

ξ	0	1	2	3
$P(\xi=x_k)$	0.1	0.3	0.2	0.4

则 $E(\xi)=$ ________________, $D(\xi)=$ ________________.

3. 选择题.

(1) 已知 10 件产品中有 3 件次品,从中任取 3 件,抽出的 3 件中次品数的数学期望是(　　).

A. 0.8　　B. 0.6　　C. 0.9　　D. 0.5

(2) 设随机变量 ξ 的概率密度函数为 $f(x)=\begin{cases}x, & 0\leqslant x<1,\\ 2-x, & 1\leqslant x<2,\\ 0, & \text{其他},\end{cases}$ 则 $E(\xi)=$(　　).

A. $\frac{8}{3}$　　B. 1　　C. $\frac{10}{3}$　　D. $\frac{7}{3}$

(3) 设 ξ_1 和 ξ_2 是任意两个随机变量,则下面等式能够成立的是(　　).

A. $E(\xi_1+\xi_2)=E(\xi_1)+E(\xi_2)$　　B. $D(\xi_1+\xi_2)=D(\xi_1)+D(\xi_2)$

C. $E(\xi_1\cdot\xi_2)=E(\xi_1)\cdot E(\xi_2)$　　D. $D(\xi_1\cdot\xi_2)=D(\xi_1)\cdot D(\xi_2)$

(4) 设随机变量 ξ 的概率密度函数为 $f(x)=\begin{cases}\frac{3}{5}(1+2x^2), & 0\leqslant x<1,\\ 0, & \text{其他},\end{cases}$ 则 $D(\xi)=$(　　).

A. $\frac{11}{25}$　　B. $\frac{20}{25}$　　C. $\frac{2}{25}$　　D. $\frac{13}{25}$

(5) 设随机变量 $\xi\sim B(n,p)$, $n=100$, $p=0.4$,则 $D(2\xi+5)=$(　　).

A. 24　　B. 12　　C. 96　　D. 24

6.4　统 计 初 步

6.4.1　统计量

1. 总体和样本

在数理统计中,把研究对象的全体称为**总体**,而每个对象称为**个体**.例如,研究某品牌手机的质量,该品牌的全部手机构成一个总体,而每部手机是个体.从概率的角度看,总体可理解为随机变量,并记为 ξ, η 等,总体中的每个研究对象(即个体)记为 $\xi_i(i=1,2,\cdots,n,\cdots)$.

从总体 ξ 中随机抽出的 n 个个体 $\xi_1,\xi_2,\cdots,\xi_n$ 所构成的集合 $(\xi_1,\xi_2,\cdots,\xi_n)$ 称为总体的一个**样本**.样本中个体的个数称为**样本容量**,记为 n.

例如,某牛奶厂生产 500 000 袋高钙奶粉,规定每袋奶粉的质量低于 500 g 的为不合格品,那么,如何计算这批奶粉的不合格率呢?

我们能否对 500 000 袋奶粉逐一检测其质量呢? 当然不能.一般的做法是从 500 000 袋奶粉中随机抽取一部分,如抽取 100 袋进行测试,从而推断这批奶粉的不合格率.

上例中,500 000 袋奶粉的质量是总体,每一袋奶粉的质量是个体,抽查的 100 袋奶粉的质量是一个样本,样本容量为 100.

我们对总体特征的考察信息来自从总体中抽取的样本,因此所抽取的样本应具有以下特性:

（1）**随机性** —— 是随机抽样，并且每一个个体被抽到的机会均等；

（2）**代表性** —— 样本中的每一个个体都与总体有相同的分布；

（3）**独立性** —— 样本中的每一个个体之间是相互独立的.

具备上述特性的样本称为**简单随机样本**.今后如无特别说明，本书讨论的样本均指简单随机样本.

对于来自总体的容量为 n 的一个样本进行一次观测，所得的观测值 $(x_1, x_2, \cdots, x_n)$ 称为样本值.

2. 统计量

在实际问题中，我们往往要对样本值进行加工、整理，从而推断出总体的一般特征，为此，需要引入样本的各种函数，这种函数在统计中称为**统计量**.其严格定义如下：

定义 6.12　设 $(\xi_1, \xi_2, \cdots, \xi_n)$ 为总体 ξ 的一组样本，$f(x_1, x_2, \cdots, x_n)$ 是 n 元连续函数，且其中不包含任何未知参数，则称样本函数 $f(\xi_1, \xi_2, \cdots, \xi_n)$ 为**统计量**.

若 $(x_1, x_2, \cdots, x_n)$ 是样本 $(\xi_1, \xi_2, \cdots, \xi_n)$ 的一组观测值，则 $f(x_1, x_2, \cdots, x_n)$ 是统计量 $f(\xi_1, \xi_2, \cdots, \xi_n)$ 的一个观测值.我们给出一些常用的统计量.

（1）样本均值：

$$\bar{\xi} = \frac{1}{n}\sum_{i=1}^{n} \xi_i; \tag{6-34}$$

（2）样本方差：

$$S^2 = \frac{1}{n-1}\sum_{i=1}^{n} (\xi_i - \bar{\xi})^2; \tag{6-35}$$

（3）样本标准（均方）差：

$$S = \sqrt{\frac{1}{n-1}\sum_{i=1}^{n} (\xi_i - \bar{\xi})^2}. \tag{6-36}$$

一般地，$\bar{\xi}$ 反映总体 ξ 取值的平均水平，S^2 或 S 反映总体 ξ 取值的离散程度.

注意　样本方差常用的公式为

$$S^2 = \frac{1}{n-1}\left(\sum_{i=1}^{n} \xi_i^2 - n\bar{\xi}^2\right).$$

6.4.2　参数估计

根据总体的样本对总体分布中的未知参数作出估计，称为**参数估计**.参数估计通常分为点估计和区间估计两种.

1. 点估计

定义 6.13　设总体 ξ 的分布中含有未知参数 θ，从总体 ξ 中抽取样本 $(\xi_1, \xi_2, \cdots, \xi_n)$，样本的观测值为 $(x_1, x_2, \cdots, x_n)$.如果能构造一个统计量 $\hat{\theta} = \hat{\theta}(\xi_1, \xi_2, \cdots, \xi_n)$ 来估计未知参数 θ，则称统计量 $\hat{\theta}$ 为 θ 的**估计量**，它的观测值 $\hat{\theta}(x_1, x_2, \cdots, x_n)$ 为 θ 的**估计值**.这种估计方法称为参数的**点估计**.

点估计的方法很多,比较简便的是矩估计法.

假设$(\xi_1,\xi_2,\cdots,\xi_n)$是总体$\xi$的样本,则称$\frac{1}{n}\sum_{i=1}^{n}\xi_i^k\ (k=1,2,\cdots)$为样本的 **$k$ 阶原点矩**,称$\frac{1}{n}\sum_{i=1}^{n}(\xi_i-\bar{\xi})^k(k=1,2,\cdots)$为样本的 **$k$ 阶中心矩**.

由原点矩和中心矩的定义知,我们可以用样本矩作为相应的总体矩的估计,用样本矩的函数作为相应的总体矩的函数的估计.

例 6-32 设$(\xi_1,\xi_2,\cdots,\xi_n)$是总体$\xi\sim N(\mu,\sigma^2)$的一个样本,求$\mu$和$\sigma^2$的矩估计量.

解 令

$$E(\xi)=\mu=\bar{\xi}=\frac{1}{n}\sum_{i=1}^{n}\xi_i,$$

$$D(\xi)=\sigma^2=\frac{1}{n}\sum_{i=1}^{n}(\xi_i-\bar{\xi})^2,$$

所以

$$\hat{\mu}=\bar{\xi}=\frac{1}{n}\sum_{i=1}^{n}\xi_i,\quad \hat{\sigma}^2=\frac{1}{n}\sum_{i=1}^{n}(\xi_i-\bar{\xi})^2.$$

即$\hat{\mu}$和$\hat{\sigma}^2$分别是μ和σ^2的矩估计量.

例 6-33 设总体$\xi\sim P(\lambda)$,$(\xi_1,\xi_2,\cdots,\xi_n)$是来自总体$\xi$的一个样本,求参数$\lambda$的矩估计量.

解 由于总体服从泊松分布,由$P(\xi=k)=\frac{\lambda^k}{k!}e^{-\lambda}(k=0,1,2,\cdots)$,知

$$E(\xi)=\lambda,$$

所以

$$\hat{\lambda}=\bar{\xi}.$$

即$\hat{\lambda}$为λ的矩估计量.

例 6-34 某厂生产一种洗衣机配件,要对该配件的长度指标进行测试,设长度总体ξ服从正态分布$N(\mu,\sigma^2)$,现抽取 10 个配件进行测试,测得的长度(单位:mm)分别为

8.55, 8.58, 8.54, 8.56, 8.55, 8.53, 8.53, 8.57, 8.51, 8.56.

求μ和σ^2的矩估计值.

解 $\hat{\mu}=\bar{\xi}=\frac{1}{10}\times(8.55+8.58+8.54+\cdots+8.56)=8.548,$

$$\hat{\sigma}^2=\frac{1}{10}\times[(8.55-8.548)^2+(8.58-8.548)^2+\cdots+(8.56-8.548)^2]\approx 0.000\,4.$$

因此总体均值μ的估计值为 8.548(mm),总体方差σ^2的估计值为 0.000 4(mm^2).

2. 区间估计

参数的点估计只给出未知参数的一个估计值,没有给出估计值的精确度.在实际问题中,有时需要知道所估计的未知参数的精确度,即找出未知参数θ的一个变化区间$[\theta_1,\theta_2]$,在一定的可靠程度下,该区间包含被估计的总体参数,这就是我们要讨论的区间估

计问题.

设总体 ξ 的分布中含有未知参数 θ，$\xi_1,\xi_2,\cdots,\xi_n$ 是来自总体 ξ 的样本，如果对于给定的小概率 $\alpha(0<\alpha<1)$，存在两个统计量 $\hat{\theta}_1(\xi_1,\xi_2,\cdots,\xi_n)$ 与 $\hat{\theta}_2(\xi_1,\xi_2,\cdots,\xi_n)$，使得对一切样本，均有 $\hat{\theta}_1<\hat{\theta}_2$，且

$$P(\hat{\theta}_1<\theta<\hat{\theta}_2)=1-\alpha \tag{6-37}$$

成立，则称随机区间 $(\hat{\theta}_1,\hat{\theta}_2)$ 为参数 θ 的 $1-\alpha$ **置信区间**.其中，$1-\alpha$ 称为置信区间 $(\hat{\theta}_1,\hat{\theta}_2)$ 的**置信度**或**置信水平**，$\hat{\theta}_1$ 和 $\hat{\theta}_2$ 分别是**置信下限**和**置信上限**.

式(6-37)的意义是 θ 落在随机区间 $(\hat{\theta}_1,\hat{\theta}_2)$ 的概率是 $1-\alpha$，当多次使用此区间估计时，其中 $(1-\alpha)\times100\%$ 的区间包含 θ. $1-\alpha$ 表明置信区间 $(\hat{\theta}_1,\hat{\theta}_2)$ 的可靠性，当 α 固定时，$\hat{\theta}_2-\hat{\theta}_1$ 的大小反映的是置信区间的精确度.易知 $\hat{\theta}_2-\hat{\theta}_1$ 越小，置信区间就越精确.一般地，求参数 θ 的区间估计的原则是保证可靠性，选取 $\hat{\theta}_2-\hat{\theta}_1$ 的值最小的置信区间.

1）正态总体均值的置信区间

(1) σ^2 已知，求均值 μ 的置信区间.

设总体 $\xi\sim N(\mu,\sigma^2)$，$(\xi_1,\xi_2,\cdots,\xi_n)$ 是来自总体 ξ 的一个样本，则

$$\bar{\xi}\sim N\left(\mu,\frac{\sigma^2}{n}\right),$$

令

$$U=\frac{\bar{\xi}-\mu}{\sigma/\sqrt{n}},$$

则 $U\sim N(0,1)$.

对于给定的 $\alpha(0<\alpha<1)$，由标准正态分布的概率密度函数的对称性，可查标准正态分布表(附表 2)得到临界值 $u_{\frac{\alpha}{2}}$，使得

$$P(|U|<u_{\frac{\alpha}{2}})=1-\alpha,$$

即

$$P\left(\left|\frac{\bar{\xi}-\mu}{\sigma/\sqrt{n}}\right|<u_{\frac{\alpha}{2}}\right)=1-\alpha,$$

由此得

$$P\left(\bar{\xi}-\frac{\sigma}{\sqrt{n}}u_{\frac{\alpha}{2}}<\mu<\bar{\xi}+\frac{\sigma}{\sqrt{n}}u_{\frac{\alpha}{2}}\right)=1-\alpha,$$

这时参数 μ 的置信度为 $1-\alpha$ 的置信区间为

$$\left(\bar{\xi}-\frac{\sigma}{\sqrt{n}}u_{\frac{\alpha}{2}},\bar{\xi}+\frac{\sigma}{\sqrt{n}}u_{\frac{\alpha}{2}}\right). \tag{6-38}$$

例 6-35　市场上销售某种品牌的冷冻食品，其食用盐的含量 ξ 是一个随机变量，已知 $\xi\sim N(\mu,0.32^2)$，现随机抽取了 10 袋冷冻食品，测得食用盐的含量(%)为

0.8, 1.6, 0.9, 0.8, 1.2, 0.4, 0.7, 1.0, 1.2, 1.1,

求总体均值 μ 的置信度为 0.95 的置信区间.

解　已知 $1-\alpha=0.95$，所以 $\alpha=0.05$，$u_{\frac{\alpha}{2}}=u_{0.025}=1.96$.易知样本均值

$$\bar{\xi}=\frac{1}{10}\times(0.8+1.6+\cdots+1.1)=0.97,$$

由公式(6-38)，知

$$\left(\bar{\xi}-\frac{\sigma}{\sqrt{n}}u_{\frac{\alpha}{2}},\bar{\xi}+\frac{\sigma}{\sqrt{n}}u_{\frac{\alpha}{2}}\right)=\left(0.97-\frac{0.32}{\sqrt{10}}\times1.96,0.97+\frac{0.32}{\sqrt{10}}\times1.96\right)$$
$$\approx(0.772,1.168).$$

所以 μ 的置信度为 0.95 的置信区间约为(0.772,1.168).

(2) σ^2 未知，求均值 μ 的置信区间.

由于 σ^2 未知，令

$$T=\frac{\bar{\xi}-\mu}{S/\sqrt{n}},$$

可以证明，统计量 $T=\dfrac{\bar{\xi}-\mu}{S/\sqrt{n}}$ 服从自由度为 $n-1$ 的 t 分布①，记为 $T\sim t(n-1)$. 于是

$$P(|T|<t_{\frac{\alpha}{2}}(n-1))=1-\alpha,$$

对于给定的 $\alpha(0<\alpha<1)$，可查 t 分布表(附表 3)，得到临界值 $t_{\frac{\alpha}{2}}(n-1)$，使得

$$P\left(\left|\frac{\bar{\xi}-\mu}{S/\sqrt{n}}\right|<t_{\frac{\alpha}{2}}(n-1)\right)=1-\alpha,$$

由此得

$$P\left(\bar{\xi}-\frac{S}{\sqrt{n}}t_{\frac{\alpha}{2}}(n-1)<\mu<\bar{\xi}+\frac{S}{\sqrt{n}}t_{\frac{\alpha}{2}}(n-1)\right)=1-\alpha.$$

这时参数 μ 的置信度为 $1-\alpha$ 的置信区间为

$$\left(\bar{\xi}-\frac{S}{\sqrt{n}}t_{\frac{\alpha}{2}}(n-1),\bar{\xi}+\frac{S}{\sqrt{n}}t_{\frac{\alpha}{2}}(n-1)\right).\tag{6-39}$$

例 6-36　一家保险公司想要估计在过去的一年中投保人的平均理赔额，该公司随机地选取了 36 个投保人作为一个随机样本，观测样本均值是 739.98 元，样本标准差是 312.70 元.试以 0.99 的置信度估计去年一年中投保人的平均理赔额.

解　由题知

$$\bar{\xi}=739.98,\quad S=312.70,\quad n=36,$$

由于 $1-\alpha=0.99$，$\alpha=0.01$，查 t 分布表(附表 3)知，$t_{\frac{\alpha}{2}}(n-1)=t_{0.005}(35)\approx2.724$，由公式(6-39)，知

$$\left(\bar{\xi}-\frac{S}{\sqrt{n}}t_{\frac{\alpha}{2}}(n-1),\bar{\xi}+\frac{S}{\sqrt{n}}t_{\frac{\alpha}{2}}(n-1)\right)$$
$$=\left(739.98-\frac{312.70}{\sqrt{36}}\times2.724,739.98+\frac{312.70}{\sqrt{36}}\times2.724\right)$$

① 有关 t 分布及 χ^2 分布的详细介绍可查阅《概率论与数理统计》中的相关知识点.

$$\approx (598.01, 881.95),$$

所以去年一年中投保人的平均理赔额的置信度为 0.99 的置信区间约为(598.01,881.95).

2）正态总体方差的置信区间

设$(\xi_1, \xi_2, \cdots, \xi_n)$为总体$\xi \sim N(\mu, \sigma^2)$的一个样本,其中,$\mu$,$\sigma^2$是未知参数,令

$$\chi^2 = \frac{(n-1)S^2}{\sigma^2},$$

可以证明,统计量$\chi^2 = \dfrac{(n-1)S^2}{\sigma^2}$服从自由度为$n-1$的$\chi^2$分布,记为$\chi^2 \sim \chi^2(n-1)$.

对于给定的$\alpha(0<\alpha<1)$,可查χ^2分布表(附表 4),得到临界值$\chi^2_{\frac{\alpha}{2}}(n-1)$和$\chi^2_{1-\frac{\alpha}{2}}(n-1)$,使得

$$P\left(\chi^2_{1-\frac{\alpha}{2}}(n-1) < \frac{(n-1)S^2}{\sigma^2} < \chi^2_{\frac{\alpha}{2}}(n-1)\right) = 1-\alpha,$$

解出σ^2,得

$$P\left(\frac{(n-1)S^2}{\chi^2_{\frac{\alpha}{2}}(n-1)} < \sigma^2 < \frac{(n-1)S^2}{\chi^2_{1-\frac{\alpha}{2}}(n-1)}\right) = 1-\alpha,$$

于是总体方差σ^2的置信度为$1-\alpha$的置信区间为

$$\left(\frac{(n-1)S^2}{\chi^2_{\frac{\alpha}{2}}(n-1)}, \frac{(n-1)S^2}{\chi^2_{1-\frac{\alpha}{2}}(n-1)}\right). \tag{6-40}$$

例 6-37 某超市连续统计了 12 个月的销售额如下(单位:万元):

26.0, 24.8, 25.5, 25.6, 24.6, 25.6,

25.4, 25.1, 24.0, 25.0, 24.7, 25.4.

如果销售额ξ服从正态分布,试求出ξ的方差σ^2的置信区间$(\alpha=0.05)$.

解 由题得

$$\bar{\xi} = \frac{1}{12} \times (26.0 + 24.8 + \cdots + 25.4) \approx 25.14,$$

$$S^2 = \frac{1}{11} \times [(26.0-25.14)^2 + (24.8-25.14)^2 + \cdots + (25.4-25.14)^2] \approx 0.304\,5,$$

当$\alpha = 0.05$,自由度$n-1 = 12-1 = 11$时,查χ^2分布表(附表 4),得

$$\chi^2_{\frac{\alpha}{2}}(n-1) = \chi^2_{0.025}(11) = 21.920, \quad \chi^2_{1-\frac{\alpha}{2}}(n-1) = \chi^2_{0.975}(11) = 3.816,$$

由公式(6-40),知

$$\left(\frac{(n-1)S^2}{\chi^2_{\frac{\alpha}{2}}(n-1)}, \frac{(n-1)S^2}{\chi^2_{1-\frac{\alpha}{2}}(n-1)}\right) = \left(\frac{11 \times 0.304\,5}{21.920}, \frac{11 \times 0.304\,5}{3.816}\right) \approx (0.152\,8, 0.877\,8),$$

所以该超市销售额的方差σ^2的置信度为 0.95 的置信区间约为(0.152 8,0.877 8).

6.4.3 一元线性回归分析

在客观世界中,变量之间的关系除了确定性的函数关系外,还有一种相关关系,如树

干的直径与树干的高度，农作物的产量与施肥量等，它们之间存在着密切的关系，但又不能用确定的函数关系来表达.

变量间的相关关系虽然不存在确定的函数关系，但通过大量的观测数据可以找出它们之间的统计规律性.**回归分析**就是分析非确定相关的变量之间的内在关系的一种统计方法.涉及两个变量的回归分析称为**一元回归分析**.

1. 一元线性回归方程

引例　某地 3.5 ~ 9.5 周岁共 7 个年龄的女孩的平均身高(单位:cm)数据如表 6-20 所示.

表 6-20

女孩年龄	3.5	4.5	5.5	6.5	7.5	8.5	9.5
平均身高	101.1	106.6	112.1	116.1	121	125.5	129.2

为了讨论方便，用 x 表示女孩年龄，用 Y 表示平均身高.将年龄 x 作为横坐标，身高 Y 作为纵坐标，在直角坐标系上画出 7 个年龄与身高对应的点，这种图称为**散点图**，如图 6-16 所示.

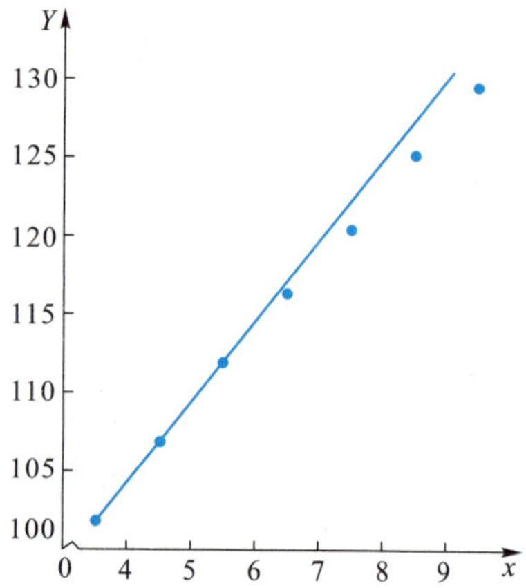

图 6-16

由图 6-16 可以看出，图中的点虽然是散乱的，但所有的点大体上散布在一条直线附近.一般来说，年龄 x 是一个可观测的普通变量，对于任意一个年龄 x，相应的身高 Y 是一个随机变量.随着 x 的变化，Y 可以表示为

$$Y = a + bx + \varepsilon, \tag{6-41}$$

其中，a,b 是未知参数，ε 是随机误差，可以认为 ε 是一个 $E(\varepsilon)=0, D(\varepsilon)=\sigma^2$ 的正态分布随机变量.式(6-41)称为**一元线性回归模型**，b 称为**回归系数**.

在式(6-41)中，根据观测数据求出参数 a,b 的估计值 $\hat{a},\hat{b}$，从而可以求出变量 Y 的估计值.我们称方程

$$\hat{y} = \hat{a} + \hat{b}x \tag{6-42}$$

为 Y 关于 x 的一元线性回归方程.

假设我们已经得到了 n 组观测数据 $(x_1,y_1),(x_2,y_2),\cdots,(x_n,y_n)$.如何根据这些观测数据来求出参数 a,b 的估计值 $\hat{a},\hat{b}$，从而确定一元线性回归方程呢？或者说，与散点图 6-16 中诸点紧靠的多条直线中，哪一条是能与所有点尽可能保持最短距离的直线呢？我们引入这样一个准则，即使每个 x_i 对应的随机变量 Y 的观测值 y_i 与直线 $\hat{y}=\hat{a}+\hat{b}x$ 上的值 $\hat{y}_i$ 的偏差平方和

$$Q(a,b) = \sum_{i=1}^{n}(y_i - \hat{y}_i)^2 = \sum_{i=1}^{n}[y_i - (a + bx_i)]^2$$

最小的条件下求出 $a=\hat{a}, b=\hat{b}$.这就是著名的**最小二乘法**.

由二元函数求极值的方法,知道 $\hat{a},\hat{b}$ 是下面的方程组的解:

$$\begin{cases}\dfrac{\partial Q}{\partial a}=-2\sum\limits_{i=1}^{n}[y_i-(a+bx_i)]=0,\\ \dfrac{\partial Q}{\partial b}=-2\sum\limits_{i=1}^{n}[y_i-(a+bx_i)]x_i=0,\end{cases}$$

解方程组,得

$$\begin{cases}\hat{b}=\dfrac{\sum\limits_{i=1}^{n}x_iy_i-\dfrac{1}{n}\sum\limits_{i=1}^{n}x_i\sum\limits_{i=1}^{n}y_i}{\sum\limits_{i=1}^{n}x_i^2-\dfrac{1}{n}\left(\sum\limits_{i=1}^{n}x_i\right)^2}=\dfrac{\sum\limits_{i=1}^{n}x_iy_i-n\bar{x}\cdot\bar{y}}{\sum\limits_{i=1}^{n}x_i^2-n\bar{x}^2},\\ \hat{a}=\dfrac{1}{n}\sum\limits_{i=1}^{n}y_i-\left(\dfrac{1}{n}\sum\limits_{i=1}^{n}x_i\right)\hat{b}=\bar{y}-\bar{x}\hat{b}.\end{cases} \tag{6-43}$$

其中,$\bar{x}=\dfrac{1}{n}\sum\limits_{i=1}^{n}x_i, \bar{y}=\dfrac{1}{n}\sum\limits_{i=1}^{n}y_i$,$\hat{a},\hat{b}$ 分别称为 a,b 的最小二乘估计.

为了简化式(6-43)的表达形式,我们引进记号

$$L_{xx}=\sum_{i=1}^{n}(x_i-\bar{x})^2=\sum_{i=1}^{n}x_i^2-n\bar{x}^2,$$

$$L_{xy}=\sum_{i=1}^{n}(x_i-\bar{x})(y_i-\bar{y})=\sum_{i=1}^{n}x_iy_i-n\bar{x}\cdot\bar{y},$$

$$L_{yy}=\sum_{i=1}^{n}(y_i-\bar{y})^2=\sum_{i=1}^{n}y_i^2-n\bar{y}^2,$$

于是 a,b 的估计值 $\hat{a},\hat{b}$ 可写成

$$\hat{b}=\frac{L_{xy}}{L_{xx}},\quad \hat{a}=\bar{y}-\hat{b}\bar{x}. \tag{6-44}$$

由式(6-42)~(6-44),我们可以求出引例中女孩身高关于年龄的线性回归方程,计算过程留给读者完成.

例 6-38　表 6-21 是 2016—2022 年我国 GDP 与劳动力情况:

表 6-21　2016—2022 年我国 GDP 与劳动力情况

年份	2016	2017	2018	2019	2020	2021	2022
劳动力投入/亿人	7.928 2	7.904 2	7.865 3	7.898 5	7.839 2	7.802 4	7.686 3
GDP/万亿元	74.639 5	83.203 6	91.928 1	98.651 5	101.356 7	114.923 7	121.020 7

根据表中资料求出我国 GDP 与劳动力投入之间的关系.

解　设劳动力投入为 x,GDP 为 Y,将计算过程所需的数据列表 6-22 如下.

表 6-22

序号	x_i	y_i	x_i^2	y_i^2	x_iy_i
1	7.928 2	74.639 5	62.856 4	5 571.055 0	591.756 9
2	7.904 2	83.203 6	62.476 4	6 922.839 1	657.657 9
3	7.865 3	91.928 1	61.862 9	8 450.775 6	723.042 1
4	7.898 5	98.651 5	62.386 3	9 732.118 5	779.198 9
5	7.839 2	101.356 7	61.453 1	10 273.180 6	794.555 4
6	7.802 4	114.923 7	60.877 4	13 207.456 8	896.680 7
7	7.686 3	121.020 7	59.079 2	14 646.009 8	930.201 4
$\sum$	54.924 1	685.723 8	430.991 7	68 803.435 3	5 373.093 3
$\frac{1}{10}\sum$	7.846 3	97.960 5			

所以

$$L_{xy} = \sum_{i=1}^{n} x_iy_i - n\overline{x}\,\overline{y} = -7.301\ 4,$$

$$L_{xx} = \sum_{i=1}^{n} x_i^2 - n\overline{x}^2 = 0.040\ 7,$$

$$\hat{b} = \frac{L_{xy}}{L_{xx}} = -179.291\ 9,$$

$$\hat{a} = \overline{y} - \hat{b}\overline{x} = 1\ 504.738\ 4.$$

由$\hat{y} = \hat{a} + \hat{b}x$ 知，我国 GDP 与劳动力投入之间的关系为

$$\hat{y} = 1\ 504.738\ 4 - 179.291\ 9x.$$

2. 回归方程的显著性检验

由例 6-38 可知，回归方程 $\hat{y} = 1\ 504.738\ 4 - 179.291\ 9x$ 是对于给定的 7 组数据，利用最小二乘法求得的，求解过程并没有预先假设 Y 与 x 一定存在线性相关关系. 如果 Y 与 x 没有线性相关关系，那么求出的线性回归方程也就失去了实际意义. 因此，按照最小二乘法求得回归方程后，必须对它的线性相关性作出显著性检验，只有经过检验并达到显著性要求的回归方程才有实际意义.

由$\hat{y} = \hat{a} + \hat{b}x$ 可以看出，如果$\hat{b} = 0$，则 Y 实际上与 x 无关，显然它们之间不存在线性关系；如果$\hat{b} \neq 0$，则说明 Y 与 x 之间存在着一定的线性关系. 这样，问题就归结为检验假设①

$$H_0: \hat{b} = 0.$$

为了构造检验假设 H_0 的统计量，我们从偏差平方和开始讨论.

① 有关假设检验的具体内容可查阅《概率论与数理统计》中的相关知识点.

$$
\begin{aligned}
Q &= \sum_{i=1}^{n}(y_i-\hat{y}_i)^2=\sum_{i=1}^{n}[y_i-(\hat{a}+\hat{b}x_i)]^2\\
&=\sum_{i=1}^{n}[y_i-\bar{y}-(\hat{a}+\hat{b}x_i)+(\hat{a}+\hat{b}\,\bar{x})]^2\\
&=\sum_{i=1}^{n}[(y_i-\bar{y})-\hat{b}(x_i-\bar{x})]^2\\
&=\sum_{i=1}^{n}(y_i-\bar{y})^2-2\,\hat{b}\sum_{i=1}^{n}(x_i-\bar{x})(y_i-\bar{y})+\hat{b}^2\sum_{i=1}^{n}(x_i-\bar{x})^2\\
&=L_{yy}-2\,\hat{b}L_{xy}+\hat{b}^2L_{xx}\\
&=L_{yy}-2\frac{L_{xy}}{L_{xx}}L_{xy}+\frac{L_{xy}^2}{L_{xx}^2}L_{xx}\\
&=L_{yy}\left(1-\frac{L_{xy}^2}{L_{xx}L_{yy}}\right).
\end{aligned}
$$

对于实测数据$(x_i,y_i)(i=1,2,\cdots,n)$,引入统计量

$$
t=\frac{L_{xy}}{\sqrt{\frac{1}{n-2}(L_{xx}L_{yy}-L_{xy}^2)}}, \tag{6-45}
$$

若假设 H_0 成立,则它服从自由度为 $n-2$ 的 t 分布.

可以证明,当

$$
|t|>t_{\frac{\alpha}{2}}(n-2) \tag{6-46}
$$

时拒绝 H_0,表示 Y 与 x 之间有较强的线性相关性.

例 6-39 在例 6-38 中,求在显著性水平 $\alpha=0.05$ 的条件下,Y 与 x 之间是否有显著的线性相关关系.

解 检验假设 $H_0:\hat{b}=0$.

由题得

$$
L_{xy}=\sum_{i=1}^{n}x_iy_i-n\bar{x}\,\bar{y}=-7.301\ 4
$$

$$
L_{xx}=\sum_{i=1}^{n}x_i^2-n\bar{x}^2=0.040\ 7
$$

$$
L_{yy}=\sum_{i=1}^{n}y_i^2-n\bar{y}^2=1\ 629.559\ 6
$$

则统计量

$$
t=\frac{L_{xy}}{\sqrt{\frac{1}{n-2}(L_{xx}L_{yy}-L_{xy}^2)}}\approx-4.519\ 3,
$$

查 t 分布表(附表 3)得 $t_{\frac{\alpha}{2}}(n-2)=2.570\ 6$,因为 $|t|\approx-4.519\ 3>2.570\ 6$,

故拒绝假设 H_0,即认为 Y 与 x 之间存在显著的线性相关关系.

3. 线性回归在经济预测中的应用

上一小节讨论了如何建立线性回归方程以及回归方程的显著性检验.本小节主要讨

论如何利用回归方程进行简单的经济预测，即已知变量 x 的值 x_0，预测 Y 的取值或取值范围.

例 6-40　在例 6-38 中，假设 2023 年我国劳动力投入为 7.642 1 亿人，试预测我国 2023 年的 GDP.

解　因为线性回归方程为 $\hat{y}=1\ 504.738\ 4-179.291\ 9x$，所以当 $x=7.642\ 1$ 时，

$$\hat{y}_0=1\ 504.738\ 4-179.291\ 9\times 7.642\ 1=134.571\ 9,$$

即 2023 年我国劳动力投入为 7.642 1 亿人，GDP 为 134.571 9 万亿元.

这种用任意给定 $x=x_0$ 代入回归方程中，来预测 Y 的观测值 y_0 的方法称为**点预测**.这种预测结果的精确性和可信程度如何呢？接下来，我们需要对 y_0 的值进行区间估计，即预测 y_0 的取值范围，称为**区间预测**.

我们记 y_0 为观测值，$\hat{y}_0$ 为预测值，区间预测就是对 y_0 进行区间估计.构造统计量

$$t=\frac{y_0-\hat{y}_0}{\hat{\sigma}\sqrt{1+\frac{1}{n}+\frac{(x_0-\bar{x})^2}{L_{xx}}}},$$

其中

$$\hat{\sigma}^2=\frac{1}{n-2}\sum_{i=1}^{n}(y_i-\hat{y}_i)^2=\frac{1}{n-2}\left(L_{yy}-\frac{L_{xy}^2}{L_{xx}}\right).$$

可以证明统计量

$$t=\frac{y_0-\hat{y}_0}{\hat{\sigma}\sqrt{1+\frac{1}{n}+\frac{(x_0-\bar{x})^2}{L_{xx}}}}\sim t(n-2),$$

对于给定的置信度 $1-\alpha$，有

$$P(|t|<t_{\frac{\alpha}{2}}(n-2))=1-\alpha,$$

若令

$$\rho=\hat{\sigma}\cdot t_{\frac{\alpha}{2}}(n-2)\sqrt{1+\frac{1}{n}+\frac{(x_0-\bar{x})^2}{L_{xx}}},$$

于是有

$$P(\hat{y}_0-\rho<y_0<\hat{y}_0+\rho)=1-\alpha,$$

则 y_0 的置信度为 $1-\alpha$ 的置信区间为

$$(\hat{y}_0-\rho,\hat{y}_0+\rho),\tag{6-47}$$

其中，

$$\rho=\hat{\sigma}\cdot t_{\frac{\alpha}{2}}(n-2)\sqrt{1+\frac{1}{n}+\frac{(x_0-\bar{x})^2}{L_{xx}}}.$$

例 6-41　在例 6-38 中，求对应于 $x=7.642\ 1$ 时，测定值 y 的置信度为 0.95 的预测区间.

解　由例 6-38，知

$$L_{xy}=\sum_{i=1}^{n}x_iy_i-n\bar{x}\bar{y}=-7.301\ 4,$$

$$L_{xx}=\sum_{i=1}^{n}x_i^2-n\overline{x}^2=0.040\ 7,$$

$$L_{yy}=\sum_{i=1}^{n}y_i^2-n\overline{y}^2=1\ 629.559\ 6,$$

将 $x=7.642\ 1$ 代入回归方程 $\hat{y}=1\ 504.738\ 4-179.291\ 9x$,得

$$\hat{y}_0=1\ 504.738\ 4-179.291\ 9\times7.642\ 1=134.571\ 9.$$

所以

$$\hat{\sigma}=\sqrt{\frac{1}{n-2}\left(L_{yy}-\frac{L_{yy}^2}{L_{xx}}\right)}\approx8.006\ 0,$$

查 t 分布表(附表 3) 得 $t_{\frac{\alpha}{2}}(n-2)=2.570\ 6$,则

$$\rho=\hat{\sigma}\cdot t_{\frac{\alpha}{2}}(n-2)\sqrt{1+\frac{1}{n}+\frac{(x_0-\overline{x})^2}{L_{xx}}}\approx30.293\ 8,$$

所以当 $x=7.642\ 1$ 时,测定值 y 的置信度为 0.95 的预测区间为

$$(\hat{y}_0-\rho,\hat{y}_0+\rho)=(104.278\ 1,164.865\ 8).$$

注意 本节中涉及的大量数值计算,可以用 MATLAB 软件处理.

练习 6.4

1. 判断题.

(1) 所有关于样本的函数都是统计量. ( )

(2) 样本容量就是样本个数. ( )

(3) 如果我们不能拒绝原假设,说明有足够的理由认为原假设一定正确. ( )

(4) 利用最小二乘法拟合直线回归方程,要求所有观测点和回归直线的距离平方和为 0. ( )

(5) 对于非线性问题,可以通过对变量进行适当的变换将其化成新的变量之间的线性问题,再利用线性回归方法来处理. ( )

2. 填空题.

(1) 已知样本观测值为

15.8, 24.2, 14.5, 17.4, 13.2, 20.8, 17.9, 19.1, 21, 18.5, 16.4, 22.6,

则样本平均值为 ________,样本方差为 ________.

(2) 设总体 $\xi\sim N(40,5^2)$,抽取容量为 36 的样本,样本平均值 $\overline{X}$ 在 38 与 43 之间的概率为 ________.

(3) 总体 X 是某电子元件的寿命,其概率密度函数为

$$f(x)=\begin{cases}\dfrac{1}{\beta}e^{-\frac{1}{\beta}x}, & x\geqslant0,\\0, & x<0,\end{cases}$$

其中,$\beta>0$ 是未知参数,$(X_1,\cdots,X_n)$ 为来自 X 的样本,则 β 的矩估计量为 ________.

(4) 设某种电子元件的使用寿命服从正态分布 $N(\mu,\sigma^2)$,已知 $\sigma=10$.现从这种电子元件中抽取 16 个进行检验,测得平均使用寿命为 1 950 h,则这批电子元件平均使用寿命的 95% 的置信区间为 ________.

3. 选择题.

(1) 设总体 $X\sim N(\mu,\sigma^2)$,其中 $\sigma^2>0$ 为未知参数,μ 已知.$(X_1,X_2,\cdots,X_n)$ 是来自总体 X 的样本,则下列不是统计量的有( ).

A. X_1　　B. $\frac{1}{n}\sum_{i=1}^{n}(X_i-\mu)^2$

C. $\sigma^2X_1^2+X_n^2$　　D. $\max\{X_1,X_2,\cdots,X_n\}$

(2) 每一吨铸铁成本 y_c(元) 依铸件废品率 x(%) 变动的回归方程为 $y_c=56+8x$, 这意味着(　　).

A. 废品率每增加 1%,成本每吨增加 64 元　　B. 废品率每增加 1%,成本每吨增加 8%

C. 废品率每增加 1%,成本每吨增加 8 元　　D. 废品率每增加 1%,则每吨成本为 56 元

(3) 已知某工厂甲产品的产量和生产成本呈直线关系,当产量为 1 000 时,其生产成本为30 000 元,其中,不随产量变化的成本为 6 000 元,则成本总额对产量的回归方程是(　　).

A. $\hat{y}=6\ 000+24x$　　B. $\hat{y}=6+0.24x$

C. $\hat{y}=24\ 000+6x$　　D. $\hat{y}=24+6\ 000x$

□ 知识与能力拓展

马尔可夫预测法

马尔可夫是俄国伟大的数学家,以他的名字命名的马尔可夫链是人类历史上第一个从理论上提出并加以研究的随机过程模型,在市场预测、利润预测、经营决策等经济领域有着广泛的应用.

在本章我们研究了随机变量,若一列离散型随机变量 $\xi_1,\xi_2,\cdots,\xi_n,\cdots$ 是人们对某个随机现象进行的多次观察(或试验),称为**随机过程**,记作 $\{\xi_n;n=1,2,\cdots\}$.若随机过程与时间序列有关,则又称为**随机序列**.随机变量 ξ_n 所有可能的取值组成的集合称为**状态空间**,记为 E.

例如,若考查未来第 n 个交易日上证指数的涨跌情况,记

$$\xi_n=\begin{cases}1, & \text{上涨},\\ 0, & \text{平盘},\\ -1, & \text{下跌}\end{cases}\quad(n=1,2,\cdots).$$

则 $\{\xi_n;n=1,2,\cdots\}$ 是一个随机序列,状态空间 $E=\{1,0,-1\}$.其中,$\xi_5=1$ 表示未来第 5 个交易日的上证指数上涨;$\xi_6=0$ 表示未来第 6 个交易日的上证指数平盘.

定义 6.14　设 $\{\xi_n;n=1,2,\cdots\}$ 是一个随机序列,状态空间 E 为有限集或无限集.若随机变量 $\xi_n(n=1,2,\cdots)$ 满足

$$P(\xi_{n+m}=j\mid\xi_n=i,\xi_{n-1}=i_{n-1},\xi_{n-2}=i_{n-2},\cdots,\xi_0=i_0)=P(\xi_{n+m}=j\mid\xi_n=i),$$

则称 $\{\xi_n;n=1,2,\cdots\}$ 为**马尔可夫链**.其中,n,m 都是正整数,且 $i,j,i_k(k=0,1,2,\cdots,n-1)\in E$,$i$ 表示时间序数为 n 时的状态,j 表示时间序数为 $n+m$ 时的状态,$i_k(k=0,1,2,\cdots,n-1)$ 皆表示在时间序数 n 以前的各种状态.

我们把从状态 i 经过 m 步转移到状态 j 的条件概率 $P(\xi_{n+m}=j\mid\xi_n=i)$ 称为**马尔可夫转移概率**,记为 $p_{ij}(m)$.特别地,当 $m=1$ 时称其为**一步转移概率**,如果状态空间有 N 个元素,可简记为 $p_{ij}(i,j=1,2,3,\cdots,N)$.由一步转移概率 $p_{ij}(i,j=1,2,3,\cdots,N)$ 构成的 N 阶方阵

$$\boldsymbol{P}=(p_{ij})_{N\times N}=\begin{pmatrix} p_{11} & p_{12} & \cdots & p_{1N} \\ p_{21} & p_{22} & \cdots & p_{2N} \\ \vdots & \vdots & & \vdots \\ p_{N1} & p_{N2} & \cdots & p_{NN} \end{pmatrix},\quad i,j=1,2,3,\cdots,N$$

称为**一步状态转移概率矩阵**.其中,第 i 行的元素满足如下两个条件:

(1) $p_{ij}\geqslant 0, j=1,2,3,\cdots,N$;

(2) $\sum\limits_{j=1}^{N} p_{ij}=1$.

用马尔可夫一步状态转移概率矩阵可以进行市场占有率预测,具体步骤如下.

(1) 在消费某产品的消费者中进行市场调查,了解购买 n 种品牌的消费者各自占的比例,获得初始概率分布 $\boldsymbol{\pi}(0)=(\pi_1,\pi_2,\cdots,\pi_n)$;

(2) 调查在 n 种品牌之间消费者的流动情况,得到一步状态转移概率矩阵

$$\boldsymbol{P}=(p_{ij})_{n\times n}=\begin{pmatrix} p_{11} & p_{12} & \cdots & p_{1n} \\ p_{21} & p_{22} & \cdots & p_{2n} \\ \vdots & \vdots & & \vdots \\ p_{n1} & p_{n2} & \cdots & p_{nn} \end{pmatrix},$$

其中,$p_{ij}=\dfrac{n_{ij}}{n_i}$,表示原消费 i 品牌的 n_i 个消费者中有 n_{ij} 个消费者转为 j 品牌的消费者;

(3) 用公式

$$\boldsymbol{\pi}(m)=\boldsymbol{\pi}(m-1)\boldsymbol{P}\quad (m=1,2,\cdots)$$

预测未来第 m 个时刻的市场占有率.

例 6-42　现已知某地区经销甲、乙、丙三个品牌的牛奶,对 2024 年 5 月份 2 400 户消费者进行了调查,购买三个品牌产品的户数分别为 720,1 080,600.对 6 月份又进行了跟踪调查,发现购买产品的情况发生了变动,原 5 月份购买甲品牌牛奶的户数中有 90 户转买乙品牌牛奶,有 90 户转买丙品牌牛奶;原购买乙品牌牛奶的户数中有 216 户转买甲品牌牛奶,有 108 户转买丙品牌牛奶;原购买丙品牌牛奶的户数中有 162 户转买甲品牌牛奶,有 78 户转买乙品牌牛奶,其余客户不变,用括号表示,如表 6-23 所示.

表 6-23

流入到 / 流出自	甲	乙	丙	合计
甲	(540)	90	90	720
乙	216	(756)	108	1 080
丙	162	78	(360)	600
合计	918	924	558	2 400

预测 2024 年 7 月份、8 月份甲、乙、丙三个品牌的市场占有情况及销售量.

解　根据 5 月份的调查,用 720,1 080,600 除以 2 400,得到甲、乙、丙三个品牌的市场占有率,即

$$\boldsymbol{\pi}(0)=(0.3\quad 0.45\quad 0.25),$$

由表 6-23,得到一步转移概率矩阵

$$\boldsymbol{P}=\begin{pmatrix}\dfrac{540}{720} & \dfrac{90}{720} & \dfrac{90}{720}\\ \dfrac{216}{1\,080} & \dfrac{756}{1\,080} & \dfrac{108}{1\,080}\\ \dfrac{162}{600} & \dfrac{78}{600} & \dfrac{360}{600}\end{pmatrix}=\begin{pmatrix}0.75 & 0.125 & 0.125\\ 0.2 & 0.7 & 0.1\\ 0.27 & 0.13 & 0.6\end{pmatrix},$$

6 月份,

$$\boldsymbol{\pi}(1)=\boldsymbol{\pi}(0)\boldsymbol{P}=(0.3\quad 0.45\quad 0.25)\begin{pmatrix}0.75 & 0.125 & 0.125\\ 0.2 & 0.7 & 0.1\\ 0.27 & 0.13 & 0.6\end{pmatrix}$$

$$=(0.382\,5\quad 0.385\quad 0.232\,5).$$

7 月份,

$$\boldsymbol{\pi}(2)=\boldsymbol{\pi}(1)\boldsymbol{P}=(0.382\,5\quad 0.385\quad 0.232\,5)\begin{pmatrix}0.75 & 0.125 & 0.125\\ 0.2 & 0.7 & 0.1\\ 0.27 & 0.13 & 0.6\end{pmatrix}$$

$$=(0.426\,65\quad 0.347\,537\quad 0.225\,813).$$

8 月份,

$$\boldsymbol{\pi}(3)=\boldsymbol{\pi}(2)\boldsymbol{P}=(0.426\,65\quad 0.347\,537\quad 0.225\,813)\begin{pmatrix}0.75 & 0.125 & 0.125\\ 0.2 & 0.7 & 0.1\\ 0.27 & 0.13 & 0.6\end{pmatrix}$$

$$=(0.450\,4\quad 0.326\,0\quad 0.223\,6).$$

故 7 月份购买甲品牌牛奶的户数:

$$2\,400\times 0.426\,65\approx 1\,024,$$

购买乙品牌牛奶的户数:

$$2\,400\times 0.347\,537\approx 834,$$

购买丙品牌牛奶的户数:

$$2\,400\times 0.225\,813\approx 542.$$

同理,8 月份购买甲、乙、丙三个品牌牛奶的户数分别为 1 081,782,537.

用马尔可夫一步状态转移概率矩阵还可以对未来企业的利润、未来企业人力资源的结构进行预测.

例 6-43　某商业企业在职人员为 660 人,其中中、高级主管(A 级)20 人,基层柜组长(B 级)40 人,一般员工(C 级)600 人.人力资源部对企业近几年的人员流动情况进行了分析,得到各岗位(按一年一期) 人员流动与流失率见表 6-24.

表 6-24

人员	中、高级主管	基层柜组长	一般员工	流失
中、高级主管	0.8			0.2
基层柜组长	0.1	0.8		0.1
一般员工		0.02	0.7	0.28

假设企业规模不扩大,试求一年后企业各岗位人员的变化及企业至少要招聘多少人来补充员工队伍?

解　设 D 表示人员流失,则有 $\boldsymbol{\pi}(0)=(A\quad B\quad C\quad D)=(20\quad 40\quad 600\quad 0)$,根据所给的表 6-24,得到一步转移概率矩阵

$$\boldsymbol{P}=\begin{pmatrix}0.8 & 0 & 0 & 0.2\\ 0.1 & 0.8 & 0 & 0.1\\ 0 & 0.02 & 0.7 & 0.28\\ 0 & 0 & 0 & 1\end{pmatrix},$$

所以

$$\boldsymbol{\pi}(1)=\boldsymbol{\pi}(0)\boldsymbol{P}=(20\quad 40\quad 600\quad 0)\begin{pmatrix}0.8 & 0 & 0 & 0.2\\ 0.1 & 0.8 & 0 & 0.1\\ 0 & 0.02 & 0.7 & 0.28\\ 0 & 0 & 0 & 1\end{pmatrix}$$

$$=(20\quad 44\quad 420\quad 176).$$

由此可见,一年后该企业的各岗位中,中、高级主管不缺,内部可作为基层柜组长的候选人员有 44 人富余 4 人,一般员工至少要招聘 176 人.当然在 $\boldsymbol{\pi}(1)$ 的基础上还可以预测后两年内企业至少一共要招聘的员工人数.

马尔可夫预测法的理论思想虽较抽象,但所涉及的概率计算和矩阵运算都很简单,在实际经济活动中应用广泛.

练　习　题

某高职学院现有教师 350 人,其中,青年教师 180 人,中年教师 120 人,老年教师 50 人.学院人事处对教师队伍进行如下分类:青年、中年、老年和流退(流失或退休),并根据近几年资料,各类教师结构变化情况(按年)见表 6-25.

表 6-25

人员	青年教师	中年教师	老年教师	流退
青年教师	0.8	0.15		0.05
中年教师		0.7	0.2	0.1
老年教师			0.8	0.2
流退				1

若学院编制不变,且新进教师必须具有硕士及以上学历,试预测该学院一年后教师的结构状况以及需新增硕士或博士的人数.

知识应用链接

经济增长与经济周期

经济增长是指一个国家或一个地区生产的物质产品和劳务能力在一个相当长时期内的持续增长.如果考虑到人口增加和价格变动情况,经济增长应当包括人均福利的增长及实际总产出的持续增加.或者说经济增长是人均实际产出的持续增长.因此,经济增长的标志是社会生产能力的不断提高,国际统一用 GDP 指标衡量经济增长.

经济增长问题是人类社会所面临的共同问题,对于像我国这样的发展中国家更为重要,那么导致经济增长的因素是什么呢? 纵观人类社会 200 多年的经济发展史,我们会发现,无论是发展中国家还是发达国家,引起经济增长的源泉主要是劳动力质量提高、资本累积(投资)的增长、资源配置效率的改善和技术的变革.总生产函数将上述因素综合考虑在一起,即

$$Q=AF(K,L,R),$$

其中,Q 为产出,K 为资本对产出的贡献,L 为投入的劳动力,R 为投入的自然资源,A 代表经济中的技术水平,F 为生产函数,如图 6-17 所示.

在这些投入要素中,劳动力要素是至关重要的因素.

经济周期是指一个国家经济总体在经济活动中扩展和收缩的交替.一般可以通过国民生产总值、工业生产指数以及失业率、利率、批发价格、零售总额、国民收入等一系列综合经济活动指标的波动显示出来.虽然造成每一次经济周期的原因及其波动程度各不相同,但都是经历繁荣、萧条、衰退、复苏四个阶段(图 6-18).其中,图中 B 至 C 表示经济繁荣阶段,C 至 D 表示经济萧条阶段,D 至 E 表示经济衰退阶段,E 至 F 表示经济复苏阶段.

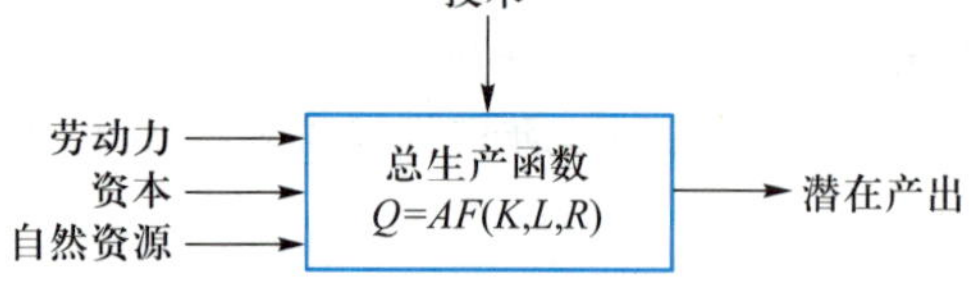

图 6-17　潜在产出的决定因素

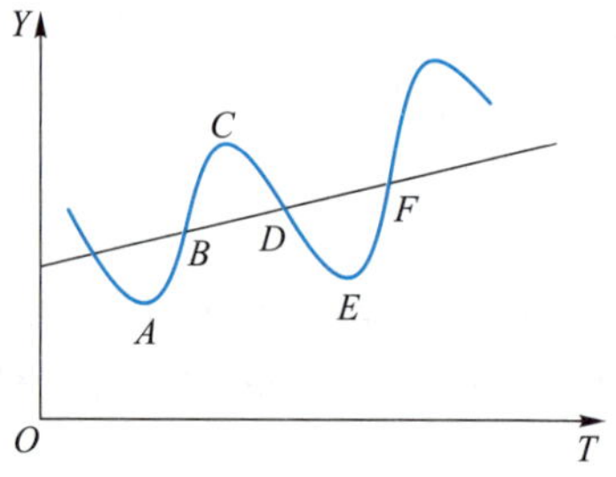

图 6-18

? 问题思考

现代经济增长理论的重点在于研究经济稳定增长的长期条件.其中,哈罗德增长模型研究的增长率 G、储蓄率 s 与资本 — 产出比率 v 的关系为

$$G=\frac{s}{v}.$$

如果要使一个国家的产出年增长率 G 从 5% 提高到 7%，在资本—产出比率等于 4 的前提下，根据哈罗德增长模型，储蓄率相应地有何变化？

数学实验　利用 MATLAB 进行概率计算和数字特征计算，求一元线性回归方程

1. 命令格式（表 6-26）

表 6-26

命令	功能
binopdf(k,n,p)	计算二项分布中随机变量 X 的概率 $P(X=k)$
binocdf(k,n,p)	计算二项分布中随机变量 X 的概率 $P(X\leqslant k)$
poisspdf(k,λ)	计算泊松分布中随机变量 X 的概率 $P(X=k)$
poisscdf(k,λ)	计算泊松分布中随机变量 X 的概率 $P(X\leqslant k)$
unifcdf(x,a,b)	计算均匀分布中随机变量 X 的概率 $P(X\leqslant x)$
expcdf$\left(x,\dfrac{1}{\lambda}\right)$	计算指数分布中随机变量 X 的概率 $P(X\leqslant x)$
normcdf(x,μ,σ)	计算正态分布中随机变量 X 的概率 $P(X\leqslant x)$
mean(X)	计算一组随机数据的平均值
var(X)	计算一组随机数据的方差
std(X)	计算一组随机数据的标准差
sum(X·*P)	计算离散型随机变量 X 的数学期望 $E(X)$ 其中，X 和 P 分别为随机数组和分布列向量
int(x*f(x),a,b)	计算连续型随机变量 $X\sim f(x)$ 的数学期望 $E(X)$
regress(Y′,X′)	求一元线性回归方程的参数 a 和 b 的估计值. 注释：$\boldsymbol{Y}$ 为观测到的随机变量，$\boldsymbol{X}$ 为自变量矩阵；$\boldsymbol{X}'$ 与 $\boldsymbol{Y}'$ 分别为矩阵 $\boldsymbol{X}$ 与 $\boldsymbol{Y}$ 的转置；$\boldsymbol{X}$ 与 $\boldsymbol{Y}$ 的列数应相等，$\boldsymbol{X}$ 的行数等于参数的个数，且 $\boldsymbol{X}$ 的第一行全为 1，第二行为给定数据. 运行结果中有两个数据，第一个为参数 a 的估计值，第二个为参数 b 的估计值.

2. 实验举例

例 6-44　某射手对目标进行射击，若每次射击的命中率为 0.2，求在 10 次射击中，

(1) 恰好命中 1 次的概率；

(2) 至少命中 2 次的概率.

解　设命中次数为 X，则 X 服从二项分布 $B(10,0.2)$.

恰好命中 1 次的概率为 $P(X=1)$，至少命中两次的概率为 $1-P(X\leqslant 1)$. 具体的算例代码如表 6-27 所示.

表 6-27

序号	算例代码	运行结果	注释
(1)	`>> P1 = binopdf(1,10,0.2)`	P1 = 0.268 4	恰好命中 1 次的概率为 0.268 4
(2)	`>> P2 = 1 - binocdf(1,10,0.2)`	P2 = 0.624 2	至少命中 2 次的概率为 0.624 2

例 6-45　设随机变量 $X \sim N(5,4)$，求：

(1) $P(5 \leqslant X < 7)$；

(2) $P(3 \leqslant X \leqslant 5)$；

(3) $P(1 < X \leqslant 9)$.

解　$P(a \leqslant X < b) = P(X \leqslant b) - P(X \leqslant a)$. 具体的算例代码如表 6-28 所示.

表 6-28

序号	算例代码	运行结果
(1)	`>> P1 = normcdf(7,5,2) - normcdf(5,5,2)`	P1 = 0.341 3
(2)	`>> P2 = normcdf(5,5,2) - normcdf(3,5,2)`	P2 = 0.341 3
(3)	`>> P3 = normcdf(9,5,2) - normcdf(1,5,2)`	P3 = 0.954 5

例 6-46　某学习小组有 10 名同学，他们在一次测验中的成绩如下：

85, 88, 95, 98, 78, 80, 90, 95, 90, 94,

求样本均值、方差和标准差.

解　具体的算例代码如表 6-29 所示.

表 6-29

	算例代码	运行结果
样本均值	`>> X = [85 88 95 98 78 80 90 95 90 94];` `>> mean(X)`	ans = 89.300 0
样本方差	`>> var(X)`	ans = 44.233 3
标准差	`>> std(X)`	ans = 6.650 8

例 6-47　已知随机变量 X 的分布列见表 6-30.

表 6-30

X	-1	0	1	5
$P(X = x_k)$	0.2	0.3	0.1	0.4

求 X 的数学期望和方差.

解　因为 $E(X) = \sum_i x_i p_i$，$D(X) = E(X^2) - [E(X)]^2$，所以具体的算例代码如表 6-31 所示.

表 6-31

	算例代码	运行结果
数学期望	>> X = [-1 0 1 5]; >> P = [0.2 0.3 0.1 0.4]; >> EX = sum(X.* P)	EX = 1.900 0
方差	>> EX2 = sum(X.^2.* P); >> DX = EX2 - (EX)^2	DX = 6.690 0

例 6-48 求 6.4.3 节例 6-38 中我国国内生产总值 GDP 与劳动力投入情况的线性回归方程.数据见表 6-21 所示.

解 设线性回归方程为 $\hat{y}=\hat{a}+\hat{b}x$,算例代码见表 6-32.

表 6-32

算例代码	运行结果
>> X = [7.582 8 7.610 5 7.642 0 7.670 4 7.697 7 7.725 3 7.745 1 7.760 3 7.764 0 7.758 6]; >> Y = [34.851 8 41.211 9 48.794 0 53.858 0 59.296 3 64.128 1 68.599 3 74.006 1 82.075 4 90.031 0]; >> regress(Y',[ones(size(x));X]')	ans = -1888.2 253.4

所以 a 的估计值 $\hat{a}=-1\ 888.2$,b 的估计值 $\hat{b}=253.4$,我国 GDP 与劳动力投入之间的线性回归方程为 $\hat{y}=-1\ 888.2+253.4x$.

习题 6

1. 指出下列事件之间的包含关系.
   (1) 事件 A 表示“某圆柱形产品的长度合格”,事件 B 表示“某圆柱形产品合格”;
   (2) 事件 C 表示“击中飞机”,事件 D 表示“击落飞机”.
2. 在一次射击中,设事件 A 表示“命中 2 至 4 环”,事件 B 表示“命中 3 至 5 环”,事件 C 表示“命中 5 至 7 环”,试表述下列事件.
   (1) $\bar{A}B$;　　(2) $\bar{A}+B$;
   (3) $\overline{AB}$;　　(4) $A\overline{\bar{B}C}$;
   (5) $\overline{A(B+C)}$.
3. 根据甲、乙两地多年的气象记录可知,一年中雨天的比例甲地占 20%,乙地占 18%,两地同时下雨占 12%,求在乙地下雨的条件下甲地下雨的概率.
4. 某电源由电池 A 与两个并联的电池 B 及 C 串联而成,设电池 A、B、C 损坏的概率分别是 0.3, 0.2,0.2,求电源完全不能工作的概率.
5. 从 5 双不同号码的鞋中任意取 4 只,求 4 只鞋中至少有 2 只鞋配成一双的概率.
6. 已知口袋中有 18 个白球,2 个红球,从中随机地连续取出 3 个球,取后不放回,试求第三个球是红球的概率.

7. 书架上任意排放着 8 本书,求其中指定某 3 本书放在一起的概率.
8. 某铁路调车场,有 12 股轨道,随机停放 8 列车,求恰有紧靠在一起的 4 股轨道无车的概率.
9. 已知10个考签中,有4个较难的签.三个人参加抽签(不放回),按甲、乙、丙的顺序抽取.记事件 A,B,C 分别表示甲、乙、丙各自抽到难签,求:

(1) $P(AB)$;

(2) $P(\overline{A}B)$;

(3) $P(ABC)$.

10. 某家电商场购进一批彩色电视机,经检验发现,外壳有损坏的有 4%,显像管有缺陷的有 5%,其他部分发现有问题的有 8%,外壳和显像管都有问题的有 0.3%,显像管和其他部分都有问题的有 0.4%,外壳和其他部分都有问题的有 0.5%,三者都有问题的有 0.2%.若从中任取一件,问:至少有一种问题的概率是多少?
11. 两个射手彼此独立射击同一个目标,设甲射手射中的概率为 $P(A)=0.9$,乙射手射中的概率为$P(B)=0.8$,求目标被射中的概率.
12. 珠算一级 3 名学生,每次核算票据无误的概率都为 0.93,现 3 人同时核算同一批票据,求至少有两人核算无误的概率.
13. 一个电路中安装有甲、乙两根保险丝,当电流强度超过一定的值时,甲保险丝烧断的概率为 0.28,乙保险丝烧断的概率为 0.74,两根保险丝同时烧断的概率为 0.63,问:至少烧断一根保险丝的概率是多少?
14. 已知 A 地区的居民订阅日报的占 60%,订阅晚报的占 30%,不订报的占 25%,试求两种报纸都订阅的居民比例.
15. 某地区鲜花代理商供应本地区 100 家零售花店的鲜花,每家零售花店预订第二天鲜花的概率互不依赖,且都等于 0.04,求一天中恰有 4 家花店订货的概率.
16. 某高校计算机专业招收在职研究生 80 名,这些学生中有 20 名有两年工作经历,15 名有三年工作经历,25 名有四年工作经历,其他 20 名有五年或五年以上的工作经历.假现随机抽取一名学生.

(1) 求这名学生至少有四年工作经历的概率;

(2) 假设我们已知这名学生至少有三年工作经历,那么这名学生至少有四年工作经历的概率为多少?

17. 三名同学2024年参加高考,根据历次模拟考试成绩分析,能考上重点大学的概率分别为0.85,0.75,0.80.试求:

(1) 三名同学都能考上重点大学的概率;

(2) 三名同学都考不上重点大学的概率.

18. A 广告公司是某地区较知名的广告公司,假设 A 广告公司的广告被看到的概率为0.4.现从这个地区的人口中随机选择 6 人,求:

(1) 这些人中至少有 4 个人看到 A 广告公司广告的概率;

(2) 这些人中最多有 2 个人看到 A 广告公司广告的概率.

19. 设 ξ 的分布列如表 6-33 所示.

表 6-33

ξ	-1	0	$\frac{1}{2}$	1	2
$P(\xi=x_k)$	$\frac{1}{3}$	$\frac{1}{6}$	$\frac{1}{6}$	$\frac{1}{12}$	$\frac{1}{4}$

求:(1) $E(\xi)$;

(2) $D(\xi)$.

20. 已知某地居民的年龄 ξ(岁)的概率密度函数为

$$f(x)=\begin{cases}K(x-24)(84-x)^2, & 24\leqslant x\leqslant 84,\\ 0, & \text{其他}.\end{cases}$$

求:(1) 系数 K;

(2) 该地区居民的平均年龄;

(3) 小于平均年龄的人数与大于平均年龄的人数各占人口的百分比.

21. 根据资料分析,某基金每年投资收益率 ξ 的分布列如表 6-34 所示.

表 6-34

投资收益率 ξ/%	9	10	11	12	13	14	15
P	0.06	0.1	0.11	0.17	0.15	0.11	0.3

试求:(1) 该基金年收益率至少是 13% 的概率;

(2) 年收益率的分布函数.

(3) 年收益率的期望和方差.

22. 已知无线电发出的信号被另一个电台收到的概率为 0.2,信号每隔 5 s 拍发一次,直到收到对方的回答信号为止,发出信号与收到信号之间至少需经过 16 s 的时间,求在双方建立联系之前,已拍发的呼唤号的平均次数.

23. 已知某工厂有 4 辆汽车,假设每辆车在一年内至多只发生一次损失,且各自相互独立,并有相同的损失概率 $p=0.1$,试求这个工厂在一年内汽车损失次数的分布列及期望.

24. 有一队射手共 9 人,技术不相上下,每人射击中靶的概率均为 0.8.现进行射击练习,各自打中靶为止,但限制每人最多打三发,问:大约需为他们准备多少发子弹?

25. 建筑工地购进一批钢筋,经测试钢筋的抗压指标 ξ 的分布列如表 6-35 所示,试求这批钢筋的平均抗压指标.

表 6-35

抗压指标 ξ	120	125	130	135	140
P	0.2	0.3	0.25	0.15	0.1

26. 一位农场主的某种农作物因缺水快要枯萎了,他必须决定是否进行灌溉.如果选择进行灌溉,或者下雨,该农作物带来的利润是 1 000 元.但若缺水,该农作物利润就只有 500 元.已知进行灌溉的成本是 100 元,农场主的目标是预期利润最大化.如果农场主相信下雨的概率是 50%,那么他会选择灌溉吗?

27. 利用数学软件计算 1 ~ 6 题.

28. 从总体中抽取一个样本如下：

$$3,5,8,12,7,9,4,6,9.$$

求样本容量、样本均值和样本方差.

29. 设 $\xi_1,\xi_2,\cdots,\xi_n$ 为正态总体 $N(0,2^2)$ 的一个样本，求 $P\left(\sum_{i=1}^{6}\xi_i^2>6.54\right)$.

30. 设总体 ξ 的概率密度函数为

$$f(x;\theta)=\begin{cases}\theta x^{\theta-1}, & 0<x<1,\\ 0, & \text{其他}\end{cases}(\theta>0),$$

求 θ 的矩估计量.

31. 设总体 ξ 以等概率 $\dfrac{1}{\theta}$ 取值 $1,2,\cdots,\theta$，求未知参数 θ 的矩估计量.

32. 设随机变量 $\xi\sim N(\mu,1)$，容量 $n=16$，均值 $\bar{\xi}=5.2$，求未知参数 μ 的置信度为 0.95 的置信区间（提示：$u_{0.025}=1.96$）.

33. 有一大批袋装糖果，现从中随机地取 16 袋，称得质量（单位：g）如下：

$$506,508,499,503,504,510,497,512,$$
$$514,505,493,496,506,502,509,496.$$

设该批袋装糖果的质量近似服从正态分布，试求总体均值 μ 的置信度为 0.95 的置信区间.

34. 已知岩石密度的测量误差服从正态分布，现随机抽取 12 个样品，得 $s=0.2$，求 σ^2 的置信度为0.9 的置信区间.

35. 随机抽得 10 名 20 岁男性青年，得身高和前臂长的数据如表 6-36 所示（单位：cm）.

表 6-36

身高 x	170	173	160	155	173	188	178	183	180	155
前臂长 Y	45	42	44	41	47	50	47	46	49	43

（1）求 Y 对 x 的回归方程；

（2）对回归关系进行显著性检验.

36. 某地高校教育经费 (x) 与高校学生数 (y) 连续 6 年的统计资料如表 6-37 所示.

表 6-37

教育经费 x/万元	316	343	373	393	418	455
在校学生数 y/万人	11	16	18	20	22	25

求：（1）y 对 x 的回归直线方程.

（2）估计教育经费为 500 万元时的在校学生数.

第 6 章知识导图

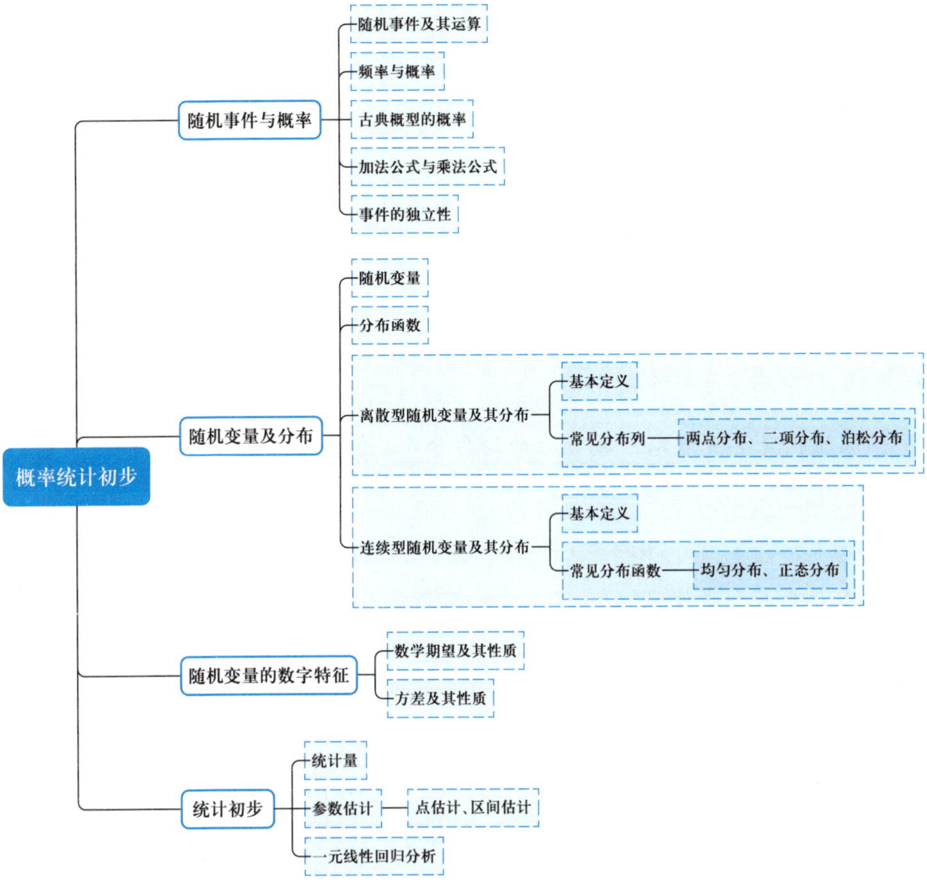

第 6 章自测题

A 组(基础篇)

一、单选题(每题 3 分,共 30 分)

1. 若 $P(A)=\dfrac{1}{4}$,$P(B)=\dfrac{4}{5}$,$P(AB)=\dfrac{1}{5}$,则事件 A 与 B 一定(　　).

A. 无关系　　B. 互不相容　　C. 互斥　　D. 相互独立

2. 设随机变量 X 具有分布密度函数 $p(x)=\begin{cases} e^{-x}, & x>0, \\ 0, & x\leqslant 0, \end{cases}$ 则 $P(-1<X<1)=$(　　).

A. e^{-1}　　B. $1-e^{-1}$　　C. $2e^{-1}$　　D. $\frac{1}{2}e^{-1}$

3. 设随机变量 $X \sim P(9)$，则 $E(2X+1)=$ (　　).

A. 19　　B. 18　　C. 36　　D. 37

4. 设随机变量 $X \sim N(0,1)$，令 $Y=3X+1$，则 Y 服从的分布为(　　).

A. $N(1,4)$　　B. $N(1,9)$　　C. $N(0,1)$　　D. $N(1,3)$

5. 设随机变量 $X \sim P(5)$，$Y \sim B\left(2,\frac{1}{2}\right)$，且 X,Y 相互独立，则 $E(X+Y)^2=$ (　　).

A. 25　　B. 100　　C. 41.5　　D. 40

6. 若事件 A,B 满足 $P(A)+P(B)>1$，则事件 A 与 B 一定(　　).

A. 不独立　　B. 互不相容　　C. 相互独立　　D. 相容

7. 设 A,B,C 是三个事件，则 $\overline{ABC}$ 表示(　　).

A. A,B,C 中有一个发生　　B. A,B,C 都不发生

C. A,B,C 中不多于一个发生　　D. A,B,C 中恰有两个发生

8. 如果随机变量 X 服从区域 G 上的均匀分布，并且 $E(X)=2$，$D(X)=\frac{1}{3}$，则区域 G 为(　　).

A. $[0,4]$　　B. $[3,1]$　　C. $[1,3]$　　D. $[-1,5]$

9. 设 A,B 为两个事件，则 $\overline{AB}=$ (　　).

A. $\overline{A}\cap\overline{B}$　　B. $A\cup B$　　C. $\overline{A}\cup\overline{B}$　　D. $\overline{A\cup B}$

10. 设 A,B 为两个对立事件，$P(A)>0$，$P(B)>0$，则下列必不成立的是(　　).

A. $P(A)=1-P(B)$　　B. $P(A|B)=0$

C. $P(A|B)=0$　　D. $P(\overline{A}\cap\overline{B})=1$

二、填空题(每题3分，共15分)

11. 设 A,B 为两个事件，$P(A)=0.9$，$P(AB)=0.36$，则 $P(A\overline{B})=$ ________.

12. 已知事件 A_1,A_2,A_3 两两互斥，且 $A_1\cup A_2\cup A_3=\Omega$，且 $P(A_1)=0.1$，$P(A_2)=0.5$，$P(B|A_1)=0.2$，$P(B|A_2)=0.6$，$P(B|A_3)=0.1$，则 $P(A_2|B)=$ ________.

13. 已知事件 A,B 互斥，且 $P(A)>0$，则 $P(B|A)=$ ________.

14. 设随机变量 X 具有分布密度函数 $p(x)=\begin{cases}e^{-x}, & x>0,\\ 0, & x\leqslant 0,\end{cases}$ 则 $E(X+e^{-2X})=$ ________.

15. 把10本书随意放于书架上，则“其中指定的5本书放在一起”的概率为________.

三、判断题(每题3分，共15分)

16. 设 A,B 为两个事件，$P(A)=0.3$，$P(B)=0.7$，则 A,B 必互斥.　　(　　)

17. 已知事件 A,B 互斥，且 $P(A)>0$，则 $P(B|A)=0$.　　(　　)

18. 若 A,B 是两个对立事件，则 A,B 必互斥.　　(　　)

19. 若随机变量 $X\sim U(a,b)$，则 $D(X)=\frac{b-a}{12}$.　　(　　)

20. 若随机变量 X 的方差 $D(X)$ 存在，C 为常数，则 $D(CX)=CD(X)$.　　(　　)

四、计算题(每题 8 分,共 32 分)

21. 甲、乙、丙独立地解答一道数学题,他们能答对的概率分别是$\frac{1}{5}$,$\frac{1}{3}$,$\frac{1}{2}$,试求此题能被答对的概率.

22. 设随机变量 $X \sim P(\lambda)$,且 $P(X=1)=P(X=2)$,试求 $P(X=4)$ 的值.

23. 设随机变量 X 的分布函数为 $F(x)=a+b\arctan x(x \in \mathbf{R})$.

求:(1) 常数 a,b;

(2) 随机变量 X 的概率密度函数.

24. 设随机变量 X,Y 相互独立,且概率密度函数分别为 $f_X(x)=\begin{cases}\lambda e^{-\lambda x}, & x>0, \\ 0, & \text{其他},\end{cases}$ $f_Y(y)=\frac{1}{\sigma\sqrt{2\pi}}e^{-\frac{y^2}{2\sigma^2}}$.求 $E(2X-3Y)$,$D(2X-3Y)$.

五、证明题(共 8 分)

25. 设 A,B 为两个事件,$P(A|B)=P(A|\overline{B})$,$P(A)>0$,$P(B)>0$.证明:事件 A,B 相互独立.

B 组(提高篇)

一、单选题(每题 3 分,共 30 分)

1. 设事件 A,B 满足 $P(A)=0.6$,$P(B)=0.8$,$P(B|A)=0.8$,则下列结论正确的是(　　).

A. A,B 互不相容　　B. A,B 对立　　C. $A \supset B$　　D. A,B 相互独立

2. 10 把钥匙中有 3 把能打开门,任取两把,能打开门的概率是(　　).

A. $\frac{7}{15}$　　B. $\frac{1}{5}$　　C. $\frac{1}{15}$　　D. $\frac{8}{15}$

3. 若随机变量 $X \sim B\left(2,\frac{1}{2}\right)$,则 $P(-1<X<3)=$(　　).

A. $\frac{1}{2}$　　B. $\frac{1}{4}$　　C. 1　　D. 2

4. 已知盒子中有 10 个球(4 个新球,6 个旧球),每次取一个球,有放回地取两次,则第二次取到新球的概率是(　　).

A. $\frac{3}{5}$　　B. $\frac{2}{5}$　　C. $\frac{1}{3}$　　D. $\frac{2}{15}$

5. 设随机变量 $X \sim P(3)$,则 $E(X-3)=$(　　).

A. 0　　B. 3　　C. 6　　D. 9

6. 设随机变量 $X \sim N(3,4)$,令 $Y=\frac{X-3}{2}$,则 Y 服从的分布为(　　).

A. $N(0,4)$　　B. $N(0,2)$　　C. $N\left(0,\frac{1}{2}\right)$　　D. $N(0,1)$

7. 已知每次试验的成功率为 $p(0<p<1)$，重复进行试验直到第 n 次试验时才取得 $r(1\leqslant r\leqslant n)$ 次成功的概率为(　　).

A. $C_n^r p^r(1-p)^{n-r}$　　B. $C_{n-1}^{r-1}p^r(1-p)^{n-r}$

C. $p^r(1-p)^{n-r}$　　D. $C_{n-1}^{r-1}p^{r-1}(1-p)^{n-r}$

8. 已知每次试验的成功率为 $p(0<p<1)$，则在三次重复试验中至少失败一次的概率为(　　).

A. $(1-p)^3$　　B. $1-p^3$

C. $3(1-p)$　　D. $(1-p)^3+p(1-p)^2+p^2(1-p)$

9. 设 A,B,C 为三个相互独立的随机事件，$0<P(C)<1$，则下列事件不独立的是(　　).

A. $\overline{A\cup B}$ 与 C　　B. $\overline{AC}$ 与 $\overline{C}$

C. $\overline{A\cup B}$ 与 $\overline{C}$　　D. $\overline{AB}$ 与 $\overline{C}$

10. 如果 $P(B|A)=1$，则(　　).

A. $A=\Omega$　　B. $A\subset B$　　C. $B\subset A$　　D. $P(A\overline{B})=0$

二、填空题(每题 3 分，共 15 分)

11. 设随机变量 X 的分布列如表 6-38 所示，则常数 $c=$ ________.

表 6-38

X	-1	0	1	2
P	$\frac{1}{2c}$	$\frac{3}{4c}$	$\frac{1}{8c}$	$\frac{5}{8c}$

12. 已知 $E(X)=-1,D(X)=4$，则 $E[3(X^2-2)]=$ ________.

13. 设 $F(x)$ 是某随机变量的分布函数，若 $x_1<x_2$，则 $F(x_1)$ ________ $F(x_2)$.

14. 已知口袋中有三个白球，两个黑球，从袋中随机地取出两个球，这两个球全为白球的概率是 ________.

15. 已知 $P(A)=0.4,P(A+B)=0.7$. 如果事件 A,B 独立，则 $P(B)=$ ________.

三、判断题(每题 3 分，共 15 分)

16. 两个互斥事件一定是相互独立的.　(　　)

17. 设随机变量 X 具有分布密度函数 $p(x)=\begin{cases}e^{-x}, & x>0,\\ 0, & x\leqslant 0,\end{cases}$ 则 X 的方差 $D(X)=\frac{1}{\lambda}$.　(　　)

18. 若事件 A,B 相互独立，则 $\overline{A}$ 与 $\overline{B}$ 也相互独立.　(　　)

19. 若随机变量 X 的数学期望 $E(X)$ 存在，C 为常数，则 $E(CX)=C^2E(X)$.　(　　)

20. 若 C 为常数，则 C 的方差 $D(C)=C$.　(　　)

四、计算题(每题 8 分，共 32 分)

21. 某城市每天的耗电量不超过 100 万千瓦时，以 X 表示每天的耗电率(即用电量除以 100 万千瓦时)，已知 X 的概率密度函数为 $f(x)=\begin{cases}4x(1-x^2), & 0<x<1,\\ 0, & \text{其他}.\end{cases}$ 若该城市

每天的供电量仅为 80 万千瓦时,求供电量不满足需要的概率.

22. 设随机变量 X_1, X_2, X_3 相互独立,且 $X_1 \sim U(0,6)$,X_2 具有分布密度函数

$$p(x)=\begin{cases}\frac{1}{2}e^{-\frac{1}{2}x}, & x>0,\\ 0, & x\leqslant 0,\end{cases}$$

$X_3 \sim P(3)$,设 $Y = X_1 - 2X_2 + 3X_3$,求 $E(Y)$,$D(Y)$.

23. 设随机变量 X 的概率密度函数为 $f(x)=\dfrac{k}{1+x^2}(x\in \mathbf{R})$.求:

(1) 常数 k;(2) 随机变量 X 的分布函数.

24. 已知某地区应届初中毕业生中,有 70% 报考普通高中,20% 报考中专,10% 报考职业高中,录取率分别为 90%,75%,85%.试求:

(1) 随机调查一名学生,他如愿以偿的概率;

(2) 若某名学生按志愿被录取了,那么他报考的是普通高中的概率.

五、证明题(共 8 分)

25. 设 $P(A)=0.4$,$P(B)=0.7$,证明:$P(B\mid\overline{A})\geqslant 0.5$.

参考答案

第 1 章

练习 1.1

1. (1) ×.　(2) √.　(3) ×.　(4) ×.　(5) √.
2. (1) 定义域;对应法则;值域.　(2) 原点;y 轴.
   (3) 解析法;图像法;列表法.　(4) $y = e^u$;$u = \sin x$.　(5) $2x + 1$.
3. (1) C.　(2) D.　(3) A.　(4) A.　(5) A.

练习 1.2

1. (1) ×.　(2) √.　(3) √.　(4) √.　(5) ×.
2. (1) $f(x)$ 在点 x_0 处的左极限与右极限存在且相等.　(2) 1.
   (3) 0;$\dfrac{\sin 2}{2}$.　(4) e;e^{-2}.
3. (1) D.　(2) D.　(3) B.　(4) C.　(5) A.

练习 1.3

1. (1) ×.　(2) ×.　(3) √.　(4) √.　(5) √.
2. (1) $f(x)$ 在点 x_0 处的极限存在;$f(x)$ 在点 x_0 处有定义;$f(x)$ 在点 x_0 处的极限等于 $f(x_0)$.
   (2) 连续.　(3) 1.　(4) 0.
3. (1) C.　(2) D.　(3) B.

练　习　题

1. 1.
2. $2x^2 - xy$.
3. $\{(x,y) \mid x^2 + y^2 \leqslant 1 \cap 0 \leqslant x < y\}$.
4. (1) 4.　(2) e.
5. (1) $y = x$.　(2) $(0,0)$.

习　题　1

1. (1) $D=(-\infty,1)\cup(1,2)\cup(2,+\infty)$.　　(2) $D=[0,3]$.

(3) $D=(-\infty,4)\cup(4,5)\cup(5,6)\cup(6,+\infty)$.　　(4) $D=\left[-\frac{4}{3},0\right]$.

2. (1) 不是.　　(2) 不是.　　(3) 是.　　(4) 不是.

3. (1) $D=[0,2)\cup[2,4)=[0,4)$. (2) $f(0)=2, f(1)=3, f(2)=5, f(3)=10$.

4. (1) 非奇非偶函数.　　(2) 奇函数.

(3) 奇函数.　　(4) 奇函数.

5. (1) $y=2^u, u=\frac{1}{x^2}=x^{-2}$.　　(2) $y=\ln u, u=\sqrt{v}, v=1+x$.

(3) $y=\arctan u, u=\sqrt{v}, v=e^x+1$. (4) $y=u^3, u=\sin v, v=4x$.

(5) $y=\lg u, u=\lg v, v=\lg x$.　　(6) $y=e^u, u=\arctan v, v=\sqrt{w}, w=x^2+1$.

6. 当 $x\to 1$ 时, $\frac{1}{(x-1)^2}$ 是无穷大量;当 $x\to\infty$ 时, $\frac{1}{(x-1)^2}$ 是无穷小量.

7. (1) -2.　　(2) 0.　　(3) ∞.　　(4) $\frac{5}{7}$.　　(5) $=-\frac{1}{56}$.

(6) 0.　　(7) ∞.　　(8) 0.　　(9) $\frac{5}{6}$.　　(10) 0.

8. (1) $\frac{3}{7}$.　　(2) 4.　　(3) 1.　　(4) 2.　　(5) e.

(6) e^{-5}.　　(7) e^{-2}.　　(8) e.

9. e^{-4}.

10. (1) 1.　　(2) 0.　　(3) 0.　　(4) -2.

11. 连续.

12. $a=2$.

13. $a=b=1$.

14. (1) $8-0.1p$.　(2) $0.2p-10$.　(3) 60.

15. 3 500;35.

16. 每天必须销售 300 kg 的农产品才能使公司的收支平衡即保本,当 $x>300$ 时,收入 R 超过成本 C,可以盈利;当 $x<300$ 时,成本超过收入,将产生亏损.

17. (1) 28.56 万美元.　　(2) 28.67 万美元.

18. 658 574 元.

19. 略.

第 1 章自测题

A 组(基础篇)

一、1. D.　　2. B.　　3. C.　　4. C.　　5. A.

二、6. $y=\sqrt{u}; u=\ln v; v=\sqrt{x}$.　　7. 2.　　8. 1.

9. $(-\infty,-1)\cup(-1,1)\cup(1,+\infty)$　10. 2 个;1.

三、11. √.　12. ×.　13. ×.　14. ×.

四、15. 1.　16. 6.　17. $\frac{2^{20}\times3^{30}}{5^{50}}$.　18. ∞.　19. 0.

20. e^6.

五、21. (1) 1;1.　(2) 存在;1.　(3) 连续.　(4) (0,2).

22. 略.

B 组(提高篇)

一、1. A.　2. B.　3. D.　4. C.　5. C.

二、6. $[2,4)\cup(4,5)$.　7. $\sin^2(x^2)+1$.　8. x.

9. 0;15.　10. $(-\infty,+\infty)$.

三、11. ×.　12. ×.　13. √.　14. √.

四、15. $\frac{2}{\pi}$.　16. $\frac{4}{3}$.　17. $\frac{1}{4}$.　18. $\frac{\pi}{2}$.　19. $e^{\frac{1}{2}}$.

20. $-\frac{2}{x^3}$.

五、21. (1) $R(x)=72x-4x^2$;$L(x)=-5x^2+70x-120$.

(2) 产量 $x=7$ 个单位时,利润最大.　(3) 44 元.

22. (1) $f(x)=\frac{x}{x^2-2}$.　(2) ∞;0.　(3) 2 个;无穷间断点.

第 2 章

练习 2.1

1. (1) ×.　(2) ×.　(3) √.　(4) ×.　(5) ×.

2. (1) 2.　(2) $-f'(x_0)$.　(3) $\frac{4}{3}$.　(4) $-\frac{1}{x^2}\cot\frac{1}{x}$.

(5) $n!+e^x$.

3. (1) C.　(2) B.　(3) D.　(4) C.

练习 2.2

1. (1) √.　(2) ×.

2. (1) 0.03.　(2) $\sin t$;$\frac{2}{3}x^{\frac{3}{2}}$;$\frac{5}{2}x^2$;$-\frac{1}{3}e^{-3x}$;$-\frac{1}{x}$;$\ln|x|$.

3. (1) B.　(2) D.　(3) D.　(4) C.

练习 2.3

1. (1) √.　(2) ×.　(3) ×.　(4) ×.　(5) ×.

2. (1) 单调增加.　(2) -2;4.　(3) $\frac{14}{27}$;-18.　(4) $3-2q$.

(5) -4;在价格为 8 时,价格每增加 1%,产品的需求量约降低 4%.

3. (1) A. (2) C. (3) D. (4) B. (5) A.

练 习 题

1. (1) √. (2) √. (3) ×. (4) ×.

2. (1) $x+y+2xy$.(2) $\frac{x^2-y^2}{4}$. (3) $2x+y$;x.

3. (1) B. (2) D. (3) A. (4) C. (5) B.

习 题 2

1. (1) $\Delta y=a\Delta x$;$\frac{\Delta y}{\Delta x}=a$.

(2) $\Delta y=\ln\left(1+\frac{\Delta x}{x}\right)$;$\frac{\Delta y}{\Delta x}=\frac{1}{\Delta x}\ln\left(1+\frac{\Delta x}{x}\right)$.

(3) $\Delta y=\sqrt{x+\Delta x}-\sqrt{x}$;$\frac{\Delta y}{\Delta x}=\frac{\sqrt{x+\Delta x}-\sqrt{x}}{\Delta x}$.

(4) $\Delta y=\frac{1}{(x+\Delta x)^2}-\frac{1}{x^2}$;$\frac{\Delta y}{\Delta x}=\frac{-2x-\Delta x}{(x+\Delta x)^2x^2}$.

2. $y'=\frac{1}{2\sqrt{x_0}}$,$y'|_{x=1}=\frac{1}{2}$, $y'|_{x=4}=\frac{1}{4}$.

3. $y'=-\sin x_0$,$y'|_{x=\frac{\pi}{2}}=-1$.

4. (1) $y'=3x^2+6x+3$. (2) $y'=\frac{1}{2\sqrt{x}}$. (3) $y'=-\frac{1}{6\sqrt[6]{x^7}}$.

(4) $y'=4x^3\sin x+x^4\cos x$. (5) $y'=\frac{\cos x}{x}-\frac{\sin x}{x^2}$. (6) $y'=\cos 2x$.

(7) $y'=2x\sin x+x^2\cos x+2$. (8) $y'=\sec^2 x+2x$.

(9) $y'=\frac{-1-\sin x+\cos^2 x\sin x}{\sin^2 x}$. (10) $y'=\frac{x(x+2)}{(x+1)^2}$.

(11) $y'=\frac{a^x(\ln a\cos x+\sin x)}{\cos^2 x}$. (12) $y'=(6x^5+x^6)e^x$.

(13) $y'=\frac{1}{2\sqrt{x}}\arctan x+\frac{\sqrt{x}}{1+x^2}$. (14) $y'=e^x\left(\ln x+\frac{1}{x}\right)$.

5. (1) $y'=20a(ax+b)^{19}$. (2) $y'=2x\cos(x^2+1)$.

(3) $y'=2e^{2x+1}$. (4) $y'=\frac{x}{\sqrt{x^2+a^2}}+\frac{1}{x+1}$.

(5) $y'=\frac{a}{a^2+x^2}$. (6) $y'=\frac{1}{\sqrt{x^2+1}}$.

(7) $y'=\frac{\sin x\cos x}{\sqrt{\sin^2 x+1}}$. (8) $y'=\frac{6(1+3\ln x)}{x}$.

6. (1) $\dfrac{dy}{dx}=\dfrac{-ye^{xy}}{xe^{xy}+1}$. (2) $\dfrac{dy}{dx}=-\dfrac{2x+y}{x+2y}$.

(3) $\dfrac{dy}{dx}=-\dfrac{x^2}{y^2}$; $y=-x+2$. (4) $\dfrac{dy}{dx}=\dfrac{-\cos(x+y)}{\cos(x+y)+1}$.

7. (1) $y'=\dfrac{1}{2}\sqrt{\dfrac{x(x+1)(x+2)}{(x-1)(x-2)}}\left(\dfrac{1}{x}+\dfrac{1}{x+1}+\dfrac{1}{x+2}-\dfrac{1}{x-1}-\dfrac{1}{x-2}\right)$.

(2) $y'=\dfrac{(x-1)^{20}(x+1)^{30}}{\sqrt[3]{(x+2)^2}}\left(\dfrac{20}{x-1}+\dfrac{30}{x+1}-\dfrac{2}{3}\dfrac{1}{x+2}\right)$.

(3) $y'=(\cos x)^x(\ln\cos x-x\tan x)$.

(4) $y'=\left(1+\dfrac{1}{x}\right)^x\left[\ln(1+x)-\ln x+\dfrac{x}{1+x}-1\right]$.

8. (1) $y''=30x^4+60x^3$. (2) $y''=\dfrac{2(1-x^2)}{(x^2+1)^2}$.

(3) $y''=2\cos 2x$. (4) $y''=2(1+2x^2)e^{x^2}$.

9. (1) $y^{(n)}=\dfrac{(-1)^n n!}{x^{n+1}}$. (2) $y^{(n)}=a^x\ln^n a$. (3) $y^{(n)}=k^n e^{kx}$.

(4) $y^{(n)}=\dfrac{(-1)^{n-1}(2n-3)!!}{2^n x^{n-1}\sqrt{x}}$. (5) $y^{(n)}=\cos\left(x+\dfrac{n\pi}{2}\right)$.

(6) $y^{(n)}=\dfrac{(-1)^{n-1}(n-1)!}{(x+1)^n}$.

10. (1) $-\dfrac{m}{x^{m+1}}dx$. (2) $-2\sin(2x+1)dx$.

(3) $(1+\ln x)dx$. (4) $-\dfrac{x-1}{2(1+x)^2\sqrt{x}}dx$.

11. (1) 1. (2) $\dfrac{1}{2}$. (3) 0. (4) 0. (5) $\dfrac{\sqrt{3}}{3}$.

(6) 1.

12. (1) 在$(1,+\infty)$内单增,在$(-\infty,1)$内单减,在$x=1$处取得极小值0.

(2) 在$(-\infty,-2)$,$(0,+\infty)$内单增,在$(-2,0)$内单减,在$x=0$处取得极小值1,在$x=-2$处取得极大值5.

(3) 在**R**上单增.

(4) 在$(-\infty,0)$,$(0,1)$内单减,在$(1,+\infty)$内单增,在$x=1$处取得极小值e.

13. (1) 最小值$y\big|_{x=e^{-1}}=-e^{-1}$,最大值$y\big|_{x=2}=2\ln 2$.

(2) 最大值$y\big|_{x=0}=0$,无最小值.

(3) 最大值$y\big|_{x=10}=66$,最小值$y\big|_{x=2}=2$.

(4) 最大值$y\big|_{x=2}=13$,最小值$y\big|_{x=1}=y(-1)=4$.

14. (1) $C'(x)=2x+2$. (2) $\overline{C}=60$,$C'(50)=102$.

15. 总收入255,平均收入17,边际收入70.

16. 产品产量为 3 000 时利润最大.

17. 每件零售价为 3.75 元时利润最大,此时的销售量为 600 件.

18.(1) $2+\frac{1}{\ln x}$.　　(2) $x+1$.

19. (1) $E_d=-\frac{3}{49}$.　　(2) $E(P)=-\frac{4P^2}{10\,000-2P^2}$, $E(10)=-\frac{2}{49}$.

20. $E(P)=-\frac{P}{(100P-99)(P-1)}$, $E(10)\approx 0.001\,2$.

21. (1) $E_d\approx 2.64$.　　(2) $E(P)=\frac{2P}{P+1}$, $E(10)\approx 1.82$.

22. $E(P)=-\frac{20P\mathrm{e}^{-20P}}{100-\mathrm{e}^{-20P}}$, $E(10)=-\frac{200\mathrm{e}^{-200}}{100-\mathrm{e}^{-200}}$.

23. (1) $\frac{\partial z}{\partial x}=3x^2+2xy+y^2$, $\frac{\partial z}{\partial y}=x^2+2xy+3y^2$.

(2) $\frac{\partial z}{\partial x}=\cos(x+y^2)$, $\frac{\partial z}{\partial y}=2y\cos(x+y^2)$.

(3) $\frac{\partial z}{\partial x}=(1+xy+y^2)\mathrm{e}^{xy}$, $\frac{\partial z}{\partial y}=(1+xy+x^2)\mathrm{e}^{xy}$.

(4) $\frac{\partial w}{\partial x}=\cos(x+y)$, $\frac{\partial w}{\partial y}=\cos(x+y)$, $\frac{\partial w}{\partial z}=\frac{1}{z}$.

24. (1) $\frac{\partial^2 z}{\partial x^2}=\frac{\partial^2 z}{\partial x\partial y}=\frac{\partial^2 z}{\partial y\partial x}=\frac{\partial^2 z}{\partial y^2}=-\frac{1}{(x+y)^2}$.

(2) $\frac{\partial^2 z}{\partial x^2}=y^2\mathrm{e}^{xy}$, $\frac{\partial^2 z}{\partial x\partial y}=\frac{\partial^2 z}{\partial y\partial x}=(xy+1)\mathrm{e}^{xy}$, $\frac{\partial^2 z}{\partial y^2}=x^2\mathrm{e}^{xy}$.

25. (1) 在(1,0) 处取得极小值.　　(2) 在(1,0) 处取得极小值.

(3) 在(0,0), $\left(\pm\frac{\sqrt{2}}{2},\ \pm\frac{\sqrt{2}}{2}\right)$ 处取得极小值.　　(4) 在(0,0) 处取得极大值.

第 2 章自测题

A 组(基础篇)

一、1. D.　　2. A.　　3. C.　　4. C.　　5. B.

二、6. $-2f'(a)$.　　7. -2.　　8. $x^{2-x}\left(\frac{2}{x}-\ln x-1\right)$.

9. 1.　　10. 3.

三、11. ×.　　12. √.　　13. ×.　　14. ×.

四、15. $\frac{2+\sqrt{x}}{2(1+\sqrt{x})^2}+\frac{1}{x^2}$.　　16. $(\pi^x\ln\pi+\pi x^{\pi-1})\mathrm{d}x$.

17. $\frac{x}{\sqrt{1+x^2}}\sec^2\sqrt{1+x^2}$. 18. $\frac{y\mathrm{e}^{xy}-y^2}{2xy-x\mathrm{e}^{xy}}$.　　19. 2.　　20. 略.

五、21. (1) 单增区间为$\left(-\infty,-\frac{1}{3}\right)$,$(1,+\infty)$,单减区间为$\left(-\frac{1}{3},1\right)$;极大值点$\left(-\frac{1}{3},\frac{32}{27}\right)$,极小值点$(1,0)$.

(2) 凸区间为$\left(-\infty,\frac{1}{3}\right)$,凹区间为$\left(\frac{1}{3},+\infty\right)$;拐点为$\left(\frac{1}{3},\frac{16}{27}\right)$.

22. (1) $R(Q)=-0.5Q^2+90Q$,$L(Q)=-Q^2+80Q$.

(2) 边际利润$ML=40$;经济意义:当价格$P=80$时,每多卖一件产品,利润增加40.

(3) $P=70$.

(4) -1.25;经济意义:当价格$P=80$时,每降价1%,需求量增加1.25%。

B组(提高篇)

一、1. A .　　2. B.　　3. D.　　4. D.　　5. C.

二、6. $-\frac{1}{x}+2\sqrt{x}$.　　7. 2.　　8. $y=-ex+e^2+1$.

9. 不连续;不可导.　　10. 1.

三、11. √.　　12. √.　　13. ×.　　14. ×.

四、15. 24.　　16. $\frac{e^x}{1+e^{2x}}+\frac{x^2(1-\ln x)+1}{x(1+x^2)^{\frac{3}{2}}}$.

17. $x\sqrt[3]{\frac{1+x^3}{1-x^3}}\left(\frac{1}{x}+\frac{2x^2}{1-x^6}\right)$.　　18. $\frac{2x+y^x\ln y}{1-xy^{x-1}}$.　　19. $\frac{1}{2}$

20. 提示:令$f(x)=e^x-x-1$.

五、21. (1) 最大值为0,最小值为$-\frac{3}{25}\sqrt[3]{20}$.

(2) 凸区间为$\left(-\infty,-\frac{1}{5}\right)$,凹区间为$\left(-\frac{1}{5},+\infty\right)$,拐点为$\left(-\frac{1}{5},-\frac{6}{25}\sqrt[3]{5}\right)$.

22. (1) $n=3m+6$.

(2) 当$m<0$时,$f(x)$在$\left(-\infty,1+\frac{2}{m}\right)$内单调减少,在$\left(1+\frac{2}{m},1\right)$内单调增加,在$(1,+\infty)$内单调减少.

(3) m的取值范围为$\left(-\frac{4}{3},0\right)$.

23. (1) $MQ=-4P$,$E_d=\frac{2P^2}{P^2-75}$.

(2) -0.273,其经济意义:当价格$P=3$时,每降价1%,需求量增加0.273%.

(3) $P=3$时,要使销售收入有所增加,应采取提高价格的措施.

第 3 章

练习 3.1

1. (1) ×. (2) ×. (3) √. (4) √. (5) ×.
2. (1) $x^5 + C$. (2) $5\arctan x + C$. (3) $e^x + ex^{e-1}$. (4) $\sin x + C$.
(5) 平行;$f(x)$.
3. (1) C. (2) D. (3) C. (4) D. (5) B.

练习 3.2

1. (1) ×. (2) √. (3) ×. (4) ×. (5) ×.
2. (1) $ax + C$. (2) $y = e^x + 1$. (3) $\frac{x^2}{2} - 4x + C$.
(4) $\frac{2}{3}x^{\frac{3}{2}} + 2\ln x + C$. (5) $\frac{x^2}{2} + C$.
3. (1) D. (2) D. (3) A. (4) D. (5) A.

练习 3.3

1. (1) ×. (2) ×. (3) ×. (4) ×. (5) √.
2. (1) $\frac{1}{2}\sin 2x + C$. (2) $e^{x-3} + C$. (3) $\frac{1}{2}F(2x) + C$.
(4) $\frac{1}{3}f^3(x) + C$. (5) $\frac{1}{a}F(ax + b) + C$.
3. (1) A. (2) C. (3) C. (4) C. (5) D.

练习 3.4

1. (1) ×. (2) √.
2. (1) e^x. (2) $\frac{x}{1 + x^2}$. (3) $x\sin x + \cos x + C$.
(4) $\ln x$; $-d\left(\frac{1}{x}\right)$. (5) $\arcsin x$;$d\left(\frac{x^2}{2}\right)$.
3. (1) D. (2) A. (3) C. (4) D.

练 习 题

甲方剩余 8 名战士.

习 题 3

1. (1) $-\frac{2}{3x\sqrt{x}} + C$. (2) $\frac{x^3}{27} + \frac{4x}{3} - \frac{4}{x} + C$.

(3) $\ln|x| - 3\sin x + C$.　(4) $-2\cos x + 3\arcsin x + C$.

(5) $\frac{5^x e^x}{\ln 5 + 1} + C$.　(6) $-x - \cot x + C$.

(7) $\frac{x}{2} + \frac{\sin x}{2} + C$.　(8) $x - 2\arctan x + C$.

(9) $x^3 - \arctan x + C$.　(10) $e^x - x + C$.

2. (1) $\frac{e^{2x-3}}{2} + C$.　(2) $\sqrt{1+2x} + C$.　(3) $\frac{(3x+2)^7}{21} + C$.

(4) $\frac{1}{20(x^2-1)^{10}} + C$.　(5) $-e^{\cos x} + C$.　(6) $\ln x + \frac{\ln^2 x}{2} + C$.

(7) $\ln|x^2 + 5x - 1| + C$.　(8) $-e^{\frac{1}{x}} + C$.

(9) $\sin x - \frac{1}{3}\sin^3 x + C$.　(10) $\frac{2}{15}\sqrt{(x-2)^3}(3x+4) + C$.

(11) $x - 2\sqrt{x} + 2\ln(1+\sqrt{x}) + C$.　(12) $\frac{x^2-1}{x\sqrt{1-x^2}} + C$.

3. (1) $x\ln x - x + C$.　(2) $(x-1)e^x + C$.

(3) $\cos x + x\sin x + C$.　(4) $\frac{1}{5}x^5\ln x - \frac{1}{25}x^5 + C$.

(5) $\frac{1}{4}\sin 2x - \frac{1}{2}x\cos 2x + C$.　(6) $-(x^2 + 2x + 2)e^{-x} + C$.

4. $f(x) = -x^4 + 7$.

5. $\cos x - \frac{2\sin x}{x} + C$.

第 3 章自测题

A 组(基础篇)

一、1. D.　2. B.　3. C.　4. D.　5. A.

二、6. $\frac{x^4}{4} + 2\arctan x + C$.　7. $\frac{1}{2}(x - \sin x) + C$.　8. $\frac{1}{2}e^{2x-3} + C$.

9. $\frac{1}{3}F(3x) + C$.　10. x^2;$\cos x\mathrm{d}x$.

三、11. ×.　12. ×.　13. √.　14. ×.

四、15. $x^2 + 2x^{\frac{3}{2}} + x - 2\sqrt{x} + C$.　16. $\frac{10^x}{\ln 10} + \ln|x| + \frac{1}{x} + C$.　17. $e^{x^2} + C$.

18. $\frac{1}{2\,025}(2\sqrt{x} + 1)^{2\,025} + C$.　19. $\frac{1}{6}x^6\left(\ln x - \frac{1}{6}\right) + C$.

20. $-\frac{1}{2}x\cos 2x + \frac{1}{4}\sin 2x + C$.

五、21. $y = e^x - 1$.

22. 利润函数 $L(Q)=10Q-\frac{5}{2}Q^2-2$.

B组(提高篇)

一、1. D.　2. C.　3. B.　4. B.　5. A.

二、6. $\frac{1}{2}$.　7. x^2+C.　8. $\frac{1}{2}F(2x+3)+C$.

9. $x\sin x+\cos x+C$.　10. $\frac{1}{x}+C_1\ln x+C_2$.

三、11. ×.　12. ×.　13. ×.　14. √.

四、15. $\tan x-\arctan x+C$.　16. $\sqrt{x^2-4}+C$.

17. $\ln|x|-2\ln|1+\sqrt{x}|+C$.

18. $(x-1)e^x+\frac{1}{2}\ln^2 x+C$.　19. $\frac{1}{2}x^2\left(\ln^2 x-\ln x+\frac{1}{2}\right)+C$.

20. $2e^{\sqrt{x}}(\sqrt{x}-1)+C$.

五、21. $y=\frac{x^3}{3}$.

22. 9 987.5.

第 4 章

练习 4.1

1. (1) ×.　(2) √.　(3) √.　(4) √.　(5) √.

2. (1) $\int_{-1}^{3}|x^3|\,dx$.　(2) $\int_{5}^{10}(2t+3)\,dt$.　(3) 必要.　(4) π.　(5) $\frac{2}{e}$;2.

3. (1) B.　(2) C.　(3) C.　(4) A.

练习 4.2

1. (1) √.　(2) ×.　(3) ×.　(4) ×.　(5) ×.

2. (1) $-\frac{1}{x+1}$.　(2) $e-1$.　(3) 1.　(4) $-\frac{1}{2}$.

(5) $2\sin 2x-2$.

3. (1) D.　(2) C.　(3) B.　(4) C.　(5) C.

练习 4.3

1. (1) ×.　(2) ×.　(3) ×.　(4) ×.　(5) √.

2. (1) 0.　(2) 0.　(3) $1-\frac{1}{e}$.　(4) π.　(5) $\int_{2}^{3}3t\,dt$

3. (1) D.　(2) D.　(3) C.　(4) A.　(5) D.

练习 4.4

1. (1) √. (2) √. (3) √. (4) ×. (5) √.
2. (1) 12. (2) 55 吨. (3) 92.5. (4) 1. (5) 75.
3. (1) C. (2) B. (3) C. (4) C. (5) B.

练 习 题

1. (1) ×. (2) ×. (3) ×. (4) √. (5) ×.
2. (1) 发散到 $+\infty$. (2) $\ln 2$. (3) 收敛. (4) 发散. (5) KT.
3. (1) A. (2) D. (3) C. (4) D. (5) D.
4. (1) $\frac{8}{3}$. (2) $\frac{1}{2}\left(1-\frac{1}{e}\right)$.

习 题 4

1. 略.
2. (1) $\int_0^1 2^x dx \leqslant \int_0^1 3^x dx$. (2) $\int_1^2 (\ln x)^2 dx \leqslant \int_1^2 \ln x dx$.
3. (1) $1 \leqslant \int_0^1 (1+x^2) dx \leqslant 2$. (2) $-\frac{\pi^2}{2} \leqslant \int_{-\frac{\pi}{2}}^{\frac{\pi}{2}} (\sin 2x - x) dx \leqslant \frac{\pi^2}{2}$.
4. (1) $\frac{e^x}{1+x^2}$. (2) $-x\sin 3x$. (3) $4xe^{2x}$. (4) $-\cos^3 x$.
5. (1) $\frac{1}{\ln 2}$. (2) 2. (3) $\frac{\pi}{6}$. (4) e.
   (5) $1-\frac{\pi}{4}$. (6) $\frac{8}{3}$.
6. (1) $\frac{1}{2}(e^2-1)$. (2) $\frac{3}{2}$. (3) $\frac{1}{3}$. (4) $\frac{\pi}{2}$.
   (5) $\arctan e - \frac{\pi}{4}$. (6) $\frac{1}{2}\ln 2$. (7) $2+2\ln\frac{2}{3}$. (8) π.
   (9) $\frac{\sqrt{2}}{2}$. (10) $4\ln 2 - 2$.
7. (1) $\frac{\pi}{2}-1$. (2) 1. (3) $\frac{\pi}{2}-1$. (4) $\frac{1}{2}(-1+e^{\frac{\pi}{2}})$.
   (5) $\frac{7}{2}\ln 2 - \frac{3}{4}$. (6) 2. (7) $e-2$. (8) $\frac{\pi^2}{16}+\frac{1}{4}$.

*8. (1) $\frac{1}{3}$,收敛. (2) $+\infty$,发散.
   (3) 发散. (4) $\frac{\pi}{2}$,收敛.
   (5) 2,收敛. (6) $+\infty$,发散.

(7) $\frac{\pi}{2}$,收敛. (8) 2,收敛.

9. (1) $e-1$. (2) $\frac{8}{3}$. (3) 3. (4) $\frac{1}{6}$.

(5) $\frac{1}{4}$. (6) $2-\sqrt{2}$. (7) $\frac{3}{2}-\ln 2$. (8) $\frac{16}{3}$.

10. 137.5 万吨.

11. (1) $C(Q)=20+20Q-0.2Q^2$,$R(Q)=30Q-0.3Q^2$.

(2) $P=15$(元/件)时利润最大.

12. (1) 8 240(元). (2) 1 000(件).

第 4 章自测题

A 组(基础篇)

一、1. B. 2. C. 3. A. 4. D. 5. B.

二、6. 0. 7. 10. 8. 1. 9. 16 10. 1.

三、11. √. 12. ×. 13. ×. 14. √.

四、15. $3-\frac{3\pi}{4}$. 16. $\frac{5}{2}+\ln 2$. 17. $\arctan e-\frac{\pi}{4}$. 18. $\frac{\pi}{6}$.

19. $\frac{2}{3}(1-\ln 2)$. 20. $\frac{1}{4}(1+e^2)$.

五、21. $\frac{1}{2}$. 22. (1) 900. (2) 700.

23. 当 $Q=8$ 时,利润最大,最大利润是 154.

B 组(提高篇)

一、1. A. 2. D. 3. B. 4. C. 5. C.

二、6. $\frac{1}{2}$. 7. $x-\frac{1}{4}$. 8. e^2-1. 9. 8 10. 50.

三、11. √. 12. ×. 13. √. 14. ×.

四、15. $\ln 2-\frac{\pi}{4}$; 16. $2\ln 2-\frac{3}{4}$; 17. $\frac{5}{3}$; 18. 0;

19. $\ln 2-2+\frac{\pi}{2}$.

五、20. 略.

六、21. (1) (2,4);$y=4$. (2) $\frac{8}{3}$.

22. (1) $C(Q)=12+\frac{1}{2}Q^2$,$R(Q)=40Q-\frac{3}{2}Q^2$;

(2) 当 $Q=10$ 时,利润最大,最大利润是 188; (3) 总利润将减少 18.

第 5 章

练习 5.1

1. (1) ×. (2) ×.

2. (1) $\begin{pmatrix} 1 \\ -2 \\ 0 \end{pmatrix}$;$\begin{pmatrix} 2 & -1 & 0 \\ 1 & 0 & 1 \end{pmatrix}$.

(2) $\begin{pmatrix} 2 & -3 & 1 & 5 \\ -3 & 1 & 2 & -4 \\ -1 & -2 & 3 & 1 \end{pmatrix}$;$\begin{pmatrix} 2 & -3 & 1 & 5 & 6 \\ -3 & 1 & 2 & -4 & 5 \\ -1 & -2 & 3 & 1 & 2 \end{pmatrix}$;2;3.

3. (1) A. (2) B. (3) C.

练习 5.2

1. (1) ×. (2) ×. (3) √.

2. (1) $\begin{pmatrix} 5 & 5 \\ -5 & -5 \end{pmatrix}$;$\boldsymbol{O}$;$\begin{pmatrix} 2 & 2 \\ -2 & -2 \end{pmatrix}$;$\begin{pmatrix} 2 & -2 \\ 2 & -2 \end{pmatrix}$.

(2) $\begin{pmatrix} -5 & 2 \\ 3 & -1 \end{pmatrix}$. (3) $\boldsymbol{AB}=\boldsymbol{BA}$.

3. (1) C. (2) A. (3) C. (4) B.

练习 5.3

1. (1) √. (2) √.

2. (1) C. (2) B. (3) D. (4) D.

练 习 题

$\min\ \boldsymbol{E}_6^{\mathrm{T}}\boldsymbol{C}\boldsymbol{E}_8$;

$$\text{s.t.}\begin{cases} \boldsymbol{C}=(X_{ij}M_{ij})_{6\times 8}, \\ \boldsymbol{C}\boldsymbol{E}_8 \leqslant \boldsymbol{P}, \\ \boldsymbol{C}^{\mathrm{T}}\boldsymbol{E}_6=\boldsymbol{D}. \end{cases}$$

习 题 5

1. (1) 2. (2) 3. (3) 3.

2. $\boldsymbol{X}=\begin{pmatrix} 3 & \frac{7}{2} & 2 & \frac{5}{2} \\ 1 & \frac{3}{2} & 1 & \frac{3}{2} \\ 1 & \frac{3}{2} & 3 & \frac{7}{2} \end{pmatrix}$.

3. $3\boldsymbol{A}-2\boldsymbol{B}=\begin{pmatrix}1&-7&1\\3&-1&-5\\1&-4&3\end{pmatrix}$；$\boldsymbol{AB}^{\mathrm{T}}=\begin{pmatrix}0&2&-1\\-2&0&-1\\2&1&1\end{pmatrix}$；$(\boldsymbol{AB})^{\mathrm{T}}=\begin{pmatrix}2&0&2\\5&1&4\\0&0&1\end{pmatrix}$.

4. (1) $\begin{pmatrix}-35&-30\\45&10\end{pmatrix}$.　　(2) $\begin{pmatrix}2^{n-1}&2^{n-1}\\2^{n-1}&2^{n-1}\end{pmatrix}$.

5. 证略.

6. (1) $\begin{pmatrix}1&0&-1\\-\dfrac{1}{2}&\dfrac{1}{2}&\dfrac{1}{2}\\0&-\dfrac{1}{3}&\dfrac{1}{3}\end{pmatrix}$.　　(2) $\begin{pmatrix}1&-5&-3\\1&-6&-3\\-1&7&4\end{pmatrix}$.

(3) $\begin{pmatrix}0&\dfrac{1}{4}&\dfrac{1}{4}&\dfrac{1}{2}\\\dfrac{1}{2}&\dfrac{1}{4}&-\dfrac{1}{4}&-\dfrac{1}{2}\\\dfrac{1}{2}&-\dfrac{1}{4}&\dfrac{1}{4}&-\dfrac{1}{2}\\0&-\dfrac{1}{4}&-\dfrac{1}{4}&\dfrac{1}{2}\end{pmatrix}$.

7. (1) $\boldsymbol{X}=\begin{pmatrix}-7&-2&-1\\5&1&1\end{pmatrix}$.　　(2) $\boldsymbol{X}=\dfrac{1}{7}\begin{pmatrix}6&-29\\2&9\end{pmatrix}$.

8. 证略；$\boldsymbol{A}^{-1}=\dfrac{1}{2}(\boldsymbol{A}-3\boldsymbol{E})$.

9. (1) 有非零解.　　(2) 只有零解.

10. (1) 无解.　　(2) 有唯一解.

11. 当 $\lambda=-2$ 时，$r(\overline{\boldsymbol{A}})=3\neq r(\boldsymbol{A})=2$，方程组无解；

当 $\lambda\neq-2$ 且 $\lambda\neq1$ 时，$r(\overline{\boldsymbol{A}})=r(\boldsymbol{A})=3=n$，方程组有唯一解；

当 $\lambda=1$ 时，$r(\overline{\boldsymbol{A}})=r(\boldsymbol{A})=1<n=3$，方程组有无数多解.

12. (1) $\begin{cases}x_1=-\dfrac{1}{3}k,\\x_2=-\dfrac{2}{3}k,\\x_3=-\dfrac{1}{3}k,\\x_4=k.\end{cases}$　　(2) $\begin{cases}x_1=-\dfrac{5}{7}k_1-k_2,\\x_2=\dfrac{4}{7}k_1+k_2,\\x_3=k_1,\\x_4=k_2.\end{cases}$　　(3) $\begin{cases}x_1=-8,\\x_2=3+k,\\x_3=6+2k,\\x_4=k.\end{cases}$

(4) $\begin{cases}x_1=k_1,\\x_2=1-2k_1+k_2\\x_3=k_2,\\x_4=0.\end{cases}$　　(5) 无解.　　(6) $\begin{cases}x_1=-2+k,\\x_2=3-2k,\\x_3=k.\end{cases}$

13. $\begin{cases} x_1 = 2c + 10, \\ x_2 = -3c + 30, (0 \leqslant c \leqslant 10). \\ x_3 = c \end{cases}$

14. XS、S、M、L 四个码的文化衫的销售量分别为 1 件、2 件、9 件和 1 件.

15. A、B 两个公司的本年的投资收益分别为 50 万元和 100 万元,本年的利润分别为 250 万元和 200 万元.

16. 第一批产品的单位成本为 16 元,第二批产品的单位成本为 8 元,第三批产品的单位成本为 4 元.

第 5 章自测题

A 组(基础篇)

一、1. B.　2. C.　3. B.　4. D.　5. B.

6. B.　7. A.　8. D.　9. B.　10. A.

二、11. 3.　12. $\begin{pmatrix} -1 & -1 \\ 1 & -1 \end{pmatrix}$.　13. $\begin{pmatrix} -1 & \frac{1}{2} \\ 1 & 0 \end{pmatrix}$.

14. 2.　15. $\begin{pmatrix} 625 & 0 \\ 0 & 625 \end{pmatrix}$.

三、16. ×.　17. √.　18. ×.　19. ×.　20. ×.

四、21. $\boldsymbol{A} + \boldsymbol{B} = \begin{pmatrix} 2 & 1 & 8 \\ 1 & 3 & -12 \end{pmatrix}$; $2\boldsymbol{A} - 3\boldsymbol{B} = \begin{pmatrix} -1 & -13 & -9 \\ -8 & 1 & 8 \end{pmatrix}$;

$$\boldsymbol{A}^{\mathrm{T}}\boldsymbol{B} = \begin{pmatrix} -1 & 2 & 7 \\ 2 & -4 & -14 \\ 5 & 10 & 13 \end{pmatrix}; \boldsymbol{A}\boldsymbol{B}^{\mathrm{T}} = \begin{pmatrix} 10 & -6 \\ 10 & -2 \end{pmatrix}.$$

22. $r(\boldsymbol{A}) = 3$.　23. $\boldsymbol{X} = \begin{pmatrix} 2 & -23 \\ 0 & 8 \end{pmatrix}$.

24. (1) $a = 0, b = 0$.　(2) 可逆, $\boldsymbol{A}^{-1} = \begin{pmatrix} 1 & 0 & -1 \\ 0 & -1 & 0 \\ 0 & 0 & 1 \end{pmatrix}$.

25. 通解为 $\boldsymbol{x} = k_1(2, -2, 1, 0)^{\mathrm{T}} + k_2(5, -4, 0, 3)^{\mathrm{T}}$, 其中, k_1, k_2 为任意常数.

26. 通解为 $\boldsymbol{x} = k(-1, 2, 1, 0)^{\mathrm{T}} + (3, -8, 0, 6)^{\mathrm{T}}$, 其中 k_1, k_2 为任意常数.

B 组(提高篇)

一、1. C.　2. A.　3. B.　4. D.　5. C.

6. B.　7. C.　8. C.　9. C.　10. D.

二、11. -1.　12. $\boldsymbol{AB} = \boldsymbol{BA}$.　13. 相等.　14. 10.　15. 2.

三、16. √　17. ×　18. √　19. ×　20. ×

四、21. $\boldsymbol{AB} = \begin{pmatrix} -2 & 1 & -2 \\ -4 & 5 & 1 \\ -6 & 9 & 0 \end{pmatrix}$; $\mathrm{BA} = \begin{pmatrix} 0 & 1 & 2 \\ 9 & 5 & -1 \\ 6 & 4 & -2 \end{pmatrix}$.

22. $r(\boldsymbol{A})=3$.　23. $\boldsymbol{X}=\begin{pmatrix}4 & 3\\ -4 & -2\\ 3 & 1\end{pmatrix}$.　24. $\boldsymbol{A}^{-1}=\begin{pmatrix}2 & 2 & 3\\ 1 & -2 & -1\\ 1 & -1 & 0\end{pmatrix}$.

25. 通解为 $\boldsymbol{x}=k_1(1,-2,1,0)^{\mathrm{T}}+k_2(1,-2,0,1)^{\mathrm{T}}$，其中，$k_1,k_2$ 为任意常数.

26. $\lambda=8$；通解为 $\boldsymbol{x}=k_1(7,-3,1,0)^{\mathrm{T}}+k_2(1,-1,0,1)^{\mathrm{T}}+(-14,6,0,0)^{\mathrm{T}}$，其中，$k_1,k_2$ 为任意常数.

第 6 章

练习 6.1

1. (1) √.　(2) ×.　(3) ×.　(4) √.　(5) ×.

2. (1) 互不相容事件；对立事件. (2) $\bar{A}\,\bar{B}\,\bar{C}$；$A\,\bar{B}\,\bar{C}+\bar{A}B\,\bar{C}+\bar{A}\,\bar{B}C$.

(3) $\frac{1}{2}$；$\frac{1}{4}$.　(4) $\frac{3}{5}$；$\frac{1}{2}$；$\frac{9}{10}$；$\frac{1}{10}$.　(5) $(1-p)^n+np(1-p)^{n-1}$.

3. (1) D.　(2) D.　(3) A.　(4) A.　(5) C.

练习 6.2

1. (1) ×.　(2) ×.　(3) √.　(4) √.　(5) √.

2. (1) 1；0.　(2) $\frac{1}{3}$.

(3) $f(x)=\begin{cases}e^{-x}, & x\geqslant 0,\\ 0, & x<0;\end{cases}$ $1-e^{-2}$；e^{-3}.

(4) $\frac{1}{\sqrt{2\pi}\sigma}e^{-\frac{(x-\mu)^2}{2\sigma^2}}$；0；1.

(5) $f(x)=\begin{cases}2x, & 0\leqslant x\leqslant 1,\\ 0, & \text{其他};\end{cases}$ 0.21.

3. (1) A.　(2) B.　(3) A.　(4) D.　(5) A.

练习 6.3

1. (1) ×.　(2) ×.　(3) ×.　(4) √.　(5) ×.

2. (1) 2.5；1.25.　(2) 0；0.5.　(3) 1；0.2.

(4) $\frac{1}{3}$；72.　(5) 1.9；1.09.

3. (1) C.　(2) B.　(3) A.　(4) C.　(5) C.

练习 6.4

1. (1) ×.　(2) √.　(3) ×.　(4) ×.　(5) √.

2. (1) 18.45；10.775 5.　(2) 0.991 6.

(3) $\hat{\beta}=\bar{X}$.　(4) (1 945.1, 1 954.9).

3. (1) C.　　(2) C.　　(3) A.

练　习　题

青年教师 144 人，中年教师 111 人，老年教师 64 人；需新增硕士或博士 31 人.

习　题　6

1. (1) $B \subset A$.　　(2) $D \subset C$.

2. (1) "命中 5 环".　　(2) "未命中 2 环".

 (3) "未命中 3、4 环".　　(4) "未命中 2 至 4 环".

 (5) "未命中 3,4 环".

3. $\frac{2}{3}$.　　4. 0.328.　　5. $\frac{13}{21}$.　　6. $\frac{1}{10}$.　　7. $\frac{3}{28}$.

8. $\frac{1}{55}$.　　9. (1) $\frac{2}{15}$.　　(2) $\frac{4}{15}$.　　(3) $\frac{1}{30}$.

10. 16%.　　11. 0.98.　　12. 0.985 986.

13. 0.39.　　14. 0.15.　　15. 0.199 388.

16. (1) $\frac{9}{16}$.　　(2) $\frac{3}{4}$.

17. (1) 0.51.　　(2) 0.007 5.

18. (1) 0.179 2.　　(2) 0.544 32.

19. (1) $\frac{1}{3}$.　　(2) $\frac{97}{72}$.

20. (1) $K = \frac{1}{1\ 080\ 000}$.　　(2) $E(\xi) = 48$.

 (3) 小于平均年龄的占 52.48%，大于平均年龄的占 47.52%.

21. (1) 0.56.

$$(2)\ F(x) = \begin{cases} 0, & x < 9, \\ 0.06, & 9 \leqslant x < 10, \\ 0.16, & 10 \leqslant x < 11, \\ 0.27, & 11 \leqslant x < 12, \\ 0.44, & 12 \leqslant x < 13, \\ 0.59, & 13 \leqslant x < 14, \\ 0.7, & 14 \leqslant x < 15, \\ 1, & x \geqslant 15. \end{cases}$$

 (3) $E(\xi) = 12.78$；$D(\xi) = 3.731\ 6$.

22. 8 次.

23. $P\{x = k\} = C_4^k 0.1^k 0.9^{(4-k)}$；$E(\xi) = 0.4$.

24. 12 发.

25. $E(\xi) = 128.25$.

26. 因为 $900>750=0.5\times1\ 000+0.5\times500$,所以会灌溉.

27. 略. 28. 9;7;8. 29. 0.95.

30. $\dfrac{\bar{\xi}}{1-\bar{\xi}}$. 31. $2\bar{\xi}-1$. 32. (4.71,5.69).

33. (500.4,507.1).

34. (0.02,0.1).

35. $\hat{Y}=80.391+4.754x$;显著.

36. $\hat{y}=-17.921\ 3+0.095\ 53x$;29.843 3 万人.

第 6 章自测题

A 组(基础篇)

一、1. D. 2. B. 3. A. 4. B. 5. C.
6. D. 7. B. 8. C. 9. C. 10. D.

二、11. 0.54. 12. $\frac{5}{6}$. 13. 0. 14. $\frac{4}{3}$. 15. $\frac{5!\times6!}{10!}$.

三、16. ×. 17. √. 18. √. 19. ×. 20. ×.

四、21. $\frac{11}{15}$. 22. $P(X=4)=\frac{2}{3}e^{-2}$.

23. (1) $a=\frac{1}{2}$;$b=\frac{1}{\pi}$.(2) $P(x)=F'(x)=\frac{1}{\pi(1+x^2)}(x\in\mathbf{R})$.

24. $E(2X-3Y)=2\lambda$;$D(2X-3Y)=4\lambda^2+9\sigma^2$.

五、25. 略.

B 组(提高篇)

一、1. D. 2. D. 3. C. 4. B. 5. A.
6. D. 7. B. 8. B. 9. B. 10. D.

二、11. 2. 12. 9. 13. ≤. 14. $\frac{3}{10}$. 15. 0.5.

三、16. ×. 17. ×. 18. √. 19. ×. 20. ×.

四、21. 0.129 6. 22. $E(Y)=8$;$D(Y)=46$.

23. (1) $k=\frac{1}{\pi}$ (2) $F(x)=\frac{1}{2}+\frac{1}{\pi}\arctan x(x\in\mathbf{R})$.

24. (1) 0.865. (2) 0.728 3.

五、25. 略.

附　　录

附表 1　泊松分布表

$$P(\xi \geqslant C)=\sum_{k=C}^{\infty}\frac{\lambda^{k}}{k!}e^{-\lambda}$$

C	λ					
	0.1	0.2	0.3	0.4	0.5	0.6
0	1.000 0	1.000 0	1.000 0	1.000 0	1.000 90	1.000 0
1	0.095 2	0.181 3	0.259 2	0.329 7	0.393 5	0.451 2
2	0.004 7	0.017 5	0.036 9	0.061 6	0.090 2	0.121 9
3	0.000 2	0.001 1	0.003 6	0.007 9	0.014 4	0.023 1
4		0.000 1	0.000 3	0.000 8	0.001 8	0.003 6
5				0.000 1	0.000 2	0.000 4

C	λ					
	0.7	0.8	0.9	1.0	1.2	1.4
0	1.000 0	1.000 0	1.000 0	1.000 0	1.000 0	1.000 0
1	0.503 4	0.550 7	0.593 4	0.632 1	0.698 8	0.753 4
2	0.155 8	0.191 2	0.227 5	0.264 2	0.337 4	0.408 2
3	0.034 1	0.047 4	0.062 9	0.080 3	0.120 5	0.166 5
4	0.005 8	0.009 1	0.013 5	0.019 0	0.033 8	0.053 7
5	0.000 8	0.001 4	0.002 3	0.003 7	0.007 7	0.143
6	0.000 1	0.000 2	0.000 3	0.000 6	0.001 5	0.003 2
7				0.000 1	0.000 3	0.000 6
8						0.000 1

C	λ								
	1.6	1.8	2.0	2.5	3.0	3.5	4.0	4.5	5.0
0	1.000 0	1.000 0	1.000 0	1.000 0	1.000 0	1.000 0	1.000 0	1.000 0	1.000 0
1	0.798 1	0.834 7	0.864 7	0.917 9	0.950 2	0.969 8	0.981 7	0.988 9	0.993 3
2	0.475 1	0.537 2	0.594 0	0.712 7	0.800 9	0.864 1	0.908 4	0.938 9	0.959 6
3	0.216 6	0.269 4	0.323 3	0.456 2	0.576 8	0.679 2	0.761 9	0.826 4	0.875 3
4	0.078 8	0.108 7	0.142 9	0.242 4	0.352 8	0.463 4	0.566 5	0.657 7	0.735 0
5	0.023 9	0.036 4	0.052 7	0.108 8	0.184 7	0.274 6	0.371 2	0.467 9	0.559 5
6	0.006 0	0.010 4	0.016 6	0.042 0	0.083 9	0.142 4	0.214 9	0.297 1	0.384 0
7	0.001 3	0.002 6	0.004 5	0.014 2	0.033 5	0.665 8	0.110 7	0.168 9	0.237 8
8	0.000 3	0.000 6	0.001 1	0.004 2	0.011 9	0.026 7	0.051 1	0.086 6	0.133 4
9		0.000 1	0.000 2	0.001 1	0.003 8	0.009 9	0.021 4	0.040 3	0.068 1
10				0.000 3	0.001 1	0.300 33	0.008 1	0.017 1	0.031 8
11				0.000 1	0.000 3	0.001 0	0.002 8	0.006 7	0.013 7
12					0.000 1	0.000 3	0.000 9	0.002 4	0.006 5
13						0.000 1	0.000 3	0.000 8	0.002 0
14							0.000 1	0.000 3	0.000 7
15								0.000 1	0.000 2
16									0.000 1

附表 2　标准正态分布表

$$P(\xi < x) = \Phi(x) = \int_{-\infty}^{x} \frac{1}{\sqrt{2\pi}} e^{-\frac{t^2}{2}} dt$$

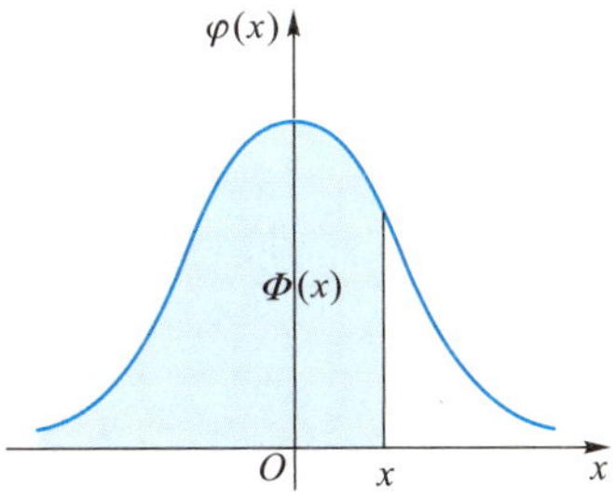

x	0	1	2	3	4	5	6	7	8	9
0.0	0.500 0	0.504 0	0.508 0	0.512 0	0.516 0	0.519 9	0.523 9	0.527 9	0.531 9	0.525 9
0.1	0.539 8	0.543 8	0.547 8	0.551 7	0.595 7	0.559 6	0.563 6	0.567 5	0.571 4	0.575 3
0.2	0.579 3	0.583 2	0.587 1	0.591 0	0.594 8	0.598 7	0.602 6	0.606 4	0.610 3	0.614 1
0.3	0.617 9	0.621 7	0.625 5	0.629 3	0.633 1	0.636 8	0.640 6	0.644 3	0.648 0	0.651 7
0.4	0.655 4	0.659 1	0.662 8	0.666 4	0.670 0	0.673 6	0.677 2	0.680 8	0.684 4	0.687 9
0.5	0.691 5	0.695 0	0.698 5	0.701 9	0.705 4	0.708 8	0.712 3	0.715 7	0.719 0	0.722 4
0.6	0.725 7	0.729 1	0.732 4	0.735 7	0.738 9	0.742 2	0.745 4	0.748 6	0.751 7	0.754 9
0.7	0.758 0	0.761 1	0.764 2	0.767 3	0.770 3	0.773 4	0.776 4	0.779 4	0.782 3	0.785 2
0.8	0.788 1	0.791 0	0.793 9	0.796 7	0.799 5	0.802 3	0.805 1	0.807 8	0.810 6	0.813 3
0.9	0.815 9	0.818 6	0.821 2	0.823 8	0.826 4	0.828 9	0.831 5	0.834 0	0.836 5	0.838 9
1.0	0.841 3	0.843 8	0.846 1	0.848 5	0.850 8	0.853 1	0.855 4	0.857 7	0.859 9	0.862
1.1	0.864 3	0.866 5	0.868 6	0.870 8	0.872 9	0.874 9	0.877 0	0.879 0	0.881 0	0.883 0
1.2	0.884 9	0.886 9	0.888 8	0.890 7	0.892 5	0.894 4	0.896 2	0.898 0	0.899 7	0.901 5
1.3	0.903 2	0.904 9	0.906 6	0.908 2	0.909 9	0.911 5	0.913 1	0.914 7	0.916 2	0.917 7
1.4	0.919 2	0.920 7	0.922 2	0.923 6	0.925 1	0.926 5	0.927 8	0.929 2	0.930 6	0.931 9
1.5	0.933 2	0.934 5	0.935 7	0.937 0	0.938 2	0.939 4	0.940 6	0.941 8	0.943 0	0.944 1
1.6	0.945 2	0.946 3	0.947 4	0.948 4	0.949 5	0.950 5	0.951 5	0.952 5	0.953 5	0.954 5
1.7	0.955 4	0.956 4	0.953 7	0.958 2	0.959 1	0.959 8	0.960 8	0.961 6	0.962 5	0.963 3
1.8	0.964 1	0.964 8	0.965 6	0.966 4	0.967 1	0.967 8	0.968 6	0.969 3	0.970 0	0.970 6
1.9	0.971 3	0.971 9	0.972 6	0.973 2	0.973 8	0.974 4	0.975 0	0.975 6	0.976 2	0.976 7
2.0	0.977 2	0.977 8	0.978 3	0.978 8	0.979 3	0.979 8	0.980 3	0.980 8	0.981 2	0.981 7
2.1	0.982 1	0.982 6	0.983 0	0.983 4	0.983 8	0.984 2	0.984 6	0.985 0	0.985 4	0.985 7
2.2	0.986 1	0.986 4	0.986 8	0.987 1	0.987 4	0.987 8	0.988 1	0.988 4	0.988 7	0.989 0
2.3	0.989 3	0.989 6	0.989 8	0.990 1	0.990 4	0.990 6	0.990 9	0.991 1	0.991 3	0.991 6
2.4	0.991 8	0.992 0	0.992 2	0.992 5	0.992 7	0.992 9	0.993 1	0.993 2	0.993 4	0.993 6
2.5	0.993 8	0.994 0	0.994 1	0.994 3	0.994 5	0.994 6	0.994 8	0.994 9	0.995 1	0.995 2
2.6	0.995 3	0.995 5	0.995 6	0.995 7	0.995 9	0.996 0	0.996 1	0.996 2	0.996 3	0.996 4
2.7	0.996 5	0.996 6	0.996 7	0.996 8	0.996 9	0.997 0	0.997 1	0.997 2	0.997 3	0.997 4
2.8	0.997 4	0.997 5	0.997 6	0.997 7	0.997 7	0.997 8	0.997 9	0.997 9	0.998 0	0.998 1
2.9	0.998 1	0.998 2	0.998 2	0.998 3	0.998 4	0.998 4	0.998 5	0.998 5	0.998 6	0.998 6
3.0	0.998 7	0.999 0	0.999 3	0.999 5	0.999 7	0.999 8	0.999 8	0.999 9	0.999 9	1.000 0

附表3 t 分布表

$$P(t(n) > t_\alpha(n)) = \alpha$$

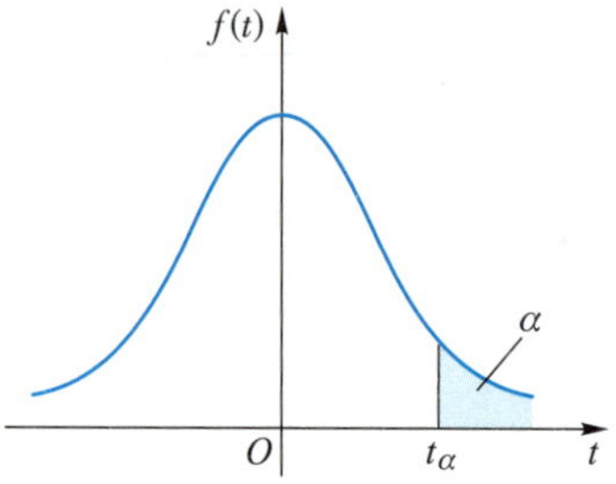

n	α					
	0.25	0.10	0.05	0.025	0.01	0.005
1	1.000 0	3.077 7	6.313 8	12. 706 2	31.820 7	63.657 4
2	0.816 5	1.885 6	2.920 0	4.302 7	6.964 6	9.924 8
3	0.764 9	1.637 7	2.353 4	3.182 4	4.540 7	5.840 9
4	0.740 7	1.533 2	2.131 8	2.776 4	3.746 9	4.604 1
5	0.726 7	1.475 9	2.015 0	2.570 6	3.364 9	4.032 2
6	0.717 6	1.439 8	1.943 2	2.446 9	3.142 7	3.707 4
7	0.711 1	1.414 9	1.894 6	2.364 6	2.998 0	3.499 5
8	0.706 4	1.396 8	1.859 5	2.306 0	2.896 5	3.355 4
9	0.702 7	1.383 0	1.833 1	2.262 2	2.821 4	3.249 8
10	0.699 8	1.372 2	1.812 5	2.228 1	2.763 8	3.169 3
11	0.697 4	1.363 4	1.795 9	2.201 0	2.178 1	3.105 8
12	0.695 5	1.356 2	1.782 3	2.178 8	2.681 0	3.054 5
13	0.693 8	1.350 2	1.770 9	2.160 4	2.650 3	3.012 3
14	0.692 4	1.345 0	1.761 3	2.144 8	2.624 3	2.976 8
15	0.691 2	1.340 6	1.753 1	2.131 5	2.602 5	2.946 7
16	0.690 1	1.336 8	1.745 9	2.119 9	2.583 5	2.920 8
17	0.689 2	1.333 4	1.739 6	2.109 8	2.566 9	2.898 2
18	0.688 4	1.330 4	1.734 1	2.100 9	2.552 4	2.878 4
19	0.687 6	1.327 7	1.729 1	2.093 0	2.539 5	2.860 9
20	0.687 0	1.325 3	1.724 7	2.086 0	2.528 0	2.845 3
21	0.686 4	1.323 2	1.720 7	2.079 6	2.517 7	2.831 4
22	0.685 8	1.321 2	1.717 1	2.073 9	2.508 3	2.818 8
23	0.685 3	1.319 5	1.713 9	2.068 7	2.499 9	2.807 3
24	0.684 8	1.317 8	1.710 9	2.063 9	2.492 2	2.796 9
25	0.684 4	1.316 3	1.708 1	2.059 5	2.485 1	2.787 4
26	0.684 0	1.315 0	1.705 6	2.055 5	2.478 6	2.778 7
27	0.683 7	1.313 7	1.703 3	2.051 8	2.472 7	2.770 7
28	0.683 4	1.312 5	1.701 1	2.048 4	2.467 1	2.763 3

续表

n	α					
	0.25	0.10	0.05	0.025	0.01	0.005
29	0.683 0	1.311 4	1.699 1	2.045 2	2.462 0	2.756 4
30	0.682 8	1.310 4	1.697 3	2.042 3	2.457 3	2.750 0
31	0.682 5	1.309 5	1.695 5	2.039 5	2.452 8	2.744 0
32	0.682 2	1.308 6	1.693 9	2.036 9	2.448 7	2.738 5
33	0.682 0	1.307 7	1.692 4	2.034 5	2.444 8	2.733 3
34	0.681 8	1.307 0	1.690 9	2.032 2	2.441 1	2.728 4
35	0.681 6	1.306 2	1.689 6	2.030 1	2.437 7	2.723 8
36	0.681 4	1.305 5	1.688 3	2.028 1	2.434 5	2.719 5
37	0.681 2	1.304 9	1.687 1	2.026 2	2.431 4	2.715 4
38	0.681 0	1.304 2	1.686 0	2.024 4	2.428 6	2.711 6
39	0.680 8	1.303 6	1.684 9	2.022 7	2.425 8	7.707 9
40	0.680 7	1.303 1	1.683 9	2.021 1	2.423 3	2.704 5
41	0.680 5	1.302 5	1.682 9	2.019 5	2.420 8	2.701 2
42	0.680 4	1.302 0	1.682 0	2.018 1	2.418 5	2.698 1
43	0.680 2	1.301 6	1.681 1	2.016 7	2.416 3	2.695 1
44	0.680 1	1.301 1	1.680 2	2.015 4	2.414 1	2.692 3
45	0.680 0	1.300 6	1.679 4	2.014 1	2.412 1	2.689 6

附表 4 χ^2 分布表

$$P(\chi^2(n) > \chi^2_\alpha(n)) = \alpha$$

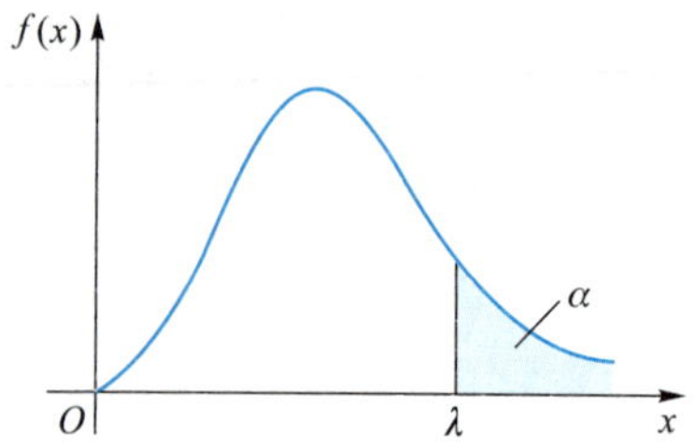

n 为自由度

n	α					
	0.995	0.99	0.975	0.95	0.90	0.75
1	—	—	0.001	0.004	0.016	0.102
2	0.010	0.020	0.051	0.103	0.211	0.575
3	0.072	0.115	0.216	0.352	0.584	1.213
4	0.207	0.297	0.484	0.711	1.064	1.923
5	0.412	0.554	0.831	1.145	1.610	2.675
6	0.676	0.872	1.237	1.635	2.204	3.455
7	0.989	1.239	1.690	2.167	2.833	4.255
8	1.344	1.646	2.180	2.733	3.490	5.071
9	1.735	2.088	2.700	3.325	4.168	5.899
10	2.156	2.558	3.247	3.940	4.865	6.737
11	2.603	3.053	3.816	4.575	5.578	7.584
12	3.074	3.571	4.404	5.226	6.304	8.438
13	3.565	4.107	5.009	5.892	7.042	9.299
14	4.075	4.660	5.629	6.571	7.790	10.165
15	4.601	5.229	6.262	7.261	8.547	11.037
16	5.142	5.812	6.908	7.962	9.312	11.912
17	5.697	6.408	7.564	8.672	10.085	12.792
18	6.265	7.015	8.231	9.390	10.865	13.675
19	6.344	7.633	8.907	10.117	11.651	14.562
20	7.434	8.260	9.591	10.851	12.443	15.452
21	8.034	8.897	10.283	11.591	13.240	16.344
22	8.643	9.542	10.982	12.338	14.042	17.240
23	9.260	10.196	11.689	13.091	14.848	18.137

续表

n	α					
	0.995	0.99	0.975	0.95	0.90	0.75
24	9.886	10.856	12.401	13.848	15.659	19.037
25	10.520	11.524	13.120	14.611	16.473	19.939
26	11.160	12.197	13.844	15.379	17.292	20.843
27	11.808	12.879	14.573	16.151	18.114	21.749
28	12.461	13.565	15.308	16.928	18.939	22.657
29	13.121	14.257	16.047	17.708	19.768	23.567
30	13.787	14.954	16.791	18.493	20.599	24.478
31	14.458	15.655	17.539	19.281	21.434	25.390
32	15.134	16.362	18.291	20.072	22.271	26.304
33	15.815	17.074	19.047	20.867	23.110	27.219
34	16.501	17.789	19.806	21.664	23.952	28.136
35	17.192	18.509	20.569	22.465	24.797	29.054
36	17.887	19.233	21.336	23.269	25.643	29.973
37	18.586	19.960	22.106	24.075	26.492	30.893
38	19.289	20.691	22.878	24.884	27.343	31.815
39	19.996	21.426	23.654	25.695	28.196	32.737
40	20.707	22.164	24.433	26.509	29.051	33.660
41	21.421	22.906	25.215	27.326	29.907	34.585
42	22.138	23.650	25.999	28.144	30.765	35.610
43	22.859	24.398	26.785	28.965	31.625	36.436
44	23.584	25.148	27.575	29.787	32.487	37.363
45	24.311	25.901	28.366	30.612	33.350	38.291

n	α					
	0.25	0.10	0.05	0.025	0.01	0.005
1	1.323	2.706	3.841	5.024	6.635	7.879
2	2.773	4.605	5.991	7.378	9.210	10.597
3	4.108	6.251	7.815	9.348	11.345	12.838
4	5.385	7.779	9.488	11.143	13.277	14.860
5	6.626	9.236	11.071	12.833	15.086	16.750
6	7.841	10.645	12.592	14.449	16.812	18.548
7	9.037	12.017	14.067	16.013	18.475	20.278

续表

n	α					
	0.25	0.10	0.05	0.025	0.01	0.005
8	10.219	13.362	15.507	17.535	20.090	21.955
9	11.389	14.684	16.919	19.023	21.666	23.589
10	12.549	15.987	18.307	20.483	23.209	25.188
11	13.701	17.275	19.675	21.920	24.725	26.757
12	14.845	18.549	21.026	23.337	26.217	28.299
13	15.984	19.812	22.362	24.736	27.688	29.819
14	17.117	21.064	23.685	26.119	29.141	31.319
15	18.245	22.307	24.996	27.488	30.578	32.801
16	19.369	23.542	26.296	28.845	32.000	34.267
17	20.489	24.769	27.587	30.191	33.409	25.718
18	21.605	25.989	28.869	31.526	34.805	37.156
19	22.718	27.204	30.144	32.852	36.191	33.582
20	23.828	28.412	31.410	34.170	37.566	39.997
21	24.935	29.615	32.671	35.479	39.932	41.401
22	26.039	30.813	33.924	36.781	40.289	42.796
23	27.141	32.007	35.172	38.076	41.638	44.181
24	28.241	33.196	36.415	39.364	42.980	45.559
25	29.339	34.382	37.652	40.646	44.314	46.928
26	30.435	35.563	38.885	41.923	45.642	48.290
27	31.528	36.741	40.113	43.194	46.963	49.645
28	32.620	37.916	41.337	44.461	48.278	50.993
29	33.711	39.087	42.557	45.722	49.588	52.336
30	34.800	40.256	43.773	46.979	50.892	53.672
31	35.887	41.422	44.985	48.232	52.191	55.003
32	36.973	42.585	46.194	49.480	53.486	56.328
33	38.058	43.745	47.400	50.725	54.776	57.648
34	39.141	44.903	48.602	51.966	56.061	58.964
35	40.223	46.059	49.802	53.203	57.342	60.275
36	41.304	47.212	50.998	54.437	58.619	61.581
37	42.383	48.363	52.192	55.668	59.892	62.883

续表

n	α					
	0.25	0.10	0.05	0.025	0.01	0.005
38	43.462	49.513	53.384	56.896	61.162	64.181
39	44.539	50.660	54.572	58.120	62.428	65.476
40	45.616	51.805	55.758	59.342	63.691	66.766
41	46.692	52.949	56.942	60.561	64.950	68.053
42	47.766	54.090	58.124	61.777	66.206	69.366
43	48.840	55.230	59.304	62.990	67.459	70.616
44	49.913	56.369	60.481	64.201	68.710	71.893
45	50.985	57.505	61.656	65.410	69.957	73.166

参考文献

[1] 哈雷特,克莱逊.微积分[M].胡乃冏,邵勇,徐可,等,译.北京:高等教育出版社,1997.

[2] 琼斯.经济增长导论[M].舒元,译.北京:北京大学出版社,2002.

[3] 李志煦.经济数学基础:微积分[M].北京:高等教育出版社,1988.

[4] 克莱因.古今数学思想(2)[M].上海:上海科技出版社,1979.

[5] 唐瑞娜,姜成建.高等数学(经管类)[M].北京:清华大学出版社,2004.

[6] 盛祥耀.高等数学[M].4 版.北京:高等教育出版社,2015.

[7] 同济大学数学科学学院.高等数学[M].8 版.北京:高等教育出版社,2023.

[8] 龚德恩,范培华,胡显佑.经济数学基础[M].4 版.成都:四川人民出版社,2005.

[9] 徐森林,金亚东,薛春华.数学分析[M].北京:清华大学出版社,2005.

[10] 赵树嫄.微积分[M].3 版.北京:人民大学出版社,2007.

[11] 上海高校《经济数学基础》编写组.微积分[M].上海:立信会计出版社,2008.

[12] 王春珊.高等数学(经管类)[M].北京:电子工业出版社,2006.

[13] 王春珊.经济数学基础[M].合肥:中国科学技术大学出版社,2007.

[14] 雷田礼.经济与管理数学 —— 概率论与数理统计[M].北京:高等教育出版社,2006.

[15] 杨文兰.经济数学应用基础[M].合肥:安徽人民出版社,2008.

[16] 谢国瑞.应用数学基础[M].上海:华东师范大学出版社,2006.

[17] 彼得森,刘易斯.管理经济学[M].4 版.吴德庆,译.北京:中国人民大学出版社,2003.

[18] 曹勃,云连英.工程应用数学[M].北京:高等教育出版社,2006.

[19] 颜文勇,柯善军.高等应用数学[M].2 版.北京:高等教育出版社,2014.

[20] 李伶.应用数学[M].北京:高等教育出版社,2008.

[21] 汪荣伟.经济应用数学[M].北京:高等教育出版社,2006.

[22] 金炳陶.概率论与数理统计[M].3 版.北京:高等教育出版社,2011.

[23] 萨缪尔森,诺德豪斯.经济学[M].19 版.萧琛,译.北京:商务印书馆,2012.

[24] 吉奥丹诺.数学建模[M].5 版.叶其孝,姜启源,等,译.北京:机械工业出版社,2014.

[25] 蔡天新.数学与人类文明[M].北京:商务印书馆,2017.

[26] 陈笑缘.经济数学[M].4 版.北京:高等教育出版社,2023.

[27] 史宁中.数学基本思想与教学[M].北京:商务印书馆,2018.

[28] 曹一鸣,冯启磊,陈鹏举,等.基于学生核心素养的数学学科能力研究[M].北京:北京师范大学出版社,2019.